더불어 사는 세상이

더불어 행복한 세상입니다

변호사 김양홍의 행복연구소

더불어 사는 세상이,
더불어 행복한 세상입니다.

모리슨

변호사 김양홍의 행복연구소

■ 추천사 1

함께 만들어가는 행복

　우리가 잘 아는 격언에 '빨리 가려면 혼자 가고, 멀리 가려면 함께 가라'는 말이 있습니다. 분주한 현대인의 삶이란 어쩌면 혼자 가는 것이 더 어울릴지도 모르겠습니다. 하지만 100세의 삶을 바라보는 삶이라면 현실적으로 그것이 불가능하다는 것을 잘 압니다. 따라서 우리가 선택할 길은 하나, '함께 가는 것'입니다. 이것을 '동행'이라고 합니다.
　가장으로, 아버지로, 남편으로, 장로로 그리고 변호사로 말할 수 없게 분주한 삶을 살아가는 것이 분명한 김양홍 장로님께서 시간을 쪼개고 열정을 나누어 만나고 경험한 이야기를 책으로 써낸 것이 벌써 아홉 권입니다. 어떻게 이런 일이 가능한지 도무지 이해할 수 없지만, 분명한 것은 이 책의 제목이 그렇듯이 '행복'이라는 단어로 요약될 것 같습니다.
　김 변호사님을 소개하는 글에 '더불어 사는 세상을 꿈꾸는 변호사'라는 구절이 있습니다. 그러니까 김 변호사님의 '행복'을 풀어 말하면 '더불어 사는 세상'이고, '동행'하는 것입니다. 그리고 이 동행은 '믿음' 안에서의 동행임을 확신합니다.
　기독교대한성결교회 총회 본부의 자문 변호사로 수고하시며 교단의 어려움을 접할 때마다 '교회'를 먼저 생각하시며 안타까워하시는 모습이 떠오릅니다. 변호사로서의 경력보다 교단의 안정과 교회의 평안을 먼저 생각하시는 장로님의 삶이 바로 '행복연구소'가 아닐지 하고 생각해 봅니다.

김양홍 장로님의 행복연구소는 무한연구소입니다. 그 연구소와 연결된 많은 이들이 또 다른 이들의 행복연구소가 되길 소망합니다. 이 책, '변호사 김양홍의 행복연구소'를 통해 올 한해 모두가 행복하길 기도하며 꼭 정독하시길 추천합니다.

2025년 1월 22일

기독교대한성결교회
제118년차 총회장 류승동 목사

■ 추천사 2

행복한 삶을 꿈꾸는 분들에게

　나태주 시인은 '행복'이란 시에서, '힘들 때 마음속으로 생각할 사람 있다면 행복한 사람'이라고 했습니다. 김양홍 장로님을 생각하면 함께 나누었던 대화 속에 보여주었던 따뜻한 미소와 행복의 언어들이 가득 밀려와 어느새 나 자신도 행복을 느낍니다. 그런 김양홍 장로님의 '행복연구소'란 책이 발간되었습니다. 2025년에도 행복한 삶을 꿈꾸는 모든 분들에게 기쁨으로 이 책을 추천합니다.

2025년 1월 16일

기독교대한성결교회
총무 문창국 목사

추천사 3

김양홍의 행복연구소를 묵상하며 ...

    삶에는 다양한 길이 있습니다. 원하든 원치 않든 우리는 고해(苦海) 같은 세상을 살아내야만 합니다. 그 길은 다 같이 가지만 각자 다릅니다. 그럼에도 힘든 여정 외롭지 않고, 덜 아파하며 걸을 수 있다면 그것은 복입니다.
    '행복연구소'가 복된 길에 작은 빛을 비쳐 줍니다. 혼자라서 서럽고 힘들었던 길도 함께하니 독수리 날개 치며 올라감 같을 것이며, 달음박질하여도 곤비치 아니하고, 걸어가도 피곤치 않는 행복한 빛입니다. 그저 지나치는 것 같은 오솔길에도 숨어 피는 작은 들꽃도 보게 하는 삶의 여유를 '행복연구소'에서 보여줍니다. 그래서 '행복연구소'의 복된 이야기들이 막막했던 길이 안개 걷히듯 2025년의 시작을 행복한 즐거움으로, 기대하는 미래로 안내해 줄 것입니다.
    한 사람의 바라봄이 많은 사람의 목표가 된다면 이 또한 보약입니다. 작은 조각 같은 "행복연구소"의 보배들이 반짝이는 한해를 만들어갈 것을 소망 가운데 기대하며 하늘을 바라봅니다.

2025년 1월 17일

서울신학대학교 명예교수
목사 박영환

■ 추천사 4

삶이 있고, 사람이 있고, 신앙이 있는 글

한 번뿐인 인생을 살아가면서 우리는 너무나 많은 일을 겪습니다. 그런데 많은 경우에 우리가 겪는 그 일들은 수고와 슬픔(시편 90:10)뿐입니다. 이해관계에 얽혀서 서로를 비난하고, 미워하고, 공격하는 데 에너지를 다 씁니다. 우리의 내면과 감정은 또 어떤가요? 자기 자신의 억울함과 분노 때문에 제대로 감정을 다스리지 못합니다. 평안이 없습니다. 그러다 보니 어느새 우리의 삶은 행복하지 않고 불행의 늪에서 허우적댑니다. 저도 그런 경험을 할 때가 많이 있었습니다.

그런데 김양홍 장로님의 글을 읽는 동안 마음이 따뜻해지는 것을 느꼈습니다. 장로님의 이야기에는 삶이 있고, 사람이 있고, 신앙이 있습니다. 저는 지금까지 장로님을 만나는 동안 한 번도 인상을 쓰거나 화를 내시는 것을 본 적이 없습니다. 일을 하실 때든지 사적인 대화를 나누실 때든지 장로님은 언제나 웃음을 잃지 않으시고, 늘 긍정적인 말로 상대방에게 힘이 되는 말씀을 하십니다. 그런 마음이 이 책에 그대로 담겨 있습니다.

이 책에는 다양한 삶의 이야기가 담겨 있습니다. 장로님께서는 지금까지 삶을 사시면서 만나는 사람, 겪는 일, 주변의 환경 등 무엇 하나 허투루 보지 않으시고 그 가운데서 사람을 행복하게 해주는 소재를 찾아내어 이야기로 만들어내는 노력을 해오셨습니다. 사람은 보는 대로 말하고, 말하는 대로 삶을 살아갑니다. 하나님께서 주신 은사를 따라 신앙의 관점에서 삶의 애환을 아름다운 행복의 언어로 풀어내신 장로님의 이야기들은 많은 사람에게 기쁨을 주고, 삶의 희망을 주고, 위로하고, 용기를 주리라 생각합니다.

추천사 4

　아마도 이 책을 읽는 분들은 누구나 글을 읽는 동안 자기도 모르는 사이에 마음이 따뜻해지고 입가에 미소가 생기는 것을 경험하게 될 것입니다.
　매일 성경을 읽으시기를 바랍니다. 그리고 이 책의 글도 한 꼭지씩 꼭 읽으시기를 권합니다. 그러면 삶에 활력이 생길 것입니다. 이 책은 삶에 행복과 활력을 주는 비타민, 활명수와 같은 책입니다. 저도 제 책상에 성경과 함께 이 책을 두고 매일 한 꼭지씩 읽을 작정입니다. 기쁜 마음으로 일독을 권합니다.

2025년 1월 17일

서울신학대학교 신학대학원장
교수 최동규

■ 작가의 글

행복연구소의 연구 결과

　성경에서 '행복'이라는 단어는 10회, '감사'라는 단어는 188회, '사랑'이라는 단어는 557회(구약 273회, 신약 284회) 언급되어 있습니다. 행복보다는 감사가, 감사보다는 사랑이 더 중요한 것 아닐까요? 우리는 행복하게 살기 위해 공부를 하고, 일을 하고, 결혼을 하고, 아이를 낳고, 여행을 하고, 밥을 먹고, 이야기를 하는 등 수많은 것들을 합니다. 저의 '행복연구소'에서 '행복하게 살기 위해 어떻게 해야 할까?' 연구한 결과는 의외로 간단합니다. 성경은 분명 '내가 오늘 네 행복을 위하여 네게 명하는 여호와의 명령과 규례를 지킬 것이 아니냐(신명기 10장 3절)'라고 하고 있습니다. 하나님의 말씀에 순종하고, 하나님을 사랑하는 것이 곧 행복으로 가는 길이라는 것입니다. 우리를 구원하시기 위해 독생자 예수를 십자가에 못 박혀 죽기까지 우리를 사랑하신 하나님을 사랑하는 사람은 그 사랑에 감사하는 사람이기에 이웃을 사랑하고, 범사에 감사할 수밖에 없습니다. 이 책에서 강조하고 싶은 말은 우리 모두 하나님을 사랑하자는 것이고, 더불어 사랑하자는 것입니다. 더불어 사는 것이 더불어 행복한 삶이기 때문입니다.
　저를 '작가'로 불러주시고, 이 책이 출간되도록 늘 응원해 주시는 김홍신 선생님, 감동적인 추천사를 써주신 기독교대한성결교회 류승동 총회장님, 기독교대한성결교회 총무 문창국 목사님, 서울신학대학교 명예교수 박영환 목사님, 서울신학대학교 신학대학원장 최동규 교수님 그리고 항상 은혜로운 설교로 영의 양식을 공급해주시는 이수교회 박정수 담임목사님에게 깊이 고개 숙여 감사의 인사를 드립니다. 최초로 日中韓 대조성경책을

작가의 글 ■

출간한 모리슨 출판사의 박영선 이사장님과 최순환목사님 내외분, 바쁜 가운데도 꼼꼼하게 교정을 봐준 사랑하는 딸 은혜와 이수교회 김주애 집사님, 저의 부족함마저도 사랑해 주는 아내 나주옥 권사님 그리고 무엇보다도 《변호사 김양홍의 행복연구소》 책에 주인공으로 등장해 주신 양정환 안수집사님을 비롯한 모든 분들에게 사랑과 감사의 인사를 드립니다.

 행복하고 성공한 사람들은 '과거에 감사하고, 미래의 꿈을 꾸고, 현재를 설레며 산다'고 합니다. 저도 그렇게 살고 있기 때문에, 저는 분명 행복하고 성공한 사람이 맞습니다. 왜요? 하나님은 나의 목자이시기 때문입니다. 사랑하는 나의 가족과 여러분도 행복하고 성공한 사람이 되시길 기도합니다. 여러분을 많이 사랑하고, 더 많이 축복합니다.

> 여호와는 나의 목자시니 내게 부족함이 없으리로다 그가 나를 푸른 풀밭에 누이시고 쉴 만한 물 가로 인도하시는도다(시편 23편 1~2절)

2025년 1월 22일

사랑하는 나의 조국 대한민국 하늘 아래에서
변호사 김양홍 올림

■ 목차

추천사 1 _ 함께 만들어 가는 행복 / 류승동 _ 4
추천사 2 _ 행복한 삶을 꿈꾸는 분들에게 / 문창국 _ 6
추천사 3 _ 김양홍의 행복연구소를 묵상하며 … / 박영환 _ 7
추천사 4 _ 삶이 있고, 사람이 있고, 신앙이 있는 글 / 최동규 _ 8
작가의 말 _ 행복연구소의 연구 결과 _ 10

제1편 행복학개론   21

01 지금 그냥 웃어보자 _ 22
02 당신은 당신을 존경할 수 있는가? _ 26
03 더욱 훌륭한 사람 _ 28
04 당신은 머지않아 예쁜 꽃이 될 것입니다 _ 30
05 함께 가자 먼길 _ 32
06 인생은 고스톱이고, 쓰리고다 _ 34
07 마음 신호등 _ 35
08 팽이버섯이 가르쳐 준 삶의 지혜 _ 37
09 분을 내어도 _ 39
10 의자 예찬 _ 40
11 끝이 좋으면 다 좋다 _ 41
12 인생살이에서 우리는 검사가 되지 말고, 변호사가 되어야 한다 _ 42
13 사랑이 정답이다 _ 43
14 행복한 부부로 행복한 가정을 이루고 살아가는 비결 _ 45
15 행복한 결혼생활을 위한 ABC _ 50
16 행복은 스스로 만들어 가야 하는 것이다 _ 54
17 인생은 여행이다 _ 58
18 너는 행복한 사람이로다 _ 60
19 잘 사는 것 _ 63
20 사랑이 더 큰 사람이 먼저 손을 내민다 _ 65

목차

제2편 믿음행전　　　　　　　　　　67

01　서로 사랑하고, 꼭 주일성수해라 _ 68
02　지금 이 순간 _ 70
03　역사는 반드시 이루어진다 _ 74
04　장로(長老)의 의미 _ 79
05　2024년 이수교회 반포중 부자유친 목장 모임 _ 83
06　고기를 잘 굽는 방법 _ 81
07　주께 하듯 하라 _ 83
08　남자들이 여자들에게 잡혀 사는 이유 _ 87
09　신나는 하나님의 선교 이야기 _ 89
10　다비다자매회 창립 30주년 감사예배 _ 91
11　이수교회 부흥을 주옵소서 _ 95
12　작은 예수가 되어 기도하는 삶을 살자 _ 97
13　내 인생의 성경 구절 _ 99
14　진리로 거룩하게 하옵소서 _ 101
15　결혼 후 50년 만에 한 "사랑한다"는 말 _ 102
16　아침은 쌀쌀하고 춥다고 하니, 두껍게 입고 가셔 _ 104
17　달리다굼(Talitha koum) _ 106
18　장로님 책 잘 보고 있어요 _ 108
19　주의 길을 걷다 지친 그대여 _ 110
20　어디 갔다 이제 와~ _ 112
21　유머 타고 오신 하느님 _ 115
22　법원에서 하는 숙제의 즐거움 _ 117
23　서로에게 충실한 돕는 배필이 되게 하소서 _ 118
24　성령으로 일어서라 _ 123
25　기적(THE MIRACLE) _ 142
26　주님 사랑합니다 전심으로 - 144
27　나를 향한 하나님이 원하시는 기도 제목 _ 146

13

목차

28 복이 되어 살아라 _ 147
29 예수님의 마음을 품자 _ 149
30 목사님들, 예수 잘 믿으세요 _ 150
31 미리 누리는 천국 _ 152
32 하나님, 우리가 부모입니다 _ 154
33 축복은 감사를 느낄 때까지 축복이 아니다 _ 158
34 참 아름다운 동행 _ 160
35 도파민(Dopamine) 중독을 탈출하는 방법 _ 167
36 늘 좋아하는 찬송가를 부르세요 _ 170
37 사람이 기도하면 하나님이 일하신다 _ 173
38 죽기 전 사명 _ 180
39 군산 '행복한 교회' 설립 감사예배 _ 182
40 하나님의 상속자 _ 186
41 네가 나와 함께 낙원에 있으리라 _ 188
42 하나님을 생각나게 하는 사람 _ 192
43 아직도 한 가지 부족한 것 _ 194
44 당신이 먼저 축복의 통로가 되십시오 _ 196
45 서원(誓願)이 주는 유익 _ 199
46 하나님이 주신 꿈은 하나님이 이루어 가신다 _ 202
47 이런 날이 오게 하소서 _ 207
48 하나님께 쓰임 받는 감격을 누려라 _ 209
49 자녀 형통의 길은 곧 나의 형통의 길 _ 216
50 서울지역장로협의회 후반기 순회예배 '행복한 동행' 특강 _ 218
51 하나님을 본받는 자가 되라 _ 220
52 죽은 한 알의 밀이 되어 그리스도의 몸을 세우라 _ 222
53 너희 믿음대로 되라 _ 226
54 너는 배우고 확신한 일에 거하라 _ 233
55 2024년 이수교회 당회수련회 _ 236
56 2024년 이수교회 새가족 야유회 _ 240
57 주님 내 인생의 후반전에 이것을 이루어주소서 _ 243

목차

58 저는 6개 교회의 장로입니다 _ 246
59 가고 싶은 교회 '그말씀교회' _ 249
60 주 안에서 항상 기뻐하라 _ 253
61 매일 아침 나의 고백 _ 255
62 자원하는 마음 _ 257
63 기독교대한성결교회 서울강남지방장로회 2024년 임원수련회 _ 260
64 하나님 마음대로 하세요 _ 268
65 어느 어머니의 기도 제목 _ 271

제3편 가족오락관　　　　　　　　　　　273

01 너희들도 나처럼 살아라 _ 274
02 내가 나를 존경할 수 있는 삶을 살자 _ 279
03 내가 책을 쓰는 이유 _ 280
04 말을 하기 전에 _ 282
05 온도조절기 _ 283
06 서로를 위해서 지록위마(指鹿爲馬) _ 284
07 일신우일신(日新又日新) _ 294
08 아내가 반대할 때는 이유가 있습니다 _ 296
09 당신은 비교하지 말아요, 나는 비교할게요 _ 300
10 25년까지와 25년 이상의 차이 _ 301
11 안마병 _ 302
12 소나기는 피해가라 _ 303
13 톱니칼 만행사건과 맞바꾸자 _ 305
14 사랑하는 딸에게 해 준 조언 _ 307
15 은혜의 밥상 _ 312
16 꿀처럼 달다 _ 316
17 비밀로 하고, 알려는 드리겠다 _ 317
18 영어로 방언하게 해주세요 _ 318

■ 목 차

19 우리 아들이 300억 벌게 해주세요 _ 319
20 주저함에 대한 서운함 _ 321
21 홍콩 가다 _ 323
22 은철이 선생님 군대 잘 가세요 _ 324
23 이등병 아들과 함께 _ 330
24 조리병 아들의 신병 위로휴가 _ 340
25 아들 군부대에서 행복한 동행 _ 346
26 혹시 여기서도 바쁜가요? _ 349
27 참 아름다운 사람들과 참말로 아름다운 사람 _ 352
28 함께 하고 싶은 마음이 충돌할 때 _ 357
29 조국혁신당을 지지합니다 _ 359
30 너무 좋아 _ 361
31 선물 같은 하루 _ 364
32 38광땡 잡은 이야기 _ 367
33 20대 유부녀가 말하는 절대 놓치면 안 되는 남자 유형 _ 369
34 맛鮮生과 감자팬케이크 _ 371
35 사랑으로 _ 373
36 조카 김은총을 천국으로 보내면서 _ 374
37 2024년 어느 남자의 생일 축하 편지 _ 376
38 2024년 설 이야기 _ 378
39 2024년 여름 가족 모임 _ 381
40 2024년 추석 이야기 _ 399
41 2024년 성탄절 풍경 _ 409

제4편 변호사 이야기　　　　　　　　　　　415

01 저는 겨울이고, 당신은 눈입니다 _ 416
02 정신없이 감사한 하루 _ 417
03 눈물이 나도록 고마워 _ 419

목 차

04 법무법인 서호 代表辯護士 金良烘에 시집온 꽃 _ 420
05 돈 많이 버는 변호사보다 존경받는 변호사가 되라 _ 421
06 많은 비가 내린 제76주년 제헌절 날 소감 _ 423
07 꼭 '혐의 없음' 처분 받게 해주세요 _ 425
08 카페 행복마루 _ 426
09 천안동남경찰서 근처 뚜쥬르 빵돌가마마을 _ 428
10 주님의 은혜가 효과가 있네 _ 430
11 역전 가락국수 _ 431
12 나는 충분히 행복하다 _ 432
13 전우들 _ 435

제5편 이런 저런 이야기   437

01 갑진행복 _ 438
02 그 친구 _ 439
03 CBS JOY4U 최인혁의 사랑의 노래 평화의 노래 _ 441
04 살찌세요 _ 444
05 나라를 사랑하는 길 _ 445
06 군고구마 오마카세 _ 446
07 나의 속도로, 내가 선택한 방향으로 _ 448
08 형수님의 사랑으로 만든 조끼와 발판 _ 449
09 네 번 분실한 지갑을 네 번 모두 되찾은 이야기 _ 451
10 김양홍 변호사에서 김양홍 작가로 _ 453
11 32년이 지난 오늘 이야기 _ 455
12 워매~ 어째야 쓰까잉~ _ 459
13 삶 자체가 작가 _ 461
14 THE HOUSE 1932 _ 462
15 대우가족 김양홍 _ 463
16 결국, 사람이다 _ 466

17

■ 목 차

17 참 반가운 손님 _ 467
18 형님 덕분에 _ 469
19 전국화물자동차운송사업연합회 '화물정보 플랫폼' _ 471
20 목계장터 _ 473
21 다섯 번째 호야꽃이 피었습니다 _ 475
22 천국의 맛과 지옥의 냄새를 가진 두리안 _ 478
23 베짱이의 비파 열매 따기 _ 479
24 잘 먹고 잘 살자 _ 480
25 역사적인 순간 _ 482
26 Kebab을 아시나요? _ 484
27 2024 파리 올림픽 _ 485
28 창작음악그룹 '오롯'과 함께 한 박물관문화향연 _ 487
29 몸에 좋은 것과 입에 좋은 것 그리고 다 좋은 것 _ 488
30 한국계 교토국제고 일본 '여름 고시엔' 첫 우승 _ 489
31 골프공을 줍는 꿈과 갑오징어가 새끼를 낳는 꿈 _ 492
32 나에게 행복을 주는 사람 _ 494
33 한국의 작가, 한강! _ 496
34 지금 이대로 _ 498
35 KIA 타이거즈 V12 2024 한국시리즈 우승 _ 499
36 머슴들을 위하여 건배! _ 501
37 백골978 고창에서 "백골" _ 502
38 독립유공자의 명칭을 되찾자 _ 507
39 어째서 사람이 이 모양인가! _ 509
40 윤석열 대통령의 비상계엄 선포는 형법 제87조 내란죄에 해당된다 _ 512
41 국민의 힘과 내란의 힘 _ 516
42 대한민국의 미래는, 우리의 희망은, 국민 속에 있습니다!! _ 518
43 한국미혼모지원네트워크 2024년 전문위원회의 _ 520
44 압도적 감사 _ 522
45 사랑은 또 다른 간(肝)이다 _ 523
46 용주골에서 우리 조국 대한민국을 위하여!! _ 525

목 차

47 백두산 천지 여행기 _ 527
48 연극 '밑바닥에서' _ 539
49 넷플릭스 드라마 '돌풍' _ 542
50 tvN 드라마 '군검사 도베르만' 다시 보기 _ 543

제6편 행복한 골프　　　　　　　　　　　　　　　　545

01 김홍신 선생님과 행복한 골프(골드CC와 골프존카운티 안성H) _ 546
02 김용훈 교수님과 행복한 골프 : 날씨가 예쁜 날 떼제베CC에서 _ 553
03 조근형 이사장님과 행복한 골프 : 더헤븐CC에서의 아름다운 하루 _ 556
04 정영환 사장님과 행복한 골프(청주그랜드CC) : 71타와 67.0% _ 559
05 류관석 변호사님과 행복한 골프(BA Vistar CC) : 꿈꾸는 사람 _ 561
06 처제 내외와 행복한 골프(뉴서울CC) : 날마다 향기 그윽 하소서 _ 563
07 열두제자 행복한 골프 : 빅토리아GC에서 얼죽아(Eoljukah) _ 565
08 태릉골프장 : 태릉 어게인!! _ 568
09 행복은 동행이고, 동행이 행복이다(마론뉴데이CC) _ 570

웃인생은
여행과같은
여정입니다
오늘의 아들 때나
내일의 나를
만나는
일이다

여행

20 변호사 김양홍의 행복연구소

제1편
행복학 개론

1-01
지금 그냥 웃어보자

一笑一少 一怒一老(일소일소 일노일노) 한번 웃으면 한번 젊어지고 한번 화내면 한번 늙어진다는 뜻입니다. 가수 임영웅이 가수가 되기 전 2016년 'KBS 전국노래자랑 포천시편'에서 출연해서 불렀던 곡이 가수 신유가 부른 '일소일소 일노일로'라는 노래입니다. 노래가사가 '인생지침서(人生指針書)' 같습니다.

(1절)
세상사 스무고개 길 좋은 날만 있을까
이왕이라면 웃으며 살자 말처럼 쉽지 않아도
일소일소 일노일노
얼굴마다 쓰여져 감출 수가 없는데
한 치의 앞날 모르는 것이 인생인 것을
그게 바로 인생인 것을
웃다가도 한세상이고 울다가도 한세상인데
욕심 내봐야 소용없잖아 가지고 갈 것 하나 없는데

(2절)
인생사 구비구비 길 힘든 날만 있을까
마음 하나를 내려놓는 게 말처럼 쉽지 않아도
일소일소 일노일노
얼굴마다 쓰여져 감출수가 없는데
한 치의 앞날 모르는 것이 인생인 것을
그게 바로 인생인 것을
웃다가도 한세상이고 울다가도 한세상인데
욕심 내봐야 소용없잖아 가지고 갈 것 하나 없는데

삶을 사랑하는 365가지 방법을 담고 있는 김홍신 선생님의 《하루 사용설명서》 7월 25일 편에는 웃음에 관한 다음과 같은 지혜의 글이 실려 있습니다.

지금 그냥 웃어보자

김홍신의 하루사용설명서
7월 25일

의학적으로 사람의 몸은 매일 3천 개에서 5천 개 정도의 암세포를 만든다고 한다. 그러나 모든 사람이 암 환자가 되지는 않는다. 면역세포가 암세포를 파괴하기 때문이다. 면역세포는 암세포를 발견하면 퍼포린 같은 단백질을 뿜어 암세포를 터트려 죽인다고 한다. 건강한 사람은 이 면역세포를 50억 개 정도 가지고 있다.

그런데 참 신기한 것은 웃는 입 모양만 해도 부교감 신경이 자극을 받아 면역세포가 활성화된다는 것이다.

마음이 편안해야 웃을 수 있지만 세포는 웃는 척만 해도 속아 넘어간다니 거울을 보고 괜히 웃어보는 여유쯤은 가져야 한다. 웃기만 해도 암세포가 사라진다니

지금 그냥 웃어보자.

김홍신 선생님의 말씀대로 지금 그냥 웃어 봅시다. 우리 민족의 4대 웃음을 아시나요? 그것은 박장대소(拍掌大笑 - 박수를 치며 크게 웃는다), 파안대소(破顔大笑 - 얼굴이 찢어지도록 크게 웃는다), 요절복통(腰折腹痛 - 허리가 끊어질 듯하고 배가 아플 정도로 몹시 웃는다), 포복절도(抱腹絶倒 - 배를 안고 넘어질 정도로 몹시 웃는다)라고 합니다. 요즘은 위 4대 웃음거리가 거의 사라진 시대이지만, 지금부터 우리라도 위 4대 웃음거리를 만들어 봅시다.

'우리 몸에는 완벽한 약국이 있다. 우리는 어떤 병도 고칠 수 있는 강력한 약을 가지고 있다. 그것은 웃음이다.'

'웃음의 전도사' 또는 '웃음의 아버지'로 일컬어지는 노먼 커즌스(Norman Cousins)의 명언입니다. 그는 1964년 당시 치료 불가능한 희귀병인 강직성 척추염에 걸려 온몸에 마비가 왔으나, 고통을 잊기 위해 코미디 프로를 보는 등 고통만큼 웃다보니 병이 나았다고 합니다. 건강을 되찾은 커즌스는 자신의 병에 대해 연구하기 시작했는데, 그는 투병생활 중 부정적인 생각이나 비극적인 결론이나 폭력에 관한 영상이나 내용을 일절 보지도 듣지도 않았고, 힘겨운 상황에서도 웃을 수 있고 마음이 기뻐지는 희극이나 노래를 감상하며 즐겁게 하루하루를 보냈습니다. 그는 웃음을 통해서 엔도르핀이 나와 자신의 병이 치료됐다는 결과를 바탕으로 웃음 치료학을 체계화하여 《질병의 해부학 Anatomy of an Illness》을 비롯한 많은 저서를 남겼습니다. 그는 웃을 때는 얼굴 근육이 이완되어 뇌로 가는 혈류량이 증가되고, 엔도르핀의 분비가 증가되고, 자연 살상(Natural killer : NK)세포가 증가된다는 등의 다양한 연구결과를 발표했고, 의학계에서도 인정을 받아 UCLA 의과대학의 수업 과목으로 채택되기도 했습니다.

김홍신 선생님의 글에서 언급된 바와 같이 웃음으로 생기는 엔도르핀은 암세포까지 죽일 수 있다고 합니다. 웃음은 만병통치약(萬病通治藥) 같습니다. 우리 모두가 고통 속에서 웃음을 지켜내고, 슬픔 속에서 웃음을 되찾고, 힘든 삶 속에서 웃음을 피어낼 수 있기를 소망합니다. 이처럼 웃음은 그냥 주어지는 것이 아니라 우리의 노력이 필요합니다. 아래 글은 지인으로부터 받은 '웃음의 재해석'이라는 글입니다.

① 하하하(下下下) : 웃음은 자신을 낮추고, 남을 높이는 것이다. 이것이 웃음의 출발이다.
② 호호호(好好好) : 호감이야말로 가장 뛰어난 이미지 메이킹이다. 웃음 속에 관계를 갈망하는 의지가 새겨진다. 그래서 웃음은 만국공통여권(萬國共通旅券)이다.

③ 희희희(喜喜喜) : 웃다 보면 좋은 일만 생긴다. 그래서 희(喜 : 기쁠 희)에는 좋은 길(吉)이 새겨져 있다. 행복해서 웃는 것이 아니라, 웃어서 행복한 것이다.
④ 허허허(虛虛虛) : 웃음은 '비움'이다(虛 : 빌 허). 웃는 순간 가슴에는 태평양보다 더 큰 바다가 생겨난다. 여유로움이다.
⑤ 해해해(解解解) : 웃다보면 근심걱정이 도망간다(解 : 풀 해). 웃음은 마음의 해우소(解憂所)이다.

웃을 때는 "하하하"로 끝나면 안 됩니다. "하하하, 호호호, 희희희, 허허허, 해해해"로 마무리 되는 순간, 진정한 웃음이 완성 됩니다. 보약(補藥)이 따로 없습니다. "하하하" 먼저 자신을 낮추고, "호호호" 즐거운 표정으로, "희희희" 좋은 것만 생각하며, "허허허" 마음을 비워, "해해해" 감정의 찌꺼기를 내다 버리는, 그것이 진짜 웃음입니다. 우리 속담에 소문만복래(笑門萬福來)란 말이 있습니다. 웃으면 복이 온다는 뜻입니다. 웃음에는 가난도 없습니다. 웃으면 복이 오지만, 건강도 오고, 행복도 옵니다. 오늘이 가기 전에 꼭 웃어봅시다!

1-02
당신은 당신을 존경할 수 있는가?

서울신학대학교에 공무로 갔다가 존경하는 박영환 명예교수님 연구실에 들렀습니다. 박 교수님이 요즘 재밌게 보고 계신다고 하는 스티븐 핑커 하버드대 교수의 '지금 다시 계몽'이라는 책을 펼쳐보다가 박 교수님이 '감정과 과거를 다스릴 줄 알아야 진정한 강한 사람이 된다. 죽음이 두렵지 않은 인생을 살아라'라고 메모해 놓으신 것을 봤습니다. 박교수님도 "어디에서 본 글을 적어놓은 것 같다"고 하셔서 인터넷을 검색해 보니 위 글 중 북미 인디언 부족 쇼니족 추장 테쿰세가 한 말의 일부가 있었습니다. 주옥같은 그가 한 말의 일부를 소개합니다.

"죽음이 두렵지 않은 인생을 살아라. 너의 인생을 사랑하고, 완벽하게 만들고, 인생의 모든 것을 아름답게 하여라. 당신의 사람들을 위해 봉사할 수 있도록 삶을 지속하여라. 결단의 순간이 오는 날을 위해, 숭고한 죽음을 늘 준비하라. 매일 아침 일어날 때 양식과 삶의 즐거움에 감사하라. 감사할 이유를 알지 못한다면, 그 잘못은 오로지 너에게만 있을 것이다. 죽음의 순간이 다가온다면 남들처럼 죽음의 공포를 느끼지 마라. 남들처럼 엎드려 구걸하며, 조금 더 살게 해달라며 추하게 굴지 마라. 노래로 죽음을 환영하고 집으로 돌아가는 영웅처럼 죽음을 맞이하라."

저는 박 교수님에게 30대 초반에도, 50대 중반인 지금도 "지금이 좋습니다"라고 했습니다. 저는 젊은 시절로 돌아가고 싶지 않고, 얼른 할아버지가 되고 싶을 뿐입니다. 제가 무언가를 완벽하게 이루었기 때문에 좋은 것이 아니라 지금까지 함께 해주신 하나님의 은혜를 생각하니 그렇다는 것입니다. 그래서 저는 주사 맞는 것은 두려워도 결코 죽는 것은 두렵지 않습니다. 저는 테쿰세의 말 중 '매일 아침 일어날 때 양식과 삶의 즐거움에 감사하라'는 말은 지키고 살고 있습니다.

성경에서도 '한 번 죽는 것은 사람에게 정해진 것이요 그 후에는 심판이 있다(히브리서 9장 27절)'고 합니다. 영원히 산다면 그리고 죽음 후에 심판이 없다면 그냥 마음 편히 살다 죽으면 될 것입니다. 이렇게 살든 저렇게 살든 차이가 없을 테니까요. 그런데 분명 성경은 죽음 후에는 심판이 있다고 합니다. 올해 저의 나이 56세. 죽음을 생각하기에는 젊은 나이일수도 있으나, 이렇게 죽음을 생각하게 해주신 하나님께 감사합니다. 저의 기도제목 중 하나는 '언제 어디서나 저의 가족과 법무법인 서호가 하나님 나라를 이루어 가는데 선한 도구로 쓰임 받기'입니다. 그렇게 쓰임 받다가 하나님이 불러주시는 때에 순종하며 하늘나라에 가고 싶습니다.

최근에 관람한 연극 <밑바닥에서>에서 '빼뺄'역을 맡은 배우가 말한 "한 가지 정말 절실한 건 더 나은 삶을 살지 않으면 안 된다는 거야. 내가 나를 존경할 수 있는 그런 삶을…"라는 명대사를 기억합니다. 그동안 저의 삶의 모토는 "나의 아내와 딸·아들에게 존경받는 사람이 되자"였는데, 그 연극을 본 후부터 "내가 나를 존경할 수 있는 삶을 살자"로 바꿨습니다. 얼마 전 아내와 '빼뺄'의 명대사에 대해서 이야기했는데, 아내가 대뜸 저에게 "당신은 당신을 존경하는 삶을 살고 있나요?"라는 질문을 했을 때 손사래를 치며 "그렇지 않다"고 대답했습니다. 더 늦지 않게끔 오늘부터라도 저의 버킷리스트에 있는 것을 하나하나 실천해 가고, 매 순간 내가 나를 존경할 수 있는 삶을 살자고 다짐한 것을 되새기겠습니다.

우리의 삶은 죽음으로 가는 여정(旅程)이기 때문에 죽음을 준비하는 사람이 지혜로운 사람입니다. 죽음을 진짜 잘 준비하는 것은 삶을 진짜 잘 사는 것입니다. 또한 범사에 감사함으로 죽음을 준비해야 합니다. 당신의 인생을 사십시오. 감사와 행복은 찾는 것입니다. 그렇게 하루하루 살다보면, 정말 죽음이 두렵지 않은 인생을 살고 있는 자신을 볼 수 있을 것입니다.

※ 한국성결신문 2024. 5. 11.자 김양홍 변호사의 행복칼럼 내용입니다.

1-03
더욱 훌륭한 사람

오늘 아침은 햇살이 조금 약한 것 같아 서울역 근처 저희 집에서 용산역 근처 사무실까지 걸어서 출근했습니다. 출근길 길목 삼각지 쪽에는 표구점(表具店)이 많은데, 어느 표구점에서 다음과 같은 유일한(柳一韓) 박사님의 어록이 표구되어 있는 것을 봤습니다. 숨은 보물을 찾은 기분이었습니다.

'우리가 다른 사람에게 줄 수 있는 가장 큰 선물은 경청이다.'라는 말이 있습니다. 솔로몬이 하나님께 구했던 것도 '듣는 마음(열왕기상 3장 9절)' 즉, 경청이었습니다. 부부나 부모자식 사이에서도 가장 중요한 것이 경청입니다. 경청하는 마음이 남을 배려하는 마음이고, 남의 행복에 대해 생각할 줄 아는 마음입니다. 한국에서 가장 존경받는 기업 제약부분에서 21년 연속 1위로 선정된 유한양행을 설립한 유일한 박사님은 1971년 3월 소천하셨는데, 그의 편지 한 장에 또박또박 큰 글씨로 써진 유언장에는 다음과 같은 내용이 적혀 있었습니다.

손녀에게는 대학 졸업까지 학자금 1만 달러를 준다.
딸에게는 학교 안에 있는 묘소와 주변 땅 5천 평을 물려준다.
그 땅을 동산으로 꾸미고, 결코 울타리를 치지 말고, 중·고교 학생들이 마음대로 드나들게 하여 그 어린 학생들이 티 없이 맑은 정신에 깃든 젊은 의지를 지하에서나마 더불어 느끼게 해달라.
내 소유 주식은 전부 사회에 기증한다.
아내는 딸이 그 노후를 잘 돌보아 주기 바란다.
아들은 대학까지 졸업시켰으니 앞으로는 자립해서 살아가거라.

그의 숭고한 뜻을 가슴 깊이 새기며 살아왔던 딸 유재라씨도 지난 1991년 세상을 떠나며 힘들게 모아 두었던 전 재산을 사회를 위해 쓰도록 기증하였습니다. 그 아버지에 그 딸입니다. 아래 글은 유한양행 홈페이지에 있는 유일한 박사님의 기도문입니다.

만물을 창조하시고 전지전능하신 주님,

베풀어 주신 은혜와 이날까지도 새 소망을 허락하심을 저희들은 겸손한 마음으로 감사하옵니다. 저희들이 이 땅에서 살아가는 동안 과거의 잘못을 통하여 더욱 성장할 수 있게 도우시고, 슬픔과 후회를 저희들 마음속에서 떠나게 하시고 대신 어제의 편견이나 내일의 두려움 없이 정해진 사람의 길을 걸어갈 수 있도록 성령과 용기와 의지를 저희들 마음속에 심어 주시옵소서. 저희에게 유혹을 이겨내고 탐욕과 시기와 부러워함을 정복하게 하시고 낙심과 증오와 고통을 극복할 수 있는 힘을 허락하시옵소서.

주님, 분노와 절망과 역경의 깊은 골짜기에서 저희를 건지시고 패배와 실패와 허무감을 불식시켜 주시옵소서. 저희 의사를 표현함에 있어 자제할 수 있게 하시고, 타인의 의견을 이해와 동정심을 가지고 경청하게 하시며, 그들의 허물을 비판하는 것보다 그들의 미덕을 칭찬하고 인정할 줄 아는 지혜를 허락하시옵소서. 삶에 있어서 무엇이 더 중요한 것인가를 인식할 수 있고, 오늘날 저희들에게 주어진 좋은 것들을 충분히 즐기며, 명랑하고, 참을성 있고, 친절하고, 우애할 수 있는 능력을 허락하여 주시옵소서.

무엇보다도 온 인류 모두가 참된 목적을 위하여 일하고 평화로운 마음으로 이 세상을 살아갈 수 있도록 저희들의 마음을 겸손함과 이웃을 아끼고 사랑하는 마음으로 가득 채워 주시옵소서. 아멘.

예수님께서 "내가 너희를 사랑한 것 같이 너희도 서로 사랑하라(요한복음 13장 34절)"는 가르침을 충실히 실천하신 유일한 박사님의 그림자라도 닮고 싶습니다. 박사님처럼 저의 삶 속에서 예수님의 흔적을 지니길 소망합니다. 오늘부터 새로운 마음으로 아내와 자녀 그리고 이웃의 말에 경청하겠습니다.

1-04
당신은 머지않아 예쁜 꽃이 될 것입니다

그리 조급해하지 않아도 괜찮아
그리 불안해하지 않아도 괜찮아
넌 머지않아 예쁜 꽃이 될테니까

위 글은 공덕오거리 S-OIL 본사 빌딩에 걸려 있던 글귀입니다. 저에게 하는 말 같아서 읽을수록 힘이 납니다. 위 글은 박치성 시인의 '봄이에게'라는 아래 시의 일부입니다.

민들레가 어디서든 잘 자랄 수 있는 건
어디로 데려갈지 모르는 바람에
기꺼이 몸을 실을 수 있는
용기를 가졌기 때문이겠지

어디서든 예쁜 민들레를 피워낼 수 있는 건

좋은 땅에 닿을 거라는 희망을 품었고
바람에서의 여행도 즐길 수 있는
긍정을 가졌기 때문일거야

아직 작은 씨앗이기에
그리 조급해하지 않아도 괜찮아
그리 불안해하지 않아도 괜찮아

넌 머지않아 예쁜 꽃이 될 테니까

위 시어(詩語)처럼 우리는 조급해하지 않아도, 불안해하지 않아도 괜찮습니다. 하나님이 하나님의 때에 하나님의 방법으로 우리를 예쁜 꽃으로 피게 하실 것입니다. 우리는 각자의 때에 장미꽃이든, 라일락꽃이든, 벚꽃이든, 민들레꽃이든 각자의 꽃을 피우면 됩니다. 이름 있는 꽃이든 이름 없는 꽃이든 우리 모두는 하나님이 창조하신 꽃들입니다. 아름다운 사람들입니다. 오늘 아침 출근길에 작약(芍藥) 2그루를 사서 빈 화분에 심었는데, 재판 마치고 사무실로 오는 길에 혼자 활짝 핀 작약꽃을 봤습니다. 혼자 외롭게 피어 있었지만, 참말로 예쁘게 피어 있었습니다. 저를 기다렸단듯이 ...
 어느 날 재판을 위해 서울서부지방법원 법정을 가면서 계단으로 걸어갔는데, 그 계단 중간에 이런 글귀가 붙어 있었습니다.

삶은 순간순간의 연속이다.
한 순간, 한 순간을 사는 것이 성공하는 것이다. - 켄트 -

오늘 하루는 작은 일생입니다. 작은 일생이든, 평생이든 잘 사는 방법은 모든 일을 감사함으로 채우는 것입니다. 또한 성경은 분명 "내일 일을 위하여 염려하지 말라 내일 일은 내일이 염려할 것이요 한 날의 괴로움은 그 날에 족하니라(마태복음 6장 34절)"라고 했습니다. 범사에 감사함으로 한 순간, 한 순간을 잘 살아내고, 하루하루를 잘 살아내는 것이 곧 성공적인 삶을 사는 것입니다. 그렇게 살다보면 당신은 머지않아 예쁜 꽃이 되어 있을 것입니다.

1-05
함께 가자 먼길

너와 함께라면
멀어도 가깝고

아름답지 않아도
아름다운 길

나도 그 길 위에서
나무가 되고

너를 위해 착한
바람이고 싶다.

　　설을 맞아 이발하러 갔다가 이발소에서 본 2024년 2월 5일자 동아일보에 실린 KB금융그룹 광고에 있는 나태주 시인의 '먼길'이라는 시입니다. 그 광고에는 제가 2021년 1월 28일에 쓴 <사진 속의 두 남자> 글에서 소개한 사진이 삽입되어 있었습니다. 나태주 시인은 정말 언어의 마술사입니다. 시인은 이 짧은 시를 통해 우리에게 오만가지를 이야기하고 있습니다.

　　<사진 속의 두 남자>

　　사진 속에 두 남자가 있습니다. 눈이 펑펑 오는 날, 한 남자가 자신이 입고 있던 방한 점퍼를 벗어 다른 남자에게 입혀주고 주머니 속에서 뭔가를 꺼내 쥐여 줍니다. 지난 2021년 1월 18일 오전 서울역 앞에서 있었던

일입니다. 점퍼를 벗어 주던 남자는 지나가는 시민이었고, 그 점퍼를 받은 남자는 노숙인이었습니다. 이 광경을 목격한 사진 기자가 노숙인에게 달려가 물었습니다. "무슨 일이시죠?" 그러자 노숙인은 눈물을 흘리며 기자에게 대답했습니다. "너무 추워서 커피 한잔을 사달라고 부탁했는데 아무런 대꾸도 없이 내 어깨를 잡더니 입고 있던 외투와 장갑을 줬습니다. 정말 고맙고 눈물이 납니다." 그리고 남자가 노숙인에게 건네준 건 외투와 장갑뿐만 아니라 5만 원짜리 지폐도 있었습니다. 사진기자가 바로 주위를 둘러보았지만, 자신이 가진 걸 노숙인에게 선뜻 내어준 남자는 하얀 눈 속으로 홀연히 사라졌습니다.
(글과 사진 출처 : 한겨레신문 2021. 1. 18. 백소아 사진뉴스팀 기자)

사진 속의 두 남자 이야기는 2021년 1월 코로나19로 지친 우리들의 마음을 참 따뜻하게 해줬습니다. 노숙인을 만나면 피하려고만 했던 저의 모습을 돌이켜 보니 한없이 부끄럽습니다.

우리는 더불어 사는 세상을 만들어가야 합니다. 더불어 사는 세상이 더불어 행복한 세상이기 때문입니다. 이 두 마디는 저의 행복시리즈 수필집 8권의 책 표지에 있는 말이기도 합니다. 서로가 서로에게 나무가 되어 주고, 착한 바람이 됩시다. 혼자서는 결코 숲을 이룰 수 없습니다.

> 또 누구든지 제자의 이름으로 이 작은 자 중 하나에게 냉수 한 그릇이라도 주는 자는 내가 진실로 너희에게 이르노니 그 사람이 결단코 상을 잃지 아니하리라 하시니라(마태복음 10장 42절)

삶 속에서 예수님의 사랑을 실천해야 하는데, 저는 무늬만 크리스챤인 것 같아 주님께 죄송합니다. 제가 비록 사진 속의 남자처럼 노숙인에게 외투와 장갑을 벗어주지는 못해도 이 땅에 사는 노숙인들이 건강하게 이 추운 겨울을 잘 지낼 수 있도록 기도합니다. 그리고 지금 제가 서 있는 자리에서 제 곁에 있는 모든 사람들을 마음을 다하여 섬기겠습니다. 저의 삶의 모든 영역에서 사진 속의 남자를 본받고 싶습니다. 그래서 저의 삶이 예배가 되고, 전도가 되길 소망합니다.

1-06

인생은 고스톱이고, 쓰리고다

아래 글은 제가 2014년에 '고스톱을 잘 하자'라는 제목으로 쓴 글입니다. 지금 읽어 봐도 참 공감되는 글입니다. 아마 제가 쓴 글이라서 그럴 것입니다.

저는 군검찰관시보를 강원도 인제군 기린면에 있는 제3군단에서 했습니다. 그때는 호랑이 담배피던 시절이라 동료들끼리 고스톱을 참 많이 했습니다. GO 할지 STOP 할지 참 고민을 많이 했지요. 그런데 우리네 인생살이도 GO-STOP의 연속인 것 같습니다. STOP 해야 할 때 GO 했다가 고박을 쓰는 경우가 많습니다. 멈추어야 할 때는 STOP 하면 많이 손해보는 것 같고, GO 하면 더 이익이 날 것 같아도 반드시 멈춰야 합니다. 고스톱이야 다음에 또 기회가 있지만, 우리네 인생살이에는 연습이 없습니다. 고스톱을 잘 하는 것, 그것이 인생을 지혜롭게 사는 길입니다.

아래 글은 2021년 금강일보에 게시된 김충남 인문학교육연구소장님의 글입니다. 저의 위 '고스톱을 잘 하자'는 글과 이어지는 글이라서 더 공감이 됩니다.

세월은 앞으로만 간다. 그래서 인생은 앞으로만 가는 go. 인생은 고통의 바다(苦海)다. 그래서 인생은 고달픈 苦(고). 인생은 고독 자체다. 그래서 인생은 孤(고). 그렇다. 인생은 go, 苦, 孤 쓰리(3)고다.

고스톱을 잘 하는 것이 인생을 지혜롭게 사는 것이고, 그 고스톱 인생판에서 쓰리고에 대해 잘 대응하는 것이 인생을 잘 사는 것입니다. 그리고 고스톱이 재미있는 것은 '함께' 하기 때문입니다. 우리 모두 무엇을 하든지 함께 합시다!!

1-07
마음 신호등

어제 아들에게 심하게 화를 냈습니다. 그런데 오히려 아들이 "엄마 미안해. 내가 엄마 마음도 모르고." 라고 하더군요. 그 말에 저도 "엄마도 미안해. 엄마가 욱~하는 마음을 참질 못했어." 그러자 아들이 "엄마 괜찮아. 엄마 알고 있어? 사람 마음에도 신호등이 있어. 엄마 마음에 빨간색 불이 켜져서 그런거야. 괜찮아. 엄마가 웃으면 엄마 마음에 초록색 불이 켜질 거야." 그 말에 또 한 번 저를 반성했습니다.

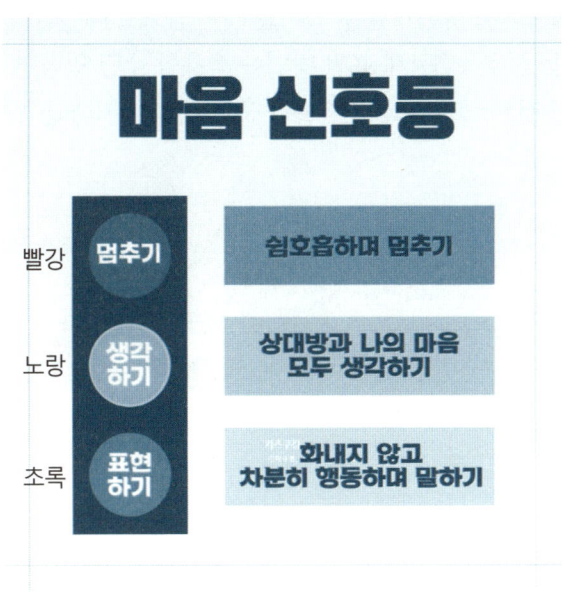

위 글은 저희 법무법인 서호 사무실에서 18년째 함께 일하고 있는 세무법인 위드플러스(최영경 세무사) 사무실 박미례 실장님이 어제 초등학교 2학년 아들 서승규 군과 주고받은 대화를 정리한 것입니다. 너무나도 감동적인 엄마와 아들의 대화입니다. 초등학교 2학년 교과서에 다음과 같은 '마음 신호등'이라는 내용이 나온다고 합니다. 초등학교 교과서가 사서삼경(四書三經) 보다 더 지혜로운 책 같습니다.

마음 신호등은 내 마음을 표현하기 전에 지켜야 할 마음의 약속을 의미합니다. 도로의 교통 신호등처럼 우리 마음에도 신호등을 달아서 규칙에 따라 말하고 행동하면 싸움이 일어나지 않을 수 있습니다. 마음 신호등 3단계 표현 방법은 다음과 같습니다.

빨간색 멈추기 : 말하기 전에 3초만 기다려요.
노란색 생각하기 : 친구의 마음과 나의 마음을 모두 생각해요.
초록색 표현하기 : 화를 내지 않고 차분히 말해요.

초등학교 2학년 아들이 학교에서 배운 것을 엄마하고 대화할 때 그렇게 차분하게 적용해서 이야기할 수 있다는 것이 참으로 대견합니다. 우리가 대화할 때 마음 신호등 3단계 표현 방법을 적용할 수만 있다면 그 어떠한 문제도 해결될 것으로 믿습니다. 서승규 군의 내일이 기대되고 기대됩니다.

1-08
팽이버섯이 가르쳐 준 삶의 지혜

아침에 춘천닭갈비 밀키트 (집에서 간편하게 조리해 먹을 수 있는 식품)를 갖고 아침식사를 준비하면서 팽이버섯을 넣으려고 썰었습니다. 저는 평소 팽이버섯을 요리에 넣을 때는 비닐을 벗기는 것이 귀찮아서 비닐이 싸여 있는 채로 뿌리가 있는 밑동을 썹니다. 오늘 아침에도 그렇게 밑동을 썬다고 썰었는데, 썰고 보니 윗부분을 썰었습니다. 비닐에 싸진 팽이버섯을 자세히 보니 밑동 부분에는 초록색 풀 모양이 있었습니다. 저 같은 사람이 있을까 봐서 그렇게 구분했나 봅니다. 비록 맛있는 팽이버섯 머리 부분이 없어졌지만, 대파 썰어 넣은 것 같아 보기에는 깔끔해서 좋습니다.

나태주 시인의 '풀꽃-1, 2, 3'이라는 시가 있습니다. 시인은 하찮은 풀꽃을 보면서도 우리들에게 어떻게 삶을 살아가야 하는지를 잘 가르쳐 주고 있습니다.

풀꽃-1

자세히 보아야 예쁘다
오래 보아야 사랑스럽다
너도 그렇다.

풀꽃-2

이름을 알고 나면 이웃이 되고
색깔을 알고 나면 친구가 되고
모양까지 알고 나면 연인이 된다
아, 이것은 비밀.

풀꽃-3

기죽지 말고 살아봐
꽃 피워 봐
참 좋아.

우리는 주위를 자세히 살펴야 보아야 하고, 오랫동안 바라봐 줘야 하고, 격려해주고 사랑해줘야 합니다. 그렇게 사는 것이 참 좋은 삶입니다. 오늘 아침 제가 팽이버섯 윗동을 자른 것도 제가 자세히 보지 않아서입니다. 오늘 저와 여러분이 배우자를, 자식을, 부모형제를, 이웃을 자세히 살펴볼 수 있기를 소망합니다. 자세히 보아야 이쁩니다. 그래서 오늘 아침 가족 단톡방에 밤새 당직 근무를 서서 고생한 아내에게 '우리 이쁜 마누라 파이팅~♡'이라는 문자를 남겼습니다.

1-09
분을 내어도

저의 집 식탁은 대리석으로 되어 있는데, 한쪽 면에 약간의 흠이 파여 있습니다. 저희 아이들이 어렸을 때 무엇 때문인지는 기억에 없으나, 제가 화가 나서 숟가락으로 식탁을 내리치는 바람에 생긴 흠입니다. 그 흠을 볼 때마다 저 자신을 돌아보곤 합니다. 공자는 '논어(論語)'에서 분(忿)을 다스리기 힘들 때 필요한 해법을 제시하고 있는데, 그것은 바로 분사난(忿思難)입니다. "화가 났을 때는 그 뒤에 있을 어려움을 생각하라."는 뜻입니다. 성경에서는 분에 대해서 다음과 같이 말씀하고 있습니다.

분을 그치고 노를 버리며 불평하지 말라 오히려 악을 만들 뿐이라 (시편 37편 8절)

분을 내어도 죄를 짓지 말며 해가 지도록 분을 품지 말고 마귀에게 틈을 주지 말라(에베소서 4장 26~27절)

우리 모두 위 성경말씀대로 살도록 노력합시다. 찬송가 348장 '마귀들과 싸울지라' 2절에는 '고함치는 무리들은 흉한 마귀 아닌가'라는 가사가 있습니다. 화내고 고함칠 때는 분명 마귀가 역사하는 때임을 명심(銘心)하고, 마귀에게 틈을 주지 않도록 늘 주의해야 합니다. 해가 지도록 분을 품지 말아야 합니다.

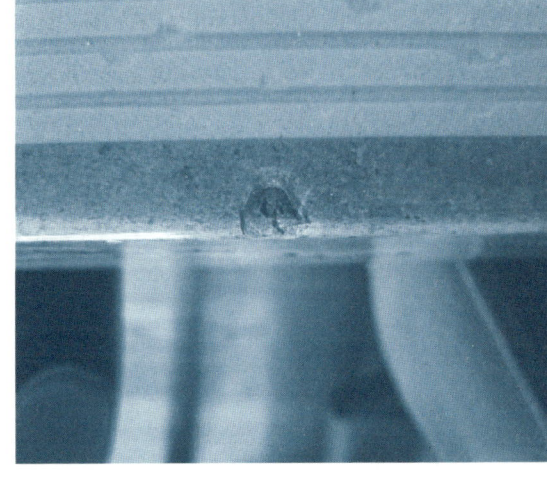

제1편 행복학 개론 39

1-10
의자 예찬

세상 어디를 가도 의자가 있습니다. 집에도, 회사에도, 교회에도, 식당에도, 지하철에도, 여행지에도 의자가 있습니다. 의자는 놓여진대로 불평불만 없이 묵묵히 자신을 찾는 사람들에게 앉을 자리를 내줍니다. 의자의 모양은 다양하지만, 사람들이 앉게 한다는 점에서는 동일합니다. 의자는 자기를 내세우지도 않고, 자신의 몸을 다 내주면서도 마냥 듣기만 합니다. 심지어 의자는 그렇게 모든 것을 주면서도 아무런 대가도 바라지 않습니다.

저도 의자를 닮고 싶습니다. 의자처럼 제가 있어야 할 자리에 있고, 저의 이웃들에게 앉을 공간이라도 내어주는 좋은 의자이고 싶습니다. 의자처럼 이름 없이 빛도 없이 살다가 천국가고 싶습니다. 그렇게 생각하니 의자는 하찮은 물건이 아니라 저에게 삶의 방향을 제시해주는 참 스승입니다.

1-11
끝이 좋으면 다 좋다

《끝이 좋으면 다 좋다》(All's Well That Ends Well)는 윌리엄 셰익스피어가 지은 희곡 제목인데, 오늘날에는 일상적으로 쓰이는 문장입니다. 대니얼 카너먼의 《생각에 관한 생각》 책에도 같은 취지의 글이 있습니다. 평생을 아주 잘 산 사람이 생의 마지막을 평범하게 보낸 A와 평생을 아주 평범하게 산 사람이 생의 마지막 한 해를 아주 잘 보낸 B 중 누가 더 자기 인생이 행복하다고 느낄까요? 우리 뇌는 가까운 것부터 기억하기 때문에 B가 더 행복하다고 느낀다고 합니다. '바로 지금' 행복하면 내 인생 전체가 행복하다고 느낀다는 것입니다. 올해도 얼마 남지 않았습니다. 올 한 해 어떻게 살았든 남은 날을 감사함과 행복으로 가득 채웁시다. 끝이 좋으면 다 좋습니다.

제1편 행복학 개론

1-12
인생살이에서 우리는 검사가 되지 말고 변호사가 되어야 한다

　형사재판 법정에는 판사, 검사, 변호사 그리고 피고인이 있습니다. 검사는 피고인의 범죄를 입증하기 위해 최선을 다하고, 변호인은 피고인이 최상의 결과를 받도록 최선을 다합니다. 피고인은 대부분 무죄를 주장하거나 유죄를 인정하고 선처를 구하거나 또는 무죄를 주장하면서 동시에 견해를 달리해서 유죄가 될 경우 선처를 바란다는 세 가지 중 한 가지의 태도를 취합니다. 이후 판사는 검사와 변호인 그리고 피고인의 주장 등을 종합해서 판결을 합니다. 검사는 피고인의 범죄를 입증해야 하기 때문에 증인 신문이나 피고인 신문 때 상대방을 매섭게 추궁합니다.
　인생살이는 형사재판 법정이 아닙니다. 인생살이에서 우리는 서로 검사가 되지 말고, 변호사가 되어야 합니다. 사회생활뿐만 아니라 가정생활에서도 마찬가지입니다. 물론 부모가 자녀를 올바르게 가르치기 위해 자녀의 잘못을 지적할 수는 있습니다. 그 때도 검사처럼 다그칠 것이 아니라 변호사처럼 지적해야 합니다. 성경은 "자녀를 노엽게 하지 말고 훈계하라"고 하고 있습니다.

　또 아비들아 너희 자녀를 노엽게 하지 말고 오직 주의 교훈과 훈계로 양육하라(에베소서 6장 4절)

1-13
사랑이 정답이다

벚꽃이 만발한 주일 오후 이수교회 박정수 담임목사님의 인도로 '그리스도인의 가정생활'에 관하여 제자훈련을 받았습니다. 성경은 부부 관계에 관하여 아내들과 남편들에게 다음과 같이 하라고 권면합니다.

> 아내들이여 자기 남편에게 복종하기를 주께 하듯 하라 이는 남편이 아내의 머리 됨이 그리스도께서 교회의 머리 됨과 같음이니 그가 바로 몸의 구주시니라 그러므로 교회가 그리스도에게 하듯 아내들도 범사에 자기 남편에게 복종할지니라(에베소서 5장 22~24절)

> 남편들아 아내 사랑하기를 그리스도께서 교회를 사랑하시고 그 교회를 위하여 자신을 주심 같이 하라 이는 곧 물로 씻어 말씀으로 깨끗하게 하사 거룩하게 하시고 자기 앞에 영광스러운 교회로 세우사 티나 주름 잡힌 것이나 이런 것들이 없이 거룩하고 흠이 없게 하려 하심이라 이와 같이 남편들도 자기 아내 사랑하기를 자기 자신과 같이 할지니 자기 아내를 사랑하는 자는 자기를 사랑하는 것이라(에베소서 5장 25~28절)

또한 성경은 부모 자식 관계에 대해서 어떠해야 하는지 다음과 같이 가르쳐 주고 있습니다.

> 자녀들아 주 안에서 너희 부모에게 순종하라 이것이 옳으니라 네 아버지와 어머니를 공경하라 이것은 약속이 있는 첫 계명이니 이로써 네가 잘되고 땅에서 장수하리라 또 아비들아 너희 자녀를 노엽게 하지 말고 오직 주의 교훈과 훈계로 양육하라(에베소서 6장 1~4절)

그리고 성경은 자녀의 신앙교육에 관하여 다음과 같이 하라고 합니다.

> 이스라엘아 들으라 우리 하나님 여호와는 오직 유일한 여호와이시니 너는 마음을 다하고 뜻을 다하고 힘을 다하여 네 하나님 여호와를 사랑하라 오늘 내가 네게 명하는 이 말씀을 너는 마음에 새기고 네 자녀에게 부지런히 가르치며 집에 앉았을 때에든지 길을 갈 때에든지 누워 있을 때에든지 일어날 때에든지 이 말씀을 강론할 것이며 너는 또 그것을 네 손목에 매어 기호를 삼으며 네 미간에 붙여 표로 삼고 또 네 집 문설주와 바깥 문에 기록할지니라(신명기 6장 4~9절)

유명한 전도자 휫필드(Whitefield) 목사님이 어떤 사람으로부터 "저 남자분은 크리스천인가요?"라는 질문을 받았을 때 "잘 모르겠습니다. 아직 그의 부인과 이야기를 나눠 보지 않았거든요."라고 답변했다는 예화가 교재에 소개되어 있습니다. 교회에 다니면서 입으로 "주여, 주여" 한다고 해서 다 크리스천이 아니고, 그가 진정한 크리스천인가를 알려면 그의 아내로부터 들어봐야 한다는 것입니다. 공감합니다.

박정수 담임목사님은 어느 날 목사님이 코를 자주 골기 때문에 사모님에게 시집간 딸 방에서 따로 자라고 했을 때 사모님께서 "천국 가는 날까지 당신 옆에서 자야지요."라는 말씀을 하셔서 감동이었다는 나눔을 해주셨습니다. 그래서 저도 아내가 누군가가 저를 칭찬할 때마다 "데리고 살아 보세요."라는 말을 하지 않고, "다시 태어나도 당신과 결혼할게요."라는 말을 주저함 없이 할 수 있도록 아내에게 잘 하겠다고 했습니다. 사랑이 정답입니다.

1-14
행복한 부부로 행복한 가정을 이루고 살아가는 비결

1. 춘천중앙교회 심성수 담임목사님의 주례사

　2024년 11월 마지막 날 춘천에서 거행된 제가 사랑하고 존경하는 천안교회 양정환 안수집사님과 최성민 권사님의 아들 양승민 군과 며느리 노찬주 양의 결혼식을 다녀왔습니다. 며느리가 섬기는 춘천중앙교회 심성수 담임목사님의 주례로 결혼예식이 진행되었는데, 신랑 하객 자리에 빈자리가 없어서 신부 하객 자리에 앉아 찬송 '오늘 모여 찬송함은'을 목청껏 불렀습니다. 심성수 목사님의 주옥같은 주례사(주제 : 행복한 부부, 성경 : 고린도전서 13장 4~7절)를 소개합니다.

> 사랑은 오래 참고 사랑은 온유하며 시기하지 아니하며 사랑은 자랑하지 아니하며 교만하지 아니하며 무례히 행하지 아니하며 자기의 유익을 구하지 아니하며 성내지 아니하며 악한 것을 생각하지 아니하며 불의를 기뻐하지 아니하며 진리와 함께 기뻐하고 모든 것을 참으며 모든 것을 믿으며 모든 것을 바라며 모든 것을 견디느니라 (고린도전서 13장 4~7절)

성경에 보면 하나님께서 세상을 창조하실 때 자연과 식물, 동물을 창조하시고 마지막 날 사람을 창조하셨습니다. 한 남자와 한 여자가 만나 사랑하고 결혼하여 부부가 되는 것, 가정을 이루는 것 이것은 하나님의 창조의 질서이며 우리에게 큰 은혜와 복입니다. 이 땅을 살아가면서 행복한 부부로 행복한 가정을 이루고 살아가는 비결에 대하여 성경에서 몇 가지로 권면하고 있는데, 그 말씀을 오늘 신랑·신부 두 분에게 축복의 말씀으로 전하고자 합니다.

첫째, 행복한 부부가 되려면 믿음의 부부가 되어야 합니다. 두 사람이 서로 신뢰하는 믿음도 중요하지만, 두 사람을 만나게 하신 분, 두 사람을 사랑하게 하신 분, 부부가 되게 하신 분은 하나님이시라는 믿음을 가지시고 살아가셔야 합니다. 믿음이 있는 부부는 어려운 일이 있을 때 하나님 앞에 부탁을 드립니다. 기도합니다. 결정할 일이 있을 때 하나님의 말씀을 기준으로 결정을 합니다. 아브라함과 사라처럼 항상 기도하고 예배하면서 하나님의 도우심을 받고 하나님을 잘 섬기는 믿음의 부부, 행복한 부부 되시기를 주님의 이름으로 부탁드립니다.

두 번째, 행복한 부부는 꿈이 있는 부부입니다. 지금까지는 신랑 신부 각자의 꿈을 가지고 살았다면, 이제는 하나님이 두 사람에게 주신 한 꿈을 붙드셔야 합니다. 하나님이 기뻐하시는 꿈을 가지고 모든 어려움도 시련도 능히 이기며 살아갈 수 있는 하나님의 꿈을 이루어드릴 수 있는 그런 행복한 부부 되시기를 부탁드립니다.

세 번째, 행복한 부부의 비밀이 있다면 무엇보다도 사랑이 풍성한 부부가 되어야 합니다. 오늘 성경 말씀처럼 사랑을 오래 참고, 사랑은 온유하며 시기 하지 않으며, 15가지로 쭉 말씀하고 있습니다. 모두가 '현재형(現在形)'이면서 '동사(動詞)'입니다. 과거형이 아닙니다. 연애할 때의 사랑이 아니라 지금 부부가 되어서 하나님 앞에서 행복한 가정을 이루고 살아가는 '현재적 사랑'입니다. 동사입니다. 움직이는 것입니다. 섬기는 것입니다. 사랑하고, 아껴주고, 용서해 주고 그리고 세워주는 그런 행동하는 사랑이 예수님이 우리를 사랑하신 것처럼 신랑 신부가 주님의 사랑을 의지하여 풍성한 사랑으로 살아갈 때 행복한 부부가 됩니다. 벤자민 프랭클린이 이런 이야기했습니다. "결혼 전에는 두 눈을 크게 뜨고, 결혼한 다음에는 한쪽 눈을 감는 것이 좋다"고 했습니다. 결혼하는 그 순간부터는 늘 한쪽 눈을 감고 상대를 보십시오. 단점은 내가 감싸주고 내가 이해하고 용서하면서, 장점을 보고 하나님이 주신 밝은 면을 보십시오. 두 분은 행복한 부부, 특별히 사랑이 풍성한 부부로 평생 살아가시기를 주님의 이름으로 부탁드립니다.

마지막 한 가지 행복한 부부의 비밀이 있다면 그것은 은혜를 알고 은혜를 보답할 줄 아는 부부가 되어야 합니다. 두 사람이 서로 좋아서 두 사람만 행복한 것이 아니라 두 사람을 바라보는 부모님의 은혜 잊지 않고 또 주변에 많은 분들의 사랑과 은혜 잊지 않고, 하나님 은혜에 늘 감사하며 사는 행복한 부부로 평생 살아가시기를 주님의 이름으로 축원합니다.

2. 김양홍의 주례사

저는 아직 주례를 해 본 적이 없습니다만, 제가 미리 써본 주례사를 신랑·신부에게 말씀드립니다. 오늘 결혼하는 신랑 양승민 군과 신부 노찬주 양의 혼인을 축하하고, 두 분의 가정에 늘 하나님의 축복이 가득하길 기원합니다. 신랑 신부는 다음 네 가지 점을 기억하고, 실천한다면, 하나님의 축복이 가득한 가정을 이룰 수 있을 것입니다.

첫째, 신랑·신부는 서로가 서로의 종이 되어야 합니다.
서로가 서로에게 "말씀하십시오. 당신의 종이 따르겠나이다."라고 해야 합니다. 결혼은 내가 대접받기 위해서 하는 것이 아니라 상대방을 지극히 섬기기 위해서 하는 것입니다. 두 분은 오늘 이 결혼식장을 나가는 순간부터 신랑은 신부를, 신부는 신랑을 종된 마음으로 지극히 섬겨주시기 바랍니다.

둘째, 신랑·신부는 나라를 사랑해야 합니다.
"우리 두 사람 먹고 살기도 힘든데, 왠 나라사랑 타령이냐?"고 하실지 모르겠습니다. 신랑 신부는 자녀를 낳을 것이고, 그 자녀가 이 땅에 빛과 소금이 되는 위대한 사람이 되길 바랄 것입니다. 만약 그 자녀가 이 나라의 대통령이 되길 바란다면, 두 분은 지금부터 이 나라의 대통령처럼 언행을 해야 합니다. 그 자녀가 사랑이 많은 사람이 되길 원한다면, 두 분의 사랑도 넘쳐야 합니다. 자녀가 훌륭한 사람이 되길 바란다면, 두 분이 먼저 훌륭한 사람이 되어야 합니다. 자식은 부모를 그대로 닮게 되어 있습니다. 더군다나 양승민 군은 대한민국 육군 장교입니다. 더 나라를 사랑하십시오.

셋째, 신랑·신부는 이웃을 사랑해야 합니다.
신랑·신부 외 사람을 이웃이라고 한다면, 부모님, 형제자매 그리고 두 분의 결혼을 축하하기 위해 이 결혼식장에 오신 하객 모두가 두 분이 섬겨야 할 이웃입니다. 지금의 신랑 신부가 있게 한 이웃의 사랑을 결코 잊어서는 안 됩니다. 두 분이 그 이웃을 얼마만큼 사랑하느냐에 따라 두 분의 행복의 크기가 결정될 것입니다. 두 분만 행복한 삶은 불행한 삶입니다. 두 분이 행복하고 싶다면, 먼저 이웃을 사랑하십시오. 그 이웃은 두 분에게 더 큰 사랑을 주실 것입니다.

  넷째, 신랑·신부는 범사에 감사하십시오.

  어떤 상황에서도 감사하는 마음만 있으면 행복할 수 있습니다. 감사한 마음만큼 행복합니다. 미국의 링컨대통령도 "사람은 행복하기로 마음먹은 만큼 행복하다."고 했습니다. 내가 불행하다고 생각하면 불행한 것이고, 내가 행복하다고 생각하면 행복한 것입니다. 내가 행복해야 내 곁에 있는 사람이 행복합니다. 우리는 서로가 서로에게 행복해야 할 사랑의 빚을 지고 사는 것입니다. 신랑은 신부가 아무리 맛없는 음식을 만들어 줘도 감사한 마음으로, 맛있게 먹어야 합니다.

  신랑·신부는 서로가 서로의 종이 되고, 나라를 사랑하고, 이웃을 사랑하고, 범사에 감사하는 마음으로 살아간다면 두 분의 결혼생활은 늘 하나님의 축복이 가득할 것으로 믿습니다. 다시금 신랑 양승민과 신부 노찬주 양의 결혼을 축하하고, 축복합니다. 감사합니다.

1-15
행복한 결혼생활을 위한 ABC

햇살 좋은 2024년 11월 넷째 주말 이수교회 정효남·김희래 집사님의 큰딸 정다은 양과 큰 사위 김태욱 군의 결혼식에 다녀왔습니다. 아래 내용은 신랑신부의 혼인서약서 내용입니다. 날마다 신랑은 신부에게 "고마워, 사랑해"라는 사랑의 말을 하고, 신부는 신랑에게 "잘한다, 잘한다" 칭찬의 말을 하면 행복한 결혼생활은 보장되어 있습니다.

[함께] 황금 같은 토요일
이 자리에 참석해 주신 모든 분께 진심으로 감사드립니다. 함께 있을 때 가장 나다운 사람을 만난 저희는 앞으로 이렇게 살아가겠다고 여러분들 앞에서 약속합니다.

[신랑] 첫째, 자고 일어난 민낯의 아내를 보고도 놀라지 않으며 항상 사랑하겠습니다.
[신부] 늘 한결같이 다정한 미소로 바라봐주고 사랑해주는 남편에게 "고마워, 사랑해" 표현하겠습니다.

[신랑] 둘째, 아내의 음식이 짜거나 싱거워도 놀라지 않고 싹싹 다 먹겠습니다.
[신부] 사소한 일에도 남편이 하는 모든 일에 "잘한다, 잘한다" 칭찬을 해주겠습니다.

[신랑] 셋째, 술을 못하는 아내를 위해 가급적 술은 장인어른과 2차까지 마시고 들어가겠습니다.
[신부] 술을 좋아하는 남편에게 잔소리하지 않고, 말보다는 등짝으로 대체하겠습니다.

[신랑] 저의 아내는 배려심이 있습니다. 그래서 같이 있으면 마음이 안정됩니다. 아내에게 감사합니다.
[신부] 저의 남편은 유머가 있고 장난기가 많습니다. 그래서 같이 있으면 매일이 즐겁습니다. 남편에게 감사합니다.

[신랑] 장인어른, 장모님 이렇게나 밝고 사랑스러운 신부를 잘 키워주셔서 감사합니다. 아들 하나 더 얻었다고 생각해주시고, 신부가 지금처럼 활기차고 밝게 지낼 수 있도록 노력하겠습니다.
[신부] 아버님, 어머님 이렇게나 듬직한 신랑을 잘 키워주셔서 감사합니다. 신랑의 몸과 마음이 건강할 수 있도록 잘 챙기겠습니다.

[신랑] 친지 가족 소중한 분들 앞에서 늘 지금처럼 있는 그대로를 사랑하며 평생 함께할 친구이자, 연인, 배우자가 되어 하나가 될 것임을 서약합니다.

신부의 아버지 정효남 집사님은 아래와 같이 "사위와 딸에게 인생의 선배로서 몇 마디 전하고자 한다."라는 내용의 감동적인 축사를 해주셨는데, 그 말씀 하나하나가 행복한 결혼생활을 위한 ABC입니다.

1. 배려하는 마음이 최고의 사랑이다.

'역지사지(易地思之)'라는 용어를 우리는 흔히 사회에서 거래관계에 있거나 대인관계에서 서로 처지를 바꾸어 생각해 보라고 할 때 많이 사용하고 있단다. 그러나 이 '역지사지'의 말은 아내와 남편을 위한 부부의 행복한 결혼생활을 위한, 금과옥조(金科玉條)와 같은 훌륭한 금언이라고 생각한다. 서로 다른 환경에서 살아왔기 때문에 한마음이 되어 하나의 감정으로 느끼기가 쉽지 않을 수 있다.

2. 마음의 사계절이 있다.

살아가다 보면 화를 낼 때도 있고, 통곡하고 울 때도, 온몸이 부들부들 떨릴 때도 있고, 상실감에 빠질 때도 있고, 기쁨의 눈물을 흘리기도 하고, 허탈한 웃음을 짓기도 한다. 그래서 선조들은 희로애락(喜怒哀樂)과 오욕(五慾 - 재욕, 색욕, 식욕, 명예욕, 수면욕)이 삶 속에 있다고 했다. 하루하루 살아가는 순간마다 이 일곱 빛깔 감정들이 너희에게 찾아온다. 춥기도 하고 따뜻하기도 한 마음의 사계절을 겪으면서 한 뼘씩 성장해 나아가거라. 이제 두 몸을 한 몸으로 느껴야 한다. 그러면 나중에 부부는 입맛도 같아지게 되고, 취미 생활도 같아지면서 진정한 이체동심(異體同心)으로 행복한 부부가 될 것이다. 피타고라스의 말에 "침묵하라. 아니면 침묵보다 더 가치 있는 말을 하라."라는 말이 있단다.

3. 어느 부부 이야기

아침마다 차를 함께 타고 출근하는 아내가 한참을 가다가 갑자기 소리를 질렀다. "여보, 전기다리미를 안 끄고 나온 것 같아요!" 깜짝 놀란 남편, 차를 돌려 얼른 집으로 향했다. 집에 가보니 전기다리미는 꺼져 있었다. 다음 날도 아내는 한참 차를 타고 가다가 "오늘도 전기다리미를 끄지 않은 것 같아요!"라고 말했다. 남편은 귀찮고 짜증이 났지만, 혹시 불이 날까 봐 겁이 나서 집으로 차를 돌렸다. 하지만 그날도 다리미는 꺼져 있었다. 다음날, 차가 출발한 지 10분쯤 지나자 아내가 또 소리를 질렀다. "다리미를 끄고 나왔는지 또 기억이 안 나요!" 그러자 남편은 차를 도로변에 세우고 트렁크를 열고 말했다. "여기 있어요. 다리미!"

창세기 2장 18절 "여호와 하나님이 이르시되 사람이 혼자 사는 것이 좋지 아니하니 내가 그를 위하여 돕는 배필을 지으리라 하시니라"하는 말씀은 서로 도와가며 조화롭게 살라는 것이다.

4. 사랑하는 딸 다은에게

겸손하고, 배려하며, 감사하는 마음을 가져라. 시부모님 공경하고, 화목하고 행복하게 잘 살아라. 지난날 큰딸로서 동생들에게 양보하라는 말과 동생 먼저 그리고 동생에게 양보해 준 딸에게 고맙구나. 부모에게 서운했던 마음 이 자리에 모두 내려놓고 고운 마음만 간직하여라.

5. 두 사람에게

"사람 위에 사람 없고 사람 아래 사람 없다."는 말을 명심하여라. 모든 분들께 감사하는 마음, 공경하는 마음, 배려하는 마음으로 행복한 부부생활을 잘 하여라. "더 이상 너는 너이고, 나는 나일 수 없고, 이제는 당신이 나이고 내가 곧 당신이라"는 말 명심하여라.

1-16
행복은 스스로 만들어 가야 하는 것이다

    하얀 눈이 흩날리는 밤이 가장 긴 동짓날(21일) 전우뉴스 박종화 사장님의 아드님 박진수 군과 김수진 양의 결혼식에 다녀왔습니다. 제가 10년 전부터 매월 전우뉴스에 국가유공자 관련 칼럼을 게재하고 있는 인연으로 박사장님을 알게 된 사이인데, 박사장님은 늘 저의 편이 되어 주신 참 고마운 분입니다.
    저희는 아내의 직장 때문에 천안에서 약 11년 살았고, 천안에서 이사 오기 전 집이 천안아산역 근처에 있는 펜타포트였는데, 그 천안아산역 안에 있는 'CA웨딩컨벤션'에서 결혼식이 있어서 더 정겨웠습니다. 신랑신부는 아래 <혼인서약서>대로만 살아간다면 분명 행복하게 살아갈 것입니다. 행복은 큰일에만 있는 것이 아니고 그렇게 사소한 일에 가득합니다.

<혼인서약서>

저희 두 사람은 부부가 되는 이 자리에서 부모님과 참석하신 여러분 앞에서 다음과 같이 서약합니다.

[신랑] 하루에 한 번 이상 서로를 웃게 만들고, 잔소리는 꼭 필요할 때만 하겠습니다.

[신부] 잔소리는 필요할 때만 하되, 사랑을 담아서 하겠습니다.

[신랑] 집안일은 각자 잘 하는 부분을 공정하게 분배하여 청소하고, 귀찮을 땐 다같이 미루겠습니다.
[신부] 미룰 때 같이 눈 꼭 감겠습니다.

[신랑] 사소한 거짓말도 하지 않을 것이며, 신뢰되는 말과 행동으로 아내가 저를 믿고 함께할 수 있도록 노력하겠습니다.
[신부] 두 손 마주잡은 이 순간을 잊지 않고, 이 마음 이대로 늘 남편을 믿고 배려하며 함께 하겠습니다.

오늘 결혼식에도 주례 선생님 대신 신부 아버님께서 성혼선언문을 낭독하시고, 신랑 아버님께서 덕담을 해주셨습니다. 아래는 신랑 아버님의 덕담 내용입니다.

<신랑 아버님의 덕담>

아비로서 아니 인생 선배로서 몇 가지만 당부하고자 합니다. 인생에 정해진 길은 없다고 합니다. 우리는 모두 한 번도 가보지 않은 길을 매일매일 새로운 도전을 하며 열심히 살아가고 있는 것처럼 말입니다.

우리 일상에 가장 많이 대두되는 말 중 하나가 "뭐니 뭐니해도 머니(돈)이라."고 하지만, 그 보다 더 중요한 것은 건강이라고 생각합니다. 건강은 육체적 건강뿐 아니라 정신적 건강을 내포하고 있으므로 건강이 해맑으면 뭐든지 이루어낼 수 있다고 보기 때문입니다.

두 번째는 직장인으로서 또한 사회구성원으로서 직분에 충실함은 물론, 자신의 역량을 최대한 발휘하여 신망받는 사람, 신뢰받는 사람으로 거듭나 줄 것을 당부하며, 혹여 물욕과 탐욕에 현혹되지 말고 '노력한 만큼 거둔다'라는 평범한 진리를 마음속 깊이 간직하고 정도(正道)를 걸으며 일취월장(日就月將)하길 바랍니다.

끝으로 삶은 하늘이 내렸지만, 행복은 오직 자신이 스스로 만들어 가야 하는 것이기 때문에 사랑과 믿음으로 서로 존중하고 배려하며, 매사에 긍정적이고 감사한 마음으로 미래 지향적인 삶, 행복의 나래를 원 없이 펼쳐주실 바라면서 인사말에 갈음할까 합니다.

"수진이와 진수, 진수와 수진이 결혼을 진심으로 축하한다."

오늘 자리를 함께해 주신 가족 친지분과 하객 여러분 감사합니다. 늘~ 건강하시고, 삶이 행복으로 채색(彩色)되는 멋진 나날 되시길 응원합니다. 감사합니다.

우리 신랑신부가 신랑 아버님의 덕담대로 행복을 잘 만들어 갈 것으로 믿습니다. 행복은 그렇게 만들어 가는 것이고, 찾는 것입니다. '아들 이름보다 며느리 이름을 먼저 호명'하신 신랑 아버님의 배려처럼 신랑신부가 서로 나보다 상대방을 먼저 배려하는 삶을 살아가길 소망합니다. 결혼식장에서 식사를 마치고 나오는 길에 감사 인사하러 온 신랑 부모님과 신랑신부를 만났는데, 신랑 아버님 소개로 신랑과 악수를 하고 난 후 갑자기 신부가 먼저 저에게 악수를 청해서 축복의 악수를 했습니다. 생애 처음으로 결혼식장에서 신부와 악수를 한 것 같습니다. 미래의 저의 아들 며느리도 오늘 신부처럼 밝고 당당한 분이면 좋겠습니다. 그리고 결혼식장에서 드론이 떠서 단체 사진을 찍는 모습을 처음 봤습니다. 경찰공무원인 박진수 군이 아내 김수진 양과 함께 이 나라와 이 민족을 위해 귀하게 쓰임 받고, 날마다 행복한 삶을 살아가기를 기도합니다.

> 창조 때로부터 사람을 남자와 여자로 지으셨으니 이러므로 사람이 그 부모를 떠나서 그 둘이 한 몸이 될지니라 이러한즉 이제 둘이 아니요 한 몸이니 그러므로 하나님이 짝지어 주신 것을 사람이 나누지 못할지니라 하시더라(마가복음 10장 6~9절)

1-17
인생은 여행이다

인생은 여행이다.
여행은 떠나는 일이다.
오늘의 나를 떠나
어제의 나와 내일의 나를 만나는 일이다.

위 글은 저희 부부가 어느 봄날 사랑하는 한창용 친구 부부와 여행할 때 어느 벽에서 본 글입니다. 고도원의 《사랑합니다, 감사합니다》라는 책에 있는 내용이라고 합니다. 인생은 여행이지만, 자주 하는 여행이 아니라 단 한 번의 여행입니다. 또한 인생은 혼자 하는 여행이 아니라 함께 하는 여행입니다.

저의 인생 여행길에서 사랑하는 저의 가족들, 법무법인 서호 식구들, 이수교회와 천안교회 성도님들, 김인옥 선생님과 김홍신 선생님, 한창용 부부와 윤철수 부부, 북성중 오성회 친구들, 반포중 부자유친 회원들 등 수많은 좋은 이웃들을 만나게 해주신 하나님께 감사합니다. 복 중의 최고의 복은 '만남의 축복'입니다. 저의 곁에 있는 모든 분들과 함께 저의 인생 여행길을 더 즐기고, 더 만끽하고 싶습니다.

인생은 모두가 함께 하는 여행이다.
매일매일 사는 동안 우리가 할 수 있는 것은
최선을 다해 이 멋진 여행을 만끽하는 것이다.
- 영화 《어바웃 타임(About Time)》 명대사 -

영어 단어 present는 '1. 현재의, 2. 선물, 3. 주다'라는 3가지의 뜻이 있습니다. 그래서 오늘 현재가 선물이고, 선물은 주는 것이고, 주는 것이 선물입니다. 인생 여행길을 함께 가는 사람들과 그 여행지에서 만나는 수많은 사람들에게 "감사합니다. 사랑합니다."라는 말을 자주 해줍시다. 그 말은 그들을 위한 말이기도 하지만, 나를 위한 말이기도 합니다. 저의 마음속에 감사와 사랑을 가득 채워 만나는 사람들에게 언제 어디서나 감사와 사랑의 말을 하고 싶습니다. 저의 곁에 있는 사람들과 저를 만나는 모든 사람들을 행복하게 해주고 싶습니다. 내 곁에 있는 사람이 행복해야 내가 행복하기 때문입니다. 저를 아는 모든 분들을 사랑하고 축복합니다.

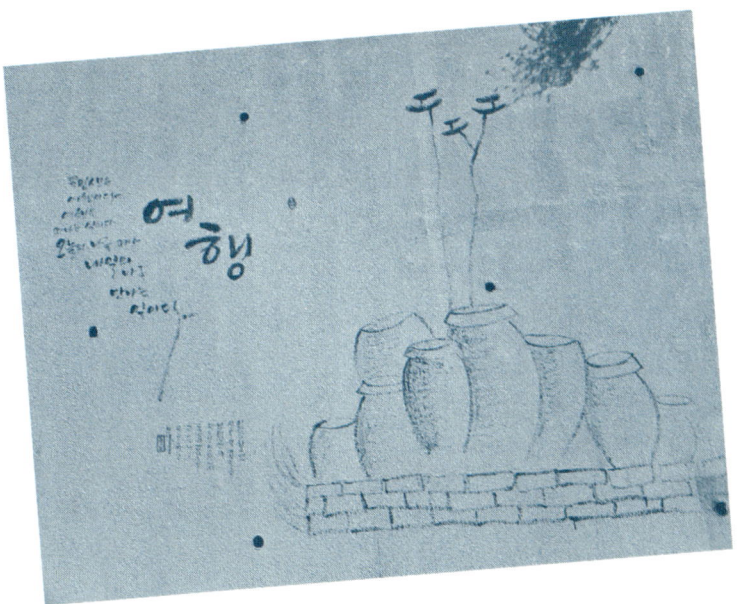

1-18
너는 행복한 사람이로다

AI(Microsoft Bing)에게 '우리에게 정말 중요한 것은'이라고 질문했더니, 아래와 같이 답변을 했습니다.

우리에게 정말 중요한 것은 행복입니다. 행복은 각자 다르게 느끼고 표현되지만, 그것이 우리 삶의 핵심입니다. 어떤 순간이든 행복을 찾고, 공유하며, 소중히 여기는 것이 중요합니다.

어제 이수교회 밤기도회 시간에 민창기 목사님이 은혜로운 설교(주제 : 섬기는 삶이 복되다, 본문 : 마가복음 9장 30~37절) 중에 다음과 같은 작자 미상의 '우리에게 정말 중요한 것은'이라는 글을 소개해주셨습니다.

정말 중요한 것은
당신이 어떤 차를 모느냐가 아니라
얼마나 많은 사람들을
태워 주느냐는 것이다.

정말 중요한 것은
당신이 사는 집의 크기가 아니라
얼마나 많은 사람들을
집으로 초대하느냐는 것이다.

정말 중요한 것은
당신의 사회적 지위가 아니라
당신의 삶을 어떤 사람들과 더불어
살아가느냐는 것이다.

정말 중요한 것은
당신이 무엇을 가졌는가가 아니라
남에게 무엇을 베푸느냐는 것이다.

정말 중요한 것은
얼마나 많은 친구를 가졌는가가 아니라
얼마나 많은 사람이
당신을 친구로 생각하느냐는 것이다.

정말 중요한 것은
얼마나 많은 일을 했느냐가 아니라
당신의 가족과 사랑하는 이들을 위하여
보낸 시간이 얼마나 되느냐는 것이다.

정말 중요한 것은
당신이 좋은 동네에 사느냐가 아니라
당신이 이웃사람들을
어떻게 대하느냐는 것이다.

큰 울림이 있는 글입니다. 위 글처럼 우리에게 정말 중요한 것은 섬기는 삶입니다. 예수님의 삶 자체가 바로 섬김의 삶이었습니다. 예수님은 세상을 창조하는 일에서부터 섬기셨고, 세상에 오셔서 치료해 주심으로 섬기시고, 십자가를 지심으로 섬기시고, 지금도 우리를 돌보아주시는 것으로 계속 섬기고 계시는 섬김의 주님이십니다.

> 너희 중에는 그렇지 않을지니 너희 중에 누구든지 크고자 하는 자는 너희를 섬기는 자가 되고 너희 중에 누구든지 으뜸이 되고자 하는 자는 모든 사람의 종이 되어야 하리라 인자가 온 것은 섬김을 받으려 함이 아니라 도리어 섬기려 하고 자기 목숨을 많은 사람의 대속물로 주려 함이니라(마가복음 10장 43~45절)

예수님은 처음부터 끝까지 섬김의 삶을 사셨고, 우리에게 섬김의 삶을 살라고 하셨습니다. 많이 가진 것이 자랑이 아니라 섬기는 것이 자랑입니다. 참된 기쁨은 소유에서 나오는 것이 아니라 섬김에서 나오는 것입니다. "하루 동안 행복하려면 이발을 해라. 1주일 동안 행복하려거든 여행을 해라. 한 달 동안 행복하려거든 집을 사라. 1년 동안 행복하려거든 결혼을 해라. 일평생 행복하려거든 이웃을 섬겨라."라는 영국 속담이 있다고 합니다.

또한 요즘에는 '서번트 리더쉽(servant leadership)'이 강조되고 있습니다. 이는 하인(종)을 뜻하는 'servant'라는 단어에서 유래된 것으로 권위가 아닌 섬김을 통해서 참된 리더십이 나온다는 말입니다. 하물며 섬김의 삶을 살아오신 예수님을 주로 삼고 살아가는 그리스도인들이야 더 말할 필요가 없습니다. 교회는 섬기는 사람들의 모임입니다. 하나님을 섬기고, 서로가 서로를 섬기고, 그런 섬김의 삶을 세상에 나가서 실천하는 사람들이 바로 그리스도인들입니다.

AI의 대답처럼 우리에게 정말 중요한 것은 행복이지만, 하나님을 섬기고, 이웃을 섬기는 것이 행복입니다. 하나님을 섬기고, 이웃을 섬기는 것이 결코 의무가 되어서는 안 됩니다. 우리 모두가 섬기는 삶이 복된 삶임을 믿고, 언제 어디서나 항상 기쁜 마음으로 섬김의 삶을 실천하는 우리 모두가 되기를 소망합니다. 섬기는 삶을 사는 당신은 행복한 사람입니다.

인생의 목적은 행복해 지는 것도 아니고 즐거움을 얻는 것도 아니고 고통을 피하는 것도 아닙니다. 오로지 어떤 상황에서든지 하나님의 뜻을 행하는 것입니다.

The purpose of life is not to be happy, nor to achieve pleasure nor avoid pain, but to do the will of God, come what may.

- 마틴 루터 킹 주니어(Martin Luther King, Jr.) 목사 -

1-19
잘 사는 것

잘 살아라.
그것이 최고의 복수다.
- 탈무드 -

잘 사는 것이 최고의 복수라고 하는데, 그렇다면 어떻게 사는 것이 잘 사는 것일까요? 결론부터 말하면, 사랑하고, 사랑받는 것이 잘 사는 것 아닐까요? 상대방 사랑하기를 내 자신과 같이 사랑하고, 예수님이 우리를 위해 목숨을 내준 것 같이 사랑하면 상대방은 나를 사랑할 수밖에 없을 것입니다. 그렇게 사랑은 주고받는 것입니다. 그래서 진짜 사랑은 '일방통행(一方通行)'이 아니고, '쌍방통행(雙方通行)'입니다. 그리고 복수할 필요 없습니다. 쇼펜하우어 말대로 썩은 과일은 알아서 떨어집니다.

원수를 갚지 말며 동포를 원망하지 말며 네 이웃 사랑하기를 네 자신과 같이 사랑하라 나는 여호와이니라(레위기 19장 18절)

새 계명을 너희에게 주노니 서로 사랑하라 내가 너희를 사랑한 것 같이 너희도 서로 사랑하라(요한복음 13장 34절)

'내리사랑'이라는 단어가 있습니다. 내리사랑은 '위에서 아래로'라는 뜻의 '내리'와 아끼고 소중히 여기는 마음인 '사랑'의 합성어인데, 손아랫사람에 대한 손윗사람의 사랑, 특히 자식에 대한 부모의 사랑을 일컫는 단어입니다. 반대로 손윗사람에 대한 손아랫사람의 사랑은 '치사랑'이라고 하는데, 두 단어 모두 순우리말입니다. '내리사랑은 있어도 치사랑은 없다'는 말이 있는데, 이는 부모가 자식을 사랑하는 것은 자연스러운 일이지만, 자식이 부모를 사랑하기는 좀처럼 어렵다는 것을 뜻합니다(나무위키에서 인용).

> 너는 네 하나님 여호와께서 명령한 대로 네 부모를 공경하라 그리하면
> 네 하나님 여호와가 네게 준 땅에서 네 생명이 길고 복을 누리리라
> (신명기 5장 16절)

자식에 대한 '부모의 사랑'은 내리사랑이 본능일지라도, 부모는 자식에게 '부모를 사랑'해야 함을 가르쳐야 합니다. 자기 부모를 사랑할 줄 모르는데, 이웃을 어떻게 사랑할 수 있을까요? 또한 자식이 부모를 사랑하고 공경하는 것은 곧 자식이 복을 짓는 길입니다. 복(福)은 받는 것이 아니라 짓는 것입니다. 부모는 자식이 복을 많이 짓도록 부모를 사랑하고 공경하도록 가르쳐야 합니다. 결국 부모자식 사이의 사랑도 주고받는 것이 진짜 사랑인 것입니다. 인생에 있어서 최고의 행복은 자신이 사랑받고 있음을 확신하는 것입니다. 그렇게 하려면 내가 먼저 하나님을 사랑하고, 이웃을 사랑해야 합니다. 대접을 받고자 하는 대로 대접을 해야 하고, 사랑받고자 하는 대로 사랑해야 합니다. 그렇게 사는 것이 잘 사는 것입니다.

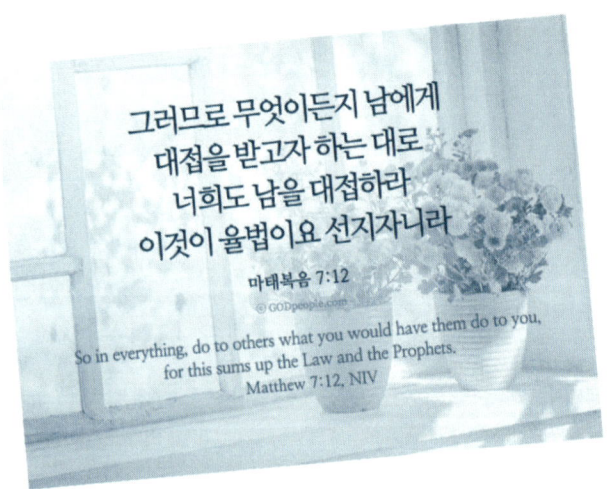

1-20
사랑이 더 큰 사람이 먼저 손을 내민다

〈에베소서 4장〉
26. 분을 내어도 죄를 짓지 말며 해가 지도록 분을 품지 말고
27. 마귀에게 틈을 주지 말라
29. 무릇 더러운 말은 너희 입 밖에도 내지 말고 오직 덕을 세우는 데 소용되는 대로 선한 말을 하여 듣는 자들에게 은혜를 끼치게 하라
31. 너희는 모든 악독과 노함과 분냄과 떠드는 것과 비방하는 것을 모든 악의와 함께 버리고
32. 서로 친절하게 하며 불쌍히 여기며 서로 용서하기를 하나님이 그리스도 안에서 너희를 용서하심과 같이 하라

어제(2024. 9. 27.) 이수교회 밤기도회 설교 본문의 일부입니다. 참 주옥 같은 말씀입니다(참고로 저의 아내 이름이 '주옥'입니다). 지난주일 저녁 저희 부부는 사소한 일로 다퉜는데, 아내가 "성경에서 해가 지도록 분을 품지 말라고 했다."면서 저에게 먼저 사과를 했습니다. 돌이켜보면 저희 부부는 결혼생활 25년 동안 부부싸움을 할 때마다 거의 대부분 아내가 먼저 사과했습니다. 아내가 저에게 더 큰 잘못을 했기 때문에 먼저 사과한 것이 아니라, 아내는 "분을 내어도 해가 지도록 분을 품지 말라"는 성경 말씀을 충실히 실천했던 것입니다.

박정수 담임목사님은 어제 설교에서 "부모가 자녀와 다퉜을 때는 부모가 먼저 손을 내밀어야 한다."고 하셨습니다. 공감합니다. 부모 자식 사이뿐만 아니라 부부 사이에서도 사랑이 더 큰 사람이 먼저 손을 내밀게 되어 있습니다. 아내는 저를 더 사랑했기 때문에 그동안 먼저 손을 내밀어 준 것입니다. 제가 그동안 아내와 다퉜을 때 먼저 손을 내밀지 못한 것에 대해 미안하고 미안합니다. 그리고 감사하고 감사합니다. 다음에 혹시 부부싸움을 하거

나 자녀와 다투게 된다면 제가 먼저 손을 내밀겠습니다.

분을 내는 순간 마귀가 틈을 노립니다. 우리 모두 마귀에게 틈을 주지 맙시다. 분을 내더라도 사랑이 더 큰 사람이 먼저 손을 내밀어야 합니다. 선한 말을 하여 듣는 자들에게 은혜를 끼치는 삶을 살아내야 합니다. 예수님이 십자가에 죽기까지 우리를 용서하셨듯이 우리도 서로 용서하는 삶을 살아내야 합니다. 하나님은 우리에게 화목하게 하는 직분을 주셨으니 언제 어디서나 화목하게 하는 삶을 살아내야 합니다.

모든 것이 하나님께로서 났으며 그가 그리스도로 말미암아 우리를 자기와 화목하게 하시고 또 우리에게 화목하게 하는 직분을 주셨으니
(고린도후서 5장 18절)

분을 내어도 죄를 짓지 말며
해가 지도록 분을 품지 말고
마귀에게 틈을 주지 말라

에베소서 4장 26~27절

제2편
믿음행전

이수교회표어

2025

세상을 향해
소망이 되는 교회

소망의 하나님이 모든 기쁨과 평강을 믿음 안에서
너희에게 충만하게 하사 성령의 능력으로
소망이 넘치게 하시기를 원하노라

(롬15:13)

2-01
서로 사랑하고, 꼭 주일성수해라

"서로 사랑하고, 꼭 주일성수해라"는 제가 저의 딸·아들에게 미리 쓴 유언장의 일부입니다. 지난해 1월 이수교회 밤기도회에서 박정수 담임목사님이 설교말씀 중에 "미리 유언장을 써보라"고 하셔서 기도시간에 기도하는 마음으로 유언장을 쓰려고 했는데, 제가 이 땅에서 마지막으로 남길 말이라고 생각하니 유언장이 쉽게 써지지 않았었습니다. 그래도 목사님이 내주신 숙제라서 유언장을 썼는데, 쓰다가 눈물이 나서 중간에 눈물을 닦기도 했었습니다. 아내, 딸·아들, 어머님과 장모님, 여동생들과 남동생 내외, 처남과 처제 내외, 한창용(이상희) 친구 부부, 윤철수(조선영) 친구 부부, 이수교회 박정수 담임목사님과 성도님들, 법무법인 서호 김정현 변호사님과 서호 가족들 그리고 저를 아는 모든 분들에게 짧게 유언을 남겼었습니다. 아래 내용은 저의 딸·아들에게 미리 쓴 유언장의 전문입니다.

> 은혜은철아 사랑한다.
> 우리 은혜은철이가 아빠 딸·아들이어서 고맙고 자랑스러웠다.
> 우리 딸·아들 덕분에 참 행복했다.
> 엄마 잘 돌봐드리고, 서로 사랑하고, 꼭 주일성수해라.
> 늘 건강해라. 사랑하고 축복한다.

'주일을 다른 날들과 구별하여 거룩히 지킨다.'는 뜻의 '주일성수(主日聖守)'는 제가 저의 딸·아들에게 유언으로 남기고 싶은 말입니다. 제가 저의 자녀에게 주일성수를 유언으로 남기기 위해서는 제가 먼저 주일성수를 해야 했습니다. 저는 1998년 11월 18일 저의 아내를 처음 만난 다음 주부터 지금까지 세 번 주일성수를 못했습니다. 한 번은 교회 가을운동회 때 축구하다가 근육이 파열되어 걷지 못해 예배에 참석하지 못했고, 한 번은 반포중 부자유친 회원 부자(父子)들과 라오스로 여행 갔다가 머문 마을에 교회가 없어서 아들과 단 둘이 주보를 가지고 예배를 드렸고, 한 번은 반포중 부자유친 회원들과 내몽고로 여행 갔다가 귀국하는 비행기가 연착하는 바람에 예배를 드리지 못했었습니다.

  2023년 10월 첫째 주일 이수교회 박정수 담임목사님이 설교 하실 때 자녀나 손자에게 남겨야 할 3가지 훈계로 먼저 ① 신앙에 관한 훈계로는 하나님이 우리를 창조하셨다는 것과 예수님을 구원의 주로 믿어야 한다는 것 그리고 참된 예배자로 살아야 함을 가르쳐야 하고, ② 성품에 관한 훈계로는 하나님께 영광과 이웃의 행복을 위해 사는 이타적인 삶과 섬김의 삶을 살아야 함을 가르치고, ③ 생활습관에 관한 훈계로는 밝게 인사하는 모습 등 좋은 습관을 가르쳐야 한다고 하시면서, 무엇보다도 나 자신이 그렇게 살아야 한다는 것을 강조하셨습니다. 공감하고 공감합니다.

  인생을 살면서 꼭 필요한 것이 지혜인데, 시편 1편 2절에서는 '지혜로운 사람은 오직 여호와의 율법을 즐거워하여 그의 율법을 주야로 묵상하는 자'라고 했습니다. 또한 지혜로운 사람은 세월을 아끼는 사람입니다. 에베소서 5장 15~21절은 우리에게 어떻게 사는 것이 지혜로운 삶인지를 잘 설명하고 있습니다. 이 세상에서 내일이 보장된 사람은 단 한 사람도 없습니다. 우리는 하나님이 우리에게 주신 선물인 오늘을 지혜롭고, 행복하게 잘 살아야 할 책무(責務)가 있습니다. 그렇게 하기 위해서는 늘 여호와의 율법을 주야로 묵상하고, 주의 뜻이 무엇인가를 이해하고, 성령으로 충만하고, 마음으로 주께 찬송하고, 범사에 항상 하나님 아버지께 감사하고, 그리스도를 경외해야 합니다. 부모는 원본이고, 가정은 복사기이며, 자식은 복사본입니다. 자식은 부모의 미래이고, 부모는 아이의 미래입니다. 저의 삶이 자식의 자랑이 되도록 늘 마음을 다하고 뜻을 다하고 싶습니다. 2024년 갑진년 하늘로 날아오르는 청룡의 해를 맞이하여 하나님의 축복을 많이 받으셔서 더 사랑하고, 더 감사하고, 더 행복하고, 더 강건하고, 더 잘되시길 기도합니다.

※ 한국성결신문 2024. 1. 3자 김양홍 변호사의 행복칼럼(제1389호)에 실린 내용입니다.

2-02
지금 이 순간

　오늘(2024. 11. 22.)은 참으로 행복한 날입니다. 제가 2010년 나사렛대학교 사회복지학과 3학년들을 대상으로 전공과목인 '사회복지법제법론'을 한 학기 강의하고, 2016년 경찰대학 제33기와 제34기 치안정책과정에서 '행복한 동행'을 특강하고, 2016년 남부대학교 간호학과 대학원생들을 대상으로 '행복한 동행'을 특강한 적은 있으나, 제가 오히려 가르침을 받아야 할 분들을 대상으로 특강을 한 것은 처음입니다. 부족한 제가 서울신학대학교 신학대학원생들에게 '평신도는 이렇게 살아갑니다(목회자들에게 들려주는 평신도의 애환)와 행복한 동행'을 주제로 특강을 하고 왔습니다. 강의 전에 아래와 같이 온전히 하나님만 들어 나시길 기도하고 강의를 시작했습니다.
　'평신도는 이렇게 살아갑니다'라는 주제에서는 "죽기 전에 수필집, 전공서적, 자서전을 써라."는 김홍신 선생님의 특강 내용과 그 특강을 들은 후 행복한 동행 수필 시리즈 1~8권을 출간하게 된 이야기와 오늘 전도사님들과 찍은 단체 사진을 내년에 출간할 저의 책《변호사 김양홍의 행복연구소》표지로 사용하겠다고 공지했고, 실제로 단체 사진을 찍었습니다. 그리고 제가 섬기는 이수교회에서 생을 마감할 때까지 하고 싶은 1부 예배 목장모임 인도와 새가족부장 또는 새가족부원으로 새가족 섬기고자 하는 다짐과 저의 버킷 리스트를 소개했습니다. "꿈을 이루려면 먼저 꿈을 꾸어야 하고, 그 꿈을 반드시 이야기해야 한다"는 것을 강조했습니다. 꿈이 나를 이끌고 가기 때문에 반드시 꿈을 꾸어야 합니다.
　'평신도가 바라는 목회자상'이라는 주제에서는 최근에 본 연극 '밑바닥'에서 '빼뺄'의 명대사 "내가 나를 존경할 수 있는 삶을 살자."는 이야기를 소개하면서 '하나님으로부터 인정받는 목회자, 배우자와 자녀로부터 존경받는 목회자, 성도님들과 선후배·동료 목회자로부터 존경받는 목회자가 되기를 바라고, 각자가 위대한 목회자가 되는 꿈을 꾸시라고 권면했습니다. 이어서 그동안 제가 섬겼던 교회의 목사님들 중에서 서호교회 지형은 목사님(현재 성락교회 담임목사, 제115년차 성결교단 총회장)이 당시 1년차 성도인 저를 중고등부 교사로 임명해주신 이야기, 천안교회 박성호 목사님(현재 상도교회 담임목사)이 교회 점심식사 때 테이블마다 다니시면서 성도님들께 인사하신 이야기, 이수교회 박정수 담임목사님이 당회를 사실상 만장일치제로 운영하시는 이야기, 2023~2024년 서울강남지방 찬양축제 때 담임목사님과 시무장로 전원을 포함한 성도 51명(이수교회 장년 성도의 1/3)이 참석한 것과 2025년 몽골 단기선교에 시무장로가 전원 참석할 예정이라는 이야기도 했습니다.

    제가 이번 주 화요일 김홍신 선생님을 만나 뵀을 때 선생님으로부터 들은 신학대학원생들에게 전하고 싶은 말씀, 즉, "목사님은 하나님을 가장 확실하게 믿고 있는 사람이다. 그렇다면 본인은 '어마어마하게 행복해야' 된다. 본인이 어마어마하게 행복해야 신자들을 행복하게 할 수 있고, 신자들이 하나님을 제대로 섬기게 할 수 있는 지혜가 생긴다. 목사님이 행복하고, 건강하고, 재밌으면 흥이 나서 나도 모르게 특별한 이야기가 술술 나온다."는 이야기를 전하면서 전도사님들께 '무엇이 행복이고, 언제 행복하십니까?'라는 질문을 했습니다. 그에 대해 정소영 이수교회 전도사님, TOUCH SREYCHET 캄보디아 출신 전도사님, 홍성희 전도사님(신학과를 졸업한 신학대학원생), 이청수 전도사님(일반 학과를 졸업한 신학대학원생)이 아래와 같이 발언해 주셨습니다.

    정소영 전도사님 : 교역자로서 양육하고 있는 부서 아이들이 기도와 찬양으로 성령 안에서 새로워지고 변화되는 것을 볼 때 행복을 느낍니다. 그로 인해서 받은 은혜를 가정 안에서 나누고 흘러갈 때에 행복이 유지되는 것 같습니다.

    TOUCH SREYCHET 전도사님 : 3학년 때 말씀 묵상하기 시작했는데, 하루에 한 장씩 말씀 묵상할 때가 행복이라고 생각하고, 가장 행복할 때는 가족들이랑 예배드릴 때입니다.

홍성희 전도사님 : 예수님과 같이 있는 게 제일 행복이라고 생각하고, 가장 행복할 때는 찬양을 하나님 앞에 올려드릴 때입니다.

이청수 전도사님 : 여러 가지 일이 닥치면서 불안하고, 두렵고 막 매달리고 그랬는데, 어느 날 내가 이렇게 할 필요가 없다는 생각을 하고, 오직 예수님만 묵상했을 때 진정한 평온의 시간이 왔습니다. 그래서 그게 행복이라고 생각합니다.

이에 대해 제가 무엇이 행복이고, 언제 행복한지는 정답이 있을 수 없습니다만, 저는 무엇이 행복이냐는 질문에는 "지금 이 순간"이 행복이라고 대답하고 싶고, 언제 행복하냐라는 질문도 "지금 이 순간"이라고 답변했습니다.

① 지금 이 순간까지 지켜주신 하나님의 은혜에 감사해서 행복하고, ② 지금 이 순간 평신도가 전도사님들께 강의하고 있도록 기회를 주심에 행복하고, ③ 강의 후 저를 만나기 위해 시간을 내주신 분들(이문승 교수님, 송규운 교수님, 최동규 교수님, 이은미 교수님, 문정호 과장님)과 차를 마실 수 있는 귀한 만남의 축복을 주심에 행복하고, ④ 사무실에 돌아가 변호사 일을 할 수 있음에 행복하고, ⑤ 퇴근 후 제가 섬기는 이수교회 밤기도회에서 박정수 담임목사님의 은혜로운 설교를 듣고 기도할 수 있는 믿음을 주심에 행복하고, ⑥ 집에 가면 사랑하고 '존경하는' 아내가 있음에 행복하고, ⑦ 은혜와 은철이를 저의 딸과 아들로 보내주심에 행복하고, ⑧ 김홍신 선생님과 김인옥 선생님 등 좋은 스승을 만나게 해주심에 행복하고, ⑨ 한창용과 윤철수 등 좋은 친구를 만나게 해주심에 행복하고, ⑩ 저를 사랑해주시는 이수교회 박정수 목사님을 비롯한 귀한 수많은 믿음의 동역자를 만나게 해 주심에 행복하고, ⑪ 저를 사랑해주는 양가 어머니와 형제자매를 만나게 해 주심에 행복합니다. 한 마디로 "지금 이 순간" 하나님이 은혜 주심에 행복합니다. 그것이 행복이 아니면 무엇이 행복이겠습니까?

저도 한 때는 길가에 풀이 부러울 때가 있었습니다. 땅을 보지 마시고, 하늘을 보십시오. 전도사님들께 없는 것을 보지 마시고, 하나님이 주신 것을 보십시오. 김홍신 선생님 말씀대로 하나님을 빽으로 두신 전도사님들은 "

지금 이 순간" 어마어마한 행복을 누리셔야 합니다. 행복은 찾는 것입니다. 그리고 저의 강의 주제인 '행복한 동행'에 대해 이야기 하기 전에 저의 삶을 이끌어 준 마태복음 6장 33~34절, 데살로니가전서 5장 16~18절, 골로새서 3장 23절을 소개했습니다.

> 그런즉 너희는 먼저 그의 나라와 그의 의를 구하라 그리하면 이 모든 것을 너희에게 더하시리라 그러므로 내일 일을 위하여 염려하지 말라 내일 일은 내일이 염려할 것이요 한 날의 괴로움은 그 날로 족하니라
> (마태복음 6장 33~34절)

> 항상 기뻐하라 쉬지 말고 기도하라 범사에 감사하라 이것이 그리스도 예수 안에서 너희를 향하신 하나님의 뜻이니라(데살로니가전서 5장 16~18절)

> 무엇을 하든지 마음을 다하여 주께 하듯 하고 사람에게 하듯 하지 말라
> (골로새서 3장 23절)

강의 끝에 아래 Emerson 시 '무엇이 성공인가'를 합독하고, 제가 CTS에서 간증한 나순자 목사님의 남편 이야기를 하고 강의를 마쳤습니다. 오늘 제가 강의하게끔 불러 주신 최동규 신학대학원장님, 사회복지학과 이은미 교수님 연구실에 들려 이문승 교수님과 함께 차담(茶啖)을 하면서 행복한 서울신대 강의를 마쳤습니다. 아래 글은 오늘 저의 강의를 들은 강총희 전도사님이 정소영 전도사님에게 보내온 강의 들은 소감 글입니다. 짧은 소감 글이 저의 1시간 40분 강의 보다 더 은혜롭습니다. 오늘 저의 강의를 들은 우리 전도사님들이 하나님으로부터 인정받는 위대한 목회자가 되실 것으로 믿고 기도합니다.

> 소영아~~ 저 자리에 하나님께서 정말 많은 분들을 세우셨는데 많고 많은 분들 중에 장로님껜 하나님을 사랑함이 절절하게 다가온다..
> 많은 사랑 중 너무 깊고 고아서 절절하게 와닿네 …

2-03
역사는 반드시 이루어진다

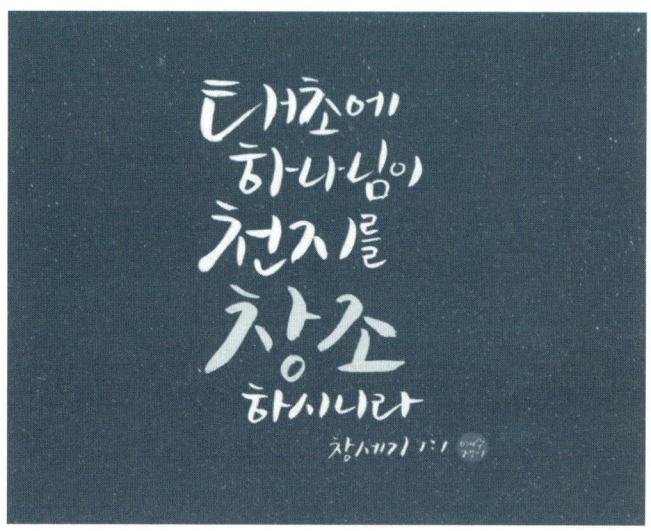

    2024년 첫날이자 첫 번째 월요일 이수성결교회 박정수 담임목사님의 설교(주제 : 창조주 하나님, 본문 : 창세기 1장 1~5절)로 은혜 받은 것을 나누고자 합니다. '태초에 하나님이 천지를 창조하시니라' 창세기 1장 1절 말씀을 믿으면, 성경말씀을 모두 믿을 수 있습니다. 그 말씀을 믿는다면 천지를 창조하신 하나님이 나를 창조하셨고, 예수 그리스도가 나의 구원자이시고, 주님이 다시 재림하신다는 것을 믿을 수 있을 것입니다. 하나님이 첫째 날 말씀으로 빛을 창조하신 후 그 빛이 하나님이 보시기에 좋았더라고 하셨습니다. 2024년에는 제가 섬기는 이수교회, 저의 가정과 저의 일터인 법무법인 서호 그리고 저의 삶이 하나님이 보시기에도 좋으시길 기도합니다.

창세기에서 중요한 성경구절 3개는 창세기 1장 1절, 3장 15절, 12장 3절입니다. 창세기 3장 15절의 '내가'는 하나님이고, '너'는 뱀 즉, 사탄을 의미하고, '여자의 후손'은 예수님을 의미합니다. 창세기에서도 예수님이 이 땅에 구주로 오심을 예표(豫表)하고 있습니다.

> 내가 너로 여자와 원수가 되게 하고 네 후손도 여자의 후손과 원수가 되게 하리니 여자의 후손은 네 머리를 상하게 할 것이요 너는 그의 발꿈치를 상하게 할 것이니라 하시고(창세기 3장 15절)

또한 하나님은 창세기 12장 3절에서 믿음의 조상 아브람에게 축복의 통로가 될 것임을 선언하고 있는데, 믿음의 후손인 저도 그 복을 누릴 수 있음을 믿습니다. 역사(History)는 그의(His) 이야기(story)인데, 여기서 '그'는 하나님을 의미합니다. 하나님의 이야기가 역사이고, 하나님의 자녀인 우리들의 이야기가 역사입니다. 2024년에는 우리 가족들과 이웃들이 창세기 1장 1절을 믿어 우리 모두가 축복의 통로가 되는 역사가 이루어지기를 기도합니다. 역사는 반드시 이루어집니다.

> 너를 축복하는 자에게는 내가 복을 내리고 너를 저주하는 자에게는 내가 저주하리니 땅의 모든 족속이 너로 말미암아 복을 얻을 것이라 하신지라 (창세기 12장 3절)

2-04
장로(長老)의 의미

어제(2024. 1. 5.) 기독교대한성결교회 서울강남지방회 북북감찰회 모임이 봉일성결교회에서 있었는데, 저도 장로 소위원으로서 참석하고 왔습니다. 북부감찰장이신 전용진 선한목자교회 담임목사님이 소속 13개 교회별로 각종 청원서류, 교세통계표, 대의원명부, 교회보고서를 점검하신 후 경건의 시간에 하신 설교로 은혜 받은 것을 나누고자 합니다. 전목사님이 강남지방회장 하실 때 어떤 교회 장로 임직식 때 설교를 하는데, 임직하시는 장로님이 우리 지방회에서 가장 젊으신 분 같아서 이런 설교를 하셨답니다.

> "교회에서 모든 직분에는 다 사자를 붙여요. 목사(牧師)님, 전도사(傳道師)님, 권사(勸士)님, 집사(執事)님. 다 사자를 붙이는데 왜 장로만 노자를 붙이는지 아십니까? 저의 해석은 이렇습니다. 남자 종을 노라고 하고, 여자 종을 비라고 해서 노비(奴婢)라고 부르잖아요. 그래서 장로님은 주님께서 교회에서 종의 사명을 감당하시라고 주신 그런 직분입니다."

목사와 전도사는 스승 사(師)를, 권사는 선비 사(士)를, 집사는 일 사(事)를 붙이기에 '사'도 다 같은 '사'가 아니고, 장로(長老)의 노는 늙은 노(老)이고, 노비의 노는 사내종 노(奴)지만, 박목사님의 설교말씀처럼 장로는 교회에서 종의 사명을 감당하시라고 주신 직분이 맞다고 생각합니다. 하나님의 아들인 예수님은 종의 형체를 가지셨습니다(빌립보서 2장 6~8절). 예수 그리스도를 따르는 종 중의 종인 장로가 종이 아니면 누가 종이 되겠습니까? 종인 장로가 주인처럼 언행을 하면 교회는 힘들어지는 것입니다.

> 그는 근본 하나님의 본체시나 하나님과 동등됨을 취할 것으로 여기지 아니하시고 오히려 자기를 비워 종의 형체를 가지사 사람들과 같이

되셨고 사람의 모양으로 나타나사 자기를 낮추시고 죽기까지 복종하셨으니 곧 십자가에 죽으심이라(빌립보서 2장 6~8절)

참석하신 목사님들과 장로님들이 돌아가면서 한 해를 돌아보는 소감을 이야기하는 시간에 저는 이렇게 발언했습니다.

"송구영신 예배 때 저희 담임목사님께서 우리 이수교회가 앞으로 어떻게 됐으면 좋겠느냐라는 질문을 하셨을 때, 우리 김윤철 선임장로님과 저는 지금 이대로가 좋습니다라고 답을 했습니다. 지난 한 해 동안 그냥 지금 이대로가 좋습니다라고 대답할 정도로 잘 지켜주셔서 너무 감사합니다. 그리고 우리 전용진 목사님이 주신 말씀대로 장로의 노자가 늙을 노(老)가 아니라 노비 노(奴)라는 사실에 대해서 명심하고 노비로서의 사명을 잘 감당하도록 하겠습니다. 감사합니다."

이수교회 박정수 담임목사님은 북부감찰 모임을 다녀오신 후 교회 성도들에게 다음과 같은 카톡 글과 한국성결신문 2024. 1. 3.자에 실린 저의 행복칼럼을 올려주셨습니다. 저는 교회에서 대표기도할 때나 밤기도회 때마다 "박정수 담임목사님이 늘 성령충만하게 하시고, 말씀의 은사, 사랑의 은사, 기도의 은사를 주셔서 이 땅에서 위대한 목회자로 세워주시고, 존귀하게 사용하여 주시옵소서"라는 기도를 빠뜨리지 않고 하고 있는데, 그 기도대로 되어 가는 것 같아 감사합니다. 하나님은 우리의 기도를 듣고 계심을 믿습니다. 분명 하나님께서 우리의 기도를 하나님의 때에 하나님의 방법으로 들어주실 것을 믿습니다.

<우리 교회 장로님들 참 존경하고 감사합니다>

샬롬~ 오늘 강남지방 북부감찰회(이수교회를 포함하여 13개 교회) 모임이 있어서 다녀왔습니다. 목회자 12명과 임원 장로님(김양홍 장로님 포함) 세 분이 참석했습니다. 봉일교회 손경호 목사님이 김양홍 장로님에게 "이번 주 성결신문에 기고한 장로님 글 읽으며 많은 은혜 받았습니다.

제가 설교 예화로 장로님 글을 사용해도 되겠습니까?"라며 인사하시는 것이었습니다.

사실 저는 이번 주에 너무 바빠서 성결신문을 읽지 못했습니다. 북부감찰회 모임을 마치고 교회로 돌아와 성결신문을 읽어보았습니다. 그리고 김양홍 장로님의 글을 읽으며 손경호 목사님과 또 다른 각도에서 감동을 받았습니다. 김장로님의 글 중에 이수교회 담임목사인 제 이름이 두 번이나 소개되면서 제가 한 설교내용이 잘 요약돼 있는 것이었습니다.

저는 유명한 목사도 아니고 늘 부족하다고 생각하는 목사인데, 장로님께서 집필하신 책이나 성결신문에 기고하신 글에서 저의 설교에 은혜 받고 있음을 늘 강조해주심에 큰 힘을 얻습니다. 김장로님이 성결신문에서 저를 자주 언급하셔서 성결신문을 읽는 전국의 목회자들이 부끄럽지만 제가 훌륭한 목사라고 생각하십니다. 우리 이수교회 장로님들처럼 전원이 아름다운 신앙과 좋은 성품을 지닌 분들로 구성된 교회도 그리 많지 않을 것입니다. 행복한 이수교회에서 목회하고 있는 저는 행복한 목사입니다. 이번 주 성결신문에 실린 김양홍 장로님의 글 올려드립니다. 행복한 밤 되세요. 감사합니다.

2024년 1월 5일(금)
담임목사 박정수

2-05
2024년 이수교회 반포중 부자유친 목장 모임

2024년 새해 첫 주일(7일) 이수교회에서 '반포중 부자유친 OB 모임'(이하 '부자유친') 회원 황선춘, 안영준, 장용환, 이종필, 지기영, 기진철 등 여섯 분(한 분은 믿는 분, 두 분은 가나안 성도, 세 분은 믿지 않은 분)이 함께 예배드리고, 5층 식당에서 점심 식사하고, 지하 1층 카페에서 2남전도회 목장 식구들과 함께 목장모임을 했습니다. 제가 섬기는 이수성결교회에서 천국 갈 때까지 하고 싶은 세 가지는 1부 예배(08:00) 안내와 1부 예배 목장 모임 하기, 새가족 섬기기, 부자유친 회원들과 함께 목장 모임 하기 입니다. 비록 1년에 한 번이지만 오늘 부자유친 목장 모임을 하게 되어 참 행복했습니다. 특히 부자유친 안영준 회장님은 미리 섬기는 교회에서 먼저 예배를 드리고 오셔서 함께 동행해주셨습니다.

오늘 많이 낯설었을 텐데 사도신경과 주기도문을 함께 낭독하고, 은혜로운 나눔을 해주신 부자유친 회원들과 부자유친 명의로 애찬비를 헌금해주신 장용환 회원님, 다과와 음료를 준비해주신 강수진 권사님과 맛있는 과자를 갖다 주신 김주애 집사님, 도움을 주신 새가족부 이주은 목사님과 김만식 집사님 그리고 오늘 목장 모임에 함께 해주신 이영훈 장로님, 신성민 장로님, 정일찬 집사님, 정효남 집사님에게도 감사의 마음을 전합니다.

박정수 담임목사님은 오늘 '하나님의 관심'이라는 주제(본문 : 누가복음 15장 1~7절)로 은혜로운 하나님의 말씀을 전해 주셨습니다. 대부분의 사람들은 자기 자신에게 관심이 있으나, 성숙한 사람들은 나 자신 보다는 상대방에게 관심이 있습니다. 부부간에도 늘 "여보, 당신 괜찮아요?, Are you OK?"라고 물어야 합니다. 부모는 온통 자녀의 행복과 형통만을 생각하는데, 자기중심적인 부모는 자녀의 결과만 살피고, 성숙한 부모는 자녀의 생각을 살핍니다. 그런데 자녀의 관심은 부모가 아닌 자기 자신에게 있습니다. 그러다가 그 자녀가 성숙해지면 자신을 사랑으로 키워 준 부모에게 관심을 갖게 됩니다.

성도(부자유친 회원 중 한 분이 '성도'의 의미를 물어서 '하나님을 믿는 사람'이라는 뜻이라고 가르쳐줬습니다)도 마찬가지입니다. 처음에는 자신이 은혜 받고, 자신이 치유 받고, 자기 자녀가 형통하고, 자신의 사업장일 잘 되는 것에만 관심이 있습니다. 그러나 성숙한 성도(聖徒)는 하나님의 관심사를 생각합니다. '어떻게 하면 내가 하나님이 기뻐하시는 일을 할 수 있을까, 하나님의 축복의 통로로 쓰임 받을 수 있을까'를 생각합니다. 하나님의 관심은 하나님의 형상과 모양대로 지은 사람에게 있습니다. 그 사람들이 예수님을 믿어 죄 사함 받고 하나님과 교제하는데 있습니다.

우리는 원숭이를 닮은 것이 아니라 하나님의 '형상'과 '모양'을 닮은(창세기 1장 26절) '하나님의 붕어빵'이고, 피조물 중에서 유일하게 인간만이 하나님과 교제가 가능하도록 창조되었습니다. 예수님을 믿는 자들에게는 하나님의 자녀가 되는 권세를 주셨습니다(요한복음 1장 12절). 구원은 믿는 자에게 주어지는 '하나님의 선물'입니다(에베소서 2장 8절). 특별히 박정수 담임목사님은 부자유친 회원들을 비롯한 예배당에 있는 모든 분들이 진정으로 예수님을 구원의 주님으로 영접할 수 있도록 예수님 영접기도를 처음부터 끝까지 따라하게 하셨습니다. "아멘(말씀대로 되소서, 그리 되게 하옵소서)"이라고 대답한 모든 분들이 예수님을 진짜 영접했을 것으로 믿습니다. 벌써부터 2025년 1월 5일 첫째 주일에 있을 부자유친 모임이 기대됩니다.

2-06
고기를 잘 굽는 방법

여호와여 주께서 나를 살펴보셨으므로 나를 아시나이다(시편 139편 1절)

2024년 1월 둘째 주말(13일) 기독교대한성결교회 서울강남지방회 교회부흥확장위원회(약칭 '교부위') 회의에 다녀왔습니다. 교부위에서는 서울강남지방회 개척교회에 개척지원금을 후원하고, 작은 교회들이 필요한 것을 지원하고, 개척교회 간담회와 작은 목회자 초청 위로회, 교부위 수련회 등의 사업을 합니다. 오늘 교부위 위원장이신 손경호 목사님의 설교(주제 : 나를 살펴보시는 하나님!, 본문 : 시편 139편 1절)로 은혜 받은 것을 나누고자 합니다.

손목사님은 가족들이나 친구들을 만나 고깃집에서 식사 할 때마다 고기 굽는 일은 손목사님이 도맡아서 하는데, 고기를 태우지 않고 잘 굽는다는 칭찬을 자주 받는다고 합니다. 어느 날 친구가 손목사님에게 고기 잘 굽는 법이 물었을 때 "애정을 갖고 구우면 된다."라고 대답했답니다. 맞습니다. 손목사님 말씀대로 불판 가장자리에 있는 고기는 좀 더 뒀다가 뒤집고, 불이 센 곳에 있는 고기는 웬만큼 익으면 불이 또 약한 곳으로 옮겨 익히는 등 애정(愛情)을 갖고 한 점씩 살피면서 고기를 구워야 맛있게 고기를 구워낼 수가 있습니다. 고기를 잘 구울 때뿐만 아니라 인간관계에서도 애정을 가지고 사람을 대해야 합니다.

무슨 일을 하든지 마음을 다하여 주께 하듯 하고 사람에게 하듯 하지 말라(골로새서 3장 23절)

손목사님은 "여호와여 주께서 나를 살펴보셨으므로 나를 아시나이다"라고 하시는데, 하나님은 전지(全知)한 능력으로 우리를 아는 것이 아니라 '애정을 가지고 우리를 유심히 살펴보시는 것'이라고 생각하셨답니다. 그렇기 때문에 "우리가 인생의 뜨거운 불판 위에서 때로는 견디기 힘들고, 괴로울 때도 있지만 하나님은 잠시도 눈을 떼지 않고 살펴보며 적당한 때에 뒤집어 주시고, 또 너무 뜨거우면 불이 약한 곳으로 옮겨 색깔도 예쁘게 우리의 인생을 알맞게 구워줄 것으로 믿어야 한다."고 QT(Quiet Time - 하나님과 개인적으로 가지는 영적 교제의 시간) 하신 것을 나눠주셨습니다. 저도 그렇게 애정을 가지고 저를 살펴 봐 주시는 하나님 아버지가 참 좋습니다. 올 한 해 기독교대한성결교회 모든 교부위가 작은 교회들을 더 돌보고, 더 살펴보고, 더 애환을 들어주는 사역을 잘 감당하기를 기도합니다.

2-07
주께 하듯 하라

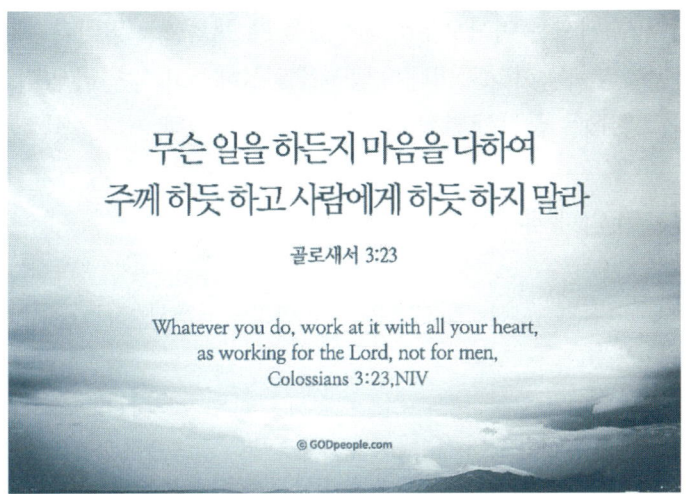

　2024년 1월 둘째 주일(14일) 이수교회 박정수 담임목사님의 설교(주제 : 주께 하듯, 본문 : 골로새서 3장 23절)로 은혜 받은 것을 나누고자 합니다. 제가 외우는 성경구절 3개 중 1개가 골로새서 3장 23절입니다. 이 말씀은 부부 사이뿐만 아니라 부모자식 사이에서도 그리고 사회생활에서 꼭 필요한 말씀입니다.

1. 아내들아 남편에게 주께 하듯 하라

　아내들이여 자기 남편에게 복종하기를 주께 하듯 하라(골로새서 3장 18절)

　아내들이여 자기 남편에게 복종하기를 주께 하듯 하라 이는 남편이 아내의 머리 됨이 그리스도께서 교회의 머리 됨과 같음이니 그가 바로

> 몸의 구주시니라 그러므로 교회가 그리스도에게 하듯 아내들도 범사에 자기 남편에게 복종할지니라(에베소서 5장 22~24절)

　하나님이 가정 안에서 세운 첫 번째 질서는 아내가 남편에게 복종하는 것입니다. 하나님은 여자를 남자를 위하여 돕는 배필로 지으셨는데(창세기 2장 18절), 여자가 남자를 돕는다는 것은 그만큼 남자에게 부족한 점이 많다는 것입니다. 남자는 여자로부터 인정받을 때 행복을 느낍니다. 그러므로 비록 남편이 부족할지라도 아내가 남편을 인정해주고, 남편의 리더십에 순종할 때 그 가정은 굳건한 반석 위에 서게 될 것입니다.

2. 남편들아 아내에게 주께 하듯 하라

> 남편들아 아내를 사랑하며 괴롭게 하지 말라(골로새서 3장 19절)

> 남편들아 아내 사랑하기를 그리스도께서 교회를 사랑하시고 그 교회를 위하여 자신을 주심 같이 하라 이는 곧 물로 씻어 말씀으로 깨끗하게 하사 거룩하게 하시고 자기 앞에 영광스러운 교회로 세우사 티나 주름 잡힌 것이나 이런 것들이 없이 거룩하고 흠이 없게 하려 하심이라 이와 같이 남편들도 자기 아내 사랑하기를 자기 자신과 같이 할지니 자기 아내를 사랑하는 자는 자기를 사랑하는 것이라(에베소서 5장 25~28절)

　아내는 남편에게 복종하고, 남편은 아내를 사랑하며 괴롭게 하지 말아야 합니다. 여기서 말하는 남편의 사랑은 그냥 세상 사람들이 말하는 흔한 사랑이 아니라 예수님이 우리를 위해 자신의 목숨을 주신 것과 같은 예수님의 사랑입니다. 그렇게 아내를 사랑해야 진짜 자기 자신과 같이 아내를 사랑할 수 있을 것입니다. 저는 요즘 "아내를 날마다 행복하게 해주세요."라는 기도를 빠뜨리지 않고 하고 있는데, 하나님께서는 저의 기도를 날마다 들어주실 것으로 믿습니다.

3. 자녀들아 부모에게 주께 하듯 하라

자녀들아 모든 일에 부모에게 순종하라 이는 주 안에서 기쁘게 하는 것이니라(골로새서 3장 20절)

그는 근본 하나님의 본체시나 하나님과 동등됨을 취할 것으로 여기지 아니하시고 오히려 자기를 비워 종의 형체를 가지사 사람들과 같이 되셨고 사람의 모양으로 나타나사 자기를 낮추시고 죽기까지 복종하셨으니 곧 십자가에 죽으심이라(빌립보서 2장 6~8절)

하나님의 아들이신 예수님은 자기를 비워 종의 모습으로 이 땅에 오셨고, 우리를 위해 죽기까지 아버지 하나님께 온전히 순종하셨듯 자녀들도 부모에게 순종함이 마땅합니다. 자녀들에게 말하기 전에 부모인 내가 먼저 그렇게 해야 할 것입니다.

4. 아비들아 자녀에게 주께 하듯 하라

아비들아 너희 자녀를 노엽게 하지 말지니 낙심할까 함이라
(골로새서 3장 21절)

자녀는 부모의 소유가 아니라 하나님의 자녀이고, 하나님의 피조물임을 인정한다면 자녀에게조차 주께 하듯 할 수 있을 것입니다. 부모의 최고의 덕목은 자녀를 잘 가르치는 것이 아니라 자녀를 위해 기도해주고, 기다려주는 것입니다.

5. 종들아 상전들에게 주께 하듯 하라

종들아 모든 일에 육신의 상전들에게 순종하되 사람을 기쁘게 하는 자와 같이 눈가림만 하지 말고 오직 주를 두려워하여 성실한 마음으로 하라
(골로새서 3장 22절)

너는 네 떡을 물 위에 던져라 여러 날 후에 도로 찾으리라
(전도서 11장 1절)

형제들아 너희가 자유를 위하여 부르심을 입었으나 그러나 그 자유로
육체의 기회를 삼지 말고 오직 사랑으로 서로 종 노릇 하라
(갈라디아서 5장 13절)

정말 세상에 공짜 없습니다. 내가 내 곁에 있는 사람들을 나의 상전(上典)으로 여기고, 그 상전들에게 순종할 때 여러 날 후에 도로 찾을 것입니다. 예수님이 그렇게 하셨듯이 예수님을 따르는 그리스도인이라면 예수님의 가르침대로 오직 사랑으로 서로 종 노릇해야 마땅합니다.

6. 무슨 일을 하든지 주께 하듯 하라

무슨 일을 하든지 마음을 다하여 주께 하듯 하고 사람에게 하듯 하지 말라
(골로새서 3장 23절)

주께 하듯 하려면, '기쁨'으로 대해야 하고, '감사함'으로 대해야 하고, '성실함'으로 대해야 합니다. 저의 카카오톡 프로필 사진에 골로새서 3장 23절 말씀이 있고, 저희 법무법인 서호 홈페이지 화면에 '마음을 다하여 주께 하듯 하라'는 말씀을 나타낸 이유는 저의 삶의 현장에서 그렇게 하고 싶은 마음이 간절하기 때문입니다. 언제 어디에서나 아내와 딸·아들, 가족 구성원들에게, 이수교회 성도님들에게, 법무법인 서호 식구들과 의뢰인들에게 그리고 목사님들과 장로님들, 친구들을 비롯한 저의 모든 이웃들에게 마음과 뜻을 다하여 주께 하듯 하도록 하겠습니다. 2024년 새해 저의 다짐이자, 저의 간절한 기도제목입니다.

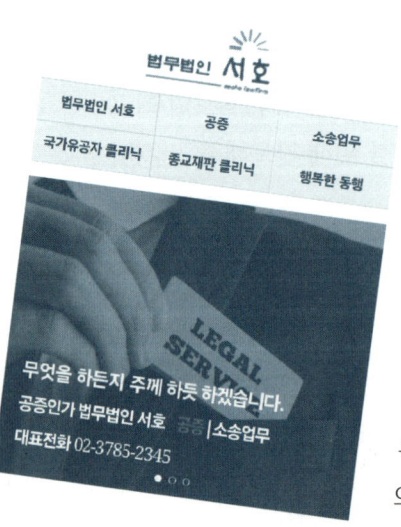

2-08
남자들이 여자들에게 잡혀 사는 이유

  2024년 1월 셋째 주 수요일(17일) 이수교회 밤기도회에서 박정수 담임목사님의 설교(주제 : 아담아, 네가 어디 있느냐?, 본문 : 창세기 3장 9~12절)로 은혜 받은 것을 나누고자 합니다.

> 9. 여호와 하나님이 아담을 부르시며 그에게 이르시되 네가 어디 있느냐
> 10. 이르되 내가 동산에서 하나님의 소리를 듣고 내가 벗었으므로 두려워하여 숨었나이다
> 11. 이르시되 누가 너의 벗었음을 네게 알렸느냐 내가 네게 먹지 말라 명한 그 나무 열매를 네가 먹었느냐
> 12. 아담이 이르되 하나님이 주셔서 나와 함께 있게 하신 여자 그가 그 나무 열매를 내게 주므로 내가 먹었나이다

  하나님은 아담이 어디에 있는 것도 아시고, 벗은 것도 아시고, 여자인 하와를 창조하시기 전에 아담에게 "각종 나무의 열매는 임의로 먹되 선악을 알게 하는 열매를 먹지 말고, 선악과를 먹는 날에는 반드시 죽으리라(창세기 2장 16~17절)"고 명령하셨음에도 아담이 선악과를 먹은 것도 아시기 때문에 아담을 질책하는 질문을 한 것입니다.
  저는 형사재판 변호할 때 유죄를 인정하는 피고인에게는 "재판장님이 야단치는 질문을 하시면, 먼저 잘못했습니다라는 말을 먼저 하고, 질문하시는 것을 대답하라."고 조언합니다. 그런데, 아담은 "하나님이 주셔서 나와 함께 있게 하신 여자 그가 그 나무 열매를 내게 주므로 내가 먹었나이다(창세기 3장 12절)"고 대답합니다. 자신의 잘못이 아니라 하나님이 창조하신 여자가 잘못한 것이고, 그 여자를 창조하신 하나님 때문에 그 선악과를 먹었다고 핑계를 댄 것입니다. 아담은 속된 표현으로 매를 벌었습니다. 아

담은 하나님의 그 질책성 질문에 대해, "하나님, 제가 잘못했습니다. 마귀의 유혹 앞에서 하나님께 여쭙지 못했고, 기도하지 못했고, 연약해서 아내와 함께 먹었습니다. 하나님 용서해 주세요. 어쩌면 좋습니까?"라고 대답했어야 합니다.

여자의 후손은 예수의 후손이고, 뱀의 후손은 마귀의 후손입니다. 예수의 후손은 '주여'하고, '하나님의 소유'라고 하고, 기도하고, 감사합니다. 그런데 마귀의 후손은 '나여'라고 하고, '내 것'이라고 하고, 기도하지 않고, 감사할 줄 모릅니다. '주여'라는 고백은, 나는 주님의 종이라는 고백입니다. 그렇기 때문에 우리는 주인이신 하나님의 뜻을 물어야 하고, 하나님의 뜻을 따라야 합니다.(장경동 목사님 설교 내용)

어제 밤기도회에서 예배드리기 전에 윤철수 집사님과 함께 저녁식사를 했는데, 윤집사님은 "하나님이 그렇게 질책성 질문을 했을 때 아담이 '제가 잘못했습니다. 하나님께서 제게 명하신 명령인데 제가 그 명령을 지키지 못하고, 아내도 지키지 못했습니다. 다 제 잘못입니다.'라고 회개하고 자신의 잘못을 말씀드렸다면, 적어도 하와로부터 두고두고 사랑과 존경을 받았을 것입니다"라는 해석을 했습니다. 공감합니다. 결국 우리 남자들이 여자들에게 잡혀 사는 이유는 아담 때문입니다.

2-09
신나는 하나님의 선교 이야기

    2024년 1월 셋째 주일(21일) 아프리카 케냐 마형갑 선교사님의 설교(주제 : 하나님의 선교 시나리오, 본문 : 요한복음 6장 1~13절)로 은혜 받은 것을 나누고자 합니다. 마형갑 선교사님의 선교 이야기는 하나님이 하시는 일이시기에 처음부터 끝까지 신나는 이야기였습니다. 선교사님이 설교 중 보여주신 2022년 7월 24일 케냐 호산나 일폴레이교회(Hosanna Ilpolei Church) 입당예배 영상과 2023년 10월 8일 케냐 호산나 마이야낫교회(Hosanna Maiyanat Chuch) 건축 및 봉헌예배 영상은 보는 것만으로도 엄청난 감동이었고, 마냥 신났습니다. 이 땅에서 그렇게 신나게 하나님께 예배드리는 곳이 있을까요?

    그들은 먹을 것조차 부족한 척박한 땅에서, 예배당까지 멀리 있는 사람은 2시간 이상을 걸어가서, 4시간가량 예배를 드린다고 합니다. 저는 장로지만 한여름에는 덥다는 이유로 반팔을 입고 예배를 드렸는데, 케냐의 남자들은 허름하지만 양복 정장을 입고 예배를 드리고, 여자들은 그들의 전통 옷에 치마를 입고 예배를 드리고 있었습니다. 그들은 바닥에 엎드려 눈물을 흘리며 기도하고, 심지어 아기를 보자기에 업고 엎드려 기도하는 여성도 있었습니다. 이는 하나님을 대하는 마음가짐의 문제입니다.

    하나님께서는 오늘도 하나님의 선교 드라마에 출연할 등장인물들을 찾고 계심을 믿습니다. 그래서 마형갑 선교사님의 신나는 설교를 들은 후 점심식사 하면서 이수교회 박정수 담임목사님 부부와 마형갑 선교사님 부부에게 2027년 7월 마지막 주와 8월 첫째 주에 케냐로 선교 갈 것을 건의 드렸고(이수교회는 2년마다 해외 선교를 가는데, 2023년에는 캄보디아 선교를 다녀왔고, 2025년 여름에는 몽골 선교가 계획되어 있습니다.), 시무장로님들에게도 케냐로 선교 가기 전에 "이수교회 성도들의 마음을 모아 케냐에 이수교회 이름으로 교회를 건축해서 봉헌하십시다."라고 건의 드렸습니다. 저의 아내도 같은 생각입니다. 케냐로 선교 갈 생각을 하니까 벌써부터 저도 신납니다.

2-10
다비다자매회 창립 30주년 감사예배

2024년 1월 마지막 주말 이수교회에서 진행된 싱글맘을 섬기는 사단법인 다비다자매회(회장 이주은 목사님) 창립 30주년 행사에서 받은 은혜를 나누고자 합니다. 1부 감사예배는 다비다자매회 사무국장 이영복 장로님의 자작시 '다비다자매히 창립 30주년 축시(12행시)'로 시작했습니다.

다 : 사라진 듯한 인생의 빈들에 주저앉고 말았던 그들은
비 : 워야 채워지는 역설을 배웠고
다 : 시 일어서는 용기를 배웠으며
자 : 비로운 그분의 시간을 기다리는 지혜를 배웠다.
매 : 미는 7년을 땅속에서 애벌레로 살고 나서야
회 : 색 날개 떨며 겨우 몇 날을 운다지만,
창 : 세 전에 그들을 택하셨고 영원히 그분의 찬송을 부르도록 영생으로 초대하셨다는 것. 그건.
립 : 서비스(lip service), 한낱 입에 발린 빈말이 아니고 정녕 그들을 향한 그분의 놀라운 입맞춤이었다.
삼 : 십 년 다비다자매회의 역사야말로 그러기에,
십 : 자가에서 흘리신 붉은 피로써
주 : 님이 친히 쓰신 상처 입은 치유자들의 다큐멘터리(dacumentary)요,
년 : 년이 나날이 이어져 새로울 다음 30년의 프롤로그(prologue)이리라.

변혜경 선생님의 인도로 함께 찬양하고, 장수정 자매님의 대표기도와 다비다자매회 창립 30주년을 돌아보는 영상을 봤습니다. 이어서 이창섭 목사님의 감동적인 설교(주제 : 오 리 인생이 되지 말고 십 리 인생을 살라, 본문 : 마태복음 5장 14절)로 받은 은혜를 나누고자 합니다.

> 또 누구든지 너로 억지로 오 리를 가게 하거든 그 사람과 십 리를 동행하고(마태복음 5장 41절)

　예수님이 위와 같은 말씀을 하신 당시의 상황은 로마의 지배를 받고 있던 상황이었는데, 로마의 군인들은 지나가는 유대인들을 향하여 자기의 짐을 짊어져서 오 리(2km)를 가게 할 수 있는 권리가 있었습니다. 오 리 인생은 보통의 삶이고, 십 리 인생은 내가 받은 의무보다 더 많이 수고해야 하고, 더 많은 일을 해야 하는 삶입니다. 로마 군인들이 유대인들에게 강제로 짐을 져서 오 리를 가게 할 때와 같은 상황이라면 우리는 과연 어떤 자세로 임해야 할까요?

　첫 번째, 십 리 인생길은 '누구든지' 함께 가는 길입니다. 출애굽기 16장에 '만나' 이야기가 나오는데, 많이 거둔 자도 남음이 없고, 적게 거둔 자도 부족함이 없이 각 사람은 먹을 만큼만 거두었다고 합니다(출애굽기 16장 18절). 그것은 그들 사이에 '나눔이 있었다'는 것입니다. 다비다자매회 회원 여러분들이 30년 동안 하나님으로부터 받은 은혜와 사랑, 어려운 고비를 넘기면서 하나님을 만난 경험을 나눌 때에 그 사랑이 결실을 맺을 수 있는 것입니다.

　두 번째, 십 리 인생길은 기쁨으로 가는 인생길입니다. '억지로' 가게 하더라도 기쁨으로 기꺼이 가야 합니다. 욥기 23장 8~9절은 '그런데 내가 앞으로 가도 그가 아니 계시고 뒤로 가도 보이지 아니하며 그가 왼쪽에서 일하시나 내가 만날 수 없고 그가 오른쪽으로 돌이키시나 뵈올 수 없구나'라고 하는데, 그 다음 절에서는 '그러나 내가 가는 길을 그가 아시나니 그가 나를 단련하신 후에는 내가 순금 같이 되어 나오리라'고 합니다. 욥은 고난을 훈련으로 봤습니다. 빌립보서 4장 4절은 '주 안에서 항상 기뻐하라 내가 다시 말하노니 기뻐하라'고 합니다. 내가 기뻐할 일이 있어서 기뻐하는 것이 아니라 하나님이 나를 사랑해주신다는 그 사랑 한 가지만 가지고도 기쁨으로 할 수 있어야 합니다. 우리의 삶의 모든 부분을 예수님이 책임져 주시고, 나를 좋은 곳으로 인도해주시는 분이심을 믿으면 우리는 기뻐할 수 있습니다.

　세 번째, 십 리 인생길은 끝까지 감사하며 가는 길입니다. 감사는 미래를 열어가는 에너지입니다. 이스라엘 백성들이 40년 광야 생활을 마치고 땅을 분배받는 내용이 여호수아 14장에서부터 19장까지 나오는데, 불평이 하나도 안 나옵니다. 왜 그랬을까요? 이스라엘 백성들은 내가 뭘 가졌기 때문에 40년을 견딘 것이 아니라 하나님 한 분이 계시기 때문에 40년을 견딘 것입니다. 우리에게 어떠한 어려운 상황이 온다고 할지라도 하나님 한 분 때문에 나는 감사하며 살 수 있는 인생이 될 것이라는 확신을 가져야 합니다. 힘들고 어려운 인생 여정이 많을지라도 십 리 인생을 살아갈 때 하나님께서 감사와 기쁨이 넘치는 삶으로 인도하실 것입니다.

이창섭 목사님의 설교에 이어 이수교회 담임목사이자 다비다자매회 이사장이신 박정수 목사님이 축사를 해주시는 것으로 1부 감사예배를 마쳤습니다.

이어서 2부 축하공연은 이수교회 홀리보이스 중창단(윤현집 이수교회 할렐루야성가대 지휘자님, 이성진 집사님, 이승행과 이양행 형제 집사님)과 차지은 집사님의 사랑이 넘치는 특송, 다비다자매회 회원 자녀이자 찬양가수인 이예은 자매님의 마음을 울리는 특송, 해피맘과 어린들의 귀여운 특송과 율동에 이어 '욥바항의 사랑'이라는 뮤지컬 공연이 있었습니다. 사도행전 9장에 등장하는 '다비다(김혜란 목사님 역)'가 다비다자매회처럼 홀로된 자매들을 섬기고, 죽은 다비다가 '베드로(이영복 장로님 역)'의 기도로 살아나는 과정을 잘 그려냈습니다. 한 달 정도 연습했다고 하는데, 공연 내용이 어디에 내놓아도 전혀 손색이 없는 수준급이었습니다.

축하 공연 후 다비다 역을 맡으신 김혜란 목사님의 친구들과 함께 기념사진도 찍고, 저녁식사도 같은 자리에서 했는데, 김목사님의 친구들은 뮤지컬이지만 다비다 역을 맡은 김목사님이 죽어서 누워 있는 모습을 보고도 눈물이 났고, 뮤지컬에서 욥바항의 여인으로 나오는 유숙자 권사님(김목사님의 고교 동창)이 죽은 '다비다'를 부를 때 눈물이 났다고 합니다. 저는 공연 끝부분에서 다비다자매회 회원의 어린 자녀들이 특송하고, 함께 출연해서 앉아 있는 한 사람 한 사람의 이름을 불러서 일으켜 세울 때가 감동이었습니다. 지금까지 다비다자매회와 함께 해주신 하나님께 감사하고, 이후에도 함께 해주실 하나님께 미리 감사합니다.

2-11
이수교회 부흥을 주옵소서

하나님 아버지

사랑합니다.
감사합니다.
한 주간도 지켜주시고, 사순절 둘째 주일 예배의 자리로 인도해주심에 감사합니다. 저희가 알게 모르게 지은 죄를 용서하여 주옵소서,
사순절 기간 하나님의 사랑을 더 깨닫게 하시고, 하나님이 기뻐하시는 삶을 살게 하옵소서. 먼저 하나님의 나라와 의를 구하게 하시고, 무엇을 하든지 주께 하듯 하게 하옵소서.
항상 기뻐하게 하시고, 쉬지 말고 기도하게 하시고, 범사에 감사하게 하옵소서. 언제 어디서나 하나님의 입이 되어 하나님의 사랑을 전하게 하시고, 저희의 삶이 예배가 되고, 찬양이 되고, 전도가 되게 하옵소서.
이 땅에 다시는 전쟁이 없게 하시고, 남북한이 하나 되게 하시고, 우리 조국 대한민국이 선교사의 나라가 되게 하옵소서. 위정자들이 바른 정치를 하게 하옵소서.
이수교회 예배의 부흥을 주옵소서.
이수교회 찬양의 부흥을 주옵소서.
이수교회 교육부의 부흥을 주시고,
교육부 형제자매들이 복이 되게 하옵소서.
이수교회 새가족의 부흥을 주옵소서.
이수교회 목장과 기관의 부흥을 주옵소서.
이수교회 밤기도회의 부흥을 주옵소서.
이수교회 성도들 일터의 부흥을 주옵소서.
이수교회 성도들 가정의 부흥을 주시고,
믿음의 명문 가문이 되게 하옵소서.
이수교회 재정의 부흥을 주시어

하나님이 기뻐하시는 사역을 잘 감당하게 하옵소서.
이수교회 제자훈련을 통해 거듭나게 하시어
부흥의 불씨가 되게 하옵소서.
박정수 담임목사님을 통해 하나님의 말씀을 듣습니다. "주의 종이 듣겠습니다"라는 사무엘의 고백이 저희의 고백이 되게 하시고, 오늘 선포되는 하나님의 말씀을 통해 은혜 받게 하시고, 받은 그 은혜를 날마다 전하게 하옵소서.
박정수 담임목사님, 민창기 목사님, 정해성 전도사님, 정소영 전도사님에게 말씀의 은사, 기도의 은사, 사랑의 은사를 주시어 위대한 목회자로 세워주시고, 존귀하게 쓰임 받게 하옵소서.
군 복무중인 청년들과 유학중인 자녀들을 눈동자 같이 지켜주시고, 2월 27일 출산을 앞둔 이승연 집사님이 건강한 아기를 순산하게 하옵소서.
병환중에 있는 성도들의 건강을 온전하게 하루빨리 회복시켜 주시고, 1남전도회와 1여전도회 어른들의 건강을 지켜주옵소서.
다비다자매회 회원들의 삶을 책임져 주시고,
모임을 이끄시는 김혜란 목사님과 이주은 목사님을 축복하옵소서.
예배를 돕는 모든 손길들을 축복하옵소서.
항상 감사하는 마음 주옵소서.
모든 것을 감사드리며, 예수님의 이름으로 간절히 기도합니다.

2-12
작은 예수가 되어 기도하는 삶을 살자

2024년 1월 마지막 주부터 이수교회 제자훈련이 개강되었습니다. 제자훈련은 12주 동안 매주일 오후 2시 《작은 예수가 되라》(강사 : 박정수 담임목사님과 민창기 목사님)와 《예수님의 사람 1》(강사 : 김혜란 목사님), 매주일 금요일 저녁 7시 《기도하는 삶》(강사 : 박정수 담임목사님) 3개 과정 중 시간이 겹쳐서 《예수님의 사람 1》을 수강하지 못해 아쉽지만, 나머지 2개 과정으로 은혜 많이 받을 것으로 믿습니다.

지난 주일 저의 초청으로 예배에 오신 난난 중국어 선생님, 원수연 중국어 선생님과 함께 예배를 드리고, 점심식사 후 한강변 카페에서 대화를 나누다가 《작은 예수가 되라》 오리엔테이션에 조금 늦었습니다. 《작은 예수가 되라》 교재에서는 '구원받은 하나님의 자녀는 그 신분에 어울리는 거룩한 인격과 삶을 갖추고 있어야 한다.'는 점을 중점적으로 공부하는데, 제가 2019년 가을 어느 날 다짐한 아래 '평생 실천사항' 중에서 첫 번째 실천사항과 일맥상통(一脈相通) 하기에 더 기대됩니다. 이 과정은 저의 아내도 참여하기에 오순도순 함께 숙제해야겠습니다.

평생 실천 사항

1. 하나님의 사람답게 살아가기
2. 바른 생각하고, 사랑의 말하고, 바른 행동하기
3. 하나님이 주신 시간 아껴쓰기
4. 매일 성경 읽기
5. 매일 운동하기
6. 밤기도회에 빠지지 않기
7. 업무나 글쓰기 외 SNS 하지 않기

오늘 금요일 저녁에는 《기도하는 삶》 오리엔테이션이 있었습니다. 박정수 담임목사님께서 "이곳에 11명 외 한 분이 더 계시는데, 그 분은 예수님입니다."라고 하셨고, 교재 1페이지에 '응답 받는 기도를 하리라, 응답 받는 삶을 살아라'는 내용을 적으라고 하셨습니다. 응답받는 기도는 하나님이 기뻐하시는 기도이고, 응답 받는 삶도 하나님이 기뻐하시는 삶이기 때문에 기도도, 기도 응답도 하나님께 순종하고 하나님을 기뻐하시는 것이어야 할 것입니다.

박정수 담임목사님의 질문으로 수강생들이 '기도 응답 받은 기도 제목 중 제일 기억에 남는 것'에 대한 나눔이 있었는데, 저는 아들이 재수할 때 기도 응답받은 것을 나눴습니다. 저도 앞으로 응답 받는 기도를 하고, 응답받는 삶을 살도록 마음을 다하고 싶습니다. 제자훈련을 잘 받아 작은 예수가 되어 기도하는 삶을 살고 싶습니다. 하나님이 저를 잘 만드시게끔 부드러운 진흙덩이가 되고 싶습니다. 또한 사랑하는 이수교회 성도님들과 함께 제자훈련을 받을 12주는 행복한 날들의 연속이 될 것으로 믿습니다. 그곳에는 언제나 예수님이 계실 것이기 때문입니다.

2-13
내 인생의 성경 구절

2024년 2월 첫째 주일(4일) 이수교회 박정수 담임목사님의 설교(주제 : 아담아 네가 어디 있느냐, 본문 : 창세기 3장 9~12절)로 은혜 받은 것을 나누고자 합니다. 하나님께 불순종하여 선악과를 먹은 아담과 하와가 하나님의 얼굴을 피하여 동산 나무들 사이에 숨어있을 때 하나님이 아담에게 "아담아 네가 어디 있느냐"라는 질책성 말씀을 하셨습니다. 이는 저에게 하신 말씀이기도 합니다. 담임목사님은 아래와 같이 '있어야 할 자리'에 대해 강조하셨습니다.

<당신이 있어야 할 자리>

1. 역동적으로 예배드리는 자리
2. 꿀송이처럼 말씀을 배우는 자리
3. 헌신적으로 교회를 봉사하는 자리
4. 간절히 눈물로 기도하는 자리
5. 영혼을 사랑하여 전도하는 자리
6. 자녀에게 하나님을 소개하는 자리

박정수 담임목사님은 높은뜻숭의교회 김동호 목사님께서 당신의 자녀들에게 '내 인생의 성경 구절'로 요한복음 14장 6절을 소개하신 예화를 소개하시면서, 성도들에게도 내 인생의 성경 구절을 정해서 카톡으로 보내달라는 숙제를 내주셨습니다.

예수께서 이르시되 내가 곧 길이요 진리요 생명이니 나로 말미암지 않고는 아버지께로 올 자가 없느니라(요한복음 14장 6절)

박정수 담임목사님이 지난해 설교 시간에 유언장을 미리 써보라고 하셨을 때 저의 딸·아들에게 미리 한 유언이 "꼭 주일성수 해라"입니다. 저의 딸·아들이 예수님으로 말미암지 않고는 하나님 아버지께 갈 수가 없음을 인정하고 주일에 하나님께 예배할 수 있는 마음만 있으면 이 세상을 살아갈 수 있다고 생각하기 때문입니다. 저의 딸·아들에게 꼭 전하고 싶은 성경 구절은 다음 3개입니다.

그런즉 너희는 먼저 그의 나라와 그의 의를 구하라 그리하면 이 모든 것을 너희에게 더하시리라 그러므로 내일 일을 위하여 염려하지 말라 내일 일은 내일이 염려할 것이요 한 날의 괴로움은 그 날로 족하니라 (마태복음 6장 33~34절)

항상 기뻐하라 쉬지 말고 기도하라 범사에 감사하라 이것이 그리스도 예수 안에서 너희를 향하신 하나님의 뜻이니라(데살로니가전서 5장 16~18절)

무슨 일을 하든지 마음을 다하여 주께 하듯 하고 사람에게 하듯 하지 말라(골로새서 3장 23절)

마태복음 6장 33~34절은 먼저 하나님의 나라를 위해 살라는 것이고, 데살로니가전서 5장 16~18절은 하나님을 믿으면 할 수 있는 것이고, 골로새서 3장 23절은 하나님을 믿는 사람이라면 마땅히 해야 할 것입니다. 저의 아내와 딸·아들은 이미 알고 있는 구절이기도 합니다. 제가 위 성경 말씀대로 삶을 잘 살아낼 수 있도록 기도해 주십시오.

2-14
진리로 거룩하게 하옵소서

서울신학대학교에 일이 있어 들렸는데 수줍어서 살짝 핀 벚꽃들이 저를 반갑게 맞아줬습니다. 그 벚꽃들 아래에서 즐겁게 이야기하는 학생들의 모습을 보는 것만으로도 행복했습니다. 저도 나이 들었나 봅니다. 우리 청년들 보는 것만으로도 행복하니까요. 학교 100주년기념관 2층 자료열람실에 들렸습니다. 감사하게도 그곳에 저의 행복시리즈 책들이 진열되어 있기 때문입니다. 학교 측에서는 앞으로 출간될 저의 책들도 진열해주시기로 했습니다. 봄마다 찾아오는 예쁜 벚꽃처럼 저도 매년 저의 삶을 예쁘게 살고 싶고, 그 삶을 책으로 잘 정리하고 싶습니다.

서울신학대학교 정문에는 요한복음 17장 17절 말씀의 일부인 '진리로 거룩하게 하옵소서(Sanctify Them by the Truth)'라는 말씀이 새겨져 있습니다. 우리 서울신학대교와 신학대학원 학생들이 진리로 거룩하게 될 것으로 믿습니다. 하나님 아버지의 말씀은 진리이기 때문입니다.

> 그들을 진리로 거룩하게 하옵소서 아버지의 말씀은 진리니이다
> (요한복음 17장 17절)

2-15
결혼 후 50년 만에 한 "사랑한다"는 말

　2024년 3월 3일 이수교회 1부 예배 목장 모임 때 A 권사님이 남편(77세)에게 결혼 후 50년 만에 차마 "사랑한다"는 말은 못하고, 처음으로 '사랑합니다'라는 문자를 지난주에 보내셨다는 감동적인 나눔을 해주셨습니다. 결혼 후 50년 만에 처음으로 사랑한다는 문자를 받으신 남편은 얼마나 감격했을까요? 모든 것이 하나님의 은혜입니다.

1부 예배 때 민창기 목사님은 '하나님의 은혜(본문 : 신명기 16장 9~12절)'라는 은혜로운 설교를 해주셨습니다. 민목사님은 "하나님께서 지금까지 베풀어 주신 은혜를 기억하고, 나에게 있는 모든 것을 가지고 하나님께 감사하는 삶을 살아야 하고, 이웃과 함께 나누고 즐거워하는 삶을 살아야 한다."는 것을 강조하셨는데, 참으로 공감합니다.

나의 가장 가까운 이웃은 나의 남편이고, 나의 아내이고, 나의 자녀이고, 나의 부모형제입니다. 가족을 이웃처럼 대하는 것이 지혜입니다. 가족을 가장 가까운 이웃으로 생각하고, 가족에게 더 예의를 갖추고, 더 사랑하고, 사랑한다는 말을 더 하는 삶을 살아야 하지 않을까요?

크리스천(그리스도인)은 예수님을 구세주로 고백한 자이고, "서로 사랑하라"는 예수님의 가르침을 따르는 자이고, 예수님의 사랑을 전하는 자입니다. 그러므로 가장 가까운 이웃인 가족에게 예수님의 가르침대로 사랑하고, 그 사랑을 전하는 것은 우리의 책무(責務)입니다. 그런데 가족에게 전도하는 것이 생각보다 쉽지 않습니다. 아마 A 권사님처럼, 결혼 후 50년 만에 처음으로 사랑한다는 문자를 보내는 것만큼 어렵기 때문일 것입니다. 그래도 지난주 용기를 내서 남편에게 사랑한다는 문자를 보낸 A 권사님의 용기에 힘찬 격려의 박수를 보냅니다. A 권사님이 그 용기가 사라지기 전에 이번 주도 사랑한다는 문자를 보내시고, 더 용기를 내서 "사랑합니다"라는 말씀까지도 하시기를 기원합니다. 시작이 반입니다!

2-16
아침은 쌀쌀하고 춥다고 하니, 두껍게 입고 가셔

지난 주일(2024. 3. 3.) 이수교회 1부 예배 목장 모임 때 A 권사님이 남편(77세)에게 결혼 후 50년 만에 차마 "사랑한다"는 말은 못하고, 처음으로 '사랑합니다'라는 문자를 지난주에 보내셨다는 감동적인 나눔을 해주셨는데, 이번 주일에는 결혼 후 50년 만에 처음으로 사랑한다는 문자를 받으신 남편께서 교회에 가는 아내에게 다음과 같은 감동적인 쪽지를 주셨다고 합니다.

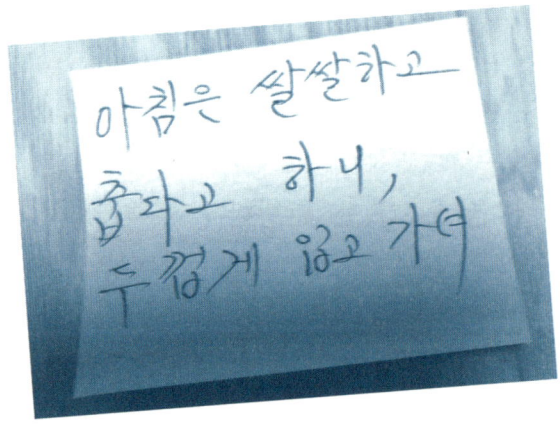

사랑한다는 말보다 더 사랑스러운 표현입니다.
사랑은 주고받는 것이 진짜 사랑입니다. 결혼 후 50년 만에 용기를 내어 '사랑합니다'라는 문자를 보내신 A 권사님과 그 문자에 대한 보답으로 더 애틋한 사랑의 표현을 해주신 그 남편 분의 더 큰 용기에 큰 박수를 보냅니다.

매 주일 약 30분 동안의 짧은 1부 예배 목장 모임을 할 때마다(세 분의 권사님 모두가 목장 모임 후 귀가하여 남편의 아침 밥상을 차려주셔야 하기에 목장모임 시간이 짧을 수밖에 없습니다) 파란만장(波瀾萬丈)한 삶을 살아오신 박명옥·안혜숙·이승연 권사님과 천사 같은 윤철수·조선영 집사님 부부와 최인석·박한나 집사님 부부(올해부터 양호석·윤자연 집사님 부부는 2부 예배 할렐루야 성가대원으로 활동) 그리고 미국에서 치아 치료차 잠시 한국에 오신 임양순 전도사님이 하나님과 동행하는 삶에 대하여 나눔해 주신 것을 듣는 것만으로도 행복합니다.

그래서 저는 하나님이 부르실 때까지 이수교회 1부 예배 안내와 목장 모임의 자리는 꼭 지키고 싶습니다. 권사님들과 집사님들이 써내려 갈 사도행전 29장의 내용이 기대됩니다. 여러분도 아침은 쌀쌀하고 춥다고 하니, 두껍게 입고 다니십시오.

※ 박정수 담임목사님의 카톡 글

장로님이 올려주신 1부 예배 나눔 간증이 마음을 따듯하게 합니다.
그리스도인이 된다는 것은 더욱 사랑하기로 결심하는 것입니다.

2-17
달리다굼(Talitha koum)

어제(2024. 3. 11.) 이수교회 밤기도회에서 민창기 부목사님의 설교(주제 : 두려워하지 말고 믿기만 하라, 본문 : 마가복음 5장 35~43절)로 은혜 받은 것을 나누고자 합니다. 민목사님은 미국 제26대 대통령 시어도어 루스벨트(Theodore Roosevelt, 미국 제32대 대통령인 프랭클린 루스벨트 대통령과는 친척)에 관한 예화를 들었습니다. 시어도어 루스벨트 대통령은 소아마비로 인해 다리를 절게 되었고, 시력도 아주 안 좋아서 책을 보기가 힘들었을 뿐만 아니라 천식으로 앞에 있는 촛불도 끌 수 없을 정도로 호흡장애를 가지고 있었던 그에게 신앙이 좋았던 아버지의 말씀 한 마디가 그의 모든 것을 바꾸어 놓았다고 합니다.

"아들아, 네가 가진 장애는 사실 심각한 장애가 아니다. 너의 진짜 장애는 '너는 살 수 없고 모든 것을 할 수 없다.' 라고 생각하는 너의 마음이다. 네가 만약에 전능하시고 살아계신 하나님을 믿고 신뢰한다면, 그래서 하나님이 너와 함께 해주신다면 네가 못할 일은 세상에 아무 것도 없단다. 네가 그렇게 된다면 오히려 너의 장애 때문에 세상 사람들이 하나님의 역사를 더 분명하게 볼 수 있을 것이고, 하나님의 영광이 너 때문에 더 크게 나타나게 될 것이며, 너는 세상에서 가장 성공한 사람이 될 수 있을 것이다. 나는 네가 그렇게 되기를 기도한단다."

위와 같이 신실한 아버지의 격려를 통해서 시어도어 루스벨트는 미국이 가장 힘들고 어려울 때 미국의 재건을 이루어내는 훌륭한 대통령이 되었고, 1907년에 '노벨평화상'까지 받았습니다. 그 아버지에 그 아들입니다. 기도는 하나님을 믿는다는 신앙고백입니다. 그렇기 때문에 기도는 하나도 버려지는 것이 없이 쌓이는 것입니다.

장애가 문제가 되는 것이 아니라 믿음이 없는 것이 우리의 삶을 힘들게 합니다. 믿음만 있으면 우리는 어떤 상황에서도 다시금 일어설 수 있습니다. 예수님은 "할 수 있거든이 무슨 말이냐 믿는 자에게는 능히 하지 못할 일이 없느니라(마가복음 9장 23절)"라고 말씀하셨습니다. 마가복음 5장 35~43절에서 회당장 야이로(Jairus)은 자신의 딸이 아파서 예수님께 딸의 병을 낫게 해달라고 예수님을 모시러 가는 도중에 딸이 죽었다는 소식을 듣게 되었을 때 예수님은 그에게 "두려워하지 말고 믿기만 하라"고 하셨습니다. 야이로는 자신의 딸이 죽었다는 이야기를 들었지만 예수님은 딸을 살리실 것으로 믿고, 예수님을 모시고 자신의 집에 함께 갑니다. 그처럼 기적은 예수님으로부터 시작됩니다.

예수님이 우리 마음속에 찾아오시면 우리 마음속에 기적이 일어나고, 예수님이 우리 가정에 찾아오시면 우리 가정에 기적이 일어나고, 예수님이 사업장에 찾아오시면 사업장에 기적이 일어날 것으로 믿습니다. 우리가 예수님과 함께 하면 그분의 은혜와 권세와 능력을 누릴 수 있습니다. 문제는 예수님에 대한 우리의 부족한 믿음입니다. 그것을 해결할 수 있는 방법은 바로 기도입니다. 기도할 때에 하나님이 우리를 가까이 해주시고, 기도할 때에 하나님이 역사해주십니다.

예수님께서 죽은 야이로의 딸의 손을 잡고 이르시되 "달리다굼(Talitha koum)" 하시니 번역하면 곧 내가 네게 말하노니 소녀야 일어나라 하심이라 소녀가 곧 일어나서 걸으니 나이가 열두 살이라(마가복음 5장 41~42절). 죽은 야이로의 딸을 살리신 하나님께서 저와 여러분도 살려주실 것으로 믿습니다. 저와 여러분의 삶 속에도 예수님이 찾아오셔서 그런 기적을 일으켜주실 것으로 믿습니다. 두려워하지 말고 믿기만 하면 됩니다. 우리 모두가 달리다굼의 기적을 만들어가는 믿음의 주인공들이 되기를 주님의 이름으로 축복합니다.

너는 내게 부르짖으라 내가 네게 응답하겠고 네가 알지 못하는 크고 은밀한 일을 네게 보이리라(이사야 33장 3절)

2-18
장로님 책 잘 보고 있어요

　2024년 3월 첫째 주일(17일) 이수교회 1부 예배(08:00) 안내를 하고 있는데, 이장행 집사님의 아들 건율 군이 저를 보자마자 "장로님, 장로님 책 잘 보고 있어요."라는 말을 했습니다. 이건율 군은 올해 10살이 되는 초등학교 3학년 어린이입니다. 그 짧은 말 한 마디로 세상을 다 얻는 기분이었습니다. 그래서 이건율 군에게 저의 책《변호사 김양홍의 행복발전소》에 사인해서 줬습니다.
　주일 예배와 제자훈련을 마치고 귀가하여 아내와 함께 간식을 먹으면서 이런 저런 이야기를 하다가 건율 군의 이야기만큼 감동적인 말을 들었습니다. 이수교회 신성민 장로님은 전기공사업을 하시는데, 최근에 신장로님이 "발전소가 없어지면 어떻게 하지?"라고 하실 때, 신장로님의 부인인 이명숙 권사님이 "걱정하지 마세요. 김양홍 장로님의 행복발전소가 있잖아요."라고 대답하셨답니다. 참 감동적인 표현입니다. 저의 책을 통해 '행복발전소'가 잘 가동되고 있는 것 같아 너무 행복합니다.
　오늘 제자훈련(교재 : 옥한흠 목사님의 '작은 예수가 되라') 주제는 제4과 '말의 덕을 세우는 사람'인데, 교재 마지막 부분에 작자 미상의 '말 한 마디의 위력'이라는 글이 오늘 제자훈련 내용이 모두 담겨 있었습니다.

　말 한 마디의 위력

　부주의한 말 한 마디가 싸움의 불씨가 되고,
　잔인한 말 한 마디가 삶을 파괴합니다.
　쓰디쓴 말 한 마디가 증오의 씨를 뿌리고,
　무례한 말 한 마디가 사랑의 불을 끕니다.
　은혜로운 말 한 마디가 길을 평탄케 하고,

즐거운 말 한 마디가 하루를 빛나게 합니다.
때에 맞는 말 한 마디가 긴장을 풀어 주고,
사랑의 말 한 마디가 병을 낫게 하고 축복을 줍니다.

'말실수'라는 단어는 틀린 단어입니다. 말은 결코 실수할 수가 없습니다. 말은 그 사람의 마음이기 때문입니다. 그러므로 사랑과 은혜의 말을 하려면 내 마음을 사랑과 은혜로 가득 채워야 하고, 감사와 기쁨의 말을 하려면 내 마음을 감사와 기쁨으로 가득 채워야 하고, 지혜와 명철의 말을 하려면 내 마음을 지혜와 명철로 가득 채워야 하고, 행복한 말을 하려면 내 마음을 행복으로 가득 채워야 합니다. 우리 모두가 그렇게 하여 '말을 항상 은혜 가운데서 소금으로 맛을 냄과 같이 하라(골로새서 4장 6절)'는 성경 말씀을 잘 실천할 수 있기를 소망합니다.

오늘 제자훈련을 인도하신 민창기 목사님은 '상대방이 나를 악마로 만들 때도 하나님의 은혜를 기억하면서 천사의 말을 할 수 있는 훈련을 한 번 해보자'고 하셨는데, 이는 한 두 번의 훈련만으로 이루어질 문제는 아니라고 생각합니다. 제가 예배 대표기도 할 때마다 마지막 기도문은 "항상 감사하는 마음 주옵소서"입니다. 저는 그렇게 할 수 없지만, 하나님의 도움으로 감사의 삶을 살아낼 수 있을 것으로 믿기 때문입니다. 저도 언제 어디서나 말의 덕을 세우고, 사랑과 감사의 말을 하는 사람이 되도록 마음과 뜻을 다 하겠습니다.

2-19
주의 길을 걷다 지친 그대여

주의 길을 걷다 지친 그대여
포기 하지 말아요
그대 혼자 이 길 걷는 것 아니니
함께 주의 길 걸어요
눈물 골짜기 지나갈 때에
주님이 위로되시고
캄캄한 터널 지나갈 때에
주님 내 빛이 되시네

주의 길을 가는 나의 형제여
이 길 함께 걸어가고 있으니
우리 다시 손의 손 꼭 잡고
주의 길 갑시다

주의 길을 걷다 지친 그대여
포기 하지 말아요
그대 혼자 이 길 걷는 것 아니니
함께 주의 길 걸어요
눈물 골짜기 지나갈 때에
주님이 위로되시고
캄캄한 터널 지나갈 때에
주님 내 빛이 되시네

주의 길을 가는 나의 형제여
이 길 함께 걸어가고 있으니
우리 다시 손의 손 꼭 잡고
주의 길 갑시다

주의 길을 가는 나의 형제여
이 길 함께 걸어가고 있으니
우리 다시 손의 손 꼭 잡고
주의 길 갑시다
주의 길 갑시다
주의 길 갑시다

　　CCM 가수 최인혁 목사님의 '주의 길을 걷다 지친 그대여'라는 찬양 가사입니다. 가사 한 마디 한 마디가 힘이 됩니다. 태어나서 처음으로 음원을 구입해봤습니다. 생각보다 쉽습니다. 여러분도 위 찬양을 들으시면서 힘을 얻으시길 바랍니다. 우리 모두가 주님과 행복한 동행을 하고, 가족과 행복한 동행을 하고, 성도들과 행복한 동행을 하고, 이웃과 행복한 동행을 할 수 있기를 소망합니다. 우리 다시 손의 손 꼭 잡고 주의 길 갑시다. 우리 주님이 함께 계시잖아요!

　　내가 너희에게 분부한 모든 것을 가르쳐 지키게 하라 볼지어다 내가 세상 끝날까지 너희와 항상 함께 있으리라 하시니라(마태복음 28장 20절)

2-20
어디 갔다 이제 와~

    2024년 3월 셋째 주일 이수교회에 참 귀한 여섯 분이 오셨습니다. 박정수 담임목사님이 탁구장에서 만난 이숙영 자매님(교회에서는 나이 불문하고 여성을 자매라고 하고, 남성을 형제라고 호칭합니다)을 초청하셨는데, 자매님이 2부 예배 헌금송 시간에 '이제 내가 살아도'라는 섹소폰 연주를 해주셨습니다. 자매님은 노래교습소를 14년 운영하신 분이라서 그런지 취미로 섹소폰을 배운지 3년도 안 되었음에도 제가 들은 섹소폰 연주 중에서 최고의 연주를 해주셨습니다. 자매님은 취미생활로 탁구와 섹소폰 연주를 하고 있는데, 섹소폰 연주 동호회 회원 세 분, 초등학교 동창과 탁구를 함께 하는 한 분이 동행해주셨습니다. 자매님은 과거에 신앙생활 하시다가 현재는 신앙생활 안 한지 오래 되었다고 합니다. 아래는 '이제 내가 살아도' 가사입니다. 우리 모두가 이 가사 대로 살아가길 소망합니다.

    이제 내가 살아도 주 위해 살고
    이제 내가 죽어도 주 위해 죽네
    하늘 영광 보여주며 날 오라 하네
    할렐루야 찬송하며 주께 갑니다
    그러므로 나는 사나 죽으나 주님 것이요
    사나 죽으나 사나 죽으나
    날 위해 피 흘리신 내 주님의 것이요

    박정수 담임목사님은 '돌아온 탕자 이야기'로 은혜로운 설교(주제 : 하나님의 사랑, 본문 : 누가복음 15장 11~24절)를 해주셨습니다. 이는 이숙영 자매님과 그 일행 분들을 위해 특별히 준비하신 설교임이 분명합니다. 아버지의 품을 떠나 방탕한 생활을 하는 자를 '탕자(蕩子)'라고 부릅니다. 우리 인간은 언제 '탕자'가 될까요? 누가복음 15장 본문 말씀에 따르면, 하나님 없이 내 맘대로 살고 싶은 욕구가 들 때 탕자가 되고, 자기 것을 주장하면 탕자가 됩니다.

본문에 등장하는 둘째 아들은 어느 날 아버지의 품을 떠나고 싶어서 어버지에게 자신의 분깃(부모로부터 물려받은 유산 또는 정당한 몫)을 달라고 요구합니다. 둘째 아들은 아버지의 유산을 미리 받아서 아버지 품을 떠나 타국으로 가서 인생의 목적과 방향을 모른 채 육신의 정욕을 좇아 살다가 아버지로부터 받은 재산을 다 탕진합니다. 둘째 아들은 그 재산을 다 탕진하고 돼지가 먹는 음식(쥐엄 열매)도 마음껏 못 먹는 상황이 되자 '비로소' 아버지의 품을 생각하게 됩니다. 이처럼 '궁핍'은 아들에게 절망이 아닌 아버지를 찾을 수 있는 통로가 되었습니다.

> 심령이 가난한 자는 복이 있나니 천국이 그들의 것임이요 애통하는 자는 복이 있나니 그들이 위로를 받을 것임이요(마태복음 5장 3~4절)

다행히도 둘째 아들은 아버지의 품을 그리워하는 데서 멈추지 않고 아버지가 계신 고향집으로 출발했습니다. 이처럼 진정한 회개(悔改)는 깨닫는 것에 그쳐서는 안 되고, 행동으로 옮겨야 합니다. 아마 둘째 아들은 아버지가 주신 재산을 다 잃었기 때문에 고향집에 돌아가면 엄청난 아버지의 징계를 받을 생각을 했을 것입니다. 그런데, 아버지는 마을 입구로 걸어 들어오는 아들의 모습을 금세 알아보고 먼저 달려와 아들의 목을 안고 입을 맞추며 기뻐하였고, 더 나아가 아들에게 좋은 옷을 입히고, 손에 가락지를 끼우고, 살진 송아지를 잡아 동네잔치를 벌었습니다. 이처럼 하나님은 지금까지 오래오래 기다리셨습니다. 당신이 마음의 문을 열고 하나님 아버지를 인정하며 돌아온다면, 하나님은 기뻐 춤추시며 당신을 맞아주실 것입니다.

박정수 담임목사님은 설교 중 2000년 8월 15일 남북 이산가족 상봉하는 영상을 보여주셨습니다. 남한의 88세 되는 어머니와 북한의 69세 아들(양한상)이 병원에 누워 계시는 어머니를 상봉(相逢)하는 장면입니다. 아들이 어머니에게 어떻게 사셨냐고 묻자, 어머니가 "어디 갔다 이제 와~"라고 하면서, 자신이 끼고 있던 반지를 빼서 아들에게 건네면서 며느리 주라고 합니다. 저는 그 영상을 보면서 1부 예배 때도 2부 예배 때도 눈물이 났습니다. 아들을 잃은 어머니의 마음은 50년이란 세월이 지나도 어제처럼 생생하고 간절한 것입니다. 하나님은 우리를 사랑하십니다. 그래서 하나님의 독생자 예수님을 우리의 죄를 씻기 위하여 십자가에 못 박도록 내어주셨습니다. 예수님을 믿어야 죄 사함 받습니다. 예수님을 믿어야 하나님의 자녀가 됩니다. 이숙영 자매님과 그 일행 분들 그리고 우리 이웃들이 예수님을 나의 구원자로, 나의 주님으로 영접하시길 간절히 기도합니다.

영접하는 자 곧 그 이름을 믿는 자들에게는 하나님의 자녀가 되는 권세를 주셨으니(요한복음 1장 12절)

하나님이 세상을 이처럼 사랑하사 독생자를 주셨으니 이는 그를 믿는 자마다 멸망하지 않고 영생을 얻게 하려 하심이라(요한복음 3장 16절)

2-21
유머 타고 오신 하느님

오늘 오후(2024. 3. 20.) 군종교구장이신 서상범 주교님을 찾아 뵙고, 올해 출간된 저의 책《변호사 김양홍의 행복발전소》를 드렸습니다. 주교님으로부터 요새 수행하고 계시는 사역과 신부님이 되는 과정 등에 관하여 들었습니다. 주교님은 천주교 신자인 임관빈 예비역 육군중장께서 쓰신《유머 타고 오신 하느님》이라는 책을 주시면서 주교님의 사진이 있는 메모지에 '†사랑하는 김변호사님, 늘 주님의 은총이 가정과 하시는 일에 충만하시길 기도합니다.'라고 사인해주셨습니다. 저는 아내를 만나 교회에 다니기 전에 1993년 군법무관시보로서 군사교육을 받은 제3사관학교 성당에서 영세를 받았었고(세례명 마태오), 제3사단 군종참모와 법무참모로서 함께 근무한 주교님께서 1999년 저의 관면 혼인(寬免 婚姻)를 주관해주셨습니다.

임관빈 중장께서 쓰신 책에 유치원에 다니는 마태오에 관한 유머(글 제목 : 믿음과 사랑은 행동으로 실천하는 것)가 있어 소개합니다. 저의 세례명이 '마태오'이기에 얼른 눈에 띄었습니다. 글에 등장하는 유치원생 마태오처럼 언제 어디서나 하나님 아버지의 가르침을 행동으로 잘 실천하는 장로가 되길 소망합니다. 서상범 티토 주교님의 건강과 평안을 기도합니다.

유치원에 다니는 마태오가 친구 생일잔치에 초대받았다. 엄마는 친구에게 줄 선물을 예쁘게 싸주면서, 끝나고 돌아올 때 친구 부모님께 "오늘 잘 먹고 잘 놀았습니다. 감사합니다."라고 인사를 해야 된다고 마태오에게 가르쳤다. 친구집에 가자 마태오는 친구 부모님께 "안녕하세요"하며 예의 바르게 인사를 했다. 그리고는 바로 친구 부모님께 "제가 재미있게 놀다 보면 우리 엄마가 말씀하신 걸 잊어버릴까봐 미리 말씀드리는데요. 오늘 잘 먹고 잘 놀았습니다. 감사합니다."라고 배꼽 인사를 했다.

2-22
법원에서 하는 숙제의 즐거움

　요즈음 이수교회에서는 매주 금요일 저녁 《기도하는 삶》이라는 교재로 박정수 담임목사님의 가르침으로 열 한 분의 성도님들이 제자훈련을 받고 있습니다. 그래서 오늘 오전 11시 10분 재판을 위해 조금 일찍 와서 서울중앙지방법원 1층 바로미카페에서 따뜻한 바닐라라떼 한 잔 사서 바로 옆 휴게 공간에서 혼자 음악을 들으면서 4과 '갈멜산에서 기도의 대결 엘리야'에 대해 숙제(예습)를 했습니다. 저는 원래 카라멜 마끼아또를 가장 좋아하는데, 너무 자주 먹는 것 같아서 몇 년 전부터 그것을 먹으면 저의 동료인 김정현 변호사님께 10,000원을 줘야 하기에 꿩 대신 닭으로 바닐라 라떼를 주문했습니다. 이렇듯 저렇듯 맛있습니다.
　엘리야는 살아계신 하나님께, 하나님의 영광을 위해, 하나님의 뜻에 따라 간절함으로 기도했습니다(열왕기상 18장 36~37절). 무디 목사님의 말씀대로, 기도는 하나님을 붙드는 것이며 마귀를 결박하는 것으로 믿습니다. 오늘 제가 변호하는 피고인에게 하나님께서 은혜 내려 주실 것으로 믿습니다.

　　엘리야는 우리와 성정이 같은 사람이로되 그가 비가 오지 않기를 간절히 기도한즉 삼 년 육 개월 동안 땅에 비가 오지 아니하고 다시 기도하니 하늘이 비를 주고 땅이 열매를 맺었느니라 (야고보서 5장 17~18절)

2-23
서로에게 충실한 돕는 배필이 되게 하소서

여호와 하나님이 이르시되 사람이 혼자 사는 것이 좋지 아니하니 내가 그를 위하여 돕는 배필을 지으리라 하시니라(창세기 2장 18절)

    신랑 변철주 군과 신부 윤예나(이수교회 할렐루야성가대 반주자) 양의 행복한 결혼식에 다녀왔습니다. 영어학원을 운영하는 신랑이 입장할 때 제자들이 플래카드 3개를 들고 열렬히 환영하는 모습이 참 보기 좋았고, 이수교회 '홀리 보이스(윤현집 지휘자, 이승행과 이양행 형제, 이성진 집사)'의 축가 'Can't Help Falling In Love'는 감동 그 자체였습니다. 축가가 끝날 무렵 이수교회 성도 등 30여명이 축하의 장미 1송이씩 신랑에게 주었고, 신랑은 그 받은 모든 장미를 신부에게 주는 장면도 감동이었습니다. 신랑신부의 혼인서약서 내용을 소개합니다.

[같이] 황금 같은 주말 귀한 시간 내주셔서 저희 결혼식에 와주신 모든 분들께 감사의 인사를 드립니다. 저희 두 사람은 부부가 되는 이 자리에서 다음과 같이 살아갈 것을 서약합니다.

[신랑] 4년 전 처음 만난 날부터 오늘 이 순간을 기다렸습니다. 당신과 함께한 눈부신 나날들처럼 앞으로 살아갈 평생을 아름다운 삶으로 만들겠다고 약속합니다.

[신부] 4년 전 듬직하고 순수한 당

신을 만났습니다. 섬세하고 다정다감한 당신과 함께 행복하고 찬란한 삶으로 살아가기를 약속합니다.

[신랑] 아침에 출근하는 아내를 위해 아침식사는 못 챙겨줘도 영양제는 챙겨주겠습니다.
[신부] 저녁 늦게 퇴근하는 남편을 위해 퇴근길이 외롭지 않도록 말동무가 되어주겠습니다.

[신랑] 여행을 좋아하는 아내를 위해 경제활동을 최대한 오래하겠습니다.
[신부] 게임을 좋아하는 남편을 위해 몰래 새로운 게임기를 사더라도 당근마켓에 팔지 않겠습니다.

[신랑] 1살 많은 아내를 위해 아이처럼 굴지 않고 든든하고 의지할 수 있는 남편이 되겠습니다.
[신부] 1살 어린 남편을 위해 누나라고 내세우지 않고 성숙하고 사랑스러운 아내가 되겠습니다.

[신랑] 지금 이 순간 그리고 앞으로도 함께할 수 있음에 감사합니다.
[신부] 함께한 날보다 앞으로 함께할 날들이 더 많아 행복합니다.

[신랑] 마지막으로 밝고 사랑스러운 예나를 키워주신 부모님께
[신부] 듬직하고 배려심 많은 철주를 키워주신 부모님께

[같이] 감사의 마음을 담아 보답하며 행복하고 재미있게 살겠습니다. 고맙습니다.

2024년 3월 23일
신랑 변철주, 신부 윤예나

　두 사람이 혼인서약한 내용을 평생 잘 지켜서 감사와 사랑이 넘치는 행복한 삶을 살아갈 것으로 믿습니다. 두 사람의 혼인서약서 낭독 후 이수교회 박정수 담임목사님의 성혼선언문 낭독과 덕담 및 축복기도가 있었습니다. 박정수 담임목사님은 두 사람이 '평생 잊지 말라'고 신랑 신부의 이름으로 삼행시를 지어 아래와 같은 덕담(德談)을 해주셨습니다.

♥ 윤예나 : '윤' 윤이 나게, '예' 예쁜, '나' 나.
- 윤이 나게 예쁜 예나 자매의 외모처럼, 남편과 살면서 '사랑과 존중함으로' 말에도 윤이 나고, 행동에도 윤이 나서, 평생 남편에게 사랑받길 바랍니다.
♥ 변철주 : '변' 변함없이, '철' 철저하게, '주' 주님 사랑 아내 사랑.
- 결혼 후 일평생 변함없이 철저하게 주님을 사랑하고, 아내를 사랑하여 행복한 믿음의 가정 세우길 축복합니다.

　박정수 담임목사님의 덕담대로, 두 사람의 결혼 청첩장에 있는 '서로 아끼고, 의지하며 예쁘게 살겠습니다.'라는 글대로 행복한 믿음의 가정을 이루어 나갈 것으로 믿고, 박정수 담임목사님의 은혜로운 축복 기도문대로 다시 기도합니다. 하나님께서는 우리의 기도를 들어주실 것으로 믿습니다. 변철주 형제와 윤예나 자매를 사랑하고 축복합니다.

하나님 아버지

오늘 이렇게 변철주 형제와 윤예나 자매가 혼인예식을 통해 믿음의 가정을 세우게 하시니 감사드립니다. 인생의 만남을 주관하시는 하나님께서 두 사람을 만나게 하시고, 둘이 한 몸이 되어 가정을 이루게 하셨사오니, 이제부터 하나님께 영광 돌리는 축복된 가정이 되게 하옵소서.

서로에게 충실한 돕는 배필이 되게 하사 하나님께는 영광이요 이웃에게는 축복의 통로가 되게 하시고, 자녀들에게 신앙의 유산을 물려주는 믿음의 가문을 세우게 하옵소서. 지금까지 이들을 사랑과 믿음으로 양육해 주신 양가 부모님께 복을 주셔서 기쁨이 충만하게 하시고, 부모님의 간절한 기도가 결혼하는 부부의 일생을 통해 세밀하고 구체적으로 응답되게 하옵소서. 부부가 평생을 살면서 하나님을 경외하며 서로 사랑하고 섬기게 하셔서 영혼이 잘됨같이 범사가 잘되게 하시고, 자녀들이 번성하며 하는 일들마다 형통하여 행복을 누리게 하옵소서.

이들을 축하하기 위해 이곳에 모인 모든 분들에게도 하나님의 은혜와 복이 임하게 하소서. 우리의 구원자 되시는 예수 그리스도의 이름으로 기도합니다. 아멘.

2-24
성령으로 일어서라

이수교회 2024 고난주간 특별 밤기도회(주제 : 성령으로 일어서라)에서 박정수 담임목사님의 설교로 은혜받은 것을 나누고자 합니다.

1. 첫째 날 : 구약과 예수님에게 임한 성령, 오순절에 임한 성령

하나님 아버지께서 우리에게 주신 2가지 가장 귀한 선물은 예수님과 성령님입니다. 성령을 체험하고, 성령으로 충만하면 막연했던 하나님이 분명해지고, 의심이 사라지고 믿음이 생깁니다. 또한 생각을 통해 하나님의 음성을 듣게 되고, 하나님의 말씀에 순종할 수 있는 힘이 생기며, 전도하는 것을 사모하게 되고, 언제 어디서라도 복음을 전할 수 있는 담대함이 생깁니다.

가. 구약에 임한 성령

성령을 뜻하는 히브리어는 '루아흐'로, '바람, 호흡, 생기'를 의미합니다. 구약에 임한 성령님에 관한 성경 구절(일부)은 다음과 같습니다.

> 땅이 혼돈하고 공허하며 흑암이 깊음 위에 있고 하나님의 영은 수면 위에 운행하시니라(창세기 1장 2절)

> 또 새 영을 너희 속에 두고 새 마음을 너희에게 주되 너희 육신에서 굳은 마음을 제거하고 부드러운 마음을 줄 것이며(에스겔 36장 26절)

> 그 후에 내가 내 영을 만민에게 부어 주리니 너희 자녀들이 장래 일을 말할 것이며 너희 늙은이는 꿈을 꾸며 너희 젊은이는 이상을 볼 것이며 (요엘 2장 28절)

위에서 말한 하나님의 영, 그의 입 기운, 내 영이 성령님입니다. 에스겔 37장에서는 골짜기에 가득한 마른 뼈들(영적으로 피폐해진 이스라엘의 상태를 상징)이 사방에서 생기가 불어오자 마른 뼈들이 살아나 큰 군대를 이루는 환상을 보여주는데, 그 생기가 성령님입니다. 그리고 요엘 2장 28절 말씀은 사도행전 2장 17절에서 다시 언급됩니다. 제가 좋아하는 성경구절 중의 하나입니다. 성령이 임하시면 늙은이들은 꿈을 꾸리라는 말씀 때문입니다. 저의 꿈은 할아버지가 되는 것이고, 저는 할아버지가 되어서도 늘 꿈을 꾸는 성령의 사람이 되고 싶습니다.

> 하나님이 말씀하시기를 말세에 내가 내 영을 모든 육체에 부어 주리니 너희의 자녀들은 예언할 것이요 너희의 젊은이들은 환상을 보고 너희의 늙은이들은 꿈을 꾸리라(사도행전 2장 17절)

나. 예수님에 임한 성령

예수님에 임한 성령님에 관한 성경 구절(일부)은 다음과 같습니다.

> 그 때에 예수께서 갈릴리 나사렛으로부터 와서 요단강에서 요한에게 세례를 받으시고 곧 물에서 올라오실새 하늘이 갈라짐과 성령이 비둘기 같이 자기에게 내려오심을 보시더니(마가복음 1장 9~10절)

> 예수를 죽은 자 가운데서 살리신 이의 영이 너희 안에 거하시면 그리스도 예수를 죽은 자 가운데서 살리신 이가 너희 안에 거하시는 그의 영으로 말미암아 너희 죽을 몸도 살리시리라(로마서 8장 11절)

> 그러나 내가 너희에게 실상을 말하노니 내가 떠나가는 것이 너희에게 유익이라 내가 떠나가지 아니하면 보혜사가 너희에게로 오시지 아니할 것이요 가면 내가 그를 너희에게로 보내리니(요한복음 16장 7절)

위와 같이 예수님은 성령님에 의해 마리아의 몸에서 잉태되셨고, 세례 받으실 때 성령님이 임하셨습니다. 예수님이 마귀에게 시험받도록 인도하신 분이 성령님이십니다. 예수님의 십자가 죽음도 성령님의 도우심으로 감당하셨고, 장사된 예수님을 다시 살리신 분도 성령님입니다. 성령님의 오심과 주님의 승천이 맞물려 있습니다.

다. 오순절에 임한 성령

오순절 날이 이미 이르매 그들이 다같이 한 곳에 모였더니 홀연히 하늘로부터 급하고 강한 바람 같은 소리가 있어 그들이 앉은 온 집에 가득하며 마치 불의 혀처럼 갈라지는 것들이 그들에게 보여 각 사람 위에 하나씩 임하여 있더니 그들이 다 성령의 충만함을 받고 성령이 말하게 하심을 따라 다른 언어들로 말하기를 시작하니라(사도행전 2장 1~4절)

위와 같이 성령님이 임하실 때는 3가지 표적(① 강한 바람 같은 소리, ② 불의 혀처럼 갈라지는 것, ③ 다른 언어들로 말함)이 나타납니다. 오순절 성령 강림은 유대인의 배타주의를 심판하고, 구원의 보편성을 강조하고 있습니다.

그들이 다 성령의 충만함을 받고 성령이 말하게 하심을 따라 다른 언어들로 말하기를 시작하니라(사도행전 2장 4절)

성령님은 삼위일체(三位一體, one substance & three persons) 중 한 분으로 단순히 능력을 넘어 인격입니다. 오순절에 성령님이 오신 것은 부활 승천하신 예수님이 다시 오신 것이라 할 수 있습니다. 예수님이 부활하신 육체로는 하나님 우편에 계시지만, 신비하게도 영적이고 인격적으로 우리 안에 계십니다. 성령님을 가리켜 '집 짓는 영(home-maker spirit)'이라고 합니다. 성령님을 받음으로 우리 안에 삼위 하나님이 거하십니다. 그리스도의 삶은 삼위일체 하나님을 모시고 영원한 사랑의 교제를 누리는 삶입니다. 성령님이 없으면 그리스도의 사람이 아닙니다(로마서 8장 9절). 예수님은 사람이 물과 성령으로 나지 않으면 하나님의 나라에 들어갈 수 없다(요한복음 3장 5절)고 하셨습니다. 우리가 늘 성령님을 사모하고, 늘 성령 충만한 삶을 살아가야 하는 이유입니다.

2. 둘째 날 : 생수의 강이 되어 흐르다

가. 성령은 생수의 강

오늘 박정수 담임목사님은 요한복음 7장 37~38절 본문을 통해 '우리 안에서 성령께서 하시는 치유와 회복 사역'에 관하여 설교해주셨습니다. 요한복음 7장 38절 "그 배에서 생수의 강이 흘러나오리라"에서 예수님이 말씀하신 '배'는 내면의 깊은 곳, 우리 마음을 뜻하고, '생수의 강'은 성령님을 뜻합니다. 우리 마음에 부정적인 감정과 염려, 두려움과 스트레스가 쌓여 강처럼 흐르면 삶은 고달퍼지지만, 우리 마음에 성령이 강처럼 흐르면 감사와 기쁨, 평안과 안식이 있습니다.

> 명절 끝날 곧 큰 날에 예수께서 서서 외쳐 이르시되 누구든지 목마르거든 내게로 와서 마시라 나를 믿는 자는 성경에 이름과 같이 그 배에서 생수의 강이 흘러나오리라 하시니 이는 그를 믿는 자들이 받을 성령을 가리켜 말씀하신 것이라(예수께서 아직 영광을 받지 않으셨으므로 성령이 아직 그들에게 계시지 아니하시더라)(요한복음 7장 37~38절)

예수님은 제자들 곁에 계셨지만, 성령님은 그들 안에 계셨고, 우리들 안에 계십니다. 레이저 광선이 우리 몸을 관통하듯, 성령님은 우리의 잠재의식 세계까지 깊이 침투하여 새롭게 하십니다. 따라서 성령으로 충만하다는 것은 성령님이 우리 의식뿐 아니라 무의식 세계까지 관통하여 우리 마음을 새롭게 하는 것을 뜻합니다.

그는 진리의 영이라 세상은 능히 그를 받지 못하나니 이는 그를 보지도 못하고 알지도 못함이라 그러나 너희는 그를 아나니 그는 너희와 함께 거하심이요 또 너희 속에 계시겠음이라(요한복음 14장 17절)

제임스 스미스는 『하나님 나라를 상상하라』는 책에서, 전통적인 신앙이 지나치게 지성 위주로 치우쳐 있다는 점을 지적했습니다. 지성만 설득되어서는 사람의 정서와 인격이 변하지 않는다는 것입니다. 따라서 무의식의 세계에 도사리고 있는 욕망과 우리 몸에 배어있는 기질과 습관이 변해야 사람의 성품이 변한다고 했습니다. 여기서 성령의 은혜가 우리 내면의 깊은 세계를 변화시키는 통로라는 것입니다.

나. 성령은 마음의 치료사

성령님은 속사람을 강건하게 합니다. 예수님의 제자들은 성령 받기 전에는 깨닫는 것도 둔하고 잘 믿지 못했고, 그 마음이 두려움과 염려에 사로잡혀 있었습니다. 그래서 그들은 예수님이 십자가를 지게 되자 예수님을 부인하고 떠났던 것입니다. 그러나 성령이 그들에게 임하자 속사람에 큰 변화가 일어났습니다. 죽음의 위협 앞에서 비굴해지지 않고 극심한 핍박과 고난 가운데서도 무너지지 않는 강인한 속사람으로 새로워진 것입니다. 속사람을 새롭게 하는 성령을 체험하면, 우리는 '죄에서 자유해진 나, 평안해진 나, 주님을 닮아가는 나'를 발견하게 됩니다. 인간의 문제는 속사람이 심각하게 망가지고 병들어 있다는 것입니다. 그럼에도 사람들은 속사람을 전혀 돌보지 않고 온통 겉 사람을 가꾸고 단장하는 데 열중합니다. 오늘날 가장

교인수가 많은 종교가 자기 몸을 숭배하는 '몸 종교'라고 합니다. 바울은 속사람의 변화를 위하여 이렇게 기도했습니다.

> 그의 영광의 풍성함을 따라 그의 성령으로 말미암아 너희 속사람을 능력으로 강건하게 하시오며 믿음으로 말미암아 그리스도께서 너희 마음에 계시게 하시옵고 너희가 사랑 가운데서 뿌리가 박히고 터가 굳어져서(에베소서 3장 16~17절)

다. 고난을 사명으로 바꾸시는 성령

세상을 살면서 마음이 상하고 무너질 때가 있고, 말로 상처받고 예상치 못한 행동에 상처받을 때도 있습니다. 주님은 우리 속사람을 단숨에 치유하시기도 하지만, 대개는 점진적인 과정을 통해 회복시켜 주십니다. 그 이유는 우리로 하여금 '상처 입은 치유자'가 되어 다른 사람들의 상처를 싸매주는 역할을 하게 하기 위해서입니다. 그래서 성도들에게 '고난'은 상처 입은 치유자가 되라는 '사명'으로 이어집니다. 2,000년 전 육신의 아픔을 고치셨던 예수님께서 지금도 우리 가운데 계십니다. 성령으로 우리 가운데 계신 주님은 우리 마음을 치유하는데 전문가이시며 능력자이십니다. 성령을 의미하는 '보혜사(保惠師, 파라클레토스)'는 위로자, 보호자, 변호인이라는 뜻입니다. 저의 직업이 변호사이기에 의뢰인들을 변호할 때 변호뿐만 아니라 위로자와 보호자의 역할도 잘 감당하고 싶습니다. 무엇을 하든지 주께 하듯 하는 변호사가 되고 싶습니다.

라. 치유기도

박정수 담임목사님께서 성도님들에게 손을 좌우로 해서 자신을 안아주면서 다음과 같이 말해주라고 하셨습니다.

> 사느라 고생 많았지? 그동안 얼마나 힘들었니? 가장으로서, 주부로서, 자녀로서 공부하느라 _ 인생을 포기하지 않고 지금까지 살아 준 너가 참 대견스럽다.

박정수 담임목사님은 다음과 같은 기도를 해주시면서 성령님께서 위로하신다고 하실 때 정말 성령 하나님이 저에게 오셔서 위로의 말씀을 해주시는 것 같아 참 행복했습니다.

사랑하는 양홍아

내가 너 안에서 함께 하고 있는 거 알고 있었니? 나는 오래 전에 너가 예수를 구주로 영접할 때 너 안에 들어와 있었단다. 너가 돈과 명예와 쾌락이 좋아서 나를 찾지 않을 때도 나는 너를 떠나지 않고 기다렸단다. 언젠가는 나를 간절히 찾아줄 거라고 믿고 있어. 지금이라도 나를 부르면 너에게로 달려가서 너를 도울 거야. 너의 상처를 치료해주고 이제 너가 누군가를 회복시키는 '상처 입은 치유자'가 되게 해줄 거야. 너의 고난이 합력하여 선을 이루어 너의 사명이 되게 할 거야.
나는 너를 너무 너무 사랑하는 하나님이란다. 내가 너를 만들었고, 너를 죄에서 구원시켰고, 너를 축복의 통로로 사용할 거야. 이제 세상을 두려워하지 말아라. 사람도 두려워하지 말아라. 내가 너와 함께 있단다. 나는 너의 편이고, 너를 천국까지 인도해 줄꺼야!

마. 내가 변화되고 싶은 점과 가정에서 해결하고 싶은 점

박정수 담임목사님은 설교 앞부분에서 '내가 변화되고 싶은 점과 가정에서 해결하고 싶은 점'을 한 가지씩 생각해 보라고 하셨습니다. 그래서 밤기도회를 마치고 귀가하는 길에 오늘 밤기도회 함께 참여한 아내와 함께 그 점에 대해 이야기를 했는데, 두 사람 모두 내가 변화되고 싶은 점은 특별히 없고, 가정에서 해결하고 싶은 점도 특별히 없다는 점에 공감했습니다. 물론 저희 가정도 몇 년 전만 해도 사방이 막혀 있어 하늘만 쳐다볼 때도 있었고, 저도 길가에 있는 풀을 부러울 때가 있었습니다. 그렇지만, 지금 이 순간은 그저 모든 것이 감사할 따름입니다. 성령님께서 우리와 함께 하시고, 우리를 위로하심을 믿습니다. 우리가 언제 어디서나 성령님을 사모해야 하는 이유입니다.

성령님, 사모합니다. 내 안에 오시옵소서.
예수님의 보혈로 나의 죄를 깨끗하게 하옵소서.

3. 셋째 날 : 성령과 거듭남

가. 성령의 부르심

오늘 박정수 담임목사님은 고린도전서 2장 1~5절 본문을 통해 '성령과 거듭남'에 관하여 설교해주셨습니다. 성령은 '예수의 증인이 되게 하는 영'입니다

> 오직 성령이 너희에게 임하시면 너희가 권능을 받고 예루살렘과 온 유대와 사마리아와 땅 끝까지 이르러 내 증인이 되리라 하시니라
> (사도행전 1장 8절)

성령님은 구원받을 영혼들을 복음 듣는 자리로 부르십니다. 그러나 부르심을 받은 이들이 모두 믿음으로 응답하지는 않습니다. 복음의 진리를 믿지

않는 것은 근본적으로 마음의 문제입니다. 하나님과 원수 된 마음이 구원으로 인도하는 믿음을 계속해서 밀어내는 것입니다.

> 그 중에 이 세상의 신이 믿지 아니하는 자들의 마음을 혼미하게 하여 그리스도의 영광의 복음의 광채가 비치지 못하게 함이니 그리스도는 하나님의 형상이니라(고린도후서 4장 4절)

오직 성령의 강권하심으로 사탄의 방해가 제어되고 어두워진 마음의 눈이 밝아져야 복음의 진리를 바르게 깨닫고 온전한 믿음에 이르게 됩니다. 따라서 복음이 전파되는 곳에는 치열한 영적 싸움이 벌어집니다. 오랫동안 복음의 말씀을 들으면서도 아무런 변화를 체험하지 못하는 분은 악한 자(사탄)에게 말씀을 빼앗기는 분입니다.

> 아무나 천국 말씀을 듣고 깨닫지 못할 때는 악한 자가 와서 그 마음에 뿌려진 것을 빼앗나니 이는 곧 길 가에 뿌려진 자요(마태복음 13장 19절)

그러므로 그런 사탄의 방해를 물리치는 강력한 무기가 필요한데, 그것은 성령 안에서 기도하는 것입니다. 복음 사역은 기도 없이는 감당할 수 없습니다. 어둠의 세력을 제압하고 그 속박에서 사람들을 해방하는 성령의 권능은 기도를 통해서 역사합니다. 가족과 지인들의 구원을 위해서 오직 성령을 의지하여 더 많이, 더 인내하며, 더 기도해야 합니다. 기도는 사랑입니다. 사랑하기 때문에 기도하는 것입니다.

> 모든 기도와 간구를 하되 항상 성령 안에서 기도하고 이를 위하여 깨어 구하기를 항상 힘쓰며 여러 성도를 위하여 구하라(에베소서 6장 18절)

나. 성령과 거듭남

사람이 육신이 아닌 영이 다시 태어나는 현상을 '거듭남' 또는 '중생(重生)'이라고 합니다. 요한복음에는 바리새인이며 산헤드린 공회 의원인 니고데모가 구원의 진리를 배우기 위해 한밤중에 예수님을 찾아와 중생의 진리를 배우는 이야기가 기록되어 있습니다. 예수님은 니고데모에게 사람이 거듭나지 않으면 하나님의 나라를 볼 수 없다고 하셨으나, 니고데모가 그 말을 이해하지 못하자, 예수님이 또 한 번 말씀하셨습니다.

> 예수께서 대답하시되 진실로 진실로 네게 이르노니 사람이 물과 성령으로 나지 아니하면 하나님의 나라에 들어갈 수 없느니라(요한복음 3장 5절)

예수님께서 물과 성령이라는 두 단어를 덧붙이신 것은 구약성경에 능통한 니고데모가 잘 아는 본문을 떠올리게 하기 위함입니다.

> 맑은 물을 너희에게 뿌려서 너희로 정결하게 하되 곧 너희 모든 더러운 것에서와 모든 우상 숭배에서 너희를 정결하게 할 것이며 또 새 영을 너희 속에 두고 새 마음을 너희에게 주되 너희 육신에서 굳은 마음을 제거하고 부드러운 마음을 줄 것이며(에스겔 36장 25~27절)

예수님이 말씀하신 '물'은 죄를 씻어 정결하게 하는 성령의 사역을 뜻합니다. 성령은 우리 각자에게 임하셔서 굳은 마음을 제거하고 부드러운 마음, 즉 하나님을 즐겨 순종하는 마음을 주신다는 것입니다. 구약 창세기에 천지창조가 있었다면, 성령께서 사람의 마음을 바꾸는 것이 '새 창조' 사역입니다.

다. 거듭남의 증거

코로나 진단키트가 있고, 임신 진단키트가 있듯이 자신이 성령으로 거듭났다는 것을 어떻게 알 수 있을까요?

(1) 첫 번째는 '가치관의 변화'를 통하여 알 수 있습니다.
성령으로 거듭나게 되면, "가치관의 전환"이 일어납니다. 자신이 가장 사랑하고 소중하게 생각하는 대상이 바뀌게 됩니다. 물질에서 하나님으로 바뀝니다. 명예와 인기에서 하나님으로 바뀝니다. 심지어 가족에서 하나님으로 바뀝니다. 복음서에서의 예수님의 제자들은 '누가 더 큰 자인가'에 관심이 쏠려 있었습니다. 그러나 사도행전에 등장하는 성령을 체험한 제자들은 오직 복음을 전하는데 가치를 두었습니다. 하나님 아버지의 뜻을 이루는 것이 그들의 가치가 되었습니다.

(2) 두 번째는 '말씀을 사모하는지'를 통하여 알 수 있습니다.

성령으로 거듭난 성도는 하나님의 젖, 즉 말씀을 사모합니다. 갓난아기가 엄마 젖을 강력하게 빨 듯 거듭난 성도는 하나님의 말씀을 간절히 사모합니다.

> 내가 주의 법을 어찌 그리 사랑하는지요 내가 그것을 종일 작은 소리로 읊조리나이다(시편 119편 97절)

(3) 세 번째는 '순종하는 믿음'을 통하여 알 수 있습니다.

성령으로 거듭난 사람은 주님의 음성에 순종합니다. 사도행전에서 제자들이 성령을 받은 증거도 순종이었습니다. 그들은 복음을 전하다가 붙잡혀 심문을 당하기도 하고 매를 맞기도 했습니다. 그러나 세상 권세 앞에 무릎 꿇지 않았습니다. 성령으로 충만하다는 말 자체가 '성령의 다스림을 받는다' 곧 순종한다는 뜻을 담고 있습니다. 순종은 성령 받은 믿음의 증거이며 열매입니다.

> 베드로와 사도들이 대답하여 이르되 사람보다 하나님께 순종하는 것이 마땅하니라(사도행전 5장 29절)

라. 나는 거듭났는가?

이번 특별 밤기도회 피아노 반주(월요일, 수요일, 목요일)를 하고 있는 아들에게 제가 "너는 성령으로 거듭났냐?"고 묻자, 아들은 "성령으로 거듭난 것 같기도 하고, 아닌 것 같기도 합니다."라고 대답했습니다. 제가 왜 그렇게 생각하는지를 되묻자, 아들은 "하나님의 말씀을 사모함이 부족한 것 같습니다."라고 했습니다. 저는 요새 가족(처가) 성경 통독방을 통해 성경을 읽고 있는데, 3~6일치 분량을 몰아서 통독하기도 합니다. 그렇지만, 저는 하나님의 말씀을 사모함은 있습니다.

이수교회에는 '성경 암송 비밀결사체'가 있습니다. 성령의 사람들인 그 결사체 조직원(?)들은 박정수 담임목사님이 2024년 2월 1일 소개한 '성경 암송 50 구절(실제 63구절)'을 이틀에 한 구절씩 암송하고, 그렇게 암송한 것을 카톡으로 전송하고 있습니다. 저만 예외적으로 1년에 2구절을 25년에 걸쳐 외우는 것으로 양해를 구했습니다(1년 2구절×25년=50구절, 25년 후 저의 나이 81세). 여러분도 한 번 시도해 보십시오. 저를 제외한 성경 암송 비밀결사체 조직원들은 2024년 3월 26일 현재 열두 번째 성경 구절인 '미가 6장 8절'을 외우고 있습니다. 이수교회 성경 암송 비밀결사체에 가입을 원하시는 분은 저에게 카톡 주십시오.

4. 넷째 날 : 성령 충만의 방법

오늘 박정수 담임목사님은 요한일서 5장 14~15절 본문을 통해 '성령 충만의 방법'에 관하여 설교해주셨습니다.

가. 성령 세례와 성령 충만의 차이

최초로 성령이 임하는 사건을 신학적으로 '성령세례'라고 부르고, 내 안에 들어오신 성령께서 내 자아의 적극적인 순종을 통해 내 안에서 마음껏 역사하시는 상태를 '성령 충만'라고 합니다. 그러므로 '성령 충만'은 성령을 반복적으로 받는 것이 아니라, 내 자신이 성령의 음성에 온전히 순종하여 내 안에 성령이 충만한 상태를 뜻합니다.

(1) 성령 충만에 대한 명령
하나님께서는 '성령으로 충만함을 받으라'고 명령하셨습니다. 하나님이 그렇게 말씀하신 것은 우리에게 성령 충만함을 주신다는 것이고, 성령 충만을 주고 싶다는 것입니다.

> 술 취하지 말라 이는 방탕한 것이니 오직 성령으로 충만함을 받으라
> (에베소서 5장 18절)

(2) 성령 충만에 대한 하나님의 약속

성령 충만은 하나님의 약속이고, 구할 때 주십니다. 내가 성령 충만을 구하지 않기 때문에 못 받는 것입니다. 성령을 받는 이유는 하나님과 교제하기 위해서입니다.

> 그를 향하여 우리가 가진 바 담대함이 이것이니 그의 뜻대로 무엇을 구하면 들으심이라 우리가 무엇이든지 구하는 바를 들으시는 줄을 안즉 우리가 그에게 구한 그것을 얻은 줄을 또한 아느니라
> (요한일서 5장 14~15절)

나. 성령 충만의 필수 조건

성령으로 충만하기 위해 우리는 구체적으로 무엇을 해야 할까요? 하나님의 은혜를 사모해야 하고(시편 107편 9절), 주님을 위해 살기로 결심해야 하고(로마서 12장 1절), 하나님의 약속을 믿고 기도하고, 기다려야 합니다(사도행전 1장 4~5절).

> 그가 사모하는 영혼에게 만족을 주시며 주린 영혼에게 좋은 것으로 채워주심이로다(시편 107편 9절)

> 그러므로 형제들아 내가 하나님의 모든 자비하심으로 너희를 권하노니 너희 몸을 하나님이 기뻐하시는 거룩한 산 제물로 드리라(로마서 12장 1절)

> 사도와 함께 모이사 그들에게 분부하여 이르시되 예루살렘을 떠나지 말고 내게서 들은 바 아버지께서 약속하신 것을 기다리라 요한은 물로

세례를 베풀었으나 너희는 몇 날이 못되어 성령으로 세례를 받으리라 하셨느니라(사도행전 1장 4~5절)

다. 성령을 받는 방법

① 성령을 사모하십시오.
② 예수님의 보혈의 능력을 믿고 회개하십시오.
③ 하나님의 뜻대로 무엇을 구하면 들으신다는 약속을 믿고 기도하십시오. '믿고, 회개하는 것'이 핵심입니다.

베드로가 이르되 너희가 회개하여 각각 예수 그리스도의 이름으로 세례를 받고 죄 사함을 받으라 그리하면 성령의 선물을 받으리니
(사도행전 2장 38절)

라. 성령 충만을 받는 방법

① 불순종 했던 것을 회개하고, 내가 주인 되어 살았던 삶을 회개합니다.
② 나는 죽고 예수로 살기로 결단합니다.
③ 지금 이 순간부터 주님의 음성에 순종합니다. '나를 비우고 순종하는 것'이 핵심입니다. 내 마음에 하나님의 뜻과 반대되는 세상 욕심이 비워져야 성령으로 충만해질 수 있습니다.

내가 이르노니 너희는 성령을 따라 행하라 그리하면 육체의 욕심을 이루지 아니하리라 육체의 소욕은 성령을 거스르고 성령은 육체를 거스르나니 이 둘이 서로 대적함으로 너희가 원하는 것을 하지 못하게 하려 함이니라(갈라디아서 5장 16~17절)

마. 빌리 그레이엄 목사님의 '검은 개와 하얀 개' 예화

빌리 그레이엄 목사님(Billy Graham)은 '검은 개와 하얀 개'라는 예화를

통해 깊은 가르침을 전하셨습니다. 이 예화는 누구에게 밥을 주느냐에 따라서 검은 개와 하얀 개 중 어떤 개가 이길지를 보여줍니다. 처음에는 크기가 같아 보이지만, 누구에게 마음을 주느냐에 따라 결과가 달라집니다. 흰 개에게 밥을 많이 주면 흰 개가 강해지고 선한 힘을 얻게 되며, 악의 화신인 검은 개에게 밥을 주면 악이 승리하게 됩니다. 이 예화는 우리의 선택과 행동이 어떤 결과를 가져올지를 상징적으로 보여주는 것입니다. 우리는 선한 힘을 키우기 위해 올바른 선택을 해야 하며, 마음을 주는 대상에 따라 우리의 삶이 변화할 수 있음을 기억해야 합니다.

바. 성령 충만과 전도의 능력

성령으로 충만해지면 '전도의 능력'을 받게 됩니다. 성령 충만하면 삶에서 예수가 흘러나오고, 복음이 흘러나오고, 사랑이 흘러나오고, 순종이 흘러나옵니다. 성령 충만한 사람은 행복합니다. 성령 충만한 사람은 하나님과 함께 기뻐합니다.

> 오직 성령이 너희에게 임하시면 너희가 권능을 받고 예루살렘과 온 유대와 사마리아와 땅 끝까지 이르러 내 증인이 되리라 하시니라
> (사도행전 1장 8절)

사. 사도행전 29장

사도행전 마지막 장인 28장의 마지막 절인 31절은 (바울이) '하나님의 나라를 전파하며 주 예수 그리스도에 관한 모든 것을 담대하게 거침없이 가르치더라'라고 하면서 진행형으로 글이 끝납니다. 하나님의 나라를 전파하는 일을 멈추면 안된다는 의미입니다. 하나님의 보내심을 받은 자들의 행적을 기록하는 것이 사도행전의 목적입니다. 우리는 각자의 삶터에서 마음을 다하고 뜻을 다하여 사도행전 29장을 써가야 합니다. 우리의 삶이 예배가 되고, 전도가 되어야 합니다.

5. 다섯째 날 : 성령 안에서 살아가는 방법

오늘 박정수 담임목사님은 요한복음 15장 4~5절 본문을 통해 '성령 안에서 살아가는 방법'에 관하여 설교해주셨습니다. 성령을 받은 자가 성령 충만을 유지하기 위해서는 영혼의 호흡을 해야 하고, 영적 싸움에서 승리해야 하고, 믿음으로 살아가야 합니다.

> 내 안에 거하라 나도 너희 안에 거하리라 가지가 포도나무에 붙어 있지 아니하면 스스로 열매를 맺을 수 없음 같이 너희도 내 안에 있지 아니하면 그러하리라 나는 포도나무요 너희는 가지라 그가 내 안에 내가 그 안에 거하면 사람이 열매를 많이 맺나니 나를 떠나서는 너희가 아무 것도 할 수 없음이라(요한복음 15장 4~5절)

가. 영혼의 호흡을 실천하십시오

성령 충만을 유지하기 위해서는 우선 '영혼의 호흡'을 해야 합니다. 공기를 내쉬고 들이 마시는 것을 호흡이라고 하는데, '영혼의 호흡' 중 내쉬는 것은 '죄의 고백'이고, 들이마시는 것은 '성령의 충만'입니다.

> 만일 우리가 우리 죄를 자백하면 그는 미쁘시고 의로우사 우리 죄를 사하시며 우리를 모든 불의에서 깨끗하게 하실 것이요(요한일서 1장 9절)

주님께 순종하기로 결심하며 자신의 삶을 맡길 때 성령님께서 충만히 임재하시며 다스리십니다. '영혼의 호흡'을 통하여 하나님의 사랑과 용서를 체험하고, 일상생활 속에서 순간순간 성령의 능력과 지배를 받게 될 것입니다. 매일 '영혼의 호흡'을 실천하십시오. 매일 하루 시작 기도와 취침 기도를 하십시오.

(1) 하루 시작 기도
"하나님, 새 날을 주심에 감사합니다. 오늘 하루도 주님과 동행하며 영적 싸움에서 승리하게 하소서. 저로 하여금 전도의 기회를 주시고, 전도할 때 성령께서 도우사 그 영혼을 구원하여 주옵소서. 성령 하나님 저에게 충만하게 역사하사, 저의 삶을 통하여 주님께서 영광 받으소서."

(2) 취침 기도
"하나님, 오늘 하루도 저와 동행해주심에 감사합니다. 제가 주님 뜻에 순종하지 못하여 주님의 마음을 아프게 한 것이 있다면 회개하오니 용서하여 주옵소서. 십자가의 보혈로 저의 삶을 덮으소서. 잠에서도 저를 만나주시고, 저를 새롭게 하사 오늘보다 더욱 주님을 사랑하는 내일이 되게 하옵소서."

(3) 네가 죽도록 충성하라
저는 매일 출근해서 저의 장로 장립패를 읽는 것으로 하루를 시작하고, 잠자리에 들기 전에는 아내와 함께 취침기도를 합니다(아내가 당직 근무 때문에 집에 오지 않을 때나 많이 피곤할 때는 생략). 저는 장로 장립 때의 그 마음을 늘 기억하고 싶습니다. 죽도록 충성하다가 천국 가고 싶습니다.

나. 영적 싸움에서 승리하십시오

하나님을 대적한 사탄은 인간들로 하여금 예수 믿지 못하게 방해하고, 성도들로 하여금 육신의 정욕에 매여 하나님께 관심을 쏟지 못하게 만듭니다. 성령 충만을 유지하기 위해서는 사람과의 싸움에서는 양보해도 괜찮지만, 사탄과의 영적 싸움에서는 반드시 이겨야 합니다.

이 세상이나 세상에 있는 것들을 사랑하지 말라 누구든지 세상을 사랑하면 아버지의 사랑이 그 안에 있지 아니하니 이는 세상에 있는 모든 것이 육신의 정욕과 안목의 정욕과 이생의 자랑이니 다 아버지께로부터 온 것이 아니요 세상으로부터 온 것이라 이 세상도, 그 정욕도 지나가되 오직 하나님의 뜻을 행하는 자는 영원히 거하느니라(요한일서 2장 15~17절)

동물원에 가면 우리 안에 사자를 가둬둡니다. 사자는 금세 인간을 죽일 수 있지만, 우리 안에 갇힌 사자는 두렵지 않습니다. 사람이 사자 우리 안으로 들어가지 않는 한 사자는 인간을 해칠 수 없습니다. 바로 이 부분이 하나님께서 사탄에게 하신 일입니다. 2,000년 전에 하나님의 아들 예수께서 우리 죄를 위해 십자가에서 죽으셨을 때 사탄은 이미 패배했습니다. 사탄이 사람에게 영향을 미치는 힘을 가지고 있지만, 사탄은 우리 안에 있는 사자처럼 단지 하나님이 허락한 힘만 가지고 있을 뿐입니다. 우리는 사자 우리 안으로만 들어가지 않으면 됩니다. 사탄이 다양한 방법으로 유혹할 수는 있지만 우리 안에 계신 성령님의 음성에 순종하면 우리는 안전합니다. 언제 어디서나 하나님께 복종하고, 하나님을 가까이 해야 합니다.

> 그런즉 너희는 하나님께 복종할지어다 마귀를 대적하라 그리하면 너희를 피하리라 하나님을 가까이하라 그리하면 너희를 가까이하시리라 죄인들아 손을 깨끗이 하라 두 마음을 품은 자들아 마음을 성결하게 하라
> (야고보서 4장 7~8절)

다. 믿음으로 사십시오

날마다 하나님의 능력을 경험하고 성령 충만한 삶을 살기 위해서는 반드시 믿음이 필요합니다. 바울은 '내게 능력 주시는 자 안에서 내가 모든 것을 할 수 있다(빌립보서 4장 13절)'고 고백했습니다. 예수님은 "내 안에 머물러 있어라, 그리하면, 나도 너희 안에 머물러 있겠다. 어떤 가지도 포도나무에 붙어 있지 않으면 열매를 맺을 수 없듯이, 너희도 나를 떠나서는 아무런 열매도 맺을 수 없다(요한복음 15장 4절)"고 하셨습니다.

(1) 믿음의 첫 번째 실천은 '감사'입니다

믿음은 대상이 있어야 하고, 그 대상이 우리에게는 말씀으로 계시된 하나님이십니다. 하나님의 말씀 속에는 여러분을 향한 수많은 약속들이 있습니다. 로마서 8장 28절과 데살로니가전서 5장 16~18절을 암송하십시오. 삶의 순간순간마다 그 말씀에 근거해서 감사하십시오. 제가 외우고 있는 성

경구절 중 하나가 데살로니가전서 5장 16~18절입니다. 잊을 수 없기 때문입니다.

> 우리가 알거니와 하나님을 사랑하는 자 곧 그의 뜻대로 부르심을 입은 자들에게는 모든 것이 합력하여 선을 이루느니라(로마서 8장 28절)

> 항상 기뻐하라 쉬지 말고 기도하라 범사에 감사하라 이것이 그리스도 예수 안에서 너희를 향하신 하나님의 뜻이니라(데살로니가전서 5장 16~18절)

가족이 어려움을 당할 때, "주님 감사합니다."라고 말할 수 있겠습니까? 당신의 몸이 아파서 고통당할 때 하나님께 감사할 수 있겠습니까? 아마도 그런 상황에서 감사하는 자는 어리석거나 정신이 이상하다고 생각할지도 모릅니다. 그러나 로마서 8장 28절과 데살로니가전서 5장 16~18절을 하나님의 말씀으로 믿는다면 우리는 그 상황 속에서도 감사할 수 있습니다.

(2) 믿음의 두 번째 실천은 '순종'입니다

포도나무 가지가 나무에 붙어 있으면 계절이 변하고 때가 되면 열매가 맺힙니다. '붙어 있다는 것'이 곧 순종입니다. 나무에서 잘려 나간 가지는 곧 말라 죽게 됩니다. 이처럼 순종하지 않는 성도의 믿음은 곧 힘을 잃은 죽은 믿음이 되는 것입니다.

> 영혼 없는 몸이 죽은 것 같이 행함이 없는 믿음은 죽은 것이니라
> (야고보서 2장 26절)

자기 경험을 의지하는 것은 믿음이 아닙니다. 될 것 같으면 기도하고, 불가능해 보이면 포기하는 것은 믿음이 아닙니다. 믿음은 그 말씀을 주신 분을 철저하게 신뢰하는 것입니다. 평생 고기 잡는 어부 시몬 베드로가 자기 경험과 지식을 내려두고 예수님 말씀대로 '그렇게 하니' 고기를 잡은 것이 심히 많아 그물이 찢어졌습니다. 충성은 곧 순종(順從)입니다. 많은 일이든 적은 일이든, 큰일이든 작은 일이든, 금그릇이든 질그릇이든 순종하는 삶

이 참 그리스도인의 삶입니다. 저도 지금 당장 감사함으로 하나님과 이웃에게 충성된 삶을 살고 싶습니다. 그렇게 죽도록 충성된 삶을 살아서 저의 딸과 아들이 "저도 아버지처럼 살고 싶습니다."라는 말을 듣고 싶습니다.

> 시몬이 대답하여 이르되 선생님 우리들이 밤이 새도록 수고하였으되 잡은 것이 없지마는 말씀에 의지하여 내가 그물을 내리리이다 하고 그렇게 하니 고기를 잡은 것이 심히 많아 그물이 찢어지는지라
> (누가복음 5장 5~6절)

라. 성령이 오셨네

성령 충만을 유지하는 길은 포도나무에서 가지가 떨어지지 않을 때 열매를 맺듯, 영혼의 호흡을 하며 주님과 친밀한 동행을 하는 것입니다. 또한 매일매일의 영적 싸움에서 승리하는 것입니다. 마귀의 유혹을 선택하지 말고 성령의 음성을 선택하면 됩니다. 마귀는 우리 안에 갇힌 사자와 같습니다. 우리가 사자 우리 안으로 들어가지만 않으면 됩니다. 우리는 믿음으로 살아야 합니다. 그 방법은 감사하며 살고, 순종하며 사는 것입니다.

2024년 고난주간 특별밤기도회에서 가장 많이 부른 찬송이 '성령이 오셨네'입니다. 그 가사대로 성령님이 저와 여러분 인생 가운데 친히 찾아 오셔서 남은 인생 성령님의 이끌림을 받기를 기도합니다. 박정수 담임목사님을 비롯한 2024년 고난주간 함께 해주신 우리 성도님들을 사랑하고 축복합니다. 오늘밤 성령이 오셨습니다. 오늘밤 저와 여러분을 새롭게 하사 오늘보다 더욱 주님을 사랑하는 내일이 되게 하실 것으로 믿습니다. 아멘!!

2-25
기적(THE MIRACLE)

1. 오늘 부활절 칸타타 공연 감동, 은혜, 성령 충만!!!

　　이수교회 2024년 부활절 칸타타 '기적(THE MIRACLE)'로 은혜받은 것을 나누고자 합니다. 박정수 담임목사님은 설교 시작하시면서 부활주일 아침 윤현집 지휘자님이 담임목사님께 보낸 카톡 문자를 소개하시면서 오늘 칸타타는 예수님의 탄생과 십자가 죽음과 부활을 모두 담은 복음 그 자체였고, '목사님 인생의 최고의 부활절 칸타타'였다고 극찬을 해주셨습니다. 저의 딸도 가족 단톡방에 '오늘 부활절 칸타타 공연 감동, 은혜, 성령 충만!!!'이라는 글을 남겼습니다. 오늘 칸타타는 이번 한 번으로 끝내기에는 너무나 아쉽습니다. 오늘 칸타타는 영상과 찬양이 함께 잘 어우러져 더욱 감동이었고, 모두가 아름다운 하모니였지만, 솔로 파트를 맡으신 분들(금미경 자매님, 임양순 전도사님, 나주옥 권사님, 목진용 권사님, 이성진 집사님)도 정말 훌륭했습니다. 특히 저의 아내가 솔로로 찬양 할 때는 감동이 배가 되는 것 같았습니다. 담임목사님은 마지막 곡인 '부활, 그 기적'을 들을 때 당신의 온몸 세포가 다시 소생하는 듯한 감동을 받았다고 하셨는데, 저는 그냥 눈물이 났습니다. 오늘 합창단은 찬양 부분에 여성 20명, 남성 5명, 연주 부분에 키보드 2명(윤예나 자매님, 정진섭 집사님), 드럼 1명(이장행 집사님), 베이스기타 1명(송민규 청년), 총 30명이었고, 구성 또한 할렐루야 성가대와 글로리아 찬양단, 블레싱찬양단의 긴밀한 연합이었습니다.

　　목사님
　　안녕하세요? 자랑스러운 이수교회 지휘자로의 삶이 벌써 10년 차가 되었네요. 지난 3년 여 간의 팬데믹 속에서 우리 성가대원 모두가 깨달았습니다. 함께 찬양 드리고 싶어도 드릴 수 없을 수 있다는 사실을요.

가능한 환경을 주셨을 때, 최선을 다해 찬양 드리겠다는 순종이 모여진 오늘입니다. 올해 칸타타는 약 3개월간 준비했습니다. 10년 전과 다른 것은 이제 정말 어르신들이 많다는 점입니다. 팬데믹 전까지는 나이 드셨다고 귀여운 투정을 부리셨었는데요. 어느 순간부터 정말로 악보가 잘 안 보이고, 목소리가 잘 나오지 않고, 외워지는 것 자체가 기적이 되어 가고 있습니다. 오늘 올려 드릴 칸타타 '기적'은 할렐루야 성가대 그 자체입니다. 가사도 많이 틀리고, 음정도 놓치곤 할 거에요. 그런데 지휘자인 저는 괜찮습니다. 하나님 보시기엔 정말 이쁠거든요. 할렐루야 성가대원들은 다짐했습니다. 하늘나라 부르신 순간까지 찬양하다가 가겠다고요. 오직 하나님만 영광 받으시길 기도합니다.

2. 우리 인생의 지휘자는 부활하신 예수님

할렐루야성가대 금미경 자매님과 임양순 전도사님은 성악을 전공하신 분이지만 나머지 23명은 평범한 성도님들임에도 불구하고 윤현집 지휘자님은 모두가 완벽하게 화음을 낼 수 있도록 멋진 지휘를 해주셨습니다. 우리 인생의 노래를 잘 부르려면 우리 인생의 지휘자는 부활하신 예수님이셔야 합니다. 전지전능하신 하나님의 독생자 예수님이 우리 인생의 지휘자라면, 무엇이 두렵고, 무엇이 어렵겠습니까? 우리가 비록 하나님과 무관한 삶을 산 죄인이고, 여러 가지 부분에서 부족할지라도 완벽한 지휘자이신 예수님께서 우리의 인생을 아름다운 인생으로 만들어 주실 것으로 믿습니다. 70대이신 김혜란 목사님이 점심식사 하실 때 예수님의 부활도 기적이지만, 김혜란 목사님이 오늘 가사를 외워서 찬양한 것도 기적이라고 하셨습니다. 오늘 이렇게 살아 있는 것이 기적이고, 오늘 하나님께 예배드리는 것도 기적이고, 부활주일 칸타타로 하나님께 영광 올려 드리는 것도 기적이고, 오늘 이렇게 하나님의 사랑을 이야기하는 것도 기적입니다. 모든 것이 기적입니다. 죽기까지 사랑하신 예수님의 사랑이 바로 가장 큰 기적입니다!

2-26
주님 사랑합니다 전심으로

기독교대한성결교회 제117년차 성결인대회 및 목사안수식이 오늘 (2024. 4. 4.) 오전 10시 아현교회에서 있었었는데, 제가 섬기는 이수교회 민창기 목사님이 목사 안수를 받으시기에 축하의 마음을 가득 전해드리고 왔습니다. 저는 오전 11시경 시작된 서울서부지방법원 형사재판에서 목소리 높여 피고인의 무죄를 주장하고 나와 급하게 택시로 아현교회로 이동했습니다. 다행히 아현교회가 법원 근처라서 전 총회장 한기채 목사님의 권면의 말씀 끝부분부터 볼 수 있었습니다.

특히 축하 찬양 시간에 목사합창단의 '베드로의 기도'의 가사가 마음에 울림이 있었습니다. 그 찬양가사대로 이번에 목사 안수를 받으신 아흔 네 분의 목사님들 모두가 전심(全心)으로 주님을 사랑하실 것으로 믿습니다. 예수님의 성품을 닮아 사랑이 많으신 민창기 목사님이 오로지 기도하는 일과 말씀 사역에 힘써서(사도행전 6장 4절) 우리 주님의 복음 사역을 잘 감당하시고, 이 땅에서 위대한 목회자로 존귀하게 쓰임 받으실 것으로 믿고 기도합니다. '베드로의 기도' 가사를 다시금 되새겨 봅니다. 저도 주님 사랑합니다. 전심으로

용서 받을 수 없는 나의 모든 더러운 죄
주 앞에 나갈 수 없어 그저 울며 엎드리네
나를 떠나소서 나를 떠나소서
땀방울 핏방울로 흘리셨던 겟세마네
엎드려 기도하실 때 어리석은 제자들은
그 옆에 잠들어 주 버려두었네

깊은 슬픔 홀로 감당하신 주님

두려움이 나를 삼킨 그날 밤 그때에
나 주를 부인하였네
참회하는 마음으로 주 앞에 나가네
주가 날 용납하셨네
내가 주 앞에 할 수 없던 마음속의 말
주여 어찌 스스로 잡히십니까
내가 주 앞에 저주하며 했던 거짓말
나는 주를 모른다 모른다오

그러나 내가 주를 사랑함을 주께서 아시나이다
주는 그리스도 예수
살아계신 하나님의 아들이시니이다
내가 주 앞에 엎드리며 할 수 있는 말
나를 살리신이가 하나님이라
이제 주 앞에 감사하며 고백하는 말
주님 사랑합니다 전심으로
주님 사랑합니다 전심으로

2-27
나를 향한 하나님이 원하시는 기도 제목

매주 금요일 저녁 7시 이수교회 박정수 담임목사님 인도로 '기도하는 삶' 제자훈련이 진행되고 있습니다. 어제는 제5과 '지혜의 마음을 구하는 기도 솔로몬'에 대해 공부했습니다. 솔로몬은 하나님께 열린 마음으로 구하고, 하나님이 원하시는 것을 구하고, 하나님께 감사함으로 구하고, 자신의 부족함을 고하는 기도를 했습니다. 하나님은 솔로몬이 그와 같이 기도했기 때문에 그가 구하지 않은 부와 영광까지 누리게 하셨으나, 하나님이 "네 아버지 다윗이 행함 같이 내 길로 행하며 내 법도와 명령을 지키면(열왕기상 3장 14절)" 주시기로 한 장수의 복은 솔로몬이 말년에 하나님의 길을 벗어나 타락의 길을 가는 바람에 누리지 못했습니다. 박정수 담임목사님은 제자훈련을 마치면서 제자훈련반 성도들에게 '나를 향한 하나님이 원하시는 기도제목 3가지'를 카톡으로 보내달라는 숙제를 내주셔서 저는 아래와 같이 숙제를 했습니다.

1. 저의 삶이 전도가 되고, 예배가 되게 하소서.
2. 저에게 주어진 직분(이수교회 장로와 새가족부장, 1부 예배 목장 리더, 성결교단 자문변호사) 잘 감당하게 하소서.
3. 믿음의 가정과 가문 세우게 하시고, 법무법인 서호가 믿음의 기업이 되게 하소서.

제가 많이 부족한 사람이지만, 저의 남은 인생 감사함으로 주어진 직분 잘 감당하면서 감사의 삶을 살아내고 싶습니다. 감사 남편, 감사 아빠, 감사 가족, 감사 장로, 감사 변호사, 감사 친구로 살다가 천국 가고 싶습니다. 그것이 저를 향한 하나님이 원하시는 기도 제목임을 믿습니다.

2-28
복이 되어 살아라

2024년 4월 둘째 주일 이수교회 박정수 담임목사님의 설교(주제 : 복이 되어 살아라, 본문 : 창세기 12장 1~2절)로 은혜 받은 것을 나누고자 합니다. 창세기 12장 2절에 관한 개역개정, 공동번역, 영어성경의 내용입니다.

(개역개정) 내가 너로 큰 민족을 이루고 네게 복을 주어 네 이름을 창대하게 하리니 너는 복이 될지라
(공동번역) 나는 너를 큰 민족이 되게 하리라. 너에게 복을 주어 네 이름을 떨치게 하리라. 네 이름은 남에게 복을 끼쳐주는 이름이 될 것이다.
(영어성경) I will make you into a great nation, and I will bless you; I will make your name great, and you will be a blessing.

'복을 받다'와 '복이 되다'는 차이가 있습니다. '복을 받다'는 것은 하나님의 뜻을 추구하는 것보다는 자신의 형통과 소원 성취를 추구하는 '나' 중심의 것입니다. '복이 되다'는 내가 복의 통로가 되어 나로 인하여 남이 행복해지고, 구원의 복을 받게 되는 것을 말합니다. 공동번역의 표현대로, 남에게 복을 끼쳐주는 것을 의미합니다. 박정수 담임목사님은 아래 '부모가 자녀의 가슴에 새겨 줄 말'을 적어도 한두 달에 한번은 꼭 이야기 하라고 하셨는데, 저도 꼭 실천해 보겠습니다.

"너희는 복이 되어 살아라! 너로 인하여 지인들이 복을 받을 것이고, 이 나라가 복을 받을 것이고 나아가 세계 열방이 주님께로 돌아오는 복을 받게 될 것이다"

하나님께서 평범한 아브람(아브라함)을 부르셔서 축복의 통로로 삼아주

신 창세기 12장의 사건은 아브라함 개인을 넘어 오늘을 사는 믿음의 성도들에게도 적용됩니다. 우리 모두가 죄악의 환경을 떠나 예배의 자리로 나아가고, 축복의 통로가 되어 남에게 복을 끼쳐주는 존재로 살아가길 소망합니다. 우리 모두가 복이 되어 살아가십시다.

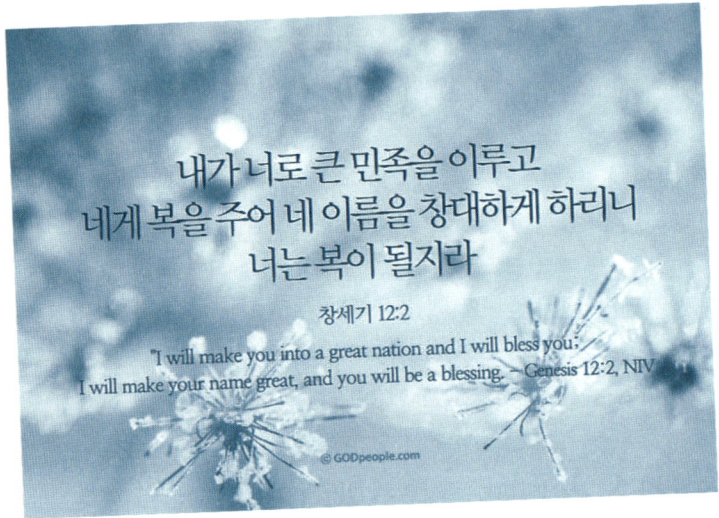

2-29
예수님의 마음을 품자

지난 주말(2024. 4. 13.) 기독교대한성결교회 서울강남지방회 교회부흥확장위원회 전체위원 제1차 연석회의 제1부 경건회 시간에 위원장 충무교회 성창용 목사님의 설교(주제 : 예수님의 마음을 품자, 본문 : 빌립보서 2장 5~8절)로 은혜 받은 것을 나누고자 합니다.

> 너희 안에 이 마음을 품으라 곧 그리스도 예수의 마음이니 그는 근본 하나님의 본체시나 하나님과 동등됨을 취할 것으로 여기지 아니하시고 오히려 자기를 비워 종의 형체를 가지사 사람들과 같이 되셨고 사람의 모양으로 나타나사 자기를 낮추시고 죽기까지 복종하셨으니 곧 십자가에 죽으심이라(빌립보서 2장 5~8절)

성 어거스틴(St. Augustine)에게 제자가 찾아와서 그리스도인의 덕목 가운데 첫째가 무엇이냐고 물었을 때 그는 첫째도 겸손, 둘째도 겸손, 셋째도 겸손이라고 대답하였습니다. 예수님의 마음은 처음부터 끝까지 '겸손'이었습니다. 그래서 예수님은 제자들에게 "겸손을 배우라"고 하셨고(마태복음 11장 29절), 사도 바울도 빌립보 교인들에게 겸손을 강조하였으며(빌립보서 2장 5절), 베드로 사도 역시 "서로 겸손으로 허리를 동이라"고 역설했습니다(베드로전서 5장 5절).

경건회 시작 찬송으로 찬송가 455장 '주님의 마음을 본받는 자'를 찬양했는데, 그 가사가 교회부흥확장위원회 위원 모두의 고백이 되길 소망합니다. 우리 모두가 주님의 마음을 본받아 살면서 그 거룩하심을 이루기를 간절히 바라고 원합니다.

2-30
목사님들, 예수 잘 믿으세요

　오늘(2024. 4. 21.) 봉일교회(손경호 담임목사님) 창립 60주년 기념 임직 및 추대 감사예배 다녀왔습니다. 명예장로 최창근, 장로 박춘배·강의철, 명예권사 김정희·원의숙·이이례·최희덕, 권사 강재현·고해옥·김강희·김옥순·심해숙·이선미·임연순, 안수집사 김영완 총 열다섯 분의 임직 및 추대식에서 구교환 은천교회 담임목사님(서울신학대 총동문회장)은 교회에 대한 권면(勸勉)의 시간에 한국 교계의 어른으로 존경받는 고(故) 한경직 목사님에 대한 일화를 소개해 주셨습니다.

　한경직 목사님이 은퇴하고 소천하시기 전까지 남한산성에 기거하실 때 당시 교계 중진 목사님 몇 분이 찾아뵌 적이 있는데, 그 자리에서 어느 목사님이 "목사님, 저희들에게 덕담 한마디만 해주세요"라고 요청하자 한경직 목사님은 이렇게 대답하셨다고 합니다.

　"목사님들, 예수 잘 믿으세요."

　구교환 목사님은 임직자들에게도 한경직 목사님의 그 말씀을 그대로 전하고 싶다고 하셨습니다. 그 말씀은 저에게도 하시는 말씀으로 들렸습니다. 이어서 방배교회 김춘식 원로장로님(전 성결교단 부총회장)은 임직자들에 대한 권면의 시간에 "손경호 담임목사님이 은퇴하실 때 아무개 장로님, 아무개 권사님, 아무개 집사님과 함께 목회생활을 함께하게 된 것은 행복이고, 기쁨이고, 하나님의 은혜였습니다."라는 이야기를 들을 수 있기를 권면하셨습니다. 또한 김장로님은 사도행전 11장 24절에서 "바나바는 착한 사람이요 성령과 믿음이 충만한 사람이라 이에 큰 무리가 주께 더하여지더라"고 했는데, 착한 임직자들이 성령과 믿음이 충만할 때에 믿는 성도들은 더 많아질 것이라는 권면도 해주셨습니다.

손경호 목사님은 최창근 명예장로 추대식을 집례하시면서 "다시 태어나 목회를 하게 되면 최창근 장로님과 함께 하고 싶습니다."라는 칭찬을 하셨는데, 다른 임직자들도 모두 손목사님으로부터 그런 칭찬을 받을 수 있기를 소망합니다. 저도 제가 섬기는 이수교회 박정수 담임목사님으로부터 그런 말을 들을 수 있도록 마음을 다하고, 뜻을 다해 하나님과 성도님들을 섬기고 싶습니다.

특히 오늘 명예장로로 추대되신 최창근 장로님, 장로 장립된 박춘배 장로님과 강의철 장로님의 부친이 모두 장로님입니다. 저의 꿈 중에 하나가 저의 아들도 장로가 되어 장로 장립패에 새겨져 있는 요한계시록 2장 10절 말씀대로 예수님의 마음으로 하나님 나라를 위해 죽도록 충성하는 삶을 살아가는 모습을 보는 것입니다. 20대 때부터 저의 꿈은 할아버지가 되는 것이었습니다. 할아버지 장로가 되어 딸과 사위, 아들과 며느리, 손주들 그리고 아내에게 존경받는 삶을 살고 싶습니다. 더 나아가 제가 제 자신을 존경할 수 있는 삶을 살아낼 것을 다시금 다짐합니다.

"예수님 잘 믿으세요!!"

2-31
미리 누리는 천국

임신 17주차 성별을 알기 전 어느 날 박한나 집사님이 꿈을 꿨는데 왼쪽편에 밝은 형태로 계시는 분이 배를 가리키시면서 "얘 이름은 찬희야"라고 하셨답니다. 그래서 박집사님이 속으로 '찬희가 무슨 뜻이지?'이라고 생각하자, 그 분께서 "찬양할 찬(讚), 기쁠 희(喜), 태어나서 찬양하며 기쁘게 살 아이야"라고 가르쳐 주셨답니다. 그렇게 태어나기 전부터 이름이 지어진 최인석·박한나 집사님의 아들 찬희 군이 2023년 10월 25일 900g 미숙아로 태어났으나 하나님의 은혜로 187일(교정연령 96일) 만에 7kg으로 건강하게 자라나 2024년 4월 마지막 주일 이수교회 1부 예배에 처음으로 엄마 품에 안겨 왔습니다. 최찬희 군은 이수교회 최연소 새가족으로 등록했습니다.

이수교회 박정수 담임목사님의 오늘(2024. 4. 28.) 설교 주제가 '미리 누리는 천국(본문 : 시편 128편 1~6절)'인데, 최인석·박한나 집사님 부부에게는 오늘 찬희 군과 함께 한 이수교회가 천국이었을 것입니다. 저도 곁에서 그 천국의 모습을 볼 수 있었음에 감사했습니다. 천국의 모형은 가정입니다. 천국 같은 가정에는 가족 간에 믿음과 존경이 있고, 상대방의 존재만으로도 감사함이 있으며, 상대방을 행복하게 해주려는 열정이 있고, 가족의 유익을 위해 기쁘게 희생합니다. 또한 그곳에는 지옥 같은 가정에는 없는 용서와 배려, 긍휼히 여김이 있습니다. 그런 곳이 천국이 아니면 어떤 곳이 천국이겠습니까?

여호와를 경외하며 그의 길을 걷는 자마다 복이 있도다(시편 128편 1절)

천국의 시작과 끝은 하나님을 경외하는 것입니다. 이 땅에서도 천국에 사는 기쁨을 누릴 수 있도록 우리는 사랑과 감사가 넘치는 가정을 만들어야 합니다. 그런 가정을 만들려면 우선 나부터 변화되어야 합니다. 내가 먼저 가족 사이에서 하나님이 보여주신 사랑을 실천하고, 나는 죽고 예수로 살고, 나는 죽고 은혜로 살고, 나는 죽고 사랑으로 살아야 합니다. 박정수 담임목사님은 시편 128편 1~6절 본문에 근거하여 성도님들의 가정을 아래와 같이 축복해주셨습니다. 그 축복을 저와 여러분 모두가 누리시기를 간절히 기도합니다. 하나님을 찬양하고, 하나님의 기쁨이 될 우리 최찬희 군의 내일이 기대되고 기대됩니다.

1. 손이 수고한 대로 결실하십시오.
2. 아내는 결실한 포도나무가 되십시오.
3. 자녀들은 유익한 감람나무가 될 것입니다.
4. 살아있는 동안 조국의 번영을 보십시오.
5. 여러분을 통해 믿음의 후손들이 번성할 것입니다.

2-32
하나님, 우리가 부모입니다

　먼저 2024년 5월 5일 어린이주일 이수교회 박정수 담임목사님의 설교(주제 : 하나님, 우리가 부모입니다, 본문 : 누가복음 11장 27~28절)로 은혜받은 것을 나누고자 합니다. 하나님이 이 땅에 세우신 2개의 기관이 있는데, 그것은 바로 '가정과 교회'입니다. 하나님이 가정을 세우신 이유는 생육하고 번성하게 하기 위함이고, 삼위일체(三位一體) 하나님의 연합을 가정에서 느끼고 배우게 하기 위함입니다. 하나님께서 교회를 세우신 이유는 예배를 통해 하나님과 영적으로 교제하기 위해서이고, 인류 구원의 방주(方舟) 역할을 감당하게 위함입니다. 하나님께서 가정과 교회를 세우셨다는 것은 이 두 기관이 인생살이에 있어서 가장 소중하다는 것을 반증(反證)하는 것입니다.
　예수님께서 귀신들려 말 못하는 자를 고쳐주시자 이를 보고 신기하게 여기는 사람들도 있었지만, 일부는 예수께서 귀신의 왕 바알세불의 능력을 힘입어 행한 것이라고 비난했습니다. 이에 대해 예수님은 귀신의 왕이 귀신을 쫓아낸다면 스스로 자멸하는 것이 아니겠냐고 반문하시면서, 예수님은 하나님의 권능으로 귀신을 쫓아냈다고 말씀하셨습니다. 그러자 이 말에 감동받은 한 여인이 "당신을 밴 태와 당신을 먹인 젖이 복이 있다(누가복음 11장 27절)"고 고백했습니다. 그러자 예수님께서는 "오히려 하나님의 말씀을 듣고 지키는 자가 복이 있다(누가복음 11장 28절)"고 하셨습니다. 복을 받는 데 있어서는 육적 조건보다는 영적 조건이 더 중요함을 가르치신 것입니다.
　우리는 어떤 부모가 되어야 할까요? 박정수 담임목사님은 아래와 같은 부모가 되도록 권면(勸勉)하셨습니다. 저희 부부를 포함한 우리 이수교회 부모들 모두가 자녀들이 닮고 싶은 신앙인이 될 수 있기를 소망합니다.

① 보여주는 부모가 되십시오. 말로만 신앙생활 잘하라고 하는 것은 아무런 힘이 없습니다. 참된 예배자의 모습, 습관화된 경건생활의 모습, 매 순간마다 전도하려고 애쓰는 모습을 부모가 보여줘야 합니다.
② 데려가는 부모가 되십시오. 자녀를 예배의 자리로 데려가야 합니다. 기도하는 자리, 성경공부하는 자리로 데려가야 합니다.

박정수 담임목사님은 '데려가는 부모'의 모델로 이재석 안수집사님 가족들을 소개해 주셨습니다. 이재석 안수집사님은 2015년 11월 이수교회에 등록하신 이후 2016년에 아내 김서란 권사님, 조카 이장행·진예은 집사님 가정, 둘째 아들 이양행·차지은 집사님 가정, 첫째 아들 이승행·이상은 집사님 가정을 인도해서 가족들 모두가 할렐루야 성가대와 글로리아찬양단 단원, 청년부 교사 등 여러 가지 모습으로 헌신적으로 섬기고 계시는데, 저도 이재석 안수집사님 가족들을 보는 것만으로도 행복합니다. 특히 손자손녀들까지 함께 신앙생활을 하는 모습이 참으로 아름답습니다.

③ 위로하고 울어주는 부모가 되십시오. 하나님의 마음으로 자녀를 위로하십시오. 자녀의 문제를 가지고 성전에서 눈물로 기도하는 부모가 되십시오.
④ 축복하는 부모가 되십시오. 자녀를 위해 하나님께 복을 비는 부모이어야 합니다. 신앙인은 말하는 대로 되어집니다. 저는 2011년 두란노아버지학교를 수료한 이후부터는 저의 딸·아들에게 축복기도를 해주고 있습니다.

아래 글은 제가 2011년 6월 11일 발표한 천안·아산지역 26기 두란노아버지학교 수료 소감문입니다. 아래 소감문이 소감문으로 그치지 않도록 다시 저의 마음의 끈을 더 동여매겠습니다. 제가 아내와 딸·아들에게 존경받고, 저 자신이 저를 존경할 수 있는 삶을 잘 살아낼 수 있도록 기도해주십시오.

주님! 제가 아버지입니다.
아버지가 살아야 가정이 산다.

무서운 아내 때문에 타의로 입학한 두란노아버지학교 엊그제 입학한 것 같은데, 벌써 수료하라고 합니다. 참 아쉽습니다. 오랜만에 해본 숙제는 저와 가족을 돌아보게 했습니다.

아버지께 쓴 편지,
아내에게 쓴 편지,
아내가 사랑스런 20가지 이유,
자녀에게 쓴 편지,
자녀가 사랑스런 20가지 이유.

숙제하는 것만으로도 행복했습니다. 비록 매일 학교 가는 당일 날 했지만… 저의 아버지는 가난해서 못 배우셨지만, 가족 사랑과 성실성을 가르쳐 주신 최고의 아버지였다는 사실, 부족한 저를 이 세상에서 가장 사랑해 주는 아내가 저의 곁에 있다는 사실, 참 지혜롭고 예쁜 딸과 아들을 하나님이 주셨다는 사실을 다시 인식하는 것만으로도 참 행복했습니다. 사춘기 딸과 부딪치는 일이 잦았는데, 아버지학교 숙제 때문에 사이가 많이 좋아진 것 같아 참 다행입니다. 사랑하는 딸과 아들이 저의 편지를 받고, "아빠 사랑해요"라는 말을 할 때 참 행복했습니다.

개구쟁이 어린 아이가 목사님에게 침을 뱉자 화가 난 목사님이 그 아이에게 침을 뱉자 웃으면서 더 가까워졌다는 이야기를 통해, 나의 기준이 아닌 우리 아이들의 눈높이에 맞추는 노력을 해야겠다는 생각을 했습니다. 우리 가정이 해체될 수 있는 상황이었음에도 슬기롭게 대처해준 아내에게 감사하고 감사합니다. 시집와서 계속 남편 뒤치다꺼리만 하고 있는 아내에게 미안한 마음뿐입니다. 평생 사죄하는 마음으로 좋은 남편으로, 좋은 아버지로 살아갈 것을 다짐합니다. 건강한 가정은 분쟁이 없는 가정이 아니라 그 분쟁을 해결할 수 있는 가정이라는 말에 공감합니다. 더 건강한 가정을 위해 제가 더 양보하겠습니다.

끝으로 희생과 봉사로 섬겨주신 스텝 형제분들에게 사랑과 축복의 인사를 전합니다. 두란노아버지학교의 동문이 되게 해준 무서운 아내에게도 고맙다는 인사를 전합니다. 부끄럽지 않은 아버지가 될 것임을 다짐합니다.

주님! 제가 아버지입니다.
주님! 제가 아버지입니다.
주님! 제가 아버지입니다.

2011년 6월 11일
모든 것이 참 이쁜 아내 나주옥의 남편 김양홍

2-33
축복은 감사를 느낄 때까지 축복이 아니다

오늘 2024년 5월 둘째 주일 이수교회 민창기 부목사님의 1부 예배 설교(주제 : 하나님을 신뢰하는 삶, 본문 : 신명기 26장 1~11절)로 은혜 받은 것을 나누고자 합니다. 기독교는 하나님의 은혜와 사랑에 감사하는 종교입니다. 하나님은 신분이나 조건에 상관없이 모두에게 놀라운 은혜를 베풀어주셨기에 그 은혜에 대한 감사로부터 신앙생활이 시작됩니다. 사회학자 스탠디는 "요즘 시대는 암보다 더 무서운 질병을 앓고 있다. 그것은 바로 감사불감증(感謝不感症)이다."라고 했습니다. 감사가 사라지면 그 자리에 원망과 불평이 대신 자리를 잡게 되고, 원망과 불평이 많아지면 결국에는 우리는 마귀의 종노릇을 하게 됩니다.

> 비록 무화과나무가 무성하지 못하며 포도나무에 열매가 없으며 감람나무에 소출이 없으며 밭에 먹을 것이 없으며 우리에 양이 없으며 외양간에 소가 없을지라도 나는 여호와로 말미암아 즐거워하며 나의 구원의 하나님으로 말미암아 기뻐하리로다(하박국 3장 17~18절)

위 말씀은 하박국 선지자가 환난 가운데서도 긍휼의 하나님께서 은혜 베풀어주실 것을 믿고 드린 감사기도입니다. 아래 글은 '하박국의 기도'라는 작자 미상의 기도문입니다.

> 기쁨뿐만 아니라 슬픔까지도 감사하겠습니다.
> 성공뿐만 아니라 실패도 감사하겠습니다.
> 희망뿐만 아니라 절망도 감사하겠습니다.
> 가진 것뿐만 아니라 없는 것도 감사하겠습니다.
> 풍족할 때뿐만 아니라 부족할 때에도 감사하겠습니다.

건강할 때뿐만 아니라 육신이 병들어도 감사하겠습니다.
오직 하나님 한 분만을 인해 기뻐하며 감사하겠습니다.

위 기도가 우리의 기도가 되길 소망합니다. 최고의 감사는 범사에 감사하는 것이고, 하나님이 이루어 주실 것으로 믿고 미리 감사하는 것입니다. '노래는 부를 때까지 노래가 아니며, 종은 울릴 때까지 종이 아닙니다. 사랑은 표현할 때까지 사랑이 아니며, 축복은 감사를 느낄 때까지 축복이 아닙니다(독서신문 2013. 7. 1.자 수필가 황태영의 글의 일부)' 사랑과 감사는 입술로 고백 되어져야 하고, 더 나아가 삶으로 표현 되어져야 합니다. 미국 사람들이 일상생활에서 가장 많이 사용하는 단어 50개를 뽑았는데, 그 가운데 "Thank you!"가 28%로 1위를 차지했습니다. 그들은 아주 작은 친절에도 어김없이 "Thank you!"라고 합니다. 그러면 대부분의 상대방은 "You're welcome!"라고 대답합니다. "내가 더 감사합니다."라는 뜻입니다. 그들에게는 감사가 일상(日常)입니다. 그런데 우리는 감사하다는 말에 너무 인색합니다. 나부터, 당신부터, 우리부터 감사의 말을 더 하도록 합시다.

하나님은 "너희 말이 내 귀에 들린 대로 내가 너희에게 행하리니(민수기 14장 28절)"라는 무서운 말씀을 하셨습니다. 우리가 사랑과 감사의 말을 해야 하는 이유입니다. 성경에서 감사라는 단어가 총 188회 등장하고, 시편에만 75회 등장합니다. 그만큼 중요한 단어가 감사입니다. 예수님은 우리에게 감사하는 자가 되라(골로새서 3장 15절)고 하셨고, 감사의 말을 하라(에베소서 5장 4절)고 하셨고, 감사함으로 받으라(디모데전서 4장 4절)고 하셨고, 감사함으로 하나님께 아뢰라(빌립보서 4장 6절)고 하셨습니다. 예수님은 왜 모든 것을 감사의 마음으로 채우라고 하셨을까요? 그것이 하나님의 뜻이기 때문입니다(데살로니가전서 5장 18절). 우리는 그러니까 감사하고, 그럼에도 감사하고, 그럴수록 감사하고, 그것까지 감사해야 합니다. 모든 일에 있어서 감사가 시작이고, 끝이어야 합니다. 감사가 감사를 낳습니다.

2-34
참 아름다운 동행

2024년 5월 둘째 주일 이수교회 이주은 협동목사님의 2부 예배 설교(주제 : 아름다운 동행, 본문 : 룻기 1장 15~22절)로 은혜 받은 것을 나누고자 합니다. 받은 은혜를 온전히 글로 표현할 수 있을지 모르겠습니다.

1. 나오미와 룻의 아름다운 동행

성경에는 드라마틱한 삶을 산 사람들이 많이 등장합니다. 아브라함, 모세, 요셉, 다윗, 마리아, 사도 바울, 베드로 등 수많은 사람들이 하나님과 동행하는 모습이 잘 나타나 있습니다. 성경에서 가장 드라마틱한 삶을 산 여인을 예수님을 낳으신 마리아와 다윗의 증조할머니인 '룻'이라고 생각합니다. 그 룻이 지은 것이 구약의 '룻기'입니다. '나오미'는 룻기에 나오는 여인 즉, 룻의 시어머니입니다. 나오미는 남편과 두 아들이 있는 평범한 가정주부였는데, 어느 날 살고 있던 베들레헴에 흉년이 들어 남편인 엘리멜렉을 따라 이방 나라인 모압 지방으로 갔습니다. 하지만, 그곳에서 남편이 죽습니다. 아들 둘은 이방 여인과 결혼을 했는데, 모압지방에 간 10년쯤 아들 둘도 죽고 맙니다. 결국 남편을 잃은 과부 3명만 남게 됩니다.

자기 땅도 아닌 타국에서 남편도 죽고 두 아들도 죽고 과부 3명만 남았으니 나오미의 마음은 어떻겠습니까? 의지했던 사람들이 다 없어지고 말았으니 그 상실감은 말로 할 수 없었을 것이고 하나님에 대한 원망도 있었을 것입니다. 그런데 이런 막막한 삶에 하나님의 손길이 임합니다. 나오미는 여호와께서 자기 백성에게 양식을 주셨다는 소식을 듣고 두 며느리를 데리고 베들레헴으로 돌아갈 결심을 합니다(룻기 1장 6절).

나오미는 돌아가는 도중 아무리 생각해도 며느리들은 자기와 같은 삶을 살게 하면 안 되겠다는 생각이 들어 며느리들에게 다시 자기 나라로 돌아가 그곳에서 좋은 사람 만나 재혼하여 행복하게 살기를 바라며 "다시 모압지방으로 돌아가라"고 합니다. 그런데, 작은 며느리 오르바는 모압 지방으로 돌아갔지만, 큰 며느리 룻은 시어머니와 함께 베들레헴으로 가기로 결심합니다. 모압에서 베들레헴까지는 약 100km정도의 거리입니다. 옛날이니까 그 길은 험해서 오랜 시간이 걸렸을 것입니다. 그 길을 나오미 혼자 걸어간다고 생각해보세요. 얼마나 외롭고 위험하고 힘든 길이겠습니까? 그 길을 며느리가 함께 가겠다고 합니다. 나오미는 룻에게서 놀라운 사랑의 고백을 듣게 됩니다. 룻기 1장 16~17절에 룻의 사랑의 고백이 나와 있는데, 사나 죽으나 어머니와 함께하겠다는 것입니다.

> 룻이 이르되 내게 어머니를 떠나며 어머니를 따르지 말고 돌아가라 강권하지 마옵소서 어머니께서 가시는 곳에 나도 가고 어머니께서 머무시는 곳에서 나도 머물겠나이다. 어머니의 백성이 나의 백성이 되고 어머니의 하나님이 나의 하나님이 되시리니 어머니께서 죽으시는 곳에서 나도 죽어 거기 묻힐 것이라 만일 내가 죽는 일 외에 어머니를 떠나면 여호와께서 내게 벌을 내리시고 더 내리시기를 원하나이다 하는지라(룻기 1장 16~17절)

나오미가 비록 안정된 삶을 살지 못한 채 고달픈 삶을 살더라도 함께 하겠다는 고백입니다. 나오미는 남편과 두 아들마저 다 잃고 재산도 없다고 하더라도 이 착한 며느리가 옆에 있어 많은 힘이 되었을 것입니다. 드디어 미래를 알 수 없는 길을 시어머니와 며느리 둘이서 걸어갑니다. 나오미와 룻이 함께 걷는 길은 힘들지만 서로에게 힘이 되는 길이었을 것입니다. 베들레헴으로 가는 그 길은 서로가 더 친밀해지고 감사가 넘치는 시간이었을 것입니다. 힘들지만 서로 다독이며 함께 갈 수 있는 사람이 곁에 한 사람이라도 있는 사람은 진정 행복한 사람입니다. 사랑은 "긍휼한 마음과 배려"입니다. 우리는 서로가 서로에게 그런 존재가 되어야 할 것입니다.

나오미와 함께 추수 때에 베들레헴에 이른 룻은 다른 곳도 아닌 친척 '보아스'의 밭에 가서 이삭을 줍는 은혜를 누리며, 결국 룻은 보아스와 결혼하게 됩니다. 이러한 과정은 우연인 것 같지만 필연인 하나님의 손길 가운데 이루어집니다. 룻은 보아스와 결혼을 하여 아들을 낳아 나오미에게 안깁니다. 마태복음 1장에 보면 예수님의 족보가 나오는데, 5~6절을 보면 "살몬은 라합에게서 보아스를 낳고 보아스는 룻에게서 오벳을 낳고 오벳은 이새를 낳고 이새는 다윗왕을 낳으니라." 참 드라마틱한 이야기입니다.

룻은 이방인이지만 하나님을 선택함으로서 예수님의 계보에 오르는 은혜를 경험하게 됩니다. 하나님의 섭리와 은혜는 감동 그 자체입니다. 그리고 하나님은 텅 비어 돌아온 나오미에게 풍족하게 채우시는 은혜를 주셨습니다. 회복하게 하셨습니다. 그 텅 비었던 마음이 이제는 아기로 인하여 풍족하게 되었습니다. 가문의 대도 잇게 되었습니다. 슬픔이 변하여 기쁨이 된 것입니다. 나오미의 이름 뜻은 '기쁨', '희락'이란 뜻입니다. 모압에서 돌아온 나오미는 자신을 '쓰다'라는 뜻의 '마라'라고 부르라고 했습니다. 하지만 나오미는 마라가 아닌 나오미 본래의 이름을 회복했습니다. 마라에서 기쁨으로 회복되기까지 하나님의 인도하심과 인생길을 함께 걸어 준 사람들이 있었기에 회복의 기쁨을 맛볼 수 있었습니다.

2. 다비다자매회와 아름다운 동행

이주은 목사님은 싱글맘들과 아름다운 동행을 하고 있는 사단법인 다비다자매회를 1대 회장 김혜란 목사님에 이어 2022년 4월부터 2대 회장으로 섬기고 계시는 분입니다. 이주은 목사님은 당신이 걸어오신 싱글맘의 길과 다비다자매회 사역을 하면서 느꼈던 은혜, 그리고 다비다자매회의 중요성을 나눠주셨습니다.

이주은 목사님(이하 '목사님'으로 약칭합니다)은 26세 결혼하여 33세 때 남편을 임파선 암이라는 병으로 떠나보냈는데, 그때 아들은 7살, 딸은 4살이었고, 싱글맘으로 사신 지 올해로 27년이 되셨습니다. 어느 날 갑자기 싱글맘이 된 목사님의 삶은 경제적인 책임과 자녀들을 혼자 양육해야 한다는 압박과 부담감, 혼자인 외로움, 건강에 이상이 오는 등 감당해야 할 것들이 너무나 많으셨습니다. 목사님은 혼자 되시고 나서 한 5년 정도는 '땅에 발을 딛지 않고 사는 느낌'으로 현실감 없이 살았다고 합니다. 그래도 감사한 것은 목사님이 예수님을 믿고 난 후에 싱글맘이 되었기에 하나님을 의지하면서 걸어가게 되었답니다. 우리 삶이 막막하고 힘들 때 제일 먼저 해야 할 일은 하나님께로 나아가는 것입니다. 그래야 우리의 인생을 주관하시는 하나님을 깊이 만나고 하나님께서 회복시켜 주시는 놀라운 은혜를 맛볼 수 있기 때문입니다.

다비다자매회는 원치 않는 배우자와의 사별과 이혼, 별거. 미혼모 등으로 홀로된 여인들이 모이는 공동체로서 마음의 아픔과 상처, 가난과 질병과 싸우는 싱글맘들이 대부분입니다. 회원들은 서울, 인천, 수원, 남양주, 서산 등에서 오시는 분들로 90여명 됩니다. 목사님과 마찬가지로 다비다자매회 자매님들도 그저 평범하게 행복하게 살 줄 알고 결혼하였는데 자신의 생각과는 다른 힘든 인생이 펼쳐지게 되어 아이들을 키우는 젊은 싱글맘과 아이들이 견디면서 가야 하는 인생길을 생각하면 그들을 축복하는 마음이 저절로 든다고 합니다.

목사님이 다비다자매회와 인연을 맺은 것은 2010년도에 백석대 신학대학원에 입학하셨을 때 대학원에서 다비다자매회 회장이셨던 김혜란 목사님을 만나 다비다자매회와 인연을 맺게 되었고, 조장을 맡으면서 같은 처지에 있는 자매님들을 섬기고 그들과 나눔은 그 자체로서 힐링이 되었고 회복을 가져다주었다고 합니다. 시간이 흘러 목사님은 일본 선교사로 가게 되었고 만 6년째 되던 해 2021년 아들을 갑자기 사고로 하늘나라로 보냈습니다. 딸 때문에 일본에는 돌아갈 수 없는 상황이 되었고, 목사님은 충격이 너무 심해 공황장애와 우울증을 겪으면서 혼자 지낼 수가 없어 집에서 가까운 다비다자매회 사무실에 매일같이 출근을 하셨고, 그러면서 자연스럽게 2022년에 다비다자매회 2대 회장이 되셨습니다.

목사님이 다비다자매회 회장에 취임할 때 목사님의 모습은 완전 몸과 마음이 바닥이었답니다. 아들까지 하늘나라 보내고 아무런 힘도 없던 목사님이 설교를 할 때 한 사람 한 사람 귀를 기울이며 들어주고 저를 바라보면서 응원해주고 늘 격려해주면서 같이 마음 아파해주는 회원들의 모습에 공동체의 아름다움이 바로 이것이구나 하는 생각이 들었답니다. 목사님은 다비다자매회 회장이 된 지 2년이 지난 지금 뒤돌아보니 자매님들의 사랑을 받고 목사님이 먼저 치유되고 회복되었다는 것입니다. 회장이라고 해서 무조건 사랑만 주는 것이 아니라 사랑은 서로 주고받을 때 더 아름답다는 것을 배우셨답니다. 그렇게 진짜 사랑은 주고받는 것입니다.

다비다자매회는 동일한 아픔과 상처가 있는 분들의 자조(自助)모임이라 만남 자체에 치유가 있습니다. 교회에서나 다른 모임에서는 싱글맘들이 자신의 이야기를 하기가 무척 어려워하는 경우가 많은데, 같은 아픔을 가진 자들의 만남이기에 부끄러울 것 없이 마음속에 있는 것들을 말할 수 있어서 위로가 되고 소망을 줍니다. 외로운 이들에게는 자기의 말에 귀를 기울여 들어주고, 마음을 알아주는 사람이 필요합니다. 다비다자매회는 같은 처지에 있기 때문에 그냥 함께 있다는 그 자체가 강한 힘을 만들어내기에 다비다자매회의 존재 자체가 귀하고 가치 있는 것 같습니다. 목사님이 싱글맘 사역을 하면서 가장 중요하게 생각하는 것은 한 분 한 분을 존귀히 여기는 것이고, 혼자서도 일어설 수 있도록 그들이 믿음의 근력을 키우는 일을 중요하게 생각하며 사역을 하고 있다고 합니다.

다비다자매회가 1994년에 설립되어 2024년 1월, 30번째 생일을 맞이했습니다. 이러한 아름다운 사랑의 공동체가 중간에 없어지지 않고 지금까지 존재하게 된 배경에는 함께 기도해주시고 물질로 후원해주신 동역자분들이 있었기 때문입니다. 목사님은 이수교회가 오랜 기간 변함없이 함께 해주신 것에 대해 감사의 마음을 전해주셨고, 끝으로 목사님이 다비다자매회 회장이 되시면서 썼던 '사랑만 하여라' 란 제목의 시를 소개하는 것으로 말씀을 맺었습니다.

이수교회 박정수 담임목사님은 이주은 목사님을 "서 계시는 것만으로도 은혜입니다."라는 표현을 해주셨고, "다비다자매회가 룻이라면, 이수교회는 나오미가 되어 사랑하겠습니다."라는 덕담을 해주셨습니다. 이주은 목사님의 설교 후 헌금송으로 '날 구원하신 주 감사'라는 곡을 찬양했는데, 저는 1절 중간 부분부터 눈물이 나서 도저히 찬양을 할 수가 없었습니다. 저의 아내도 그랬다고 합니다. 이 글을 쓰고 있는데도, 그냥 눈물이 납니다. "일은 내가 할 테니 너는 사랑만 하여라."라는 말씀이 자꾸 머릿속에 맴돕니다.

사랑이 정답입니다. 우리 모두 사랑만 합시다.

사랑만 하여라

다비다자매회가 28살이 된 해
김혜란 회장이 건네준 다비다의 바통을 이어 받았다.

작년, 기절한 듯 힘든 시기에
나를 보고 달려오는 그를 슬그머니 외면했다.

어쩌란 말인가?
지금은 아무것도 할 수 없는데, 그 어려운 길을 어떻게 내가?

하지만, 무심코 흘러나온 말 한 마디
"하나님 뜻이면 순종하겠습니다."

고백과 함께 생각이 스쳤다.
28년을 걸어오게 한 힘은 무엇일까?

김혜란 회장이 포기하고 싶었을 때 들었다는
하나님의 음성.

"일은 내가 할 테니 너는 사랑만 하여라."
맞다. 사랑이 답이다.

그래, 한 길을 걷는다는 것은 사랑이다.
그 길을 오래 걷는다는 것도 사랑이다.

아, 그래도 두려움이 몰려왔다.
이 길을 오래 걸을 수 있을까?

하나님은 나에게 말씀하신다.

왜 걱정하느냐?
내가 홀로된 자매들과 함께하고 있단다.
다비다자매회가 소중하단다.

왜 염려하느냐?
내가 연약한 너를 붙잡고 있단다.
나와 함께 출발하자.
외로운 자들과 함께 사랑의 집을 계속 지어가자.

네, 사랑하는 주님
주님 손 꼭 잡고, 자매들 손 꼭 잡고 사랑의 집 지어갈게요.
사랑만 할게요.

어느새 내 손엔 바통이 쥐어졌다.
왠지 무겁지가 않다.

2-35

도파민(Dopamine) 중독을 탈출하는 방법

뜻깊은 광주 5·18 민주화운동 44주년 기념일에 기독교대한성결교회 서울강남지방회 청소년부(부장 김윤상 열린문교회 담임목사) 주관으로 개최된 '도파민 중독, 같이 탈출할 사람!?'(강사 장종구 명동교회 담임목사) 강의를 듣고 은혜 받은 것을 나누고자 합니다. 장종구 목사님은 목회상담학 박사이자 미국 아주사(APU)퍼시픽대학교 대학원에서 임상심리학 석사 취득 후 LA 한인가정상담소 소장을 역임하시고, 지금은 명동교회에서 목회하시면서 서울신학대학교 상담대학원에서 강의를 하고 계시는 분입니다.

핸드폰과 SNS 중독이 의심스러운 저에게도 매우 유익한 강의였습니다. 오늘 강의는 열린문교회 비전센터에서 개최되었지만, 서울강남지방회 소속 교회들도 온라인으로 위 강의를 듣도록 했습니다. 강의는 ① 중독의 이해, ② 중독의 종류, ③ 인터넷과 스마트폰 중독, ④ 게임 중독, ⑤ 중독을 탈출하는 방법 순으로 진행되었는데, 약 1시간 30분 강의 시간이 금방 지나간 것 같습니다. 청중 속에는 열린문교회 청소년들과 청년들뿐만 아니라 오늘 교회를 처음 나온 분들도 있었고, 부모세대 어른들도 많이 들으셨습니다. 저는 열린문교회 집회를 두 번째 참석했는데, 두 번 모두의 공통점이 "성도들의 리액션(반응)이 너무 좋다"는 것입니다. 그렇기 때문에 강의를 듣는 청중이나 강의를 하신 강사 목사님도 더 행복한 시간을 보낸 것 같습니다. 우선 도파민(Dopamine) 중독이 무엇인지를 이해하기 위해서는 캐나다 맥길대학교에서 쥐를 대상으로 연구한 것을 살펴볼 필요가 있습니다.

> 1954년 캐나다 맥길대학교에서 쥐를 대상으로 연구를 했다. 쥐 뇌의 시상하부에 우연히 전기 자극을 주었더니 전기 자극을 받았던 위치로 계속 되돌아오는 것이었다. 그래서 본격적으로 실험을 해보기 위해 전기 자극이 오는 지렛대를 쥐가 누를 수 있게 설치해 봤다. 그랬더니 쥐는 1시

간 동안 지렛대를 7천 번 눌렀다. 밥을 먹지도 않고 주위 환경을 신경도 쓰지 않고 계속 누르다가 최후에는 거품을 물고 쓰러졌다. 이런 결과는 쥐가 쾌감을 느낄 때 나오는 신경전달물질인 도파민에 중독되었기 때문이다. 도파민은 중추신경계에 존재하는 신경전달물질의 일종으로, 아드레날린과 노르아드레날린의 전구체이다. 뇌에 도파민이 너무 과도하거나 부족하면, ADHD, 조현병, 치매, 우울장애 증상을 유발하기도 한다. 도파민이 분비되면 성취감과 보상, 쾌락의 감정을 느끼며, 인체를 흥분시켜 살아갈 의욕과 흥미를 느끼게 하고, 감정 조절 부문에서 도파민이 결핍되거나 뇌가 도파민에 내성이 생기면 무엇을 해도 금방 질리고 쉽게 귀찮아지며, 모든 일에 쉽게 흥미를 느끼지 못하게 된다. 도파민은 일의 능률을 높여주고 의욕을 향상시켜주는 긍정적인 효과를 불러오기로 하지만 과하게 분비될 경우에는 점점 강한 자극을 갈구하게 되어 우울, 강박, 무기력 등의 부작용을 초래하기도 한다.

- 인터넷 '도파민 중독' 소개 글 중 일부 인용 -

장종구 목사님은 '중독을 탈출하는 방법'으로 첫 번째는 당사자가 전문가의 상담을 받도록 해야 하고, 두 번째는 미국 두레마을 공동체 프로그램처럼 한 달 동안 인터넷을 하지 못하게 하면서 매일 규칙적으로 낮에는 노동하고, 저녁에는 예배드리는 방법으로 일정한 목적을 세운 후 단계적으로 목적에 대한 성취감을 느끼게 하는 행동요법이 필요하며, 세 번째는 약물치료가 필요하고, 네 번째는 중독을 감기와 같은 질병으로 생각하고 가족과 이웃들이 당사자가 중독을 극복할 수 있도록 이해하고 도와줘야 하며, 다섯 번째는 당사자가 건강한 영성생활을 통해 주님의 치유의 은혜를 경험하게 하고, 곁에 있는 사람들도 함께 중독을 극복하도록 기도해줌으로써 당사자가 옛 버릇을 버리고 새로운 주님의 자녀의 모습을 갖춰갈 수 있도록 해야 한다는 점을 강조하셨습니다.

제가 AI(Bing)에게 도파민 중독 치료방법에 대해 질문했더니 장종구 목사님의 강의 내용과 비슷한 답변을 해줬습니다. AI가 추천한 도파민 분비를 억제하는 가장 확실한 방법은 '모든 감각적 자극을 최소화하는 것인데, 주 1회 자극 없는 날을 정해 모든 자극으로부터 벗어나려고 노력하라.'고 했습니다. 일단 저도 AI 조언대로 1주일에 주말이나 주일에는 핸드폰을 멀리해

볼 생각입니다. 오늘 강의 시작 전에 사회자가 청중들에게 10가지 질문을 주고, 답변을 가장 많이 맞춘 1등에게 '스마트폰 잠금 상자'를 선물로 주셨는데, 만약 저의 의지대로 핸드폰 사용을 줄이지 못할 경우 저도 위 기계의 도움을 받아볼 생각입니다.

사랑이 많으신 김윤상 목사님께서는 제가 지하철로 이동하는 길을 동행해주셨는데, 그 길목에 서울영희초등학교 정문에 다음과 같은 멋진 글이 게시되어 있었습니다. 우리 안을 '하나님'과 '꽃'으로 가득 채우기를 소망합니다.

꽃이 예뻐 보이는 것은,
내 안에 꽃이 있기 때문입니다.

2-36
늘 좋아하는 찬송가를 부르세요

지난 주일(2024. 5. 19.) 이수교회 박정수 담임목사님의 설교(주제 : 손잡아 인도하시는 하나님, 본문 : 창세기 19장 12~26절)로 은혜 받은 것을 나누고자 합니다. 목사님은 지난 주말 성모병원에 입원해 계신 정인순 권사님을 심방하신 이야기를 해주셨습니다. 목사님은 정권사님께서 산소 호흡기를 끼고 계실 정도로 위중하셔서 말씀을 전혀 못하시고, 보고 듣는 것은 어느 정도 가능하신 것 같아 병간호하고 있는 막내 따님 이현아 집사님께 "어머님이 좋아하시던 찬송가가 있으면 알려 달라"고 했더니, 이집사님께서 곧바로 찬송가 28장 '복의 근원 강림하사'와 94장 '주 예수 보다 귀한 것은 없네' 두 곡을 대답해주셨답니다. 그래서 목사님은 정권사님의 귀에 대고 찬송가 28장 1~3절을 모두 불러주셨답니다. 목사님은 "정권사님과 막내 따님의 신앙이 참 아름다워 보였다"면서 성도님들에게 "늘 좋아하는 찬송을 부르시고, 자녀들에게 좋아하는 찬송은 몇 장이라는 것을 말씀해주시라"고 권면하셨습니다.

(1절)
복의 근원 강림하사 찬송하게 하소서
한량없이 자비하심 측량할 길 없도다
천사들의 찬송가를 내게 가르치소서
구속하신 그 사랑을 항상 찬송합니다

(2절)
주의 크신 도움 받아 이때까지 왔으니
이와 같이 천국에도 이르기를 바라네
하나님의 품을 떠나 죄에 빠진 우리를
예수 구원하시려고 보혈 흘려주셨네

(3절)
주의 귀한 은혜 받고 일생 빚진 자 되네
주의 은혜 사슬되사 나를 주께 매소서
우리 맘은 연약하여 범죄 하기 쉬우니
하나님이 받으시고 천국인을 치소서 아멘

위 찬송가 가사는 우리가 매일 하나님 아버지께 기도해야 할 내용이 담겨져 있습니다. 위 3절의 '천국인(天國印)을 치소서'의 의미는 '천국 백성으로 도장을 찍어 달라'는 뜻입니다. 하나님은 정권사님에 대해 이미 천국인을 치셨음을 믿습니다. 목사님은 설교 중 이어령 전 문화부장관의 저서『지성에서 영성으로』에 있는 내용을 소개해주셨습니다(담임목사님을 이 책을 구입해서 교회에 대여용 도서로 비치해 두셨습니다). 하나님을 믿지도 않았던 이어령 장관은 하와이에서 목회하던 딸 이민아 목사가 실명(失明)하였다는 소식을 듣고 딸의 고통 앞에서 난생 처음으로 "하나님, 사랑하는 딸에게서 빛을 거두지 않으신다면 남은 삶을 주님의 자녀로 살겠나이다"라는 기도를 드렸습니다. 이후 이민아 목사는 한국에 와서 망막이 다 나았다는 기적적인 판정을 받게 됩니다. 이어령 장관은 자신이 남몰래 올렸던 기도와 약속을 지켜야 할 때가 되었는데, 이민아 목사가 미국으로 떠나는 날 딸을 배웅하면서 자신도 모르게 소리치고 맙니다.

"민아야, 나 세례 받는다고 해. 목사님께 말해."

제가 늘 부르는 찬양곡은 2023년 10월 29일 주일 아내와 함께 성도님들 앞에서 특송했던 '세상에서 방황할 때'입니다. 저는 평소 사무실에서는 그 찬양을 자주 부르는데, 집에서는 거의 부르지 않았습니다. 앞으로는 집에서도 자주 불러야겠습니다. 그래서 저희 딸·아들이 "아버지가 평소 좋아하시던 찬양은 '내 영혼이 은총입어'와 '세상에서 방황할 때'입니다"라는 말을 곧바로 하게 해야겠습니다.

제가 강원도 인제군 기린면에 있는 제3군단에서 군판사로 근무할 때인 1998년 11월 18일 주일 아내를 처음 만났습니다. 그 날 아내가 "교회 다니지 않으면 안 만나겠다"고 해서 그 다음 주일부터 주말마다 서울에 와서 아내를 따라 교회를 다니기 시작했고, 하나님의 말씀을 듣다 보니 믿음이 생겨 예수님을 구주로 영접하게 된 것에 감사하고 감사합니다.

찬송가 28장 2절 가사대로, 주의 크신 도움 받아 이때까지 왔습니다. 남은 인생 하나님의 영광을 위해서 그리고 이웃의 유익을 위해서 살고 싶습니다. 무엇보다도 이번 주일 이수교회를 방문하는 후배 정혁주 변호사님이 저처럼 하나님의 말씀을 듣다가 예수님을 구주로 영접하기를 기도합니다.

예수께서 이르시되 내가 곧 길이요 진리요 생명이니 나로 말미암지 않고는 아버지께로 올 자가 없느니라(요한복음 14장 6절)

오직 성령이 너희에게 임하시면 너희가 권능을 받고 예루살렘과 온 유대와 사마리아와 땅 끝까지 이르러 내 증인이 되리라 하시니라 (사도행전 1장 8절)

> 너는 말씀을 전파하라
> 때를 얻든지 못 얻든지 항상 힘쓰라
> 범사에 오래 참음과 가르침으로
> 경책하며 경계하며 권하라
>
> 디모데후서 4:2

2-37

사람이 기도하면 하나님이 일하신다

저는 이번 제자훈련 3개 과정 중 박정수 담임목사님과 민창기 목사님이 인도하신 〈작은 예수가 되라〉 과정과 담임목사님이 인도하신 〈기도하는 삶〉 과정을 마쳤고, 아쉽게도 김혜란 목사님이 인도하신 〈예수님의 사람〉 과정은 시간이 겹치는 바람에 마치지 못했습니다. 다음에 〈예수님의 사람〉 과정이 개설되면 첫 번째로 참여하겠습니다.

〈작은 예수가 되라〉는 과정은 순종의 생활, 봉사의 의무, 그리스도를 증거하는 생활, 말의 덕을 세우는 사람, 영적 성장과 성숙, 순결한 생활, 그리스도인의 가정생활, 신앙 인격의 연단, 그리스도의 주재권, 청지기 직, 영적 전투, 새 계명 : 사랑하라 등 총 12개 과로 구성되어 있습니다. 한 마디로 표현하면, 예수님을 닮아가는 과정입니다.

〈기도하는 삶〉 과정은 성경 속 인물 중 기도의 삶을 살았던 한나, 사무엘, 다니엘, 엘리야, 솔로몬, 예레미야, 히스기야, 느헤미야, 초기 그리스도인들, 안나, 산상수훈, 예수님이 가르쳐주신 주기도문 등 12과로 구성되어 있습니다. 교재 맨 뒷장에 앤드류 머레이 목사님의 글이 기도의 중요성을 잘 표현하고 있습니다.

> "하나님의 자녀는 기도로 모든 것을 정복할 수 있다. 사탄이 교인들에게서 이 무기를 빼앗거나 그것의 사용을 제지하려고 최선을 다하는 것은 이상한 일이 아니다."

기도는 하나님의 자녀가 가진 가장 무서운 무기입니다(Moody 목사님의 명언). 씨를 뿌려야 열매를 맺듯이 기도하지 않으면 기도 응답도 없는 것은 자명합니다. 하나님의 자녀인 우리는 기도로 모든 것을 정복할 수 있음을 믿습니다. 하나님께 기도하는 시간은 자신이 하나님의 자녀라는 것을 고백하는 시간이고, 하나님을 만나는 시간이고, 하나님께 자신의 삶을 아뢰는 시간입니다. 하나님은 우리의 기도를 기억하시고, 들어주시는 분임을 믿습니다. 박정수 담임목사님이 〈기도하는 삶〉 과정에서 숙제를 내주셔서 저의 기도수첩에 적혀 있는 2024년 2월 16일자 저의 서원기도(誓願祈禱)를 소개합니다.

1. 평생 1부 예배 안내와 1부 예배 목장 예배 인도
2. 평생 새가족부 부장이나 부원으로 섬김

저는 하나님이 부르실 때까지 제가 서원기도한 내용을 꼭 지키고 싶습니다. 지난 주일 1부 예배 목장 모임 때 "하나님을 감동시킨 적이 있나요?"라고 담임목사님께서 던져주신 질문에 대해 "제가 1부 예배 목장 모임 인도를 천국 갈 때까지 한다면 하나님께서 감동하실 것 같습니다. 그러니까 여러분도 천국 가실 때까지 건강하게 그 자리를 잘 지켜 주십시오"라고 했습니다. 아울러 2024년 5월 3일자 기도수첩에 적힌 저의 기도제목을 소개합니다.

1. 저의 삶이 예배가 되고, 찬양이 되고, 전도가 되게 하옵소서.
2. 하나님께 인정받는 사람이 되고, 저에게 주어진 직분 잘 감당하게 하옵소서.
3. 저 자신이 저를 존경할 수 있는 삶을 살게 하옵소서.

무엇보다도 제자훈련 기간 동안 저를 '오빠'로 불러주신 70대 권사님들을 사랑하고 축복합니다. 언제나 밤기도회 기도의 자리를 지키시는 서순애 권사님과 엄정숙 권사님, 70대 이쁜 여동생들인 김서란 권사님과 이경숙 권사님, 제가 이수교회에서 유일하게 누님이라고 부르는 유숙자 권사님, 간식을 잘 챙겨주신 유현만 권사님, 사랑이 많으신 황정애 권사님과 강수진 권사님, 존경하는 이영훈 장로님과 신성민 장로님, 목진용 권사님과 정일찬 집사님, 얼굴 보는 것만으로도 행복한 양호석·윤자연 집사님 부부와 함께 제자훈련을 마치게 되어 참 감사하고, 행복했습니다. 특히 정일찬 집사님은 저와 함께 두탕을 뛰었습니다. 이번 제자훈련을 은혜롭게 인도해주신

박정수 담임목사님과 김혜란 목사님, 민창기 목사님께 사랑과 감사와 존경의 마음을 전합니다.

지난 주일 〈작은 예수가 되라〉 과정 마지막 시간에 그동안 제자훈련을 받은 소감을 짧게 나누는 시간이 있었습니다. 이경숙 권사님은 "넘치는 사랑을 피부로 느꼈다.", 유숙자 권사님은 "퇴근해서 성경 보면서 숙제하는 즐거움이 있었다."라고 하셨고, 저는 "좋아하는데 이유가 없는 것이 진짜 좋아하는 것입니다. 저는 그냥 모든 것이 좋았습니다."라고 했습니다.

대한민국 최고의 교회인 이수교회에서 대한민국 최고의 목사님이신 박정수 담임목사님, 대한민국 최고의 성도님들과 함께 신앙생활을 하게 해주신 하나님께 감사와 영광을 올립니다. 제자훈련 시작할 때부터 마칠 때까지 모든 것이 하나님의 은혜였습니다. 감리교 창시자 요한 웨슬레의 말로 저의 제자훈련 소감을 마치겠습니다.

"사람이 일하면 사람이 일할 뿐이지만,
사람이 기도하면 하나님이 일하신다."
- 요한 웨슬레(John Wesley) -

※ 김서란 권사님의 <작은 예수가 되라> 제자훈련 간증문

학생 김서란 권사입니다. 이번 이수교회 제자 훈련과정 <작은 예수가 되라> 간증을 목사님께서 참으로 부족한 저에게 부탁하셔서 순종하는 마음으로 소감을 전하려 합니다. 저희 가정이 이수교회 온지도 10년째인데요. 그동안 QT반 수료, 권사 취임, 성가대 서울강남지방회 찬양축제 참석 그리고 훌륭하신 목사님과 성도님을 만나 이수교회를 섬길 수 있어 너무 행복합니다. 모든 것이 하나님의 은혜임을 고백합니다.

이번 <작은 예수가 되라> 제자훈련 모집 과정에서 카톡을 보게 됐는데 10명 모집에 6명인거에요. 목사님께 힘이 되어 드리자는 맘으로 저희 목장 목원들에게 함께 하자고 권했더니 모두 흔쾌히 응해 주셔서 너무 감사 했고요, 올해 성경 1독을 약속하고 현재 진행중입니다. 배움을 통해 하나님을 더 알아가고 내가 하나님을 사랑한 것이 아니요 주께서 우리를 사랑하셔서 아버지라 부를 수 있고, 예수의 이름으로 기도할 수 특권을 누릴 수 있고, 예배의 자리에 올 수 있는 것도 다시 되돌아보니 모든 것이 하나님의 은혜였음을 고백합니다.

저의 둘째 아주버님 두 달 시한부 판정받고 남편이 너무 마음 아파 할 때 어떻게 위로해야 할까 하는 중에 그날 배웠던 말씀이 생각나서 "절대적인 하나님의 주권을 누가 어찌하겠느냐 하지만 우리는 천국에서 만나는 소망이 있지 아니한가" 담대하게 말 할 수 있었습니다. 배우실 기회가 주어진다면 사모하는 마음으로 함께해 놓치지 마시고 도전해 보십시오.

우리의 남은 삶이 언제까지일지 모르지만 볼 수 있고, 들을 수 있고, 말 할 수 있을 때 복음 전하며 주신 사명 기쁜 마음으로 최선을 다하여 살아가시길 소망해 봅니다. 바울이 로마 군사가 하고 다니던 무장을 예로 들었던 말씀 함께 나눠보겠습니다. 구원의 투구와 의의 흉배, 복음의 방패, 진리의 허리띠, 복음의 신발, 성령의 검으로 무장하여 승리하시는 삶 살아가시길 소망합니다. 아멘.

※ 김수정 집사님의 <예수님의 사람> 제자훈련 간증문

할렐루야~ 먼저 저를 이 자리까지 인도해주신 하나님께 깊은 감사와 영광을 올려드립니다. 올해 3월에 이수교회에 등록한 김수정입니다. 모태신앙이었던 저는 학창시절까지 교회에 잘 다녔지만 믿지 않는 가정의 청년과 결혼을 하여 하나님을 떠나 세상 사람으로 살아오게 되었습니다. '나중에 교회로 다시 돌아가야지'라는 막연한 생각만 가지고 말이죠. 그러던 중 15년 만에 우연히 어느 분의 전도로 다시 교회예배에 참석했는데, 그 첫 시간에 하나님께서는 기다렸다는 듯이 저에게 성령의 감동을 부어주셔서 한없이 눈물을 흘리며, 깊은 어두움 속에서 밝은 빛을 만났습니다.

그 날 이후 거짓말처럼 저의 모든 삶은 180도로 달라졌습니다. 세상의 부와 명예를 따르던 것에서 "하나님, 저는 돈보다 하나님이 더 좋아요."라고 눈물로 고백하며, 하나님을 아버지라고 부르는 기적이 일어난 것이죠. 자나 깨나 입에서는 찬양이 나오고, 당장이라도 성경 66권을 다 알아야 할 것 같은 뜨거운 열정이 솟아났습니다. 삶의 현장에서는 예수님을 증거 하는 일을 서슴지 않고, 내 의지와는 상관없이, 하나님을 모르는 영혼들을 위한, 긍휼한 마음을 부어주셔서 그들을 위한 기도를 하게 하셨습니다. 교회공동체 안에서는 1인 4역 5역도 힘들지 않았고 즐거움과 기쁨으로 감당해 왔던… 그렇게 주님께 이끌려 왔던 시간들이 있었습니다.

2년 전 친정엄마께서는 노환으로 하늘나라에 가셨습니다. 싱글맘이던 저에게는 엄마의 부재는 너무도 컸습니다. 그 상실로 인해 수시로 밀려오는 우울감과 외로움이 저를 힘들게 했지요. '주님만 바라보고 달려온 시간들은 뭐였지? 언제까지 해야 되는 걸까?' 알 수 없는 질문들을 스스로에게 던지며 마음을 잡지 못하고 내적으로 방황하게 되었습니다. 교회 출석을 제대로 하지 못하고 동영상으로 예배를 드리게 되었습니다. 다시 교회로 돌아가려니 마음이 그다지 편치가 않았습니다. 모든 싱글맘들의 공통점이겠지만, 교회 안의 조직들이 주로 부부 중심이기에 편하게 마음을 열기란 결코 쉬운 일이 아니었습니다.

지인의 소개로 3년 전 다비다자매회를 알게 되었습니다. 그러나 선뜻 다비다 모임에 나갈 마음은 들지 않았습니다. 1년 전 다비다자매회에서 매월 발행되는 회지에 실린 내용을 보고, 김혜란 목사님과의 만남을 갖게 되었습니다. 다비다 싱글맘 사역을 오랫동안 해 오신 목사님에게서 예수님의 사랑을 직접 실천하고 계시는 진실된 모습에 감동을 받았습니다. 그리고 저는 다비다 회원분들을 보면서 많은 위로를 받게 되었고요. 저의 마음가짐도 금세 회복하게 되었습니다.

김혜란 목사님께서는 이수교회에 대한 따뜻한 면을 많이 말씀 하시면서 다비다자매회를 섬기고 있는 것도 말씀하셨습니다. 저는 이수교회에 가보고 싶은 마음이 들어왔고, 그렇게 자연스럽게 이수교회에 오게 되었습니다. 제가 느낀 이수교회의 느낌은 담임목사님의 설교 말씀이 복음적이어서 주일마다 흡족한 은혜를 받아 감사했고요, 목장모임과 제자훈련반의 성도님들이 진솔하게 자신의 삶을 오픈 하는 것에 감동을 받았습니다. 모두들 진지하게 경청하는 모습에 제 마음이 활짝 열렸습니다. 그리고 그분들이 존경스러웠고 사랑스럽기까지 하며 이수교회 성도님들의 분위기가 참 좋다는 생각을 하였습니다.

저는 제자반 훈련과정을 기존에 수료한바 있었지만, 새로운 이수교회에 와서 제자반 훈련과정을 다시 수강하게 되었습니다. <예수님의 사람 2>를 함께 하면서 <예수님의 사람 1> 교재도 꾸준히 다시 보고 복습을 하게 되었습니다. 1단원에서 12단원으로 구성된 제자반의 교재는 내용도 알차고, 우리가 예수님의 제자로서 세상 속에서 어떻게 살아가야 하는지가 고스란히 들어있는 가이드북이었습니다. 성경말씀을 찾아서 읽게 되고 묵상하게 되면서 믿음을 점검하는 시간이 된 것 같아서 너무도 기뻤고 즐거웠습니다. 교재의 각 단원마다 너무도 중요하고 귀한 말씀이 많지만 제가 특별히 은혜 받은 부분을 말씀드린다면 제목만 들어도 가슴이 뭉클해지는 2단원에 '내 안에 계신 예수그리스도'입니다. 주님의 마음을 느낄 수 있고, 주님의 임재를 느낄 수 있어서 너무 좋았던 것 같습니다. 그리고 7단원의 '기도로 사는 사람', 12단원의 '전도자의 사명'입니다.

우리들의 기도를 다 듣고 계시는 하나님께서 기도로 사는 사람의 내용들을 공부하면서 주님께서는 많은 은혜를 부어 주셨습니다. '더욱더 열심히 기도로 주님바라기로 살아야겠구나'라는 마음을 주님께서는 부어주셨고요, 또한 12단원의 '전도자의 사명'을 공부할 때는 어떠한 전도자의 삶을 살아야 하는지를 깨닫는 시간이 되었던 것 같습니다. 예수님의 제자로서 세상의 빛과 소금으로 살아야 되는 것과 참 제자의 모습을 지키며, 맡겨진 사명을 다하기 위해서는 끊임없이 주님께 구하고, 주님

보다 앞서지 않으며, 주님과 동행하는 삶 속에서 복음을 더욱더 열심히 전파해야 한다는 책임의식을 갖게 된 것 같습니다.

　무엇보다도 제자반을 같이했던 분들에게서 하나님에 대한 순수한 믿음을 발견하고 동일하게 역사하시는 주님의 사랑에 눈물이 흐르고 말았는데요, 그 눈물이 저의 마음을 편하게 해 주면서 이수교회에 마음을 둘 수 있도록 평안을 가져다주었던 것 같습니다.

　오늘도 주님께 더 가까이 나아갑니다. 내 안에 계신 주님과 친밀한 교제를 나누며 주님과 함께 동행 하는 행복한 전도자의 삶을 살아가길 기도합니다. 제자반 훈련과정을 지도해 주신 목사님께 감사를 드리며, 함께 한 분들께도 감사를 드립니다. 여건과 환경을 허락해 주신 하나님께 영광을 돌립니다. 감사합니다.

2-38
죽기 전 사명

저는 이수교회 시무장로입니다. 교회 장로가 주일을 끼고 여행을 간다는 것은 쉽지 않은 일입니다. 그런데 올해 첫 주일 저의 초청으로 '반포중 부자유친 OB 모임'(이하 '부자유친') 회원 황선춘, 안영준, 장용환, 이종필, 지기영, 기진철 등 여섯 분(한 분은 믿는 분, 두 분은 가나안 성도, 세 분은 믿지 않은 분)이 이수교회에서 함께 예배드리고, 5층 식당에서 점심 식사하고, 지하 1층 카페에서 2남전도회 목장 식구들과 함께 목장모임을 했었습니다. 그때 전도 겸 고마움의 표현으로 부자유친에서 현충일을 끼고 3박 4일 백두산 여행가는 것에 동참하기로 했습니다. 원래는 주일 오후에 귀국하는 여행 일정 때문에 가지 않겠다고 했었습니다. 그래서 이번 주일은 부득이 온라인으로 예배를 드렸습니다만, 이수교회 박정수 담임목사님의 설교(주제 : 죽기 전 사명, 본문 : 창세기 24장 1~9절)로 은혜받은 것을 나누고자 합니다.

창세기 12장~50장까지는 아브라함부터 요셉에 이르는 4대 족장들의 이야기로, 하나님께서 아브라함을 믿음의 조상으로 삼으시고 그 후손을 통하여 거룩한 백성을 세워 가시는 구원의 역사를 다루고 있습니다. 오늘 본문은 아브라함이 신앙의 계승을 위해 며느리감을 구하는 내용입니다. 아브라함은 하나님께서 함께 하셨기에 범사에 복을 받았습니다. 이제 그가 죽기 전에 꼭 해야 할 중대한 사명이 있었는데, 그것은 바로 믿음의 계보를 이어갈 집안의 며느리를 보는 일이었습니다. 하나님을 경외하는 여인이 아들 이삭의 부인이 될 때 아브라함에게 주신 자손 번성과 축복의 통로가 되는 복이 현실이 될 수 있고, 며느리의 신앙이 손자·손녀의 신앙으로 이어지는 영적 모판(씨를 뿌려 모를 키우기 위하여 만들어 놓은 것)이 될 수 있기 때문입니다.

우리도 자녀들에게 믿음의 가문을 이루는 거룩한 꿈을 심어주어야 하고,

자녀들이 믿음의 가정을 이루도록 간절히 기도해야 할 것입니다. 그렇지만 믿는 며느리나 사위가 아니더라도 남과 비교하지 말고, 사랑으로 감싸줘야 합니다. 이수교회에서도 아내 때문에 하나님을 믿고 장로까지 된 분들이 있지 않습니까? 우리가 먼저 이런 부모가 되어야 합니다.

1. 사랑 많은 부모가 되십시오.
2. 자녀를 감동시키는 부모가 되십시오.
3. 믿음의 가문을 이어가는 꿈을 심어주십시오.
4. 자녀에게 행복한 믿음의 가정을 보여주십시오.
5. 자녀의 결혼과 믿음의 가정을 위하여 기도하십시오.

> 너는 말씀을 전파하라
> 때를 얻든지 못 얻든지 항상 힘쓰라
> 범사에 오래 참음과 가르침으로
> 경책하며 경계하며 권하라
>
> 디모데후서 4:2

2-39
군산 '행복한 교회' 설립 감사예배

　이수교회 박정수 담임목사님 내외분을 비롯한 이수교회 성도님 열네 분과 함께 기독교대한성결교회 행복한 교회(이하 '행복한 교회') 설립 감사예배에 다녀왔습니다. 군산시 팔마로 118에 있는 '그림산책'은 행복한 교회의 또 다른 이름입니다. 2014년 12월부터 2021년 7월까지 이수교회에서 전담 전도사와 부목사로 사역하던 김영대 목사님이 코로나가 창궐하던 2021년 8월 위 장소에서 행복한 교회를 개척하였습니다. 그림산책은 '그림책으로 산책하자'라는 뜻인데, 주중에는 교회 근처에 있는 수송초등학교 학생들과 학부모들에게 그림책을 보면서 쉴 수 있는 공간을 제공하고, 주일에는 성도님들과 함께 예배드리는 교회 예배당이기도 합니다. 기독교대한성결교회 헌법상 '지교회는 담임교역자와 성년 교인 10명 이상으로 조직한다.'고 규정하고 있기 때문에, 김영대 목사님이 교회를 개척한 지 3년 만에 성년 교인 10명 이상이 되었기에 이번에 군산지방회 임원분들을 모시고 설립 감사예배를 드리게 된 것입니다.

설립 감사예배는 김영대 목사님의 사회로 시작 찬송(620장 여기에 모인 우리), 군산지방회 부회장 이양순 목사님의 기도, 군산지방회 서기 오세황 목사님의 성경(여호수아 17장 17~18절) 봉독, 군산지방회장 김달경 목사님의 설교(주제 : 네 것이 되리라), 설립자 소개와 치리권 부여, 방석현 형제의 축가(복음송 '행복'), 행복한 교회 파송 인도네시아 선교사 박튼튼 목사님의 축사, 박정수 담임목사님의 격려사, 끝 찬송(438장 내 영혼이 은총 입어), 군산감찰장 최병남 목사님의 축도 순으로 진행되었습니다.

> 여호수아가 다시 요셉의 족속 곧 에브라임과 므낫세에게 말하여 이르되 너는 큰 민족이요 큰 권능이 있은즉 한 분깃만 가질 것이 아니라 그 산지도 네 것이 되리니 비록 삼림이라도 네가 개척하라 그 끝까지 네 것이 되리라 가나안 족속이 비록 철 병거를 가졌고 강할지라도 네가 능히 그를 쫓아내리라 하였더라(여호수아 17장 17~18절)

저는 제가 섬기고 있는 이수교회가 속해 있는 서울강남지방회에서 지교회가 개척될 때마다 특별한 사정이 없는 한 설립예배에 참석합니다. 그때마다 교회 개척의 감동을 느끼지만, 다른 한 편으로는 앞으로의 험난한 사역을 생각하면 마음이 짠할 때가 많았습니다. 그런데, 오늘 행복한 교회 설립 예배는 처음부터 끝까지 행복했습니다.

시작 찬송으로 찬송가 620장 '여기에 모인 우리'를 찬양할 때 김영대 목사님은 우시느라 제대로 찬양을 못하셨는데, 저도 눈물이 나서 중간에 찬양을 부르지 못했습니다. 분명 그곳에 모인 우리는 주님의 은총을 받은 자이고, 어둔 밤에도 주님이 밝은 빛으로 인도해주실 것임을 믿습니다.

군산지방회장 김달경 목사님은 "찬송가 429장 가사대로 아직 받지 못한 복을 세지 말고 하나님께서 이미 주신 복을 세는 사람이 지혜와 믿음의 사람이고, 그렇게 감사하는 삶을 살아가면 하나님께서 지경(地境)을 넓혀주실 것"임을 강조한 은혜로운 설교를 해주셨습니다.

박튼튼 선교사님은 "행복한 교회 이름이 가진 그 의미대로 그리스도의 몸이 된 모든 지체가 복음을 행하여 온전한 행복을 누리는 교회가 되기를 소망하고, 기독교대한성결교회의 사중복음(四重福音) 즉, 중생(重生), 성결

(聖潔), 신유(神癒), 재림(再臨)이라는 4대 표제를 기치로 내세우는 교회가 되어져야 할 것"임을 강조하면서, 중생, 성결, 신유, 재림이라는 여덟 글자 8행시로 감동적인 축사를 해주셨습니다.

중 : 중요하고 중대한 날입니다.
생 : 생명, 곧 영원한 생명을 주신 그리스도의 몸 된 이 교회가
성 : 성결교회라는 자랑스러운 교회로서 새 출발하는 날이기 때문입니다.
결 : 결과적으로 하나님이 이끄시고 원하시며 인도하신 사건임을 확신하며
신 : 신성한 교회
유 : 유일하신 하나님을 철저히 신앙하는 교회
재 : 재미와 감동과 사랑과 행복이 넘치는 교회
림 : 임마누엘 하나님이 함께하시는 증거가 꾸준히 나타나는 교회가 되기를 그리스도 예수의 이름으로 축원합니다.

이수교회 박정수 담임목사님은 먼저 김영대 목사님과 이은진 사모님에게 문을 닫는 교회들이 생기던 코로나 시기에 교회를 개척하여 20여명이 모이는 건강한 교회로 세워짐을 축하하고, 언제나 행복한 교회를 주님의 교회라고 생각하면서 매일 "주님, 제가 무엇을 해야 할까요? 주님이 기뻐하시는 일을 알려주세요. 제가 순종하겠습니다."라고 기도하시는 부산 수영로

교회 정필도 목사님처럼 기도하는 목사님 내외분이 되기를 권면하셨습니다. 또한 행복한 교회 교인들에게는 김영대 목사님이 군복무 시절 내무반원 전체를 세례받게 한 '영의 사람'이고, 이수교회를 섬길 때는 노숙자를 목욕시켜 드리고, 그가 노숙자합숙소에 들어가 생활하게끔 도와주고, 심방까지 한 '사랑과 긍휼의 사람'인 참 좋은 목회자를 만난 것을 축하해주셨습니다. 아울러 이수교회 성도님들에게도 좋은 목사님과 건강한 교회를 3년 동안 후원함을 축하해주셨습니다.

김영대 목사님과 함께 이수교회 청년부를 섬기던 방석현 형제와 조은비 자매, 김지섭 형제는 삶의 터전을 군산으로 옮겨서까지 행복한 교회가 개척될 때부터 지금까지 섬기고 있는 모습은 감동 그 자체였습니다. 싱어송 라이터 방석현 형제의 축가 '행복'은 듣는 것만으로도 은혜요 행복이었습니다. 무엇보다도 김영대 목사님의 딸 13살 김예주 양이 피아노 반주하는 모습은 아기 천사의 모습이었습니다. 행복한 교회, 행복한 가정, 행복한 나는 하나님이 기뻐하시는 모습임을 믿습니다. 모든 것이 하나님의 은혜입니다.

2-40
하나님의 상속자

예수께서 이르시되 내가 곧 길이요 진리요 생명이니 나로 말미암지 않고는 아버지께로 올 자가 없느니라(요한복음 14장 6절)

하나님 아버지

하나님이 사랑하시는 정인순 권사님이 하나님 곁으로 갔습니다.
정인순 권사님을 하나님의 자녀로 삼아주시고,
구원을 얻게 하시고, 천국 가게 하심을 감사합니다.

정인순 권사님의 아들 이상기 형제, 딸 이현주·이현정·이현아 자매, 사위 김원배 형제 모두가 예수 믿고, 하나님의 자녀가 되는 최고의 복을 누리게 하시고, 서로서로 더 사랑하게 하옵소서.

정인순 권사님이 밝게 웃으시면서 이현주·이현아 자매와 함께 이수교회 예배에 오셨을 때가 눈에 선합니다. 이 땅에서는 어머니를 다시 만나지 못함을 슬퍼하는 유가족들을 위로하여 주옵소서. 이곳에 모인 우리 모두가 하나님의 나라를 소망하게 하시고, 믿음의 거부, 인품의 거부, 사역의 거부, 물질의 거부가 되게 하시고, 범사에 감사하는 삶을 살게 하옵소서.

오늘 하나님의 말씀을 전하시는 박정수 담임목사님을 축복하여 주시고, '하나님의 상속자'라는 설교를 통해 우리 모두가 하나님의 상속자로서 누리는 복을 마음껏 누리게 하시고, 하나님의 상속자답게 이 세상을 담대하게 살아가게 하옵소서.

하나님께서 이 장례절차를 끝까지 주관하시어 은혜와 사랑이 넘치는 장례식이 되게 하옵소서. 예배의 시종을 주님께 맡깁니다. 항상 감사하는 마음 주옵소서. 모든 것을 감사드리며, 우리 주 예수 그리스도의 이름으로 간절히 기도합니다.

2-41
네가 나와 함께 낙원에 있으리라

　　아래 글은 제가 존경하는 한국성결신문 편집국장 황승영 목사님이 어젯밤 보내주신 참 감동적인 글입니다.

　　사랑하고 존경하는 김양홍 장로님!!

　　여러 가지 일로 바쁘고 피곤하실 텐데 늦은 시간 먼 거리 한걸음으로 달려오셔서 어머니 상사에 위로해 주시고 슬픔을 함께 나눠주셔서 감사합니다. 조화도 보내주시고 조의금까지 넘치는 위로.. 덕분에 잠시나마 슬픔을 이길 수 있었습니다. 지금까지도 많은 사랑을 받았지만 장례시 베풀어주신 후의를 잊지 않고 오랫동안 깊이 간직하겠습니다.

　　감사한 것은 어머니 장례는 천국 잔치와 같았습니다.

　　어머니는 뇌출혈로 쓰러져서 20년 동안 병환으로 질고의 세월을 보내셨지만 자식을 향한 사랑만큼은 마지막 순간까지 변함이 없으셨습니다.

　　가난한 농촌에서 농사만으로 자식 넷을 키울 수가 없어서 인삼, 옷, 꽃 등 보따리 장사로 전국을 누비었습니다. 무거운 보따리를 이고 다니느라 무릎도 좋지 못했습니다. 그런데도 한 푼이라도 아끼려고 굶기가 일쑤이고 단팥빵 하나로 끼니를 때운 적도 많았는데 철없던 시절 저는 장사하는 엄마가 부끄러워서 학교도 못 오게 한 적도 있었습니다. 그 생각을 하면 아직도 마음 한구석이 시려옵니다.

　　엄마는 그렇게 안 먹고 안 쓰고 해서 삼형제를 대학 공부까지 시켰습니다. 당시에 우리 동네에 대학생도 거의 없을 때니까 지금 생각하면 부모님은 위대하셨다는 생각을 뒤늦게 합니다.

그런데 이 모든 것이 하나님의 은혜였습니다. 어머니는 처녀 때부터 교회를 다니셨는데 불신 가정을 구원하기 위해 아버지와 결혼을 하셨다고 합니다. 그런데 우리 할머니가 동네 유명한 점쟁이라서 시어머니의 모진 핍박을 받았고 영적인 싸움에 시달려야 했습니다. 이런 시련 속에서 어머니는 신앙을 포기하지 않으셨고 우리 동네에 교회가 들어왔을 때 1호 집사가 되어서 기둥 같은 역할을 하셨습니다.

하나님께서는 이런 어머니 영혼을 기쁘게 받으셨는지 임종 전에 '네가 나와 함께 오늘 낙원에 있으리라' 누가복음 23장 43절 말씀을 우리 가정에 주셨습니다. 그런데 놀라운 것은 제주도 출장 때문에 임종을 지키지 못하고 늦은 밤에 어머니 장례식장을 찾았는데 누가복음의 그 말씀이 빈소 플래카드로 걸려 있었습니다. 놀라웠습니다. 유교와 불교세가 강한 영주에, 그것도 다른 형제들은 예수를 믿지도 않는데 '낙원에 있으리라'는 말씀을 보는 순간 하나님께서 오늘 엄마를 천국으로 데리고 가셨다는 확신을 가졌습니다. 그래서 슬픔을 짓누르고 어머니를 하나님 품으로 보내드렸습니다.

어머니는 마지막으로 우리에게 로마서 12장 9~11절 말씀 "사랑에는 거짓이 없나니 악을 미워하고 선에 속하라. 형제를 사랑하여 서로 우애하고 존경하기를 서로 먼저 하며 부지런하여 게으르지 말고 열심을 품고 주를 섬기라"라는 말씀을 남기셨습니다.

장례예식을 집례하신 고향 교회 박명현 목사님께서 고인이 마지막으로 이 말씀을 자식들에게 남기셨다며 이 구절로 설교를 하셨는데, 어쩌면 이렇게 우리 가정에 딱 맞을 수가 없습니다. 아내가 우리 형제들을 위해 기도하고 소원하는 것이 그대로 말씀에 녹아 있었습니다.

우리 형제는 4남매인데 우리 가정과 조카들을 제외하고 모두 믿음 생활을 하지 않습니다. 예전에는 모두 교회에 잘 다녔는데 고향을 떠나고 성인이 되면서부터 교회와 멀어졌습니다. 그렇다보니 형제들끼리 자주 왕래하지 않았습니다. 아버지가 돌아가신 후에는 더욱 그랬습니다. 게다가 아버지 제사 문제로 막내인 저는 명절에도 큰 형님 집에 가지 않았습니다. 그러니 형제들끼리 서로 우애하고 주를 섬기라는 말씀은 어머니가 가장 원하시는 것이었습니다. 유언처럼 여길 수밖에 없었습니다.

사실 저는 여태 누나와 형들을 전도해야겠다는 시도를 하지 못했습니다. 늘 기도만 했지 행동은 하지 못했는데 하나님께서 어머니 장례를 통해 그런 마음을 다시 품게 하셨습니다. 그리고 이번 어머니 장례는 아버지 때와는 달리 형제간에 조금의 언쟁도 없었습니다. 형과 누나들이 기꺼이 예배도 같이 드리고 임종부터 입관 발인 하관까지 모든 장례 절차를 기독교식으로 거행할 수 있도록 배려해주었습니다.

하나님의 은혜는 이뿐만 아닙니다. 비록 저나 형제들은 어머니 임종을 지키지는 못했지만 시골 목사님께서 끝까지 임종을 지키셨는데 이생과 저생의 경계에서 2시간 동안 어머니 영혼을 위해 기도해주셨고, 그 시간 상당한 영적전쟁을 치렀다고 합니다. 아마도 20년 와병하면서 신앙생활을 못해서 그랬던 것 같습니다. 그런데도 목사님께서 기도와 찬송하시는 동안 천사가 고요히 어머니를 모시고 가는 것을 보셨다고 말씀해주셨습니다. 만일 자식들이 임종을 지켰다면 이런 일은 불가능했을 것입니다.

하관식 때 더위 때문에 걱정을 많이 했습니다. 전날 30도가 넘어서 장지에 오르내리고 하관 하는 것이 쉬운 일이 아니었습니다. 그런데 하관식 내내 하나님께서 구름으로 하늘을 덮어서 적당한 날씨를 주셨습니다. 그리고 장례를 다 마치고 하산하니까 마치 축복이라도 하듯이 비를 내려주셨습니다. 믿지 않는 둘째 형수도 이 광경을 보시고 신기했는지 "어머니가 정말 천국에 가신 것 같습니다."라고 말했습니다.

장례를 마치고도 좋은 분위기가 이어졌습니다. 대개 장례 막판에는 조의금 때문에 언짢은 일도 있는데 전혀 그렇지 않았습니다. 오히려 전에 느낄 수 없었던 우애가 넘쳤습니다. 특히 내년부터는 제사를 지내지 않고 엄마 기일에 온 가족이 펜션에 모여서 즐거운 시간을 보내기로 했습니다. 우린 이런 일이 한 번도 없었습니다. 저도 사실 놀랐습니다.

하나님께서는 어머니의 장례를 통해 가정도 회복시켜주시고 형제간의 우애도 회복시켜주셨습니다. 하나님은 가장 적당한 시간에 가정 적절한 방법으로 하늘나라로 어머니를 데리고 가셨고, 이 모든 걸 예비하실 줄 믿습니다. 이 모든 것이 하나님의 은혜입니다. 앞으로 어머니 신앙유산을 잘 이어가면서 장로님 가정처럼 형제간에 우애 있게 지낼 수 있도록, 다른 형제들도 다 주님께 돌아올 수 있도록 기도해주시면 감사하겠습니다.

황승영 드림

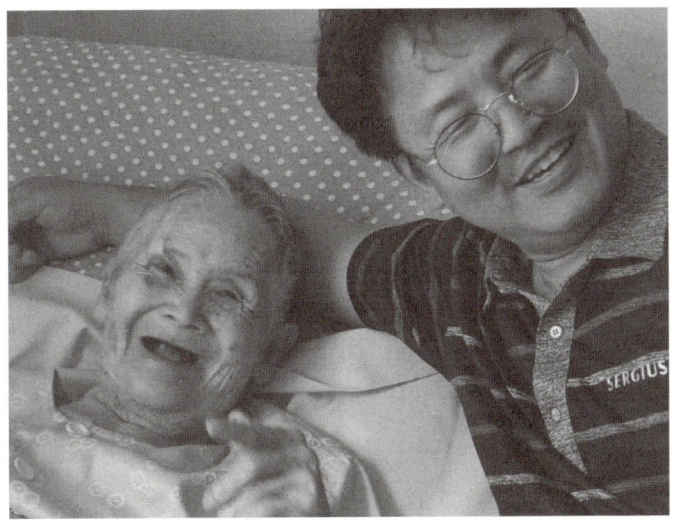

2-42
하나님을 생각나게 하는 사람

　지난 주일(2024. 6. 23.) 한우리교회에서 기독교대한성결교회 서울강남지방회 2024년 신입 장로 간담회가 있었습니다. 올해 장로 장립된 서초교회 8명, 한우리교회 6명, 봉일교회 2명, 영등포중앙교회 2명 총 18명의 장로님들 모두가 참석하셨습니다. 1부 예배 때 서울강남지방회장 홍권희 목사님은 '하나님을 생각나게 하는 사람(본문 : 사사기 6장 20~21절)'이라는 주제로 "장로로서 하나님을 생각나게 하는 사람, 하나님을 향하여 시선을 옮기게 하는 화살표의 역할을 잘 감당하는 사람이 되라."는 은혜로운 설교를 해주셨습니다.
　이어서 진행된 2부 간담회 시간에는 서울강남지방장로회 임원 소개, 신입 장로 소개, 전 회장 유일식 장로님의 서울강남지방장로회 소개, 회장 강성식 장로님의 서울강남지방회 소개, 신입 장로님들(박효근·추성대·박춘배·함대식 장로)의 소감을 들었습니다. 제가 2017년 서울강남지방회 장로 장립 동기들 모임인 '열두제자' 모임을 소개했고, 강성식 회장님이 강원주 장로님을 신입 장로님들의 간사로 추천하는 것으로 간담회를 마쳤습니다. 단체 기념사진 촬영 후 근처 식당에서 즐거운 저녁식사 교제를 하였습니다.
　신입 장로님들과 헤어진 후 서울강남지방회 제5차 임원회가 진행되었는데, 1부 예배 시간에 제3부회장 김범규 장로님이 '하나님이 주시는 월급(본문 : 요한복음 1장 1절)'이라는 주제로 장로의 삶을 돌아보게 하는 감동적인 말씀을 해주셨습니다. 김범규 장로님은 충청도 어느 장로님의 이야기를 해주셨는데, 장마철에 비가 억수가 쏟아지는 날 교회에 이상이 없나 살펴보기 위해 부지런히 교회에 가는 길에 만난 면장님이 "장로님이 그렇게 교회를 위해 열심히 일하시면 누가 월급이라도 주시나요?"라고 하자, 그 장로님은 이렇게 대답하셨답니다.

"하나님께서는 저에게 여러 가지로 월급을 주시는데, 먼저 저에게 건강의 월급을 주시고, 생활 속에서 기쁨과 형통의 월급을 주시고, 무엇보다도 천국 가는 창고에 차곡차곡 채워주시는 월급과 이스라엘 왕들에게 주셨던 자손이 번창하는 월급을 빠짐없이 주고 계십니다. 하나님께서 주시는 월급은 눈에는 보이지 않지만 눈에 보이는 월급보다 더 큰 월급을 주십니다."

공감하고 공감합니다. 하나님의 말씀은 하나님이 우리에게 주시는 생명의 월급임을 믿습니다. 지금까지 하나님으로부터 받은 은혜를 생각하면 할수록 감사한 마음뿐입니다. 모든 것이 하나님의 은혜입니다.

이후 진행된 2부 회의 시간에는 전국장로회 수양회 사전답사와 후반기 순회예배 일정 등을 논의하였습니다. 제가 주일 아침 1부 예배(08:00) 안내부터 위 임원회를 마칠 때까지 바쁜 하루를 보냈지만, 즐거운 마음으로 주일을 마무리 할 수 있었던 것은 하나님이 저에게 넘치게 주신 월급 때문 아닐까요? 여러분도 하나님의 월급을 받아보십시오. 일단 믿어보십시오. 하나님께서 여러분이나 여러분의 자녀손을 믿음의 거부, 사역의 거부, 인품의 거부, 물질의 거부로 세워주실 것입니다.

태초에 말씀이 계시니라 이 말씀이 하나님과 함께 계셨으니 이 말씀은 곧 하나님이시니라(요한복음 1장 1절)

2-43
아직도 한 가지 부족한 것

2024년 7월 첫째 주 금요일 밤기도회에서 이수교회 정소영 전도사님 설교(주제 : 드린 자가 받는다, 본문 : 누가복음 18장 18~30절)로 은혜 받은 것을 나누고자 합니다. 오늘 본문에 등장하는 관리는 큰 부자이지만 겸손한 사람이고, 어려서부터 "간음하지 말라, 살인하지 말라, 도둑질하지 말라, 거짓 증언하지 말라, 네 부모를 공경하라"라는 계명도 다 지켰던 사람이었습니다(20~21절). 그런 그가 예수님께 "무엇을 하여야 영생을 얻으리이까"라는 질문을 하자, 예수님은 "네게 아직도 한 가지 부족한 것이 있으니 네게 있는 것을 다 팔아 가난한 자들에게 나눠 주라 그리하면 하늘에서 네게 보화가 있으리라 그리고 와서 나를 따르라(22절)"라고 하셨고, 그는 그 말씀을 듣고 심히 근심을 합니다. 근심할만 합니다. 예수님은 "그를 보시고 이르시되 재물이 있는 자는 하나님의 나라에 들어가기가 얼마나 어려운지 낙타가 바늘귀로 들어가는 것이 부자가 하나님의 나라에 들어가는 것보다 쉬우니라"라고 하셨습니다.

곁에서 그 말을 듣는 자들이 예수님께 "그런즉 누가 구원을 얻을 수 있나이까"라고 묻자, 예수님은 "무릇 사람이 할 수 없는 것을 하나님은 하실 수 있느니라"라고 하시고, 그 말씀을 들은 베드로가 "보옵소서 우리가 우리의 것을 다 버리고 주를 따랐나이다"라고 합니다. 그러자 예수님은 "내가 진실로 너희에게 이르노니 하나님의 나라를 위하여 집이나 아내나 형제나 부모나 자녀를 버린 자는 현세에 여러 배를 받고 내세에 영생을 받지 못할 자가 없느니라"고 하십니다(29~30절). 집도, 아내와 자녀도, 부모형제도 버리라는 예수님의 말씀에 저도 심히 근심이 됩니다.

그렇지만 예수님이 하신 말씀의 진정한 뜻은 갓난아이가 엄마를 믿듯이 전적으로 예수님을 믿으라는 것이 아닐까요? 본문에 등장하는 부자 관리처럼 예수님도 믿고, 플랜(plan) B로 돈을 믿지 말라는 뜻이 아닐까요? 아세라 여신상이나 금송아지처럼 우상물만 우상 숭배가 아니라 예수님 보다 우선시 하는 모든 것이 우상숭배입니다. 그렇기 때문에 예수님은 예수님보다 우선시 하는 집(돈)이든 아내와 자녀든, 부모형제든 자신이 예수님 보다 소중히 하는 대상을 버리라고 한 것이 아닐까요?

결론적으로 '하나님을 위하여 집이나 아내나 형제나 부모나 자녀를 버린다'라는 의미는 그들과 관계를 끊으라는 뜻이 아니고, 우선순위에 있어서 하나님의 뜻과 하나님의 나라 확장이 먼저라는 것입니다.

정소영 전도사님이 이전에 청소년부 아이들에게 "주님을 위하여 무엇을 드릴 수 있느냐?"고 물었을 때 아이들은 아이들답게 "주님께 시간을 드리겠다, 마음을 드리겠다, 잠자기 전 기도하는 시간을 드리겠다" 등의 다양한 대답이 나왔고, "주님이 어떤 분이냐?"라는 질문에 대해서는 "멋지고 잘 생기신 분이다"라고 대답을 했답니다.

> 내가 진실로 너희에게 이르노니 누구든지 하나님의 나라를 어린 아이와 같이 받들지 않는 자는 결단코 그 곳에 들어가지 못하리라 하시고
> (누가복음 18장 17절과 마가복음 10장 15절, 마태복음 18장 3절)

하나님의 나라는 어린 아이와 같이 순수한 마음으로 받들어야 합니다. 플랜 B를 생각하지 말고, 전적으로 예수님을 믿어야 합니다. 예수님으로부터 "아직도 한 가지 부족한 것이 있다"는 말씀을 듣지 않도록 마음을 다하고, 뜻을 다하여 예수님을 믿어야 합니다. 지금 내가 서 있는 그 자리가 선교지입니다. 나의 삶이 전도가 되고 예배가 되도록 기도하는 마음으로 우리 이웃을 섬겨야 할 것입니다. 사랑하는 사람은 누구나 멋지고 잘 생겨 보입니다. 그렇기 때문에 청소년부 아이들 말처럼, 저도 예수님은 멋지고 잘 생긴 분이심을 믿습니다. 저를 위해 십자가에 돌아가신 분이시잖아요.

2-44
당신이 먼저 축복의 통로가 되십시오

2024년 7월 셋째 주일 2부 예배 때 이수교회 박정수 담임목사님께서 미국의 대조적인 두 가문을 비교해서 소개해주셨는데, 아울러 한국의 신앙의 명문 가문 유계준 장로님의 후손 이야기도 함께 소개합니다(인용 글).

리차드 덕대일(Richard Dugdale)이라고 하는 사람이 1877년에 18세기 같은 시대를 산 두 사람의 5대에 걸친 가계를 조사하여 흥미로운 결과를 발표하였습니다. 맥스 쥬크스(Max Jukes)라고 하는 무신론자의 가계와 조나단 에드워즈(Jonathan Edwards)라고 하는 유명한 목회자의 가계를 비교한 것입니다.

맥스 쥬크스는 불신의 여인과 결혼하여 5대에 걸쳐서 1,292명의 자손들을 두었는데, 그 중에 310명은 빈민으로 죽었고, 150명은 범죄자였으며, 7명은 살인자였으며, 100명은 술주정뱅이요, 여인들의 절반 가량은 매춘부였습니다. 그의 자손 중 540명이 주정부에 125만불(19세기의 달러로 환산할 때) 가량의 신세를 끼쳤습니다.

한편 맥스 쥬크스와 동시에 살았던 조나단 에드워즈의 가계는 완전히 달랐습니다. 그는 신실한 믿음의 가정의 여인과 결혼하여 5대에 걸쳐 1,394명의 자손들을 두었습니다. 그 가운데 13명은 대학교의 총장이 되었고, 65명은 교수, 3명은 상원의원, 30명은 판사, 100명은 변호사, 60명은 의사, 75명은 육군과 해군의 장성들, 100명은 목회자와 선교사, 60명은 유명한 저자, 1명은 미국의 부통령이 되는 등 대부분이 세상 사람들의 눈에 보기에도 성공적인 삶을 살았으며, 그의 자손들은 주정부에 단 한 푼의 신세도 진 바가 없었습니다.

미국의 신앙의 명문 가문으로는 위 조나단 에드워즈 목사님 가문을 이야기하는데, 한국의 신앙의 명문 가문으로는 유계준 장로님의 후손을 이야기합니다.

　　유계준 장로님은 평안남도 안주에서 불신 가정 장남으로 태어났습니다. 유장로님은 예수님 믿기 전에는 방탕한 생활을 하며 싸움을 잘했다고 합니다. 한번은 사무엘 모펫(Samuel Austin Moffett) 선교사님이 평양 시내에서 예수 믿으라고 전도하자 선교사님을 구타하고 전도를 방해하였다고 합니다. 그런데 그때 선교사님이 맞으면서도 예수님을 증거하자 유장로님이 회개하고 예수님을 영접한 후 새사람이 되어 자기 집을 교회로 내어놓고 후에 평양 산정현교회 주기철 담임목사님이 신사 참배 거부로 감옥에 있는 동안 그 가족들을 뒷바라지하였으며, 주목사님이 순교한 후에는 그분의 장례식을 성대히 치뤄드렸습니다. 그 일로 일본 경찰에게 잡혀 고문을 당하면서도 "우리 담임목사님이 감옥에 있는데, 그 가족들을 돌봐야 하지 않겠느냐"고 담대히 말했다고 합니다. 그 후 유장로님은 6.25 전쟁이 일어나기 전에 아내와 8남매를 남쪽으로 피난시킨 후 평양 산정현교회를 혼자 지키다가 공산당에게 교회를 빼앗기고 감옥에 있던 중 국군의 공세로 도망가던 공산당에게 총살을 당해 72세에 순교하셨습니다. 유장로님은 예수님을 믿기 전에는 자녀가 없었는데, 믿은 후 하나님께서 자녀를 자그마치 6남 2녀 8남매를 주셨습니다. 부인 윤덕준 권사님은 아이들을 데리고 남쪽으로 내려와 말할 수 없는 고생을 했습니다. 당시 윤권사님은 '하나님이 정말 살아 계신가?'하는 생각이 들 때마다 남편이 예수님 만난 후 새사람으로 변화된 모습을 떠올리며 자녀 8명을 다 믿음으로 잘 키우고, 남편이 자녀들에게 한 "너희들은 의학 공부를 열심히 하여 이 땅에 종합병원을 세워 동포들을 잘 치료해주는 사람들이 되라"하는 유언을 잘 따르도록 가르쳤습니다. 윤권사님은 "남편이 술을 너무 좋아해 얼마나 많이 마셨는지 싸움만 나면 상대방을 때려 치료비를 물어주었는데, 예수님을 믿고 중생한 후 새사람이 되어 남편을 보고 중생(重生)이 무엇인지 알게 되었어요. 예수님 믿기 전에는 맹수 같았는데, 복음이 들어가자 성품이 변해도 어찌 그렇게 변할 수가 있을까요"라고 하였다고 합니다.

유장로님의 유언을 따라 자녀 8명 모두 의사와 약사가 되었습니다. 장남 기원 장로는 국립의료원장, 2남 기형 장로는 부산 의대 교수, 3남 기선 장로는 유기선의원 원장, 4남 기천 장로는 서울대 총장, 5남 기진 장로는 포로수용소 의사, 6남 기주 장로는 미국 캘리포니아에서 의사로 일했고, 장녀 기옥 권사는 누가의료원 원장, 차녀 기숙 권사는 약사로 국무총리를 지낸 이한빈 총리의 부인이 되었습니다. 2004년 10월 통계에 의하면, 당시 유장로님의 후손 106명 모두가 믿음의 명문 가정을 이루었습니다.

나를 사랑하고 내 계명을 지키는 자에게는 천 대까지 은혜를 베푸느니라 (신명기 5장 10절)

너희가 내게 부르짖으며 내게 와서 기도하면 내가 너희들의 기도를 들을 것이요 너희가 온 마음으로 나를 구하면 나를 찾을 것이요 나를 만나리라(예레미야 29장 12~13절)

나를 사랑하는 자들이 나의 사랑을 입으며 나를 간절히 찾는 자가 나를 만날 것이니라(잠언 8장 17절)

너희가 악한 자라도 좋은 것으로 자식에게 줄 줄 알거든 하물며 하늘에 계신 너희 아버지께서 구하는 자에게 좋은 것으로 주시지 않겠느냐 (마태복음 7장 11절)

위 조나단 에드워즈 목사님과 유계준 장로님 사례에서 보는 바와 같이 부모의 신앙이 얼마나 중요한지 모릅니다. 하나님은 분명 하나님을 간절히 찾으면 하나님을 만날 것이라고 하셨고, 하나님을 사랑하고 하나님의 계명을 지키면 천 대까지 은혜를 베푸신다고 약속하셨습니다. 당신도 축복의 통로가 될 수 있습니다!! 당신이 먼저 축복의 통로가 되어야 당신의 자녀들도 축복의 통로가 될 것입니다. 자식은 부모의 미래이고, 부모는 아이의 미래입니다.

2-45
서원(誓願)이 주는 유익

    2024년 7월 첫째 주일 이수교회 박정수 담임목사님의 설교(주제 : 나의 서원을 받으소서, 본문 : 창세기 28장 16~22절)로 은혜 받은 것을 나누고자 합니다. 송구영신 예배를 드린 때가 엊그제 같은데, 올해도 벌써 절반이 지나갔습니다. 아래 내용은 담임목사님이 올해 상반기를 보내면서 점검해 보라고 하신 '신앙 성장지수' 질문들입니다.

    ① 영적 성장이 있었는가?
    ② 주님께 기쁨과 감동을 드린 사건이 있었는가?
    ③ 전도의 열매가 있었는가?
    ④ 사랑의 실천이 있었는가?
    ⑤ 교회를 향한 희생과 봉사가 있었는가?

    모두 저의 마음을 뜨끔하게 한 질문들입니다. 담임목사님은 그동안 아무런 영적 변화가 없었다면, 그 원인은 주님을 위해 살겠다는 서원(誓願)이 없었거나 서원을 해놓고 영적 게으름에 빠져 지키지 않았기 때문일 것이라고 진단하셨습니다.

> 야곱이 서원하여 이르되 하나님이 나와 함께 계셔서 내가 가는 이 길에서 나를 지키시고 먹을 떡과 입을 옷을 주시어 내가 평안히 아버지 집으로 돌아가게 하시오면 여호와께서 나의 하나님이 되실 것이요 내가 기둥으로 세운 이 돌이 하나님의 집이 될 것이요 하나님께서 내게 주신 모든 것에서 십분의 일을 내가 반드시 하나님께 드리겠나이다 하였더라
> (창세기 28장 20~22절)

창세기 25장에는 이삭의 아들 '에서(Esau)'가 장자의 권리(長子權)을 가볍게 여기고 동생 '야곱(Jacob)'에게 떡과 팥죽 한 그릇에 장자권을 판 이야기가 나옵니다. 이삭(Isaac)이 60세에 낳은 쌍둥이 에서와 야곱은, 태중에서부터 서로 싸우므로 여호와께 여쭈니 여호와께서 "두 국민이 네 태중에 있구나 두 민족이 네 복중에서부터 나누이리라 이 족속이 저 족속보다 강하겠고 큰 자는 어린 자를 섬기리라(창세기 25장 22~23절)"는 말씀을 미리 주셨습니다. 나이 많아 죽을 날이 얼마 남지 않은 이삭은 하나님의 위 말씀을 망각하고 장자인 에서를 축복하려고 사냥한 짐승으로 별미를 만들어 오라고 하는데, 이삭의 아내 리브가는 자신이 더 사랑하는 야곱이 그 축복을 받게 하기 위해서 야곱을 에서처럼 꾸미고 별미를 만들어서 야곱이 장자의 축복을 받을 수 있게 하였고, 에서는 나중에 그 사실을 알고 대성통곡을 합니다. 이후 에서가 야곱을 죽이기 위해서 호시탐탐 노리자 리브가는 자신의 오라버니 라반에게 피신하도록 합니다.

이에 야곱은 라반이 있는 하란으로 가는 도중에 잠을 자다가 꿈에 하늘까지 닿은 사다리를 보게 되고, 그 사다리에서 천사들이 오르락내리락 하는 것을 보게 됩니다. 그리고 하나님께서 지금 누워 있는 땅에 대하여 야곱의 땅이 될 것이고, 자손들이 넘치게 될 것이며, 땅의 모든 족속이 야곱과 야곱의 자손을 인하여 복을 받게 될 것이라고 축복을 해 주십니다(창세기 28장 13~14절). 이에 하나님의 축복을 깨달은 야곱은 자신이 베고 잤던 베갯돌을 세우고 기름을 부은 후 그곳 이름을 '벧엘(Bethel, 하나님의 집이라는 뜻입니다)'이라고 명합니다. 야곱은 그곳에서 하나님께서 평안히 집에 돌아가게 해 주시면, ① 하나님은 나의 하나님이 될 것이고, ② 벧엘은 하나님의 집이 될 것이며, ③ 십일조를 드리겠다고 서원합니다(창세기 28장 20~22절). 인생을 살다보면 낭떠러지에 서게 될 경우가 있습니다. 하지만 그 때가 오히려 야곱처럼 하나님의 위로와 응답을 받을 수 있는 절호(絶好)의 기회임을 명심해야 합니다.

서원은 나를 얽매이게 하는 올무가 아니라, 하나님께 닻을 내리고 정박하게 해 줍니다. 야곱처럼 기쁨과 감사의 마음으로 서원을 했습니다. 그 서원이 야곱으로 하여금 항상 하나님을 기억하고 의지하게 만들어 주었습니다. 그 서원을 통해 야곱은 부모의 하나님이 아닌 자신의 하나님과 동행하였습니다. 또한 벧엘의 언약을 가슴에 새기며 힘든 환경 속에서도 인내할 수 있었습니다. 그리고 야곱은 물질의 주인이 하나님이심을 고백하며 번창의 복을 누렸습니다. 서원이 주는 유익입니다. 담임목사님은 순천 '두부 전도왕' 반봉혁 장로님의 사례를 소개하신 후 아래 내용 중에서 한 가지라도 감동 되는대로 서원하라고 하셨습니다.

㉮ 1주일에 한 명 이상에게 꼭 전도하기로 서원하십시오.
㉯ 하루에 성경 3장 읽고, 자기 전에 10분 이상 기도하기로 서원하십시오.
㉰ 온전한 십일조와 감사의 예물을 드리기로 서원하십시오.
㉱ 교회에서 진행하는 선교후원에 꼭 동참하기로 서원하십시오.

헌금송 시간에 할렐루야성가대 윤현집 지휘자님과 금미경 자매님이 제가 가장 좋아하는 '세상에서 방황할 때(주여 이 죄인이)'를 찬양할 때 1절과 2절은 따라 불렀으나, 3절과 4절은 감사의 눈물이 너무 나서 따라 부르지 못했습니다. 이 찬양은 1절부터 4절까지 눈물 없이 부르기 참 힘든 곡입니다. 하나님이 저와 저의 가정에 주신 축복을 기억하면서 날마다 예수님의 사랑을 증거 하는 삶을 살아내고 싶습니다. 위 찬양가사대로 나의 몸과 영혼까지 주를 위해 바치기를 소망합니다. 저의 서원이 저를 이끌어가도록 마음을 다하고, 뜻을 다하겠습니다.

2-46
하나님이 주신 꿈은
하나님이 이루어 가신다

1. 꿈꾸는 자 요셉

2024년 7월 마지막 주일 이수교회 박정수 담임목사님의 설교(주제 : 꿈꾸는 자 요셉, 본문 : 창세기 37장 1~11절)로 은혜 받은 것을 나누고자 합니다.

오른쪽 카톡 글은 이수교회 김주애 집사님이 오늘 저에게 보내주신 문자입니다. 김주애 집사님이 2015년 봄 이수교회에 새가족으로 오신 이후 저에게 처음으로 설교 말씀을 정리해달라는 문자를 보내주셨습니다. 사랑하는 성도님으로부터 받은 거룩한 지시를 받은 저는 오늘 설교 말씀을 요약하지 않을 수가 없기에 정리를 합니다.

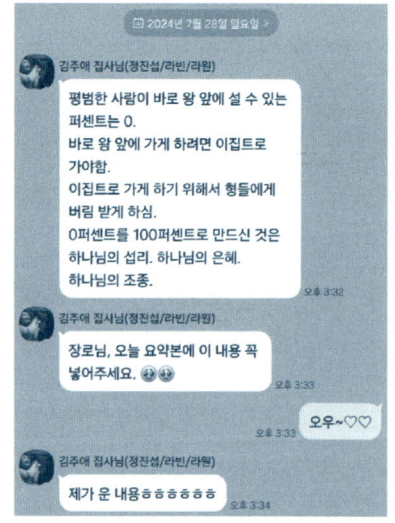

평범한 17세 히브리 소년 요셉은 어느 날 두 번의 선명한 꿈을 꾸는데, 한 번은 밭에서 곡식 단을 묶더니 요셉의 단은 일어서고 요셉 형들의 단은 요셉의 단을 둘러서서 절하는 꿈을 꾸고, 한 번은 해와 달과 열한 별이 요셉에게 절하는 꿈을 꿉니다. 요셉은 그 꿈을 형들과 아버지에게 이야기 합니다. 요셉의 꿈 이야기를 들은 요셉의 형들은 그를 미워하고 시기했으나 아버지 야곱은 그 말을 간직해 둡니다.

이후 아버지 야곱의 지시로 요셉은 거주하던 헤브론에서 멀리 떨어진 세

겜까지 양을 치러 간 형들의 안부를 살피러 갔으나, 형들은 요셉을 죽일 생각을 하다가 때마침 애굽으로 내려가는 이스마엘 상인들에게 요셉을 팝니다. 당시 강대국 애굽의 왕 바로의 경호대장 보디발의 집에 노예로 팔려간 요셉은 하나님의 도우심과 충실함으로 보디발의 가정 총무가 되었으나 보디발의 아내의 유혹을 뿌리쳤다는 이유로 보디발의 아내로부터 모함을 당해 보디발 집에 있는 감옥에 갇히게 됩니다. 요셉은 그 감옥에서 바로의 술 맡은 관원장과 떡 굽는 관원장을 만나게 되고, 그곳에서 두 사람이 꾼 꿈을 해석하여 주고, 요셉의 꿈 해석대로 술 맡은 관원장은 풀려납니다. 그 후 만 2년이 지난 다음 바로가 꿈을 꾸었지만, 그 꿈을 해석하는 자가 없었습니다. 그러자 술 맡은 관원장이 바로에게 요셉을 소개하고, 이후 요셉이 바로의 꿈을 해석하게 되고, 결국 나중에는 요셉이 30세에 애굽의 총리가 됩니다. 그 후 7년 후 온 땅에 기근 들어 곡식을 얻으러 온 요셉의 형들에게 이런 감동적인 말을 합니다.

절대 권력을 갖게 된 요셉은 자신에게 아픈 상처를 주었던 형들이나 보디발 부부에게 복수할 수 있었습니다. 하지만 자신이 꾼 꿈을 하나님의 시각으로 해석하자 이 모든 과정이 하나님의 손길임을 알고 오히려 죄책감에 떨고 있는 형들을 위로하고 사랑으로 품게 됩니다. 요셉이 꿈을 준 지 20년 만에 그 꿈이 이루어진 것입니다. 위와 같이 평범한 히브리 사람 요셉이 애굽 바로 왕 앞에 설 수 있는 가능성은 0퍼센트였습니다. 그 요셉이 바로 왕 앞에 가게 하려면 먼저 애굽으로 가야 했고, 애굽으로 가게 하기 위해서 형들에게 버림받게 하셨던 것입니다. 0퍼센트를 100퍼센트로 만드신 것은 하나님의 섭리이고, 하나님의 은혜이고, 하나님의 조종인 것입니다.

박정수 담임목사님은 ① 사건을 요셉처럼 하나님의 시각에서 해석할 수 있는 영성이 필요하고, ② 남은 생애 '하나님으로부터 온 꿈(vision)'을 붙잡고, ③ 그 비전을 계획하고 삶에 적용해볼 것을 권면하셨습니다. 우리의 인생도 하나님이 주신 꿈이 이끌어가게 해야 합니다. 꿈이 없는 사람은 꿈을 달라고 기도해야 하고, 그 꿈은 반드시 하나님의 영광이 드러나는 꿈이길 소망합니다. 하나님이 주신 꿈은 하나님이 이루어 가신다는 것을 믿습니다. 믿음으로 꿈꾸며 기도하는 우리 모두가 되길 간절히 바랍니다.

2. 최찬희 군과 꽃님이

오늘 1부 예배 목장 모임에는 참으로 귀한 하나님의 두 사람이 왔습니다. 2023년 10월 25일 최인석 집사님과 박한나 집사님 사이에서 태어난 찬희 군과 박명옥 권사님이 나눔 하실 때마다 이야기한 귀한 따님 '꽃님이(김경미 집사님, 이하 '꽃님이'라고 합니다)'가 왔습니다. 오늘 1부 예배 목장 모임에서는 목원들이 각자의 꿈(비전)에 대해 이야기를 나눴습니다. 나눔 순서대로 소개합니다.

최집사님 부부는 찬희 군이 건강하고 행복하게 자라길 바라면서 믿음의 명문 가문을 이루는 것이 꿈이라고 했고, 윤철수 집사님과 조선영 집사님 부부는 그동안 하나님이 이끌어 주심에 감사하고, 요셉의 아버지가 요셉의 꿈을 간직한 것처럼 부모는 형제들과 달리 기다려줄 수 있음에 감사하고, 자녀들에게도 주님의 비전을 주시기를 바랐습니다.

지난주에 새가족으로 등록한 꽃님이 초등학교 친구 최영희 성도님은 "이수교회에 비전을 찾으러 온 것 같다"고 했습니다. 꽃님이는 늘 기도의 삶을 사셨던 친할머니와 어머니 박권사님을 떠올리면서 눈물을 흘리면서, "부모님이 돌아가실 때 아프지 않고 돌아가셨으면 하는 바람이 있고, 북한이탈주민으로서 북한 동포들의 위한 인생을 살고 있는 남편을 돕는 삶(꽃님이는 본인에게 '따까리' 은사가 있다는 표현을 했는데, 아주 공감이 되었습니다. 갈라디아서 5장 13절에서도 '오직 사랑으로 서로 종 노릇 하라'고 하였습니다)을 잘 살아내고 싶다고 했습니다.

박명옥 권사님은 "사랑하는 딸보다 하나님을 더 사랑한다. 하나님이 늘 함께 하시고 지켜주시고 보호해주신 것에 감사하다"라고 하셨습니다. 기도의 어머니다운 표현입니다. 저의 꿈에 대해서는 박명옥 권사님이 대신 이야기해주셨습니다. 저의 꿈은 할아버지가 되고, 저의 자리를 잘 지키는 것입니다. 아래 글은 저와 꽃님이가 주고받은 카톡 내용입니다. 박권사님은 딸이 엄마 같을 때가 있다고 하셨는데, 참으로 아름다운 모녀의 모습을 보는 것만으로도 행복했습니다.

김양홍 : 천국의 소녀(꽃님이 카톡 프로필 사진 글)가 우리 이수교회까지 와주셔서 참말로 감사했습니다♡
꽃님이 : 박권사님과 영희 곁에 이리 좋으신 믿음의 동역자들이 계신게 얼마나 감사한지요. 늘~ 감사합니당~

3. 기독교대한성결교회 총회본부 총무 문창국 목사님

지난 주일 박정수 담임목사님의 설교 말씀을 요약 정리한 '당신이 먼저 축복의 통로가 되십시오!!'라는 글을 사랑하고 존경하는 기독교대한성결교회 총회본부 총무 문창국 목사님께 밤 11시경 보내드렸는데, 총무 목사님이 다음과 같은 글을 주셔서 깜짝 놀랐습니다.

> 참 은혜가 충만한 하루셨군요. 믿음의 가정에서 행복한 자녀들이 부모와 함께 기쁨으로 주님을 섬기는 복된 모습이 눈에 선합니다. 다음주 시간내서 이수교회 방문해서 예배드리면 좋겠습니다.

이후 총무 목사님이 협동목사로 섬기고 있는 교회에서 해외선교위원회 선교헌금 전달식이 있어서 다음에 시간이 될 때 오시기로 했는데, 총무 목사님께서 오늘 위 전달식을 마치고 예고 없이 이수교회를 방문하셔서, 축도까지 해주셨습니다. 총무 목사님은 교회 식당에서 점심식사를 하시고, 당회장실에서 박정수 담임목사님, 바레인에서 선교하시는 권순표 목사님과 함께 담소를 나누시면서 교단 일도 소개하시고, 두 분 목사님의 말씀에 경청에 해주셨습니다. 매일 "총무로서 잘 하고 있는가? 총회본부 직원들을 행복하게 해주고 있는가?"를 생각하신다는 총무 목사님은 아래와 같은 감동적인 글을 보내주셨습니다.

> 장로님, 행복한 모습을 눈으로 보게 하셔서 감사합니다. 많은 교회들과 목사님들이 이수교회처럼 행복했음 좋겠습니다. 목사님께도 이 말씀 꼭 전해 주세요.

대한민국 최고의 교회 이수교회에서 대한민국 최고의 박정수 담임목사님과 대한민국 최고의 장로님들을 비롯한 성도님들과 함께 행복한 신앙생활하게 해주심에 감사하고 감사합니다.

2-47
이런 날이 오게 하소서

　2024년 8월 마지막 주일 이수교회 박정수 담임목사님의 설교(주제 : 이런 날이 오게 하소서, 본문 : 창세기 45장 21~28절)로 은혜 받은 것을 나누고자 합니다. 야곱이 애굽 왕 바로 앞에 서게 되었을 때 자신이 "험악한 세월을 보내었다(창세기 47장 9절)."고 고백합니다. 그런 야곱이 하나님의 인도하심 덕분에 죽은 줄 알았던 아들 요셉이 애굽의 총리가 되어 온 가족을 구원하는 '이런 날'을 맞이하게 됩니다. 담임목사님은 '이런 날이 오게 하소서'라는 당신 기도문을 낭독하셨습니다. 담임목사님의 기도대로 이루어질 것으로 믿습니다.

　"하나님, 저에게 이런 날이 오게 하소서.
(목회) 매주일 성령께서 강하게 임재하는 예배를 경험하게 하시고, 성도들이 거듭나서 거룩한 삶을 사는 것을 보게 하소서. 이수교회 모든 성도들이 가정 복음화를 이루며 그 자녀들이 세상에서 요셉처럼 축복의 통로가 된 것을 보게 하소서. 아름다운 성전에 성도들이 가득하여 3부, 4부, 5부로 예배가 부흥되는 것을 보게 하소서. 이수교회 재정의 복을 주셔서 세계 도처에 선교의 지경이 넓어지는 것을 경험하게 하소서.
(가정) 하나님이 선물로 주신 3남매(나정, 동범, 동민)가 예수님을 인격적으로 만나 성령으로 거듭나는 것을 보게 하소서. 저와 아내가 행복한 목회와 가정생활을 하게 하시고, 천국 가는 그날까지 복음전도자와 중보기도자로 살게 하소서. 자녀들이 예수 잘 믿는 가정을 이루고, 전도와 선교에 귀히 쓰임 받는 것을 보게 하소서."

　담임목사님은 야곱에게 더 바랄 것이 없을 만큼 감동의 순간이 찾아왔듯 성도님들의 인생에도 그런 날이 오길 기도하고, 장래에 맞이하게 될 '이런 날'에 관한 소망의 기도문을 작성해보라고 하셨습니다. 그래서 저도 1부 예배 목장 모임 전에 '이런 날'이 오길 바라는 기도문을 작성해봤습니다. 1부 예배 목장 식구들과 '이런 날'에 관한 기도문을 서로 나눴는데, 그 나눔을 하는 동안 여러분이 눈물을 흘리기도 했습니다. 야곱은 "험악한 세월을 보내었다."고 했는데, 저의 지금까지의 인생을 한 문장으로 표현한다면 "감사의 세월을 보내었다."입니다. 모든 것이 하나님의 은혜입니다.

"하나님, 저에게 이런 날이 오게 하소서.
제가 천국 가는 날 저의 아내, 딸과 아들, 여동생들, 남동생, 친구들, 이수교회 성도님들, 법무법인 서호 식구들, 의뢰인들로부터 이런 말을 듣게 하소서.
① 당신이 나의 남편이어서 감사했습니다. - 아내
② 아버지가 나의 아버지여서 감사했습니다. - 딸과 아들
③ 오빠가 나의 오빠여서 감사했습니다. - 여동생들
④ 형이 나의 형이어서 감사했습니다. - 남동생
⑤ 김양홍이 나의 친구여서 감사했다. - 친구들
⑥ 장로님이 이수교회 장로님이어서 감사했습니다. - 이수교회 성도님들
⑦ 변호사님이 법무법인 서호 대표변호사여서 감사했습니다. - 법무법인 서호 식구들
⑧ 변호사님이 나의 변호사여서 감사했습니다. - 의뢰인들
몸도 마음도 건강한 할아버지가 되게 하시고, 저 자신이 저를 존경할 수 있는 삶을 살아내게 하소서. 예수님의 이름으로 간절히 기도합니다.
아멘!"

2-48
하나님께 쓰임 받는 감격을 누려라

> 그러므로 누구든지 이런 것에서 자기를 깨끗하게 하면 귀히 쓰는 그릇이 되어 거룩하고 주인의 쓰심에 합당하며 모든 선한 일에 준비함이 되리라 (디모데후서 2장 21절)

"하나님께 쓰임 받는 감격을 누려라"는 2024년 9월 3일부터 5일까지 홍천 소노캄 비발디파크에서 개최된 기독교대한성결교회 제55회 전국장로회 수양회 주제입니다. 저는 일정 때문에 첫날만 참석하였는데, 첫날 강사 목사님들의 설교로 은혜 받은 것을 나누고자 합니다.

1. 그림자를 가진 사람들

제가 속한 서울강남지방장로회 장로님들과 배우자 권사님들(총 72명)이 한우리교회에서 출발예배를 드릴 때 서울강남지방회장 홍권희 목사님께서 '그림자를 가진 사람들'이라는 은혜로운 설교(본문 : 마가복음 10장 17~22절)를 해주셨습니다. 누구나 욕망의 그림자를 가지고 있고, 환경이 만들어지면 그 그림자가 나타나므로, 수양회에 참석하기에 앞서 '욕망의 그림자를 가진 나를 생각'해야 수양회 기간 선포되는 말씀이 나에게 하신 말씀으로 받아들이게 되고, 또한 '욕망의 그림자를 가진 동역자를 생각'해야 상대방을 이해하고 품을 수 있음을 강조하셨습니다.

2. 하늘

'평창한우마을 홍천대명점'에서 점심식사를 하고, 쉬는 시간에 하늘을 바라보니 푸른 하늘이 너무 예뻤습니다. 나태주 시인의 '풀꽃'이라는 시(자세히 보아야 예쁘다 오래보아야 사랑스럽다 너도 그렇다)가 떠올라, 저도 잠시 시인이 되어 '하늘'이라는 디카시('디지털카메라 시'의 약칭으로 사진 아래 5행 이하로 쓴 시)를 썼습니다.

하늘

잠깐 보아도 예쁘다
순간 보아도 사랑스럽다
너도 그렇다

3. 감격을 누리는 신앙

개회예배 시간에는 류승동 총회장님이 '감격을 누리는 신앙'이라는 다음과 같은 감동적인 설교(본문 : 사도행전 13장 21~23절)를 해주셨습니다. 첫째 은혜의 감격을 누려야 합니다. 총회장님이 어렸을 때 극심한 가난한 가정에서 성장했고, 소아마비 판정을 받았고, 정상적인 대화가 불가능할 정도의 말더듬이었는데, 하나님께서 찾아주셨고, 총회장님의 하나님이 되어주셨습니다. 우리가 하늘에 태양이 없으면 살아갈 수 없고, 대기권에 공기가 없으면 살아갈 수 없듯이 하나님의 은혜가 아니면 살아갈 수 없습니다.

둘째 회개의 감격을 누려야 합니다. 하나님의 은혜를 경험하고, 그 경험되어진 하나님의 은혜를 지속적으로 유지하고 누릴 수 있는 소중한 통로가 바로 회개입니다. 그리스도인은 마지막 순간까지도 회개해야 합니다. 회개해야 회복의 역사가 일어나고, 회개해야 회복의 축복을 누릴 수 있습니다.

셋째 성령 충만의 감격을 누려야 합니다. 우리 교단은 성결교회입니다. 성결의 다른 이름은 '성령 충만'입니다. 초대 교회의 출발점도 '성령 충만'이었습니다(사도행전 2장 4절). "성령으로 충만함을 받으라(에베소서 5장 18절)"고 하신 이유는 우리로 하여금 그리스도인답게 살아가게 하기 위해서입니다. 성령 충만이 사라지면 마치 휘발유가 다 떨어진 자동차와 같아서 무용지물이 될 수밖에 없습니다. 우리는 다시금 성령 충만을 회복해야 합니다.

넷째 복음 전도의 감격을 누려야 합니다. "오직 성령이 너희에게 임하시면 너희가 권능을 받고 예루살렘과 온 유대와 사마리아와 땅 끝까지 이르러 내 증인이 되리라 하시니라(사도행전 1장 8절)"고 하셨습니다. 하나님은 우리가 복음을 전하게 하기 위해서, 복음을 전하는 능력을 주시기 위해서 성령님을 보내주신 것입니다. 총회장 사역 가운데 가장 중요한 부분은 다음세대를 살리는 일입니다.

4. 기드온은 누구인가?

첫 번째 특강 강사로 기독교대한성결교회 제115년차 총회장이신 지형은 목사님께서 '기드온은 누구인가'라는 울림이 있는 설교(본문 : 사사기 6장 11~17절)를 해주셨습니다. 지형은 목사님은 설교에 앞서 다음 세 가지 질문을 하셨습니다.

첫 번째 질문, 여러분은 누구이십니까?
10글자를 넘지 않게 자신을 소개해 보십시오.
두 번째 질문, 여러분을 누가 제일 잘 아시나요?
세 번째 질문, 여러분은 지금 이후 무슨 일을 꼭 하고 싶은가요?

우리는 그리스도인입니다. 목사, 장로, 권사, 교단의 이런저런 직책은 하나님이 주신 기능이지만, 그리스도인은 기능이 아니라 신분입니다. 우리는 하나님의 자녀이기에 목사이기 전에, 장로이기 전에 그리스도인으로서 행복해야 합니다.

위 세 가지 질문을 본문에 등장하는 기드온이라는 사람과 연관시켜 보겠습니다. 당시는 이방 민족 미디안이 이스라엘 민족을 지배하고 있었던 때인데, 기드온은 밀을 타작하는데 밀 타작기에 하지 않고 미디안 사람에게 알리지 아니하려 몰래 포도주 틀에서 밀을 타작하고 있습니다. 이스라엘의 위대한 사사(士師) 기드온이 사사로 부름받기 전의 모습은 아주 소심한 사람이었습니다. 그런 기드온에게 하나님은 "큰 용사여"라고 하시자, 기드온은 오히려 하나님께 "왜 미디안의 손에 우리를 넘겨주셨냐"고 불평불만을 쏟아냅니다. 하나님은 기드온의 그런 태도에도 불구하고, "너의 힘으로 이스라엘을 미디안의 손에서 구원하라"고 하시고, "네가 미디안 사람 치기를 한 사람을 치듯 하리라"고 하십니다. 그 말씀에 대해 기드온은 "그럼 표징을 보여주세요"라고 하니까 하나님께서 그에게 표징을 보여주십니다.

하나님은 기드온에게 그와 같은 말을 하실 때마다 덧붙인 말씀이 있습니다. "큰 용사여"라고 하실 때는 "여호와께서 너와 함께 계시도다"라고 하셨고, "너의 힘으로 이스라엘을 미디안의 손에서 구원하라"고 하시면서 "내가 너를 보낸 것이 아니냐"라고 하셨으며, "네가 미디안 사람 치기를 한 사람을 치듯 하리라"고 하시기 전에 "내가 반드시 너와 함께 하리니"라고 하셨습니다. 하나님이 나와 함께 하심을 믿고, 하나님의 말씀에 순종할 때 하나님께서 역사하시는 것입니다. 장로의 자리는 먼저 죽는 자리입니다. 예수 그리스도가 걸어가신 그 길을 먼저 걸어가야 그 사람이 바로 큰 용사입니다. 지형은 목사님의 세 가지 질문에 대해 저는 이렇게 답변하고 싶습니다.

첫 번째 질문, 여러분은 누구이십니까?에 대해서는 "이수교회 김양홍 장로입니다."라고 대답하고 싶습니다. 제가 하는 일이 변호사이기에 "법무법인 서호 김양홍 변호사입니다."라고 소개할 수도 있겠지만, 저는 이수교회 장로로서 삶을 마감하고 싶습니다. 제가 2017년 1월 14일 장로 후보자로서 교육받을 때 선배장로이신 안충순 장로님께서 "훗날 소천했을 때 섬기는 교회 성도님들이 써주셨으면 하는 추도사를 써 오라"는 숙제를 내주셨을 때 제가 써 본 추도사대로 이수교회 성도님들로부터 추도사를 받을 수 있는 삶을 살아내고 싶습니다. 이수교회 곽한익 장로님이 소천하셨을 때 신성민 장로님이 아침식사하시면서 눈물콧물 흘리면서 우셨다는 이야기를 들었는데, 저도 곽장로님처럼 이수교회 성도님들을 사랑하다 천국가고 싶습니다. 그래서 제가 천국 가는 날에는 저 스스로 "하나님의 사랑을 많이 받은 사람입니다."라는 말을 남기고 싶습니다.

추도사

이름도 없이, 빛도 없이
예수님처럼 우리들을 섬겨주셔서 감사합니다.
많이 보고 싶을 거예요.
안녕히 가십시오.
사랑합니다.

이수성결교회 성도 일동

두 번째 질문, 여러분을 누가 제일 잘 아시나요? 하나님이 가장 잘 아십니다.

세 번째 질문, 여러분은 지금 이후 무슨 일을 꼭 하고 싶은가요? 이수교회 장로로서, 법무법인 서호 대표변호사로서 그리고 나주옥의 남편으로서, 은혜와 은철이의 아버지로서의 삶을 잘 살아내고 싶고, 무엇보다도 저 스스로 저를 존경하는 삶을 살아내고 싶습니다. 천국 가서 하나님으로부터 "착하고 충성된 종"이라는 말을 듣고 싶습니다. 저는 그것이면 충분합니다.

5. 나는 복덩이 장로

두 번째 특강은 조치원교회 최명덕 목사님께서 '나는 복덩이 장로'라는 행복이 넘치는 설교(본문 : 창세기 12장 1~4절)를 해주셨습니다. 아브라함은 '믿음'으로 복덩이가 되었고, 이삭은 '순종'으로 복덩이가 되었고, 야곱은 '기도'로 복덩이가 되었고, 요셉은 '꿈'으로 복덩이가 되었습니다. 제가 욕심이 많아서 그런지 저에게는 믿음, 순종, 기도 모두가 필요하고, 몸도 마음도 건강한 할아버지 장로가 되어 성도님들과 이웃들을 충성을 다해 섬기다가 천국가고 싶습니다. 그래서 저 뿐만 아니라 저를 만나는 사람도 복덩이가 되도록 마음을 다하고, 뜻을 다하고 싶습니다.

6. 쓰임 받기 위해 준비하라

세 번째 특강은 임마누엘교회 이성훈 목사님이 '쓰임 받기 위해 준비하라'라는 눈물이 있는 설교(본문 : 여호수아 3장 5~8절)를 해주셨습니다. 여호수아가 백성들에게 "너희는 자신을 성결하게 하라"고 했는데, 우리는 먼저 하나님과의 관계를 우선해야 합니다. 여호수아는 언약궤를 맨 제사장들에게 "너희가 먼저 요단 물가에 이르거든 요단에 들어서라"라고 했는데, 우리가 먼저 용기 있는 순종의 사람이 되어야 합니다.

7. 저녁 임원회의

집회가 예상보다 늦게 끝나는 바람에 저녁 10시가 넘어서 서울강남지방 장로회 임원회를 개최해서 수양회 준비사항을 점검하고, 저는 불가피한 일정이 있어서 김한욱 장로님 승용차로 함께 상경하여 자정 넘어서 귀가했습니다. 전국장로회 수양회가 더 좋은 이유는 귀한 강사님들의 주옥같은 말씀을 들을 수 있기 때문입니다. 2025년 수양회도 기대하고 기대합니다.

이번 수양회를 위해 처음부터 끝까지 애써주신 전국장로회 김병호 장로님들을 비롯한 임원 장로님들 그리고 서울강남지방장로회 회장 강성식 장로님, 전 회장 유일식 장로님, 제1부회장 문행원 장로님, 제2부회장 진승호 장로님, 제3부회장 김범규 장로님, 제1감사 김한욱 장로님, 총무 박무태 장로님, 서기 곽기태 장로님, 회계 윤재필 장로님, 부서기 차석록 장로님, 부회계 김성우 장로님께 깊이 고개 숙여 감사 인사드립니다. 특히 모든 준비를 철저하게 해주신 김범규 장로님과 매 순간 사진과 영상을 담아주신 김성우 장로님, 어지럼 증상을 호소하신 정진우 장로님을 분당 댁까지 모셔다 드린 곽기태 장로님에게 더 큰 감사의 박수를 보냅니다. 이번 수양회에 함께 해주신 강사 목사님들과 모든 장로님들의 가정에 하나님의 축복이 가득하시길 기원합니다. 우리 모두 하나님께 쓰임 받는 감격을 누립시다!!

2-49
자녀 형통의 길은 곧 나의 형통의 길

2024년 9월 8일 주일 이수교회 박정수 담임목사님 설교(주제 : 자녀 형통의 길, 본문 : 창세기 39장 1~6절)로 은혜 받은 것을 나누고자 합니다. 박정수 담임목사님이 2주 전 설문 조사한 결과 성도들이 가장 듣고 싶은 설교 주제는 '자녀 형통의 길'이었습니다. 형통의 사전적 의미는 '모든 일이 뜻과 같이 잘되어 감'인데, 성경에서 말하는 형통은 '하나님을 아는 것이고, 하나님과 동행하는 것이며, 그로 인하여 복을 받아 하나님께 쓰임 받는 것'입니다. 자녀가 성경에서 말하는 그런 형통을 누리기 위해서는 어떻게 해야 할까요? 인간이 하나님을 알고, 하나님과 동행하는 가장 중요한 통로는 살아 있는 하나님의 말씀을 습득하는 것입니다. 성경 즉, 하나님의 말씀이 마음에 새겨질 때 하나님이 들어가십니다. 자녀에게 성경을 읽는 습관, 성경을 묵상하고 암송하는 습관을 심어주기 전에 부모가 먼저 그런 습관을 가져야 합니다. 또한 성경이 말하는 형통은 상황이나 환경보다 '그가 누구와 함께 하느냐'의 문제입니다. 오늘 본문도 '여호와께서 요셉과 함께 하시므로 그가 형통한 자가 되었다(창세기 39장 2절)'고 합니다. 부모가 먼저 하나님을 가까이 한 후 자녀가 하나님을 가까이 하도록 도와줘야 합니다.

> 복 있는 사람은 악인들의 꾀를 따르지 아니하며 죄인들의 길에 서지 아니하며 오만한 자들의 자리에 앉지 아니하고 오직 여호와의 율법을 즐거워하여 그의 율법을 주야로 묵상하는도다 그는 시냇가에 심은 나무가 철을 따라 열매를 맺으며 그 잎사귀가 마르지 아니함 같으니 그가 하는 모든 일이 다 형통하리로다 (시편 1편 1~3절)

그리고 하나님이 원하시는 형통은 보여지는 형통이 아니라 '흘려보내는 형통'입니다. 오늘 본문은 '여호와께서 요셉을 위하여 그 애굽 사람의 집에

복을 내리시므로(창세기 39장 5절)'라고 합니다. 자녀가 머무는 곳에 하나님의 복이 흘러가야 합니다. 그것이 바로 축복의 통로가 된다는 뜻입니다. 자녀가 형통하길 원한다면, 부모가 먼저 성경이 말하는 형통의 의미를 깨닫고 실천하면서 자녀로 하여금 성경을 읽고 묵상하는 습관을 갖게 하고, 축복의 통로가 되는 꿈을 심어줘야 합니다. 결국 자녀 형통의 길은 곧 나의 형통의 길입니다. 저와 저의 가족 그리고 여러분 모두가 복이 되고, 축복의 통로가 되길 소망합니다.

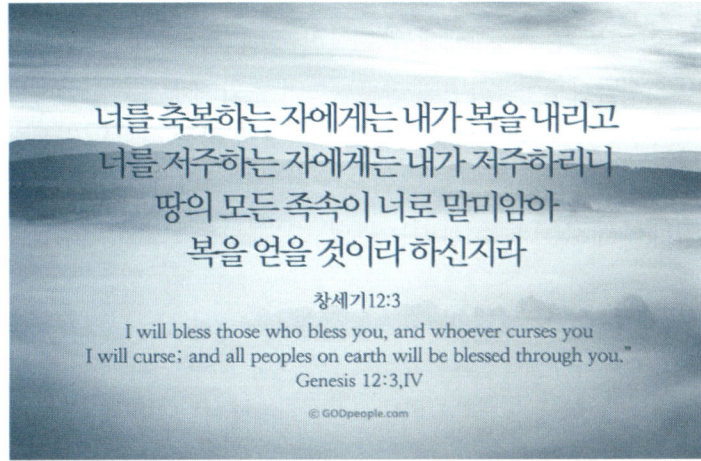

2-50
서울지역장로협의회 후반기 순회예배
'행복한 동행' 특강

낮과 밤의 길이가 같아진다는 추분(秋分)인 2024년 9월 넷째 주일 오후 인천 불로동에 있는 수정교회에서 개최된 기독교대한성결교회 서울지역 장로협의회 후반기 순회예배에서 '행복한 동행' 특강하고 왔습니다. 서울지역 10개 지방장로회 121명의 장로님들이 순회예배에 참석하셔서 함께 예배드리고, 부족한 저의 특강도 들으시고, 기도하는 시간을 가졌습니다. 예배 시간에 수정교회 이성준 담임목사님께서 '하나님의 집과 청지기(본문:디모데전서 3장 14~15절)'라는 주제로 은혜로운 설교를 해주셨습니다.

> 내가 속히 네게 가기를 바라나 이것을 네게 쓰는 것은 만일 내가 지체하면 너로 하여금 하나님의 집에서 어떻게 행하여야 할지를 알게 하려 함이니 이 집은 살아 계신 하나님의 교회요 진리의 기둥과 터니라
> (디모데전서 3장 14~15절)

본문은 사도 바울이 감옥에 갇혀 있을 때 디모데에게 교회를 위탁하는 장면으로, 교회는 나의 소유가 아닌 '하나님의 집'이기 때문에 청지기로서 내 마음대로 하지 말고 하나님의 뜻대로 해야 한다는 것을 강조하고 있습니다. 이성준 목사님은 장로님들의 모범적인 삶이 '교회의 이야기'로 전해지고, 그렇게 살아야겠다고 결단하는 사람들이 많아지게 될 때 교회도 부흥하고, 교단도 부흥하게 될 것임을 강조하셨습니다.

이후 교회 소개 시간에 제114년차 성결교단 장로 부총회장을 역임하신 고영만 선임장로님이 "수정성결교회는 그동안 19개 지교회를 개척하고, 48명의 선교사님들을 파송한 선교 지향 교회이고, 다음세대를 위해 교회

교육부서의 모든 장비를 새 것으로 교체했고, 대안학교인 '수정비전학교'를 통해 약 100여 명을 교육하고 있음"을 소개했습니다. 24명의 시무장로님 등 총 54명의 장로님들이 섬기고 있는 참 아름다운 수정성결교회에서 특급호텔 뷔페식으로 맛있는 저녁식사까지 대접해주셨습니다.

저도 특강 시간에 "우리 장로님들이 이기는 장로님이 되지 말고 져주는 장로님이 되시고, 교회의 전설이 되셔서 교회의 이야기가 되어주시라."고 부탁드렸습니다. 특강을 마치고 귀가하는데 저의 어머니께서 "오늘 혼자 교회 가서 예배드리고, 기도 많이 하셨다."고 자랑하셔서 더 행복했습니다.

오늘 순회예배를 잘 준비해주신 서울지역장로협의회 회장 오의석 장로님, 저를 강사로 추천해주신 홍신종 장로님을 비롯한 임원 장로님들, 참석한 장로님들을 가족처럼 정성껏 돌봐 주신 수정교회 이성준 담임목사님을 비롯한 당회원 여러분과 김진용 목사님, 김상호 목사님, 신영주 전도사님, 방인섭 전도사님 그리고 식당 봉사자 여러분과 오늘 함께 해주신 121명 장로님들 모두에게 깊이 고개 숙여 감사인사를 드립니다. 수정교회 2024년 표어대로 말씀이 삶이 되길 소망합니다.

2-51
하나님을 본받는 자가 되라

2024년 9월 마지막 날 이수교회 밤기도회에서 박정수 담임목사님 설교(주제 : 하나님을 본받는 자가 되라, 아래 본문 에베소서 5장 1~4절)로 은혜 받은 것을 나누고자 합니다.

> 1. 그러므로 사랑을 받는 자녀 같이 너희는 하나님을 본받는 자가 되고
> 2. 그리스도께서 너희를 사랑하신 것 같이 너희도 사랑 가운데서 행하라 그는 우리를 위하여 자신을 버리사 향기로운 제물과 희생제물로 하나님께 드리셨느니라
> 3. 음행과 온갖 더러운 것과 탐욕은 너희 중에서 그 이름조차도 부르지 말라 이는 성도에게 마땅한 바니라
> 4. 누추함과 어리석은 말이나 희롱의 말이 마땅치 아니하니 오히려 감사하는 말을 하라

사랑을 받는 자녀는 부모를 닮으려고 합니다. 그리스도인들은 하나님의 사랑을 받는 자녀입니다. 그런 점에서 이 세상은 하나님의 사랑을 받고 있다는 것을 알고 있는 사람과 그 사실을 모르는 사람 두 부류의 사람이 있다고 할 수 있습니다. 하나님의 사랑을 받고 있다는 것을 깨닫는 것도 은혜입니다. 하나님의 사랑을 받는 자녀는 자신을 사랑해주는 육신의 부모를 닮고 싶듯이 자연스레 하나님을 본받고 싶은 마음이 들 수밖에 없습니다.

하나님을 본받는 자가 되려면, 첫째 예수께서 우리를 위하여 십자가에 죽기까지 사랑하신 것처럼 우리도 모든 일을 '사랑' 가운데서 행해야 합니다. 둘째 음행과 온갖 더러운 것과 탐욕을 멀리 해야 합니다. 그러한 것들은 생각조차 하지 말아야 합니다. 언제 어디서나 내가 무엇을 하면 하나님께서 기뻐하실까를 생각해야 합니다. 셋째 누추한 말, 어리석은 말, 희롱의 말

은 하지 말고 감사하는 말을 해야 합니다. 에벤에셀(Ebenezer) 하나님께서 여기까지 우리를 도우셨고, 임마누엘(Immanuel) 하나님이 우리와 함께 계시고, 여호와 이레(Jehovah-Jireh) 하나님이 미리 예비하신다는 것을 믿는다면 감사하는 말을 할 수밖에 없습니다. 무엇보다도 부모인 우리가 먼저 감사의 삶을 살아내야 하고, 우리가 먼저 하나님을 본받는 삶을 살아내야 합니다. 감사는 감사를 낳습니다. 감사는 행복의 문을 여는 열쇠입니다. 범사에 감사하는 것은 하나님 아버지의 뜻입니다(데살로니가전서 5장 18절).

2-52
죽은 한 알의 밀이 되어
그리스도의 몸을 세우라

1. 밀알 하나

2024년 9월 마지막 주일 이수교회 박정수 담임목사님의 주일 설교(주제 : 밀알 하나, 본문 : 요한복음 12장 24절)와 전교인 찬양예배 설교(주제 : 그리스도의 몸을 세우라, 본문 : 에베소서 4장 11~16절)로 은혜 받은 것을 나누고자 합니다.

> 내가 진실로 진실로 너희에게 이르노니 한 알의 밀이 땅에 떨어져 죽지 아니하면 한 알 그대로 있고 죽으면 많은 열매를 맺느니라
> (요한복음 12장 24절)

이수교회에서는 2년에 한 번 격년제로 해외 단기선교를 가는데, 박정수 담임목사님이 부임하신 이후 캄보디아 두 번, 인도 한 번 다녀왔고, 내년 8월에는 몽골 단기선교를 계획하고 있습니다. 담임목사님은 짧게 편집한 2023년 캄보디아 단기선교 영상을 보여주시면서 몽골 단기선교의 비전을 제시하고, 왜 선교해야 하는지에 관하여 설교하셨습니다. 우리가 선교지에 선교비를 보내는 것보다 더 중요한 것은 선교사님들의 마음과 삶을 공유하는 것입니다. 저도 이수교회를 섬기면서 인도와 캄보디아 선교를 다녀왔는데, 가서 보지 않으면 느낄 수 없는 것들이 많습니다. 단기선교를 통하여 밀알 하나가 땅에 떨어져 죽는다는 것이 무엇인지 느껴야 합니다. 인류를 구원하기 위하여 하늘에서 내려온 밀알 하나가 있는데, 그는 우리의 죄를 속죄하기 위해 십자가에서 죽으신 예수 그리스도이십니다. 예수님의 죽음이 인류의 구원을 가져왔고, 성경 말씀대로 한 알의 밀이 땅에 떨어져 죽음으

로 수많은 영혼들이 살아나게 된 것입니다.

> 그가 찔림은 우리의 허물 때문이요 그가 상함은 우리의 죄악 때문이라 그가 징계를 받으므로 우리는 평화를 누리고 그가 채찍에 맞으므로 우리는 나음을 받았도다(이사야 53장 5절)

우리나라에도 서양에서 건너온 밀알 하나가 있었습니다. 그는 이 땅 개신교 역사상 최초의 순교자인 토마스 선교사(Robert J. Thomas)입니다. 그는 조선 선교의 꿈을 품고 27세 때 미국 상선인 제너럴셔먼호를 타고 1866년 7월 대동강 입구 용강군에 당도했으나 평양감사 박규수의 명에 따라 제너럴셔먼호가 공격받아 불타게 되었고, 강으로 뛰어내린 선원들은 헤엄쳐 강변으로 나왔지만 대기하던 병사들의 칼에 죽임을 당했습니다. 토마스 선교사도 한자로 된 성경 몇 권을 품고 강으로 뛰어내려 헤엄쳐 나왔으나, 강변에 이르자 병사 박춘권이 그를 칼로 죽입니다. 그럼 토마스 선교사의 꿈은 사라져버린 것일까요?

토마스 선교사는 품고 온 성경을 강변 여기저기에 뿌렸습니다. 자기를 죽이려는 박춘권에게도 한 권을 주었으나 받지 않고 그대로 모래사장에 던졌고, 이후 그는 순교를 당합니다. 그런데, 기적은 그 이후에 일어납니다.

박춘권은 자기 칼을 맞고 죽어가는 토마스 선교사가 건네주는 성경을 처음에는 받지 않았으나, 상황이 끝나고 돌아 갈 때 성경 하나를 주워 집으로 가져갑니다. 그는 성경을 정독한 후 예수를 영접하고 독실한 신자가 되어, 안주교회 영수(장로)가 되었다고 전해집니다. 그때 군중 속에는 열두 살 소년 최치량이 있었는데, 그는 토마스 선교사가 흩뿌린 성경 세 권을 주워 갖고 있다 한 권을 영문주사 박영식에게 주었고, 박영식은 성경을 한 장씩 뜯어 벽지로 사용했는데, 그 후 박영식 집터에서 평양 최초 교회인 '널다리골' 예배당이 세워졌습니다. 또한 박춘권의 조카 이영태는 박영식의 집을 방문했다가 벽에 바른 성경을 읽고 감동하여, 그리스도를 영접하고 진실한 교인이 되었다고 합니다. 토마스 선교사는 이 땅에 와서 아무 것도 하지 못한 채 성경 책 몇 권만 남기고 27세의 젊은 나이에 순교했지만, 그처럼 한국 선교에 지대한 영향을 끼친 인물도 드물다 할 것입니다. 그는 죽은 한 알의 밀이 된 것입니다.

인류가 구원받는 데는 하나님의 아들 예수의 피가 필요했습니다. 또한 미전도 족속이 구원받기까지 수많은 선교사들의 피가 뿌려졌습니다. 밀알이 땅에 떨어져 죽는 헌신을 통하여 수많은 열매가 맺혔던 것입니다. 복음에 빚진 우리들은 그 빚을 어떻게 갚아야 할까요? 전도와 선교에 적극 동참하는 것이 그 빚을 조금이나마 갚는 것입니다. 우리는 가는 선교사가 되든 보내는 선교사가 되든 선교지에 우리의 기도와 물질과 땀방울을 심어야 할 것입니다. 하나님께서 보내신 예수를 믿는 것이 하나님의 일이고(요한복음 6장 29절), 땅 끝까지 내 증인이 되라는 것이 예수님의 마지막 유언입니다(사도행전 1장 8절).

2. 그리스도의 몸을 세우라

교회는 '예수를 구주로 고백하는 성도들의 모임'이고, 교회당은 예배드리는 장소입니다. 따라서 건강한 교회란 신앙적으로 건강한 성도들이 모여 있는 교회이고, 좋은 교회란 좋은 성도들로 구성된 교회를 의미합니다.

<에베소서 4장 >
11. 그가 어떤 사람은 사도로, 어떤 사람은 선지자로, 어떤 사람은 복음 전하는 자로, 어떤 사람은 목사와 교사로 삼으셨으니
12. 이는 성도를 온전하게 하여 봉사의 일을 하게 하며 그리스도의 몸을 세우려 하심이라
13. 우리가 다 하나님의 아들을 믿는 것과 아는 일에 하나가 되어 온전한 사람을 이루어 그리스도의 장성한 분량이 충만한 데까지 이르리니
14. 이는 우리가 이제부터 어린 아이가 되지 아니하여 사람의 속임수와 간사한 유혹에 빠져 온갖 교훈의 풍조에 밀려 요동하지 않게 하려 함이라
15. 오직 사랑 안에서 참된 것을 하여 범사에 그에게까지 자랄지라 그는 머리니 곧 그리스도라
16. 그에게서 온 몸이 각 마디를 통하여 도움을 받음으로 연결되고 결합되어 각 지체의 분량대로 역사하여 그 몸을 자라게 하며 사랑 안에서 스스로 세우느니라

건강한 교회를 세우기 위해서는 교회의 머리이신 예수님의 뜻에 순종하는 연습을 해야 합니다. 매순간 "예수님이라면 어떻게 하실까?"를 묻고 행동해야 합니다. 그리스도의 장성한 분량까지 영적으로 성장해야 합니다(에베소서 4장 15절). 말씀과 기도, 봉사로 성장해야 합니다. 우리는 그리스도 안에서 한 몸이 되어 서로 지체가 되었습니다(로마서 12장 5절). 우리는 한 몸을 이루고 있는 지체(肢體)이기 때문에 각자 받은 은사대로 자기의 자리에서 사랑으로 서로를 잘 섬겨야 합니다.

2-53
너희 믿음대로 되라

2024년 10월 셋째 주일 이수교회 박정수 담임목사님의 설교(주제 : 축복의 주 메시아, 본문 : 마태복음 9장 27~31절)와 기독교대한성결교회 서울강남지방 여전도회연합회(회장 한우리교회 김미경 권사) 주관 제25회 서울강남지방 찬양축제로 은혜 받은 것을 나누고자 합니다. 이수교회는 지난해부터 찬양축제에 연합찬양대로 참여하고 있는데, 올해는 51명(윤현집 지휘자님과 윤예나 반주자님, 박정수 담임목사님과 김윤철 선임장로님 등 남성 17명, 김혜란 목사님과 정소영 전도사님 등 여성 32명) 성도님들이 참여했습니다. 박정수 담임목사님은 이수교회 연합찬양대가 찬양축제에 앞서 먼저 이수교회 성도님들 앞에서 찬양한 '축복의 주 메시아' 가사의 배경과 깊은 뜻을 설교해 주셨습니다.

주를 불렀던 눈먼 자
상한 마음 가진 자
모든 죄인들까지 주 사랑 베푸네

주는 축복의 구원자
택함 받은 단 한 분
언약 위에 오신 예수 만 왕의 왕

호산나 축복의 구원자
호산나 처음과 나중 되네
그는 곧 길 진리와 생명 독생자 주 예수

호산나 구원자
호산나 구원자

모든 슬픔 회복되고
　　가난한 자 구하시네
　　모든 옥문 열리고 주 사랑 전하시네

　　주는 축복의 구원자
　　택함 받은 단 한 분
　　언약 위에 오신 예수 만 왕의 왕

　　호산나 축복의 구원자
　　호산나 처음과 나중 되네
　　그는 곧 길 진리와 생명 독생자 주 예수

　　호산나 구원자
　　호산나 구원자
　　메시아

　'축복의 주 메시아' 첫 번째 가사는 '주를 불렀던 눈먼 자'인데, 본문에 등장하는 두 맹인도 예수님을 따라가면서 "다윗의 자손이여 우리를 불쌍히 여기소서(마태복음 9장 27절)"라고 소리 질러 불렀습니다. 사도 바울은 "누구든지 주의 이름을 부르는 자는 구원을 받으리라(로마서 10장 13절)"고 했습니다. 구원을 받으려면 먼저 주님의 이름을 불러야 합니다. 그런데, 예수님은 주님을 불렀던 두 맹인에게 곧바로 눈을 뜨게 하지 않으시고, 그들에게 "내가 능히 이 일 할 줄을 믿느냐"고 되묻습니다. 그들이 "주여 그러하오이다"라고 대답하자, 예수님은 그때서야 그들의 눈을 만지시면서 "너희 믿음대로 되라"고 하시자 그들의 눈이 밝아집니다. 우리도 두 맹인처럼 주님의 능력을 믿고 주님의 이름을 불러야 합니다. 그렇게 하면 주님이 주님의 때에 주님의 방법으로 사랑을 베풀어주시고, 이루어주실 것입니다. 우리 주님이 두 맹인의 운명을 변화시키셨듯이 우리의 운명도 변화시키실 것으로 믿습니다.

<마태복음 9장>

27. 예수께서 거기에서 떠나가실새 두 맹인이 따라오며 소리 질러 이르되 다윗의 자손이여 우리를 불쌍히 여기소서 하더니
28. 예수께서 집에 들어가시매 맹인들이 그에게 나아오거늘 예수께서 이르시되 내가 능히 이 일 할 줄을 믿느냐 대답하되 주여 그러하오이다 하니
29. 이에 예수께서 그들의 눈을 만지시며 이르시되 너희 믿음대로 되라 하시니
30. 그 눈들이 밝아진지라 예수께서 엄히 경고하시되 삼가 아무에게도 알리지 말라 하셨으나
31. 그들이 나가서 예수의 소문을 그 온 땅에 퍼뜨리니라

저는 새가족부장으로서 매주 새가족을 섬기고 있기 때문에 총 8주 동안의 연습기간 중 실질적으로 연습에 참여한 것은 리허설이 있었던 어제가 두 번째였습니다. 저는 '축복의 주 메시아' 곡이 너무 어렵게 느껴지고, 어제 연습에 참석할 때까지도 곡을 외우지도 못해 올해 찬양축제에는 참여하지 않을 생각도 했었습니다. 그러나 자주 곡을 부르다보니 할 수 있겠다는 자신감도 붙고, 무엇보다도 두 번째 "호산나 구원자, 호산나 구원자"라는 가사를 부를 때마다 눈물이 났습니다. 어느 때는 눈물이 너무 많이 나서 손수건으로 눈물을 닦을 때도 있었습니다. 찬양하는 그 순간이 감사했고, 주님이 나의 주님이 되어 주심에 감사가 파도처럼 밀려왔습니다.

지난주 금요일 제가 자청해서 아들이 조리병으로 근무하고 있는 60항공대에서 '행복한 동행' 강의 후 60항공대장님의 배려로 2박 3일 특별 휴가를 받아온 아들 그리고 이번 주 시험이 5일 동안 계속 있어서 시험공부를 위해 집에 오지 않겠다고 했던 딸이 남동생이 휴가 나왔다고 집에 왔습니다. 그래서 온 가족이 함께 이수교회 본당에서 하나님께 예배드렸습니다. 아들이 군입대하기 전에 딸은 다른 교회에서 예배드릴 때가 많았고, 아들은 유치부와 청년부에서 예배를 드리기 때문에 주일 오전 예배 때 온 가족이 본당에서 함께 예배를 드리는 경우는 성탄절이나 송구영신예배 때 외는 거의 없었습니다. 사랑하는 딸·아들 앞에서 하나님의 사랑을 찬양하는 '축복의 주

메시아'를 부르다보니 감사의 마음이 더 복받쳤나 봅니다.

> 예수께서 이르시되 내가 곧 길이요 진리요 생명이니 나로 말미암지 않고는 아버지께로 올 자가 없느니라(요한복음 14:6)
> Jesus answered, "I am the way and the truth and the life. No one comes to the Father except through me(John 14:6)"

예수님은 우리를 하나님께로 안내하는 길(the way)이고, 인류 구원을 위하여 택함 받은 단 한 분이시며(사도행전 4장 12절), 언약 위에 오신 분입니다. 예수님은 분명 '축복의 주 메시야'입니다. 사도행전 16장에 보면 복음 전하다가 투옥된 바울과 실라가 감옥에서도 찬송을 부르자 모든 옥문이 열리고 죄수들의 매인 것이 풀어졌습니다. 당시 간수는 복음을 들었고, 그의 가족까지 구원을 받게 되었습니다. 상한 마음을 가지고 주를 불렀던 자들마다 구원의 기쁨을 누렸고, 모든 슬픔이 회복되고, 모든 옥문이 열리고 주님의 사랑이 전해졌습니다. 찬양은 능력입니다.

> 다른 이로써는 구원을 받을 수 없나니 천하 사람 중에 구원을 받을 만한 다른 이름을 우리에게 주신 일이 없음이라 하였더라(사도행전 4장 12절)

특히 올해는 청년들인 이혜민 자매와 김지혜 자매, 신은철 형제와 한윤건 형제와 함께 찬양의 기쁨을 누릴 수 있어서 더 행복했습니다. 저처럼 부족한 사람조차도 찬양을 잘 부르는 것으로 착각하게 만들어주신 윤현집 지휘자님의 예술 같은 지휘와 윤예나 자매님의 신바람 나는 반주에 사랑과 감사의 인사들 드립니다. 찬양축제 때 찬양을 마치고 나오는데 어느 성도님이 저에게 "어느 교회에요?"라고 물었을 때 자신 있게, "이수교회입니다!"라고 대답했습니다. 박정수 담임목사님을 비롯한 이수교회 모든 지체들을 사랑하고 축복합니다. 모든 것이 하나님의 은혜입니다.

※ 이수교회 2024년 찬양축제 단톡방 게시글

○ 박정수 담임목사님

1. (저녁 글) 오늘 찬양축제 이수교회 합창은 웅장함과 하모니와 퀄러티 면에서 다른 팀과 비교할 수 없는 감동 그 자체였습니다. 윤현집 지휘자님, 윤예나 자매님, 합창단원들 모두 모두 수고 많으셨습니다. 사랑하고 축복합니다.

2. (다음날 아침 글) 어제 강남지방 찬양축제 이수교회 합창의 여운이 아직 가시지 않아 은혜에 취한듯 행복에 취한듯 헤롱대고 있습니다. 찬양축제 마치고 돌아오는 길에 윤현집 지휘자님이 제 차에 탔는데, 우리가 부른 '축복의 주 메시야'란 곡을 1년 전에 선택했다고 하시더라구요. 지휘자님은 어쩌면 내년 찬양축제의 곡을 이번 주에 또 찾고 계실 수도 ㅎㅎㅎ 저는 내년에도 꼭 참석합니다. 우리 역사를 만들어 나갑시다!

○ 윤현집 지휘자님

할렐루야!

이번 강남지방찬양축제에 함께해 주신 이수 가족 여러분들께 진심으로 감사와 박수를 보내드립니다.

바쁜 일상 속에서도 시간을 내어 찬양을 준비하는 과정이 결코 쉽지 않았을 것입니다. 그러나 여러분의 헌신과 열정으로 이번 찬양축제에서 하나님을 향한 사랑과 영광을 온전히 드러낼 수 있었습니다.

무대 위에서 여러분이 올려드린 찬양은 하나님 보시기에 큰 감동이셨을 줄 믿습니다. 찬양을 듣는 분들도 하나님의 사랑을 느끼고, 길과 진리이신 메시아를 경험하는 시간이 되었을 것입니다. 특별히 대예배를 통해 우리가 올려 드릴 찬양의 의미를 말씀으로 무장하게 해주신 박정수 목사님께 감사드리고, 함께해 주신 장로님들과 권사님, 집사님들 …

청년들과 전도사님께 감사드립니다.

찬양축제는 끝났지만, 우리의 찬양은 여기서 멈추지 않을 것입니다. 하나님께서는 우리가 올려드린 찬양을 기쁘게 받으셨고, 여러분의 수고를 기억하실 것입니다. 또한, 우리 모두가 앞으로도 하나님의 복음을 전하는 귀한 도구로 쓰임 받을 수 있도록 기도하며 나아갑시다. 한 분 한 분에게 다시 한번 깊은 감사와 축복을 전합니다. 오직 하나님만 영광 받으시길 소망합니다.

○ 이재석 성가대장님

진두지휘 하신 지휘자님의 리더십을 높이 평가합니다. 짧지 않은 시간 동안 열정을 다하여 수고하셨기에 함께 기쁨의 감격을 누렸고, 어떠한 요구에도 묵묵히 따라주었던 모든 대원님들께도 아낌없는 격려와 박수를 보냅니다. 그래서 오늘은 정말 기쁘고 행복합니다. 모두모두 사랑하고 축복합니다...!!

○ 목진용 권사님

우리 찬양 준비 과정과 드린 것까지 모두가 하나님 은혜이며, 오직 하나님께서 영광 받으셨음 믿고, 모든 애쓴 분들께 사랑을 드립니다.~!!

○ 김양홍

모르는 성도님 : 어느 교회에요?
김양홍 : 이수교회입니다.

모든 것이 하나님의 은혜입니다♡
대한민국 최고 성가대 지휘자 윤현집 집사님
대한민국 최고 성가대 반주자 윤예나 집사님
대한민국 최고 교회 이수교회 박정수 담임목사님
대한민국 최고 교회 지체들인 51명의 성도님 덕분에

참으로 행복했습니다♡
사랑하고 축복합니다♡
호산나 구원자
호산나 구원자
메시아!!!

2-54
너는 배우고 확신한 일에 거하라

　가을하늘이 유난히 예쁜 2024년 10월 24일 경상북도 문경시에 있는 점촌북부교회에서 개최된 기독교대한성결교회 제118년차 총회재판위원회 정책 워크숍에서 '종교재판과 사회법 재판의 이해'라는 주제로 자유롭게 질의·응답하는 방식으로 약 3시간 동안 강의하고 왔습니다. 제가 '종교재판' 주제로는 처음으로 하는 강의라서 많이 부담스러웠지만, 많은 분들이 기도해주시고, 총회재판위원들께서 열심히 들어주시고, 적극적으로 질문해주셔서 시간 가는 줄 모르게 강의를 할 수 있었습니다. 워크숍 전에 총회재판위원회 위원장 최종환 목사님의 인도로 경건회를 가졌는데, 최목사님은 '확실한 일에 거합시다'라는 주제(본문 : 디모데후서 3장 13~15절)로 은혜로운 설교를 해주셨습니다.

　<디모데후서 3장>
　13. 악한 사람들과 속이는 자들은 더욱 악하여져서 속이기도 하고 속기도 하나니
　14. 그러나 너는 배우고 확신한 일에 거하라 너는 네가 누구에게서 배운 것을 알며
　15. 또 어려서부터 성경을 알았나니 성경은 능히 너로 하여금 그리스도 예수 안에 있는 믿음으로 말미암아 구원에 이르는 지혜가 있게 하느니라

　위 성경 말씀은 '구원에 이르는 것을 배워서 확신한 일에 거하라'는 것이지만, 최목사님 말씀대로 이번 워크샵을 통해 총회재판위원들이 교단법과 제규정, 사회법원의 태도 등을 제대로 배우고, 확실히 알아서 제118년차 총회재판위원회는 이전과는 다른 모습의 평가를 받기를 소망합니다. 특히 재판위원장 최종환 목사님, 판결위원 김낙문 목사님, 판결위원 최광식 장로

님, 기소위원 정상철 목사님이 적극적으로 질의해 주시고, 의견을 개진해 주셔서 강의가 더 충실해진 듯 싶습니다. 특히 '총회본부 백과사전' 박지훈 목사님이 워크숍에 참석해서 모르는 부분에 대한 답을 곧바로 찾아주셔서 참 감사했고, 총회본부 사무국장 송우진 목사님과 평신도국장 이재동 장로님도 함께 해주셔서 감사했습니다.

점촌북부교회 담임목사님이자 변호위원이신 김홍일 목사님께서 겁나게 맛있는 '문경 감홍사과'를 참석자들에게 1박스씩 선물해 주셨고, 사모님은 목사님 사택에 있는 맛있는 대봉 홍시감을 따 주셔서 맛있게 먹었습니다. 또한 김홍일 목사님은 "점촌북부교회에는 3대가 교회에 출석하는 가정이 여덟 가정이나 된다"고 하셨는데, 제가 섬기는 이수교회에도 3대가 예배드리는 가정이 그 이상 되기를 기도합니다.

바쁜 일정 가운데도 제118년차 총회장이신 류승동 목사님이 부서기 김요한 목사님과 함께 오셔서 워크숍에 참여한 목사님들과 장로님들에게 맛있는 한우고기와 차를 사주셔서 배가 남산이 되었습니다. 아무리 생각해 봐도 '다이어트는 내일' 하는 것이 맞습니다. 목사님들이 류승동 총회장님께 교회와 지방회 행사에 대해 이야기하실 때 저도 지난 주일 서울강남지방 찬양축제에 이수교회에서 박정수 담임목사님과 당회원 전부 등 51명이 참여한 것을 자랑했습니다.

문경에 내려갈 때는 박지훈 목사님이 운전하시는 차에 동승해서 내려 갔고, 상경할 때는 송우진 목사님이 운전하시는 차에 동승하여 상경했는데, '바르다김'으로 불리는 송목사님의 사모님과 자녀들 이야기, 총회본부에서 '관계토대왕'으로 불리는 송목사님의 이야기를 듣다 보니 피곤한 줄 모르게 서울에 도착했습니다.

박정수 담임목사님께서 당회원 부부 단톡방에 아래와 같은 글을 남겨주셨습니다. 부족한 강의지만 부족하지 않게 만들어주신 하나님 그리고 총회재판위원님들, 류승동 총회장님, 총회본부 송우진 목사님과 박지훈 목사님, 맛있는 사과와 간식을 준비해주신 김홍일 목사님께 다시금 사랑과 감사의 인사를 드립니다. 기독교대한성결교회 56개 지방회와 총회 재판위원회가 정해진 재판절차를 잘 준수하고, 충실히 종교재판을 수행하여 진리를 수호하고, 덕을 세우고, 영적 유익을 도모할 것으로 믿습니다. 우리 모두는 마땅히 배우고 확신한 일에 거하여야 합니다.

※ 이수교회 박정수 담임목사님의 카톡 글

어제 저녁에 김낙문 목사님(세 번째 사진에서 흰색 코트 입으신 분)께서 저에게 전화를 주셔서, 김양홍 장로님 강의에 큰 감명을 받으셨다고 하셨습니다. 김낙문 목사님은 학부에서 법학과를 전공하신 분이시고, 교단에서도 주요 직책을 감당하시는 분입니다. 김양홍 장로님 수고 많으셨습니다.

2-55
2024년 이수교회 당회수련회

　지난 10월 3일과 4일 2024년 이수교회 당회수련회를 김윤철 선임장로님의 고향인 문경으로 다녀왔습니다. 지난해 6월 김윤철 장로님의 모친 정을순 성도님이 소천하셨을 때 박정수 담임목사님을 비롯한 이수교회 당회원들이 문경으로 조문 갔다가 들렀던 '하내리 카페' 주변 풍경에 매료되어 올해 당회원 부부 수련회를 문경에서 갖게 된 것입니다.

　저와 김태영 장로님은 낚시로 저녁에 먹을 매운탕거리를 잡기 위해 05:00경 출발하여 김태영 장로님이 집 주변에서 잡은 싱싱한(?) 지렁이로 '하내리 카페' 앞 강가에서 약 3시간 동안 낚시를 했는데, 초등학생(?) 피라미 한 마리 잡았습니다. 그렇게 저녁에 잡은 물고기로 매운탕을 먹기로 한 계획은 무산(霧散)되었습니다.

　약속한 장소에서 다함께 만나 점심식사를 마친 후 '문경새재 도립공원' 주변을 약 4시간 둘러보기로 계획했는데, 제1관문을 통과한 후 일부는 드라마 세트장을 둘러보고, 일부는 제2관문으로 향하고 있을 때 갑자기 비가 쏟아졌습니다. 우리 일행은 우산을 준비하지 않은 관계로 모두 비를 맞았고, 제2관문에도 가지 못한 채 돌아왔습니다. 그래서 계획하지 않았던 '문경종합온천'에 들러 온천을 했는데, 온천물이 좋아서 그런지 로션을 바른 것처럼 피부가 좋아졌습니다. 또한 비가 그치지 않아 숙소인 펜션에서 바비큐 해먹기로 한 계획을 변경하여 식당에서 저녁식사를 했습니다. 문경새재 국립공원 제1관문 가기 전에 사과나무가 몇 그루 있고, 그 사과나무에 사과가 주렁주렁 달려있었는데, 그 사과나무에서 떨어진 작은 사과 2개를 갖고 와서 식당에서 13조각으로 나눠서 먹었는데, 참 맛있었습니다.

　김태영 장로님과 저는 오전 낚시에 대한 미련이 남아서 저녁 예배 후 밤낚시를 하기로 하고 부족한 릴낚시용 바늘을 사기 위해 읍내에 있는 낚시

가게로 갔습니다. 1,000원짜리 릴낚시용 바늘을 7개 사고, 준비한 지렁이가 부족할 것을 대비하여 지렁이 1통을 샀는데, 낚시가게 사장님이 "지렁이는 많이 끼워야 한다"면서 3,000원짜리 지렁이 1통을 그냥 주셨습니다. 김태영 장로님의 승용차 타이어 공기압이 부족해서 카센터에 들러 공기압을 넣었는데, 그곳에서도 무료로 해주셨습니다. 참 넉넉한 문경의 인심입니다.

해가 질 무렵 김윤철 장로님의 고향 댁에 모여 주변을 산책했는데, 마을 입구에 누렇게 익은 벼들이 고개를 숙이고 있는 논이 있어서 풍경화를 보는 듯 했습니다. 김장로님 댁 근처에 보건진료소가 있고, 좁은 도로까지 아스팔트로 모두 포장되어 있으며, 상하수도가 모두 설치되어 있고, 각종 운동시설과 정자 등 쉴 수 있는 공간이 잘 구비되어 있으며, 냇가가 깨끗이 정비되어 있는 등 서울시 서초구 어느 동네를 보는 듯 했습니다. 더군다나 제가 경주 김씨 상촌공파(慶州 金氏 桑村公派)인데, 그 마을에 경주 김씨 상촌공파 종친들이 대부분이 살고 있다고 해서 더 좋았습니다.

김윤철 장로님 댁에서 박정수 담임목사님의 인도로 '경건의 시간'을 가졌습니다. 목사님은 출애굽기 17장 8~13절 본문으로 '당회원 부부의 역할'이

라는 주제로 은혜로운 설교를 해주셨고, 이후 '어떤 분야(은사)에서 담임목 회자를 조력하길 원하는지와 각자의 기도제목 한 가지'에 대하여 나눔의 시간을 나눴습니다. 목사님은 이수교회 당회원들이 하나가 되어 모세 곁에서 도왔던 아론과 훌처럼 도와주고 있음에 감사한 마음을 표현해주셨고, 민창기 부목사님과 정해성 전도사님과 정소영 전도사님, 윤현집 성가대 지휘자님의 헌신적인 도우심에 대해서도 칭찬을 아끼지 않으셨습니다.

각자의 나눔 시간에 저는 "지금 제가 하고 있는 1부와 2부 예배 안내위원, 1부 예배 목장 모임 인도, 새가족부장으로서의 섬김, 장로회 등 대외적인 활동은 은퇴할 때까지 잘 감당하고 싶고, 하나 더 추가한다면 저의 뒤를 이를 사람을 잘 세우고, 성도들이 은사대로 봉사할 수 있는 기회를 잘 만들어 주는 것이 제가 해야 할 일"이라고 말씀드렸습니다.

사랑이 넘치는 경건의 시간을 마치고, 김태영 장로님, 이영훈 장로님, 신성민 장로님과 함께 다시 오전 전투장(?)으로 가서 약 2시간 동안 밤낚시를 했으나 초등학생 피라미 3마리만 잡고 또다시 철수해야만 했습니다. 영양사이신 강광순 권사님이 아침에 물고기 튀김을 준비하시겠다고 했는데 … 저는 특별한 사정이 없는 한 물고기를 잡으면 반드시 잡아먹는데, 어린 초등학생 피라미들이라서 모두 방생해 주었습니다.

일 때문에 일찍 상경한 이명숙 권사님과 저의 아내를 제외한 나머지 분들이 아침에 김윤철 장로님 댁에 모여 강광순 권사님을 비롯한 권사님들과 한별 사모님이 준비해주신 맛있는 아침식사를 하고, 마을 윗동네와 '문경석탄박물관'을 방문했습니다. 1994년에 폐광된 '은성갱도' 주변을 석탄박물관으로 만들어 놨는데, 가족들을 위해 그 지하 갱도를 드나들었을 광부들을 생각하면서 저의 아버지의 모습을 떠올렸습니다.

점심식사는 '콩순이와메밀총각'이라는 식당에서 '족살짜글이'를 먹었는데, 정말 맛이 일품이었습니다. 저는 경상도 음식은 맛이 없다는 편견을 없애준 그 식당 주인 부부에게 "겁나게 맛있는 음식을 만들어주셔서 고맙다"는 인사말을 하면서, "시골마을을 잘 정비해준 문경시장님을 만나면 꼭 칭찬해 달라"는 부탁도 했습니다. 문경시장님과 공무원들은 칭찬받아 마땅합니다.

점심식사 후 문경으로 당회수련회를 오게 만든 '하내리 카페'에 들어 커피를 마시고 상경했습니다. 내 집처럼 평안하게 당회원들을 맞이해주신 김윤철 장로님과 강광순 권사님 내외분, 맛있는 커피와 문경사과를 사주신 이상호 원로장로님과 하정희 권사님 내외분 그리고 우리 당회원들을 위해 맛있는 찹쌀떡과 드립 커피를 보내주신 김윤철 장로님의 여동생 김윤정 집사님에게 다시금 사랑과 감사의 인사를 드립니다. 이번 당회수련회는 모든 것이 계획한대로는 되지 않았지만, '완벽한 변경계획' 덕분에 더 좋았습니다.

박정수 담임목사님이 경건의 시간에 축복기도하신대로, 우리 이수교회 장로님들 부부가 목회자가 힘들고 지쳐 고민할 때 옆에서 기도로, 그 자리를 늘 지켜주는 성실함으로, 따뜻한 위로의 말과 갖가지 사역과 섬김으로 수많은 영적 싸움과 마귀의 유혹 속에서 하나님께서 목회자들을 지키시고, 장로님 부부들을 지키시고, 기관장들과 목장 리더들과 각 부서장들을 지키사 이수교회가 수많은 세상적인 도전 앞에 예수 그리스도의 이름을 높이 들고 승리하는 교회, 하나님이 기뻐하시는 축복의 통로들을 키워내는 교회, 전도와 선교 현장에 선교사님들을 힘 있게 후원하며 하나님의 나라 확장에 쓰임 받는 교회가 될 것임을 믿고 기도하겠습니다. 2025년 이수교회 당회수련회를 기대하고 기대합니다.

> 너희가 기도할 때에 무엇이든지 믿고 구하는 것은 다 받으리라 하시니라
> (마태복음 21장 22절)

2-56
2024년 이수교회 새가족 야유회

　제가 섬기는 이수교회에서 주일마다 하는 즐거운 놀이가 있습니다. 그것은 '사람 맞추기 게임'입니다. 저는 주일 2부 예배 후 교회 5층 식당에서 점심식사를 할 때 식당 끝에서 끝까지 다니면서 성도님들과 인사를 나눕니다. 그때 김윤철 장로님의 이란성 쌍둥이 외손자 한이준과 한유준 맞추기 게임을 합니다. 사진으로 보면 금방 구분이 되는데, 막상 시험장(?)에서는 긴장이 되어서 그런지 맞추는 확률이 그리 높지 않습니다. 지난 주일에는 미리 사진을 보고 예습을 한 다음 시험장에 갔는데, 이준이가 "이~"라고 힌트를 줘서 몰래 공부한 것이 헛것이 되었습니다.
　그리고 제가 한유준 군에게 크게 잘못한 것이 하나 있습니다. 한유준 군이 친척 결혼식을 다녀온 후 신랑과 신부가 왕자와 공주로 보였는지 "빨리 결혼하고 싶어요."는 말을 했다고 해서, 제가 5살 한유준 군에게 "법적으로 만 18세가 된 후 부모의 동의를 받아 결혼할 수 있기 때문에 앞으로 13년이 지나야 된다. 군대는 언제 갈거냐?"라는 아주 어리석은 질문을 했습니다. 저의 아들이 초등학교 저학년 때 "너의 꿈이 뭐냐?"는 질문에 "역사학자가 되고 싶습니다."라고 했을 때 "야~ 뭐 먹고 사냐?"라는 어리석은 질문을 한 이래 제2의 어리석은 질문을 한 것입니다. 그냥 "왜 빨리 결혼하고 싶어?"라는 질문만 했어도 이렇게 후회를 안 할텐데 ... 나중에 저의 손주들에게는 그렇게 어리석은 질문을 하지 않도록 주의하고 또 주의하겠습니다.
　어느 날 '사랑이 풍성한 우리집'이라는 액자 아래에서 간절히 기도하는 한유준 군의 사진을 본 이후로는 제가 한유준 군을 "한장로"라고 부릅니다. 오늘 그 한장로 등 이수교회 2023~2024년 등록 새가족과 그 가족 13명, 안내위원과 새가족부원 12명 등 총 25명이 10월 1일 건국 제76주년 국군의 날에 용산 국립중앙박물관 일대로 야유회를 다녀왔습니다. 아침에 비가 내려서 걱정을 많이 했으나, 다행히 그 이후에는 비가 내리지 않고 시원해서 좋았습니다. 오히려 긴 옷을 입지 않으면 추위를 느낄 정도로 조금 쌀쌀했습니다. 특히 박정수 담임목사님의 장남 동범 군이 국군의 날 제3사관학교 시가행진단 30명에 선발되어 행진을 했는데, 그 모습을 TV로만 봐서 다소 아쉬웠습니다.

이촌역 근처 중식당 '야래향(夜來香)'에서 먼저 점심식사를 하고, 근처 어린이놀이터에서 잠시 쉬면서 사진 찍는 시간을 가졌습니다. 도보로 용산 국립중앙박물관으로 이동하여 박물관 앞에 있는 거울못에서 사진을 찍고, 박물관 관람 등 자유시간을 가졌습니다. 제가 거울못 물가로 나온 남생이(민물거북)를 잡아 아이들과 함께 사진을 찍은 후 살려줬는데, 또 다른 남생이가 자신의 동료가 죽을 고비(?)를 넘긴 사실을 모르고 사람들이 던져주는 것을 먹기 위해 물가로 나와서 그것도 잡아서 아이들이 만져보게 하고 바닥에 놨더니 '치타'처럼 빠르게 물로 입수했습니다. 남생이가 그렇게 빠른 동물인지 몰랐습니다.

오후 3시경 거울못 주변에 야유회 참석자들이 전부 모였을 때 참석한 새가족들이 자신의 소감과 바람을 이야기했고, 새가족부 담당 이주은 목사님과 김윤철 선임장로님의 인사말, 박정수 담임목사님의 인사말과 축복기도로 행복한 새가족 야유회를 마쳤습니다.

오늘 새가족 야유회에 함께 해주신 박정수 담임목사님과 김혜란 목사님, 이주은 목사님, '한장로'를 비롯한 미래의 이수교회 장로님들과 권사님들인 새가족들과 그 가족(김수정 집사님, 한동우·김민영 성도님 부부와 이준과 유준, 김하연 성도님과 모친, 박서욱과 박서원, 류정현 성도님과 이서, 이정윤 성도님과 이다온)과, 안내위원들(김윤철 장로님과 강광순 권사님 부부, 이영훈 장로님)과 새가족부원들(엄정숙 권사님, 유현만 권사님과 손자 신준우)에게 감사인사를 드립니다. 무엇보다도 오늘 야유회 사진을 찍어주기 위해 휴일인데도 하남에서 기꺼이 와주신 이성진 집사님과 음료수 배달 등 잡다한 일을 기꺼이 해주신 미래 이수교회 새가족부장 김만식 집사님께 사랑과 감사의 인사를 드립니다. 우리 주님과 동행하는 것이 행복의 시작입니다. 박정수 담임목사님이 축복기도하신대로, 이수교회에 발을 디디는 모든 분들이 그리고 그 자녀들이 하나님께 존귀하게 쓰임 받고, 축복의 통로로 형통의 길을 갈 수 있기를 기도합니다. 새가족 여러분을 사랑하고 축복합니다.

2-57
주님 내 인생의 후반전에 이것을 이루어주소서

믿음이 없이는 하나님을 기쁘시게 하지 못하나니 하나님께 나아가는 자는 반드시 그가 계신 것과 또한 그가 자기를 찾는 자들에게 상 주시는 이심을 믿어야 할지니라(히브리서 11장 6절)

 2024년 8월 11일 주일 이수교회 박정수 담임목사님이 설교(주제 : 하나님의 기억력, 본문 : 창세기 40장 16~23절) 끝부분에서 하나님께 '내 인생의 후반전에 주님 이것을 이루어주소서'라고 할 기도제목을 적어보라고 하셔서 1부 예배 목장 모임 하면서 목원들의 기도제목을 한 가지씩 받았습니다(목장 모임에 참석하지 못한 분들은 문자로 받았습니다).

 박명옥 권사님 : 지금 이대로, 건강하게 살다 천국 가게 하옵소서.
 안혜숙 권사님 : 남편 오영국씨가 예수님 믿고 구원받아 같이 천국 입성하게 하옵소서.
 이승연 권사님 : 할머니가 되어 손주 안아보게 하옵소서.
 윤철수 집사님 : 태종약품이 1,000년 기업이 되게 하시고, 하나님의 일 잘 감당하게 하옵소서.
 조선영 집사님 : 인생의 후반전 몸과 마음에 주님의 평안과 사랑만 가득 채워주시고, 그리스도의 향기를 발하는 삶 살게 하옵소서.
 최인석 집사님 : 아버지의 건강이 회복되 하옵소서.
 박한나 집사님 : 항상 겸손한 마음으로 양가 부모님을 공경하고, 찬희에게는 본이 되며, 하나님이 보시기에 기쁘신 성경대로 화목한 가정 되게 하옵소서.

양호석 집사님 : 힘들고 괴로운 시간을 보내고 있는 신자들이 하나님의 임재 가운데 하나님의 음성을 듣고 평강한 삶을 살도록 하옵소서.
윤자연 집사님 : 사랑하는 분들이 하나님을 믿고 하나님께 영광 돌릴 수 있도록 전도의 역량을 키워주옵소서.
김양홍 : 몸도 마음도 건강한 할아버지가 되어 주어진 자리와 직분 잘 감당하게 하옵소서.

구하라 그리하면 너희에게 주실 것이요 찾으라 그리하면 찾아낼 것이요 문을 두드리라 그리하면 너희에게 열릴 것이니 구하는 이마다 받을 것이요 찾는 이는 찾아낼 것이요 두드리는 이에게는 열릴 것이니라
(마태복음 7장 7~8절)

오늘 이수교회에 처음 오신 이정윤 자매님, 이정윤 자매님을 인도하신 유미숙 권사님, 새가족부 이주은 목사님과 김만식 집사님의 기도제목은 다음과 같습니다.

이주은 목사님 : 딸 김은아가 성령으로 거듭나고 믿음의 배우자 만나 믿음의 가정 이루는 은혜를 맛보게 하소서.
유미숙 권사님 : 현재 우리나라 고아들 양육은 보육시설에 맡겨서 키우는 체계인데, 가정과 같은 환경에서 양육될 수 있는 체계로 바꿔주옵소서.
김만식 집사님 : 하나님이 나의 아버지가 되고, 내 후손의 아버지가 되게 하옵소서.
이정윤 성도님 : 행복한 할머니가 되게 하시고, 서양화가가 되어 전시회를 열게 하옵소서.

제2남전도회 목장 목원들의 기도제목은 다음과 같습니다.

목진용 권사님 : 내 인생의 후반전에 주님 나라 위한 복음전도와 선교사역에 큰 열매 맺도록 더욱더 충성하게 하시고, 주님나라 위해 일 하는데 부족함 없도록 영육간에 건강함과 체력을 허락해 주옵소서.

정일찬 집사님 : 70세까지 건강하게 직장생활 할수 있도록 은혜 베풀어 주옵소서.
정효남 성도님 : 인생의 후반기 건강 몸으로 자녀와 함께 하나님을 섬길 수 있게 하옵소서.

사람은 나를 잊을 수 있으나, 하나님은 절대 나를 잊지 않으신다는 것을 믿습니다. 우리 다함께 기도 응답받을 때까지, 관 뚜껑 열고 들어갈 때까지 기도하십시다. 하나님께서 하나님의 때에 하나님의 방법으로 우리의 기도를 들어주실 것으로 믿습니다.

너희가 악한 자라도 좋은 것으로 자식에게 줄 줄 알거든 하물며 하늘에 계신 너희 아버지께서 구하는 자에게 좋은 것으로 주시지 않겠느냐
(마태복음 7장 11절)

2-58
저는 6개 교회의 장로입니다

　오늘(2024. 8. 8.) 이수교회 밤기도회 예배를 드리고 나오는 길에 사랑하는 딸과 전화통화하면서 '교회'에 대해 이야기 했습니다. 요새 딸이 가족 성경통독방에서 말씀 묵상을 은혜롭게 잘 하고 있음을 칭찬하자, 딸이 "성경통독방이 교회 같아요"라고 했습니다. 맞습니다. 교회 건물이 교회가 아니라 하나님을 믿는 사람들의 모임이 교회입니다. 그런 의미에서 저는 6개의 교회를 섬기고 있습니다. 아내와 딸·아들이 함께 신앙생활을 하고 있기 때문에 저의 가정이 제1교회이고, 아내와 딸, 장모님, 처제와 처남이 함께 말씀 묵상과 기도하는 가족 성경통독방이 제2교회이며, 이수교회 오전 8시 1부 예배 후 목장 목원들과 함께 목사님의 설교에 대해 서로 받은 은혜를 나누는 목장 모임이 제3교회이고, 월요일부터 금요일까지 저녁 8시에 예배드리는 이수교회 밤기도회가 제4교회이며, 제가 시무장로로 섬기고 있는 이수교회가 제5교회이고, 제가 2020년도부터 자문변호사로서 섬기고 있는 기독교대한성결교회 총회본부와 소속 모든 교회가 제6교회입니다.

　입추인 어제 이수교회 밤기도회 때 박정수 담임목사님께서 자녀들에게 바라는 것이 두 가지가 있는데, 첫 번째는 하나님을 영적으로 체험하고 신바람 나게 신앙생활 것이고, 두 번째는 어떤 곳에 가서도 불평·원망하지 않고, 성실하게 감사하며 사는 것이라고 하셨습니다. 담임목사님은 그것이 행복한 인생이고, 본인 스스로가 그렇게 살았다고 하셨습니다. 저도 담임목사님처럼 저의 딸·아들에게 똑같은 말을 해주고 싶고, 성도님들 앞에서 저도 그렇게 살았다고 자신 있게 말할 수 있기를 소망합니다. 저는 매일 아침 출근해서 장로장립패를 읽고, 아침 기도하는 것으로 하루를 시작합니다. 그 장로장립패에는 이렇게 쓰여 있습니다.

장로장립패

귀하는 주님의 몸 된 교회의 충성스런 일꾼으로 믿음과 성품과 봉사사역에 본이 되어 담임목사를 도와 교회 부흥과 발전에 헌신함으로 교단 헌법 절차에 따라 이수교회 장로로 장립 받음을 진심으로 축하드리오며 이를 기념하여 이 패를 드립니다.

네가 죽도록 충성하라 그리하면 내가 생명의 면류관을 네게 주리라
(계 2:10)

주후 2017년 4월 30일
기독교대한성결교회 이수교회 담임목사 박정수

제가 2017년 1월 14일 장로 후보자로서 교육받을 때 선배장로이신 안충순 장로님이 내주신 숙제가 "훗날 소천했을 때 섬기는 교회 성도님들이 써주셨으면 하는 추도사를 써 오라"는 것이었습니다. 그 때 제가 써 본 추도사입니다.

추도사

이름도 없이, 빛도 없이
예수님처럼 우리들을 섬겨주셔서 감사합니다.
많이 보고 싶을 거예요.
안녕히 가십시오.
사랑합니다.

이수성결교회 성도 일동

저의 장로장립패에서 쓰인 글귀대로 제가 '충성스러운 일꾼, 믿음과 성품과 봉사사역에 본'이 되도록 마음을 다하고 뜻을 다하겠습니다. 제가 미리 써본 추도사대로 우리 6개 교회 성도님들이 저를 기억할 수 있도록 죽

도록 충성하고 싶습니다. 무엇보다도 저 자신이 저를 존경할 수 있는 삶을 살아내고 싶습니다. 그래서 저의 아내와 딸·아들 그리고 미래의 손주들로부터 사랑과 존경을 받는 남편과 아버지, 할아버지로 살다가 하늘나라 가고 싶습니다.

2-59
가고 싶은 교회 '그말씀교회'

    2017년 장로장립된 기독교대한성결교회 서울강남지방회 12명의 장로들의 친목모임인 '열두제자' 장로님 여섯 분(이한기, 김용규, 최창열, 김호필, 최중복, 김양홍)이 서울 구로구 개봉동에 있는 '그말씀교회(담임목사 정현준)' 금요기도회에 참여해서 함께 예배드리고, 함께 기도하고 왔습니다. 열두제자 모임에서 지난해 11월 서울 사당역 근처에 있는 작은 교회 '들꽃교회'에서 예배드리고, 올해가 두 번째 작은 교회 방문인데, 열두제자 모임이 계속되는 한 매년 작은 교회 방문은 계속 될 것으로 믿습니다.

    정현준 담임목사님과 안 란 사모님, 정목사님의 다섯 살 아들 '정 결'군, 찬양팀 서한샘, 장영애, 염 광 청년, 오정민 자매님과 두 자녀, 열두제자 장로님 여섯 분 그리고 취재를 위해 와 오신 한국성결신문사 황승영 편집국장님과 함께 교회 근처 식당에서 맛있는 식사를 했습니다. 가장 나중에 도착하시는 분이 식사기도를 하여야 하는 열두제자 모임 규칙에 따라 김용규 장로님이 식사기도를 해주셨습니다.

    저녁식사 후 담임목사님 사택 겸 교육관으로 사용되는 공간에서 사모님이 손수 만드신 식혜를 마시면서 밤기도회를 준비했습니다. 특히 정목사님의 고향이 전라남도 장흥군으로 저와 같아서 더 반가웠습니다. 기독교대한성결교회 목자재단에서는 무료로 작은 교회 성전 리모델링 등을 해주는 사역을 하고 있는데, '그말씀교회'도 그 혜택을 볼 수 있도록 황승영 편집국장님이 알아봐 주신다고 하셔서 기대만땅입니다.

    '그말씀교회'는 2018년 개척된 작은 교회인데, 현재 성도는 40대 이하 장년 16명, 어린이 4명이라고 합니다. 매주 사모님이 식사를 준비하면 청년 2명이 도와주고 있는데, 주보를 보니까 정목사님 부부는 설거지까지 하고 계셨습니다. 천사 같은 서한샘 형제와 장영애 자매가 찬양을 인도했는데, '예배합니다. 경배하리, 주는 완전합니다. 우릴 사용하소서' 곡으로 함께 찬양할 때 참 행복했습니다. 찬양가사대로 우리는 연약하지만, 한없는 주님의 은혜가 넘치기에 주님을 따라가고, 그래서 교회가 교회되게 예배가 예배되게 하실 것을 믿습니다.

정목사님은 사도행전 1~9장 내용으로 '사도행전으로 본 교회시대'라는 주제의 은혜로운 설교를 해주셨습니다. 목사님들은 성경 본문의 한 장의 일부를 갖고 설교를 하시는 경우가 대부분인데, 정목사님은 어제 사도행전 1~9장 전부를 갖고 광범위하게 설교를 해주셨습니다. 신기하게도 제가 어제 아침 정목사님으로부터 설교 주제와 성경 본문을 받기 전에 묵상한 성경 본문이 사도행전 1~8장이었습니다. 그래서 얼른 9장을 묵상하고, 오늘 정목사님의 설교를 들으니 귀에 더 쏙쏙 들어오는 듯 했습니다. 성령 강림으로 탄생한 초대교회는 갈등과 박해 속에서도 흥왕했습니다. 성령님이 함께 하셨기 때문입니다. 정목사님의 설교 중 "우리가 교회가 되어, 교회로 살아가야 하고, 그말씀교회는 우리 교회이지만 주님의 교회"라고 하신 말씀이 가슴에 와 닿았습니다.

저녁 9시경 밤기도회를 마친 후 열두제자에서 준비한 격려금을 전달하고, 단체사진을 찍은 후 예배당에서 개척멤버이자 소방관인 염 광 형제가 제주도 여행 갔다가 사온 귤과 과자를 먹으면서 각자의 소감을 이야기 하는 시간을 가졌습니다. 제가 존경하는 김승현 장로님의 아드님인 김영하 형제가 사진을 잘 찍으시는 아버지처럼 교회 사진을 담당하고 있어서 참 보기 좋았습니다. 또한 조상완·이은경 신혼 부부로부터는 나라와 교회를 위해 아이 3명을 낳겠다는 다짐을 받아냈고, 밤기도회를 위해 수원에서 온 왕성우 형제와 부천에서 두 자녀를 데리고 온 오정민 자매님에게도 사랑과 감사의 인사를 드립니다.

제가 "오고 싶은 교회입니다. 와서 젊은 형제자매들과 함께 담임목사님을 섬기면서 사역하면 참 행복하겠다는 생각이 들었습니다."라는 소감을 이야기 하자 정목사님께서 "은퇴하시고 오시라"고 하셨지만, 제가 "이수교회에서 생을 마감하고 싶을 때까지 하고 싶은 1부 예배 목장 모임 인도와 새가족부 섬김 때문에 오고 싶지만 올 수가 없습니다."라고 대답했습니다. 그러므로 가고 싶은 교회인 '더말씀교회'에 여러분이 가주십시오.

정목사님은 "장로님들의 한 말씀 한 말씀에 많은 위로와 도전이 되었고, 다음 기회에 열두제자 장로님들을 꼭 초대하고 싶습니다."라고 하셔서 제가 '염 광' 형제의 등을 두드려주면서 "우리 교단 헌법상 성도 25명 당 장로 1명을 세울 수 있으므로 장로장립식 때 꼭 오겠습니다."라고 화답했습니다. 성도들과의 나눔을 10~20분만 할 줄 알았는데, 무려 1시간 30분 가량을 했습니다. 저녁 6시 30분경부터 10시 30분경까지 약 4시간의 시간이 금방 지나갔습니다.

※ 정현준 목사님이 페이스북에 올린 글

성결교회 강남지방회 장로님의 열두제자 모임(2017년 장로장립 동기)에서 함께 금요기도회를 참석해주셨습니다. 뜨거운 기도와 위로가 넘치는 교제의 시간이 되었습니다. 장로님들은 기도회 전에 맛있는 저녁을 사주셨고, 기도회 마치고 목회자 가정을 위한 위로금을 전달해주셨고, 10시 30분 늦은 시간까지 청년들과 함께 이야기를 나누면서 감사한 시간을 보냈습니다. 먼 길 마다하지 않고 늦은 시간까지 함께해주신 귀한 장로님들의 섬김에 감사드리며, 그말씀교회에도 열두제자의 장로님처럼, 교회를 사랑하며 교회로 살아가는 그리고 개척교회를 돕는 장로님들이 세워지길 소망하며, 좋은 날에 열두 제자의 장로님들을 초대하여 섬길 수 있기를 소망해봅니다.

가고 싶은 교회인 '그말씀교회'에서 초대교회 성도들의 모습을 봤습니다. 제가 기도한대로 '그말씀교회'가 하나님이 기뻐하시는 위대한 교회가 되고, 정현준 목사님이 위대한 목회자가 되어 귀하게 쓰임 받으실 것으로 믿습니다. '그말씀교회' 예배당 벽면에는 다음과 같은 성경구절이 새겨져 있습니다. 그 말씀대로 살아가는 '그말씀교회' 정현준 담임목사님을 비롯한 20여명의 성도님의 삶 가운데 하나님이 늘 함께 하실 것임을 믿습니다. 사랑하고 축복합니다.

그리스도의 말씀이 너희 속에 풍성히 거하여 모든 지혜로 피차 가르치며 권면하고(골로새서 3장 16절)

그러므로 믿음은 들음에서 나며 들음은 그리스도의 말씀으로 말미암았느니라(로마서 10장 17절)

※ 한국성결신문사 황승영 편집국장님의 도움으로 '그말씀교회'가 목자재단으로부터 리모델링 대상 교회로 선정되었고, 2024. 11. 16. 한국성결신문 제 1면에 '그말씀교회' 관련기사가 실렸습니다.

2-60
주 안에서 항상 기뻐하라

주 안에서 항상 기뻐하라 내가 다시 말하노니 기뻐하라(빌립보서 4장 4절)

한 해 동안 지켜주시고 일할 수 있는 생업의 터전을 주신 하나님께 감사를 드리는 '추수감사주일'인 오늘 이수교회는 온가족이 함께 세대통합예배를 드렸습니다. 박정수 담임목사님 설교(주제 : 주 안에서 항상 기뻐하라, 본문 : 빌립보서 4장 4절)로 은혜 받은 것은 나누고자 합니다.

우리가 기쁘게 살아야 하는 이유는 무엇일까요? 그것은 우리를 위해 '자식이 죽는 것을 지켜보는 사랑'을 해주신 하나님 아버지께서 육신의 부모님처럼 자녀인 우리가 기쁘게 살아가기를 원하시기 때문입니다. 또한 우리가 기쁨을 잃으면 마귀가 틈타고 들어와서 불평과 원망, 미움과 분열이 생기게 하기 때문입니다. 박정수 담임목사님의 선창으로 부모들과 자녀들이 하나님께 다음과 같이 헌신할 것을 고백하는 시간을 가졌습니다.

<부모들의 헌신 고백>

하나님, 우리가 부모입니다. 자녀들에게 하나님을 사랑하는 법을 가르치겠습니다. 하나님을 예배하고 말씀에 순종하는 삶을 자녀들에게 본을 보이겠습니다.

<자녀들의 헌신 고백>

하나님, 믿음의 가정에 태어나게 하심을 감사드립니다. 부모님을 본받아 하나님을 기쁘게 해드리는 자녀가 되겠습니다. 일평생 하나님을 예배하며 살겠습니다.

오늘 이수교회 점심식사 때 '감과 사과주스'가 제공되었는데, 박정수 담임목사님께서 "감의 '감'과 '사과주스'의 '사'를 합치면 '감사'가 되기 때문에 그렇게 준비하셨다"고 하셔서 '감사'의 마음으로 더 맛있게 '감사'를 먹었습니다. 추수감사주일을 맞아 이 땅에 모든 가정에 구원의 기쁨과 감사가 넘쳐나기를 기도합니다. 주 안에서 항상 기뻐하고, 쉬지 말고 기도하고, 범사에 감사하는 우리가 되길 기도합니다. 오늘 부모들과 자녀들이 고백한 것처럼, 부모들은 하나님의 말씀과 기도로 가정을 세우고, 자녀들은 기쁨으로 순종하며 믿음의 위대한 인물들이 되길 기도합니다.

> 항상 기뻐하라 쉬지 말고 기도하라 범사에 감사하라 이것이 그리스도 예수 안에서 너희를 향하신 하나님의 뜻이니라(데살로니가전서 5장 16~18절)

2-61
매일 아침 나의 고백

이수교회 박정수 담임목사님이 이번 주일 설교(주제 : 여호와여 일어나소서, 본문 : 시편 3편 1~8절) 하실 때 매일 아침 눈을 뜨자마자 이렇게 고백한다고 하셨습니다.

주님, 제가 오늘도 일어나게 하시니 감사합니다.
오늘 하루도 살게 하시니 감사합니다.
행복하게 살겠습니다.
섬기며 살겠습니다.
예수 전하며 살겠습니다.
주님 사랑합니다!

저도 이번 주 월요일부터 담임목사님처럼 아침 고백을 시작했습니다. 특히 '오늘 하루 하나님이 주신 시간 낭비하지 않게 하옵소서.'라는 기도를 빼먹을 때는 유난히 핸드폰을 더 많이 보는 것 같습니다. 매일 아침 고백으로 하루를 시작하겠습니다. 기도는 불편한 것이 아니라 나를 살리는 '구명보트'입니다.

하나님 아버지
사랑합니다.
감사합니다.
오늘 하루 선물로 주셔서 감사합니다.
오늘 하루 저의 몸과 마음의 건강을 지켜주옵소서.
오늘 하루 하나님께는 영광, 이웃에게는 유익이 되는 삶을 살게 하옵소서.
오늘 하루 저의 삶이 예배가 되고, 전도가 되게 하옵소서.

오늘 하루 하나님이 주신 시간 낭비하지 않게 하옵소서.
항상 감사하는 마음 주옵소서.
모든 것을 감사드리며,
예수님의 이름으로 간절히 기도합니다.

아래 내용은 이재철 목사님(100주년기념교회)이 30년 목회하면서 매일 눈을 뜨면 드린 기도라고 합니다.

오늘도 바른 것을 분별하는 지혜와
바른 것을 실천하는 용기와
바른 것을 포기하지 않는 인내와
바르게 더불어 살아가는 은혜를 주십시오.
오늘도 보다 깊고, 넓고, 멀리 바라는 눈과
보다 많은 것을 정확하게 듣는 귀와
보다 사려 깊게 말하는 입과
보다 많은 사람을 포용하는 마음과
보다 주님을 닮은 손과 발을 지니게 해주십시오.
그리하여 어제의 결과가 오늘인 것처럼
오늘이 보나 나은 내일을 향한 발판이 되게 해주십시오.

저도 이재철 목사님의 기도를 수십 번 반복해서 따라했습니다. 위 기도가 온전히 저의 기도가 되기를 소망합니다. 그래서 위 기도대로 제가 바르게 더불어 살아가고, 보다 주님을 닮은 손과 발을 지니게 되기를 간절히 기도합니다.

2-62
자원하는 마음

　2024년 12월 첫 날이자 대림절(待臨節) 첫 번째 주일 이수교회 1부 예배(민창기 부목사님 설교 주제 : 자원하는 마음, 성경 : 시편 51편 1~13절), 2부 예배(박정수 담임목사님 설교 주제 : 빛으로 오신 예수님, 성경 : 요한복음 1장 9~14절), 청년부 블레싱 찬양단과 연합 찬양단이 주관하여 분기별로 드리는 오후 전교인 찬양예배(김의숙 협동목사님 설교 주제 : 회개하라, 성경 : 마태복음 3장 1~3절과 4장 17절) 그리고 박정수 담임목사님이 '2025년 목장 리더 준비 교육' 하실 때 받은 은혜를 나누고자 합니다. 세 분 목사님의 설교 내용과 목장 리더 준비 교육 내용은 모두 다르지만, 한 가지 공통점이 있습니다. 그것은 바로 '자원하는 마음'입니다. 각 말씀의 주요 성경 구절을 소개합니다.

1. 1부 예배 핵심 성경 구절

　주의 구원의 즐거움을 내게 회복시켜 주시고 자원하는 심령을 주사 나를 붙드소서(시편 51편 12절)

Ⅱ. 2부 예배 핵심 성경 구절

　영접하는 자 곧 그 이름을 믿는 자들에게는 하나님의 자녀가 되는 권세를 주셨으니(요한복음 1장 12절)

Ⅲ. 전교인 찬양예배 핵심 구절

　이 때부터 예수께서 비로소 전파하여 이르시되 회개하라 천국이 가까이 왔느니라(마태복음 4장 17절)

Ⅳ. 2025년 목장 리더 준비 교육 핵심 성경 구절

> 너희 중에 있는 하나님의 양 무리를 치되 억지로 하지 말고 하나님의 뜻을 따라 자원함으로 하며 더러운 이득을 위하여 하지 말고 기꺼이 하며(베드로전서 5장 2절)

'자원(自願)하다'라는 말은 '어떤 일을 자기 스스로 하고자 하여 나서다'는 뜻입니다. 다윗은 자신의 죄를 자복한 후 하나님께 용서를 구하고(시편 51편 2절과 7절), 자원하는 마음을 주시면 주의 도를 가르치겠다(시편 51편 12~13절)고 서원했습니다. 하나님은 빛으로 오신 예수님을 믿는 자들에게는 하나님의 자녀가 되는 권세를 주셨으나(요한복음 1장 12절), 그와 같이 예수님을 그리스도로 믿는 것도 자원하는 마음이요, 회개하는 것도 자원하는 마음이 없으면 할 수 없는 것입니다. 목장 그 자체가 하나의 교회이므로, 목장 리더는 '목장교회'의 '담임목사'로서 자원하는 마음으로 양 무리인 목원들을 잘 섬겨야 마땅합니다.

아래 2025년 이수교회 목장 리더들과 마을장들이 각자 목자로 부름 받아 목장을 맡게 된 느낌과 각오를 이야기하는 시간에 저는 사랑공동체이자 기도공동체인 "1부 예배 목장 목원들과 함께 하는 시간이 너무 행복해서 자원하는 마음으로 생을 마감할 때까지 1부 예배 목장 리더를 하고 싶다"고 했습니다.

박정수 담임목사님은 교육을 마치면서 목장 리더들과 마을장들 한 분 한 분에게 '십자가 목걸이'를 걸어주시면서 "주님을 위해 잘 사시다가 나중에 소천하시기 전에 자녀들에게 이 십자가를 목에 걸어달라고 하시라"고 하셨는데, 저의 딸·아들은 그렇게 해주리라고 믿습니다. 저는 생애 처음으로 목걸이를 걸었는데, 그것이 십자가 목걸이어서 더 좋았고, 천국 가는 날 저와 동행할 것이기에 더 소중한 마음이 들었습니다. 2025년 이수교회 목장 리더들과 마을장들 모두가 '양 무리의 본'이 되기를 간절히 기도합니다.

※ **2025년 이수교회 목장 리더와 마을장**

총남전도회 : 회장 김양홍, 총무 김태영
총여전도회 : 회장 이명숙, 총무 김주애
남자 마을장 : 김양홍 장로
남자 목장 리더 : 이상호 원로장로(1남), 신성민 장로(2남), 김태영 장로(3남A), 이양행 집사(3남B), 김양홍 장로(1부예배)
여자 마을장 : 이명숙 권사
여자 목장 리더 : 김의숙 목사(1여A), 김혜란 목사(1여B), 김서란 권사(2여A), 강광순 권사(2여B), 유현만 권사(3여A), 강수진 권사(3여B), 진수정 집사(4여A), 김선희 집사(4여B), 김주애 집사(4여C)

2-63
기독교대한성결교회
서울강남지방장로회 2024년 임원수련회

1. 첫째 날 : 챔피언조

 기독교대한성결교회 서울강남지방장로회(이하 '장로회'로 약칭) 임원수련회를 2024년 12월 5일부터 7일까지 일본 후쿠오카로 다녀왔습니다. 저는 2013년 대마도(쓰시마), 2015년 북해도(홋카이도)를 다녀온 이후 세 번째 일본 방문입니다. 후쿠오카는 서울 보다 약 10도 정도 따뜻한 것 같습니다. 인천공항 제2터미널 06:50 첫 비행기로 출발해서 08:10 후쿠오카공항에 도착하였고, 도착지인 그린랜드CC 가는 길에 있는 일본식 카레 전문식당인 '코코 이치반야 나카스' 식당에 들러 회장 강성식 장로님이 사주신 비프하이라이스와 돈카츠 등 일본음식을 먹었습니다. 일본은 만화천국이라서 그런지 그 작은 식당에도 책장에 만화책을 볼 수 있게 해놨습니다. 심지에 저희가 묵은 호텔(HOTEL SEKIA) 로비에는 2,300권의 만화책이 비치되어 있었습니다. 식당에 일본 일간신문이 비치되어 있는데, 1면에 '한국 계엄령 하룻밤 사이에 해제' 되었다는 기사가 있었습니다.

이번 수련회에는 장로회 임원 12명 중 10명과 전 회장 이철해 장로님과 이규배 장로님이 참석했는데, 제1부회장 문행원 장로님이 골프를 안 하시기 때문에 11명이 3개조로 나누어 운동을 했습니다. 첫 티업시간인 12시 10분 전에 그린랜드CC 클럽하우스에 도착했는데, 우리를 맞아주시는 분은 네 분의 할아버지 직원들였습니다. 프론트에서 준 종이에 이름 등을 적어주자 열쇠를 줬고, 그 열쇠로 락카 문을 열어야 했고, 호텔 객실 문도 전자키가 아닌 열쇠로 열어야 했습니다. 27홀 골프장인데도 샤워 시설도 없고, 작은 화장실이 1개 밖에 없다는 것이 신기했습니다. 그렇지만 캐디 없이 2인용 카트를 타고 페어웨이를 들어갈 수 있어서 골프 하는 데는 참 편했습니다.

　　둘째 날부터는 전날 라운딩 후 스코어에 따라 조 편성을 하기로 했는데, 1조는 골프를 잘 하는 장로님들로 편성을 해서 제가 3조로 편성된 것이 당연함에도 처음에는 거시기(?)했습니다. 그러나 강성식 회장님이 "PGA에서는 마지막 조가 챔피언조다."라고 해서 기분이 좋아졌고, 그래서 3일 내내 챔피언조를 사수했습니다. 저는 첫날 골프 입문 23년 만에 34번째 버디를 하는 등 96타(파 3개)로 나름 선전했으나, 뒤에서 1등을 했습니다. 그래서 다음날 당연히 3조로 편성이 되었습니다.

　　운동을 마치고 약 20분 거리에 있는 호텔에 도착하자마자 온천욕을 했는데, 오랜만에 하는 온천욕이라서 더 좋았습니다. 그런데 할머니가 자연스레 남탕에 들어 오셔서 탕 여기저기를 다니시면서 청소를 하셨습니다. 그리고 저와 같은 방을 쓴 일본통 김성우 장로님(이하 '김장로님')은 "탕에 들어갈 때 머리에 작은 타월을 얹는 것이 예의이다."라고 하셔서 그렇게 했는데, 정작 일본 할아버지들은 그렇게 하지 않았습니다. 김장로님이 "유카타(浴衣, 집 안에서 또는 여름철 산책할 때에 주로 입누 일본의 전통 의상)와 가운을 입고 가서 온천욕을 하고, 그 상태로 식당에서 식사를 할 수 있다."고 해서 그렇게 했는데, 식당에는 유카타를 입은 사람이 저 외에 2명밖에 없었습니다. 저녁식사는 음료와 술이 무제한 제공되는 호텔 뷔페식으로 배가 보대낄(?) 정도로 저녁식사를 많이 하고, 첫날 하기로 한 서울강남지방장로회 회무를 둘째 날로 미루었습니다. 잠들기 전 김장로님과 이런 저런 이야기를 하면서 일본어를 배우셨던 김장로님으로부터 생활 일본어를 배우다가 잠이 들었습니다.

2. 둘째 날 : 믿음의 가족

새벽 5시 이전에 일어나 김장로님의 본가와 처가 가족들 이야기를 들으면서 우리가 왜 믿음의 가정을 이루어야 하는 지를 느꼈습니다. 김장로님의 아버님(故 김준영 원로장로)과 장인어른(故 박경상 장로)이 장로님이시고, 김장로님은 봉일성결교회에서 처음으로 대를 이어 2006년에 장로가 되셨다고 합니다. 김장로님은 2남 1녀 중 장남, 부인인 박미성 권사님은 1남 3녀 중 장녀인데, 김장로님의 가족(출가한 따님과 아드님 가족 포함)과 처가 가족들 모두가 매주 토요일마다 함께 모여 식사를 하면서 서로의 정을 나누고 있고, 매년 두 차례 20여명의 가족들이 함께 여행을 다녀온다고 합니다. 김장로님의 장인장모님 추도예배는 형제들이 돌아가면서 주관을 하고, 크리스마스 때는 마니또(제비뽑기 따위를 하여 선정된 상대방에게 자신의 정체를 숨기고 편지나 선물 등을 제공하는 사람) 게임을 통해 5만원 상당의 선물을 준비하고, 선물을 받은 가족이 자신의 마니또를 맞추면 추가 선물을 준다고 합니다.

김장로님의 따님이 자녀손 중에서 맏이인데, 사촌들끼리 우애가 있어서 예컨대 김장로님의 처제가 자녀에게 하고 싶은 훈육을 김장로님의 따님을 통해 하는 등 가족끼리 서로 도움을 주고받는 참 아름다운 믿음의 가족입니다. 김장로님의 동서인 우리들교회 정민영 장로님은 결혼 후 하나님을 믿었지만, 교회 다닌 후 술·담배를 끊었고, 교회 교구장을 맡은 이후에는 성도님들을 섬기기 위해 골프까지 끊으셨다고 합니다. 저도 과거 술을 마셨고, 골프를 해서 아는데, 술 끊는 것은 그냥 끊을 수 있지만 골프를 끊는 것은 정말 대단한 결심을 해야 가능한 일입니다.

형제를 사랑하여 서로 우애하고 존경하기를 서로 먼저 하며
(로마서 12장 10절)

　　김장로님은 손주를 돌보시면서 "내가 이 아이들을 보기 위해서 지금까지 살았나 싶은 생각이 든다."고 하셨는데, "손주가 오면 행복하고, 가면 더 행복하고, 조금 있으면 보고 싶다."고 하셨습니다. 김장로님은 "손주를 보는 것은 행복한 일이자 힘든 일이다. 연로하신 어머님이 계시지만 손주 기도부터 하게 된다."면서 아직 손주를 보지 못한 친구들을 위해 《할아버지가 된다는 것》에 대해 글을 써서 주고 싶다고 하셨습니다. 저의 꿈은 할아버지가 되는 것이기에 저도 할아버지가 되면 《할아버지가 손주에게 하고 싶은 이야기》라는 책을 쓰고 싶습니다. 가정이 살아야 나라가 삽니다. 가정에서 사랑과 배려를 가르쳐야 세상에서 사랑과 배려를 할 수 있습니다. 대한민국의 모든 가정이 김장로님의 가족처럼 참 멋진 믿음의 가정이 되기를 소망합니다.

　　둘째 날 골프에서는 저 스스로 놀랄 정도로 잘 했습니다. 파를 7개나 했고, 마지막 홀에서는 칩인 버디(생애 35번째 버디)까지 해서 88타로 생애 두 번째로 잘 쳤습니다. 또한 골프공 농사도 잘 지어서 무려 공을 60개 넘게 주웠고, 그 공들을 호텔 객실로 가져온 공만 56개였습니다. 제가 그 기쁜 소식을 친구 부부 단톡방에 알렸더니 친구 부인이 제가 외화벌이(?) 한 것에 대해 칭찬해주었습니다. 그래서 그 중 A급 공 40개를 한국에 갖고 왔습니다. 전반 9홀을 마친 후 클럽하우스에서 전 회장 유일식 장로님이 사주신 '굴 플라이' 정식도 참 맛있게 먹었습니다.

운동 후 온천을 하고 16:30경부터 18:30경까지 호텔 탁구장을 빌려서 제1부 예배(말씀 선포 회계 윤재필 장로님, 주제 : 예수님의 섬김의 리더쉽, 성경 : 마가복음 10장 35~45절) 후 회무 시간에 '제72회기 정기총회 회의안 및 보고서'를 검토하고, 향후 일정 등에 대해 논의했습니다.

> 너희 중에는 그렇지 않을지니 너희 중에 누구든지 크고자 하는 자는 너희를 섬기는 자가 되고 너희 중에 누구든지 으뜸이 되고자 하는 자는 모든 사람의 종이 되어야 하리라 인자가 온 것은 섬김을 받으려 함이 아니라 도리어 섬기려 하고 자기 목숨을 많은 사람의 대속물로 주려 함이니라(마가복음 10장 43~45절)

둘째 날 저녁에는 유카타 대신 개량 한복을 입고 저녁식사를 했습니다. 자일리톨 껌통 안에는 껌종이가 있을 정도로 남을 배려하게 하는 일본인들이 저녁식사 때 호텔 뷔페식당 안에서 빈 생수통에 정수기 물을 담아가지 못하게 하는 것은 이해가 되지 않았습니다.

저녁에 잠들기 전에 전날 밤처럼 김장로님과 행복한 대화를 이어갔는데, 김장로님은 자녀에게 "천국에 갈 것이기 때문에 엄마아빠의 존재를 남기지 마라."고 당부하셨답니다. 저는 군법무관으로 10년을 복무했기 때문에 소천시 부부가 '호국원(護國院)'에 갈 수 있으나 자녀에게 "할아버지 곁에 묻어 달라."고 했는데, 저도 김장로님 내외분의 멋진 생각을 한 번 더 고민해 볼 생각입니다. 김장로님의 가족 모두는 음악을 사랑하는 가족인데, 김장로님은 기타, 박권사님과 따님은 피아노를, 아드님은 베이스기타를 연주할 줄 알고, 자녀가 교회에서 반주로 섬기고 있다고 합니다. 김장로님이 연주한 기타 연주를 한 곡 들었는데, 전문 기타리스트처럼 연주를 참 잘 하셨습니다. 참 부러운 믿음의 가족입니다. 무슨 이유인지 밤늦은 시간에 호텔 야외 공연장 쪽에서 불꽃놀이가 진행되어 밤하늘을 화려하게 장식했습니다.

3. 예수님만을 섬기는 장로들이 되게 하소서

제가 둘째 날 너무 골프를 잘 하는 바람에 마지막 날은 2조로 편성이 되었으나, 제가 챔피언조에 남고 싶다고 짜웅(짬짜미)해서 결국 3조에 남았고, 1조에 편성된 싱글 골퍼 윤재필 장로님이 자진해서 3조로 내려왔습니다. 셋째 날 골프는 그린랜드CC가 아닌 하나마츠리(花祭, はなまつり)CC에서 했는데, 하나마츠리의 뜻은 우리나라 단오 같은 일본의 전통 풍년을 기원하는 축제일이라고 합니다.

두 골프장은 비교가 되지 않을 정도로 하나마츠리CC는 한국의 명문 골프장처럼 카트길이 조금 좁은 것 외에는 모든 것이 마음에 들었습니다. 특히 곳곳에 이름 모를 꽃들이 피어 있었고, 단풍이 참 예쁘게 단장하고 있었습니다. 저는 100타(파 1개)로 100점(?)을 맞았습니다. 저는 보통 골프 한 경기당 양파(더블파)를 2~3개 하는데, 3일 내내 양파를 하나도 하지 않았습니다. 제가 일본체질인가 봅니다. 그리고 골프를 하지 않으시는 문행원 장로님도 마지막 날은 전반 9홀을 카트에 동승하셨으나, 후반전에는 재미 없으시다고 클럽하우스에 그냥 계셨습니다. 암튼 2박 3일 동안 묵묵히 동행해

주신 문장로님께 감사의 인사를 드립니다.

전반 9홀을 돌고 클럽하우스에서 전 회장 이철해 장로님과 이규배 장로님이 사주신 장어덮밥의 맛도 일품이었습니다. 특히 음료수가 무제한 무료라고 해서 콜라, 진저에일, 카페라떼, 오렌지, 이탈리안 블랜드커피 등 5가지 음료를 먹어서 뱃속으로 외화벌이를 했습니다.

여러분은 '가짜 교회'라는 말을 들어보셨나요? 가이드가 호텔 옆에 있는 아름다운 교회를 가르키면서 "저것은 가짜 교회입니다. 결혼식장입니다. 일본 사람들은 대부분 저렇게 결혼식장을 교회 형태로 지어 놓고, 목사님이 주례를 하지만, 장례는 불교식으로 합니다."라고 설명해줬습니다. 교회 건물이 교회가 될 수 없습니다. 예수님을 구세주로 믿는 사람들의 모임이 교회입니다. 그런 점에서 그 교회는 가짜 교회가 맞습니다. 차를 타고 가는 길에 차창에서 그 가짜 교회 사진을 찍었습니다. 참 마음 아픈 현실입니다. 일본에도 가짜 교회가 아닌 진짜 교회가 가득하기를 기도합니다.

저는 요새 SNS에 정치적인 견해는 피력하지 않다가 오랜만에 12월 3일 천주교 1,466인 사제가 윤석열 대통령의 하야를 촉구하는 시국선언문 '어째서 사람이 이 모양인가!'라는 글을 소개하면서 저의 정치적인 견해를 피력했는데, 다음 날 아니나 다를까 윤대통령은 12월 4일 밤 비상계엄을 선포했습니다. 운동을 마치고 후쿠오카 공항으로 이동하는 길에 '김건희 여사 특검법 재의' 요구 안건이 찬성 198표, 반대 102표로 부결되었다는 소식을 들었고, 후쿠오카 공항에서 출국 하기 전 '윤석열 대통령 탄핵안'에 대해 표결한다는 소식을 보고 비행기에 탑승했습니다. 윤대통령의 비상계엄 선포와 군인 등의 행위는 명백히 형법 제87조 반란죄의 구성요건에 해당합니다. 인천공항에 도착하고 나니 '윤석열 대통령 탄핵 소추안'에 대해 국민의힘 국회의원들이 투표하기 전에 퇴장하는 바람에 정족수 미달로 '투표 불성립'이 선포되었다는 뉴스를 들었습니다. 천주교 사제 1,466인의 '어째 사람이 이 모양인가!'라는 시국선언문을 국민의힘 국회의원들에게도 똑같이 낭독해주고 싶습니다.

이철해 장로님은 "장로가 대외 활동을 하지 않으면 내가 섬기는 교회 안의 장로 밖에 되지 않고, 지방회만 활동하면 담임목사의 장로 밖에 되지 않고, 교단 활동까지 할 때 비로소 내가 섬기는 교회의 장로가 되는 것이다."라고 하시면서 이번처럼 대외 활동을 꾸준히 하라고 조언해주셨습니다. 이번 임원수련회를 위해 수고해주신 회장 강성식 장로님, 제1부회장 문행원 장로님, 제2부회장 진승호 장로님, 제3부회장 김범규 장로님, 회의 자료를 준비해주신 총무 박무태 장로님과 서기 곽기태 장로님(카스테라 선물 사주신 것도 감사합니다), 회계 윤재필 장로님, 수련회 사진과 영상 촬영에 수고해주신 부회계 김성우 장로님 그리고 맛있는 점심식사를 찬조해주신 전 회장 이철해·이규배·유일식 장로님께 깊이 고개숙여 감사인사를 드립니다. 모든 일정을 잘 마치고, 인천공항 출국장에서 "예수님만을 섬기는 장로들이 되게 해달라."는 강성식 회장님의 기도로 행복한 2박 3일 서울강남지방회 임원수련회를 마치게 해주신 하나님께 감사와 영광을 올립니다. 모든 것이 하나님의 은혜입니다.

> 우리가 알거니와 하나님을 사랑하는 자 곧 그의 뜻대로 부르심을 입은 자들에게는 모든 것이 합력하여 선을 이루느니라(로마서 8장 28절)

2-64
하나님 마음대로 하세요

기도를 계속하고 기도에 감사함으로 깨어 있으라(골로새서 4장 2절)

하얀 눈이 흩날리는 동짓날 천안에 전우뉴스 박종화 사장님의 아드님 결혼식에 왔다가 천안교회 양정환 안수집사님을 만나 양집사님이 새벽기도 등 매일 하루 다섯 번 기도하면서 김병오 농심 캐나다 법인장님 등 기도 응답 받은 이야기와 저희 가족을 위한 기도 이야기를 신나게 들었습니다. 양집사님은 저희 가족을 위한 기도를 얼마나 많이 하셨는지, 저의 앞에서 아래와 같은 기도문을 토씨 하나 안 틀리고 기도하셨습니다. 양집사님은 저보다 더 저희 가족들을 위한 기도를 많이 하고 계셨습니다. 참 놀랍고, 참 감동입니다.

<양정환 집사님의 저희 가족을 위한 기도문>

날마다 함께 하시고 인도하시는 주 여호와 하나님
귀하신 김양홍 장로님과 가족을 축복하여 주옵소서.
주님의 은혜의 기름 부음으로 인도하여 주옵소서.
형통의 축복으로 역사하여 주옵소서.

귀하고 자랑스런 김은철 형제를 위해 기도합니다.
군복무 가운데 더욱 더 하나님을 체험케 하시며, 주님께서 붙잡아 주시고 인도하셨사오니 이제는 국내뿐만 아니라 세계적인 의사가 되어 하나님께 영광 돌리는 아들이 되게 하여 주시옵소서. 함께 동반자, 며느리도 인도하여주시고, 착하고 예쁜 자매를 만나게 하여 주옵소서. 참으로 잘 만났다 귀하다 하는 자매가 될 수 있도록 이끌어 주시옵소서.

김은혜 어여쁜 딸을 위해 기도합니다.
날마다 기름 부음이 있게 하시며, 즐겁고 행복한 학교생활이 되게 하시며, 주님의 역사하심에 따라 성숙한 신앙인이 되게 이끌어 주시옵소서. 훌륭하며 주 여호와께 영광 돌리는 딸이 될 수 있도록 주관하여 주시옵소서. 멋진 배우자도 만나게 하시며, 귀한 자녀들도 태어나게 인도하여 주시옵소서. 주님의 은혜 주시옵소서. 날마다 감사함이 넘쳐나게 하시옵소서.

나주옥 권사님을 위해 기도합니다.
지금까지 하나님의 사랑으로 인도하심을 감사드립니다. 앞으로도 쭉 인도하여 주시옵소서. 주께서 기도하는 마음을 주시사 날마다 기도하게 하시며, 늘 성령충만한 권사님 되게 하여 주시옵소서. 주님의 은혜를 주시옵소서. 형통의 복으로 인도하여 주시옵소서. 날마다 즐거운 마음을 주시사 그대로 살게 하여주시옵소서. 특별히 육신의 건강을 지키시고 보호하여 주시옵소서. 감사가 넘쳐나는 삶이 되게 하여주옵소서. 주 여호와 하나님을 찬양하게 하여주시옵소서.

이름만 들어도 예수님이 사랑하는 김양홍 장로님
너는 시냇가에 심은 나무라 늘 마르지 않음이 있게 하여 주시옵소서. 날마다의 삶이 하나님을 찬양하며 경배하게 하여주시옵소서. 이수교회와 교단 가운데 중직을 맡기셨으니 이성으로 하는 것이 아니라 하나님의 말씀으로 모든 일들 처리하며 감당케 하시옵소서. 평신도의 리더로 발돋움케 하시며, 날마다 맡은 일들 가운데 승리의 개가를 부르게 하시옵소서. 형통의 복으로 인도 하며 주시옵소서. 특히 교단 법률 고문을 맡고 있습니다. 다시 한 번 승리하게 하시옵소서. 건강을 지켜 주시옵소서. 말씀 충만케 하옵소서. 성령 충만케 하시옵소서. 이제부터 모든 시간이 주 여호와 하나님의 시간이 되게 하여 주시옵소서. 법무법인 서호를 잘 이끌어 갈 수 있는 힘과 지혜를 주시옵소서. 제물의 은혜와 은총을 더 하시사 이삭의 백배의 축복 더하여 주시옵소서. 파는 곳마다 물질의 터져 나오게 하여 주시옵소서. 늘 사용하고도 남음이 있게 하여 주시옵소서. 장로님을 지켜주시옵소서. 행복한 시간이 되게 하시옵소서. 감사합니다. 모든 기도는 주 예수님의 이름으로 기도합니다. 아멘.

또한 양집사님은 지난 11월 30일 양집사님의 아드님 승민 군의 결혼식 참석에 대한 답례로 '송화 잔기지 떡'을 3가지 크기의 박스에 담은 것을 갖고 오셨고, 저희 부부 예뻐지라고 '독도마스크 팩'까지 주셨습니다. 참말로 사랑이 많은 집사님입니다. 저도 양정환 집사님과 최성민 권사님, 양승민·노찬주 부부와 양주은 양을 위해 더 기도해야겠습니다. 40일 금식기도를 할 때 나온다는 "하나님 마음대로 하세요"라는 기도를 배부른 상태에서도 늘 할 수 있기를 소망합니다. 하나님 아버지께서 양집사님과 저희 가정을 통해 하나님 마음대로 하나님의 뜻을 이루어 나가실 것을 기대하고 기도합니다. 사랑하고 축복합니다♡

<blockquote>
피차 사랑의 빚 외에는 아무에게든지 아무 빚도 지지 말라 남을 사랑하는 자는 율법을 다 이루었느니라 (로마서 13장 8절)
</blockquote>

양집사님을 통해 기쁨을 가득 안고 집에 들어오자마자 아내가 갑자기 "기쁜 소식이 있어요."라고 해서, 제가 "셋째 가졌어요?"라고 되물었더니, "청소 다 해 놨어요."라고 했습니다. 그것도 복음(福音)입니다. 이래저래 기쁨이 가득한 2024년 동짓날입니다.

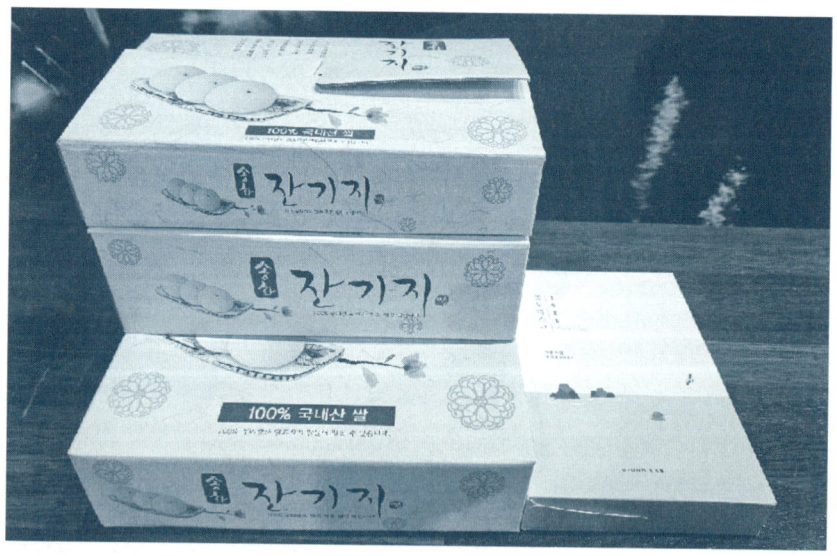

2-65
어느 어머니의 기도 제목

사랑하고 존경하는 천안교회 피상학 장로님의 장모님이시자 이경숙 권사님의 친정 어머님이신 손봉옥 권사님의 장례식장(영동병원장례식장)에서 은혜받은 것을 나누고자 합니다. 손권사님이 섬기시는 영동현대교회 안철현 담임목사님이 주관하시는 입관예배에 천안교회 이종빈 장로님 내외분, 이상명 집사님과 함께 참석하여 찬송가 492장 '잠시 세상에 내가 살면서'를 찬송하고, 고린도후서 5장 1~3절을 합독하고, 안목사님의 은혜로운 설교를 들을 수 있었습니다.

> 만일 땅에 있는 우리의 장막 집이 무너지면 하나님께서 지으신 집 곧 손으로 지은 것이 아니요 하늘에 있는 영원한 집이 우리에게 있는 줄 아느니라 참으로 우리가 여기 있어 탄식하며 하늘로부터 오는 우리 처소로 덧입기를 간절히 사모하노라 이렇게 입음은 우리가 벗은 자들로 발견되지 않으려 함이라(고린도후서 5장 1~3절)

손권사님이 몸이 아파 교회에 못 오시는 날에는 교회에서 난리가 났답니다. 손권사님의 안부를 묻는 성도님들이 많기 때문입니다. 손권사님은 매년 교회 김장하실 때마다 빠지지 않으셨고, 베란다에서 손수 키운 파와 고추 등을 나눠주시는 등 사랑이 많으신 권사님이셨답니다. 손권사님이 소천하셨다는 소식을 들은 성도님들은 한결같이 좀 더 함께 하지 못함을 아쉬워 하셨고, 또 한편으로는 평소 손권사님이 기도하신대로 병원에 가지 않고 기도하시다 천국 가시는 복 받으신 분이라고 생각하신답니다.

특히 손권사님은 매년 신년 심방 때마다 종이에다 '아들, 손자들 예수님 믿게 해 주세요.'라는 기도 제목을 써서 주시면서 기도 부탁을 하셨는데, 안목사님께서 "살아생전에 그 기도가 이루어졌으면 참 좋았을 텐데 하는 아쉬움이 있지만, 머지않아 그 기도가 이루어지기를 간절히 소망합니다."라는 말씀을 하실 때 손권사님의 아드님과 손자들이 우는 모습이 보였습니다.

크리스찬에게 장례식장은 슬픈 곳이 아닌 기쁜 곳이어야 합니다. 고인의 천국 환송 예배의 자리이기 때문입니다. 이 땅에서는 손권사님을 만나지 못함을 슬퍼하는 유가족들에게 하나님의 위로가 함께 하시길 바라고, 무엇보다도 손권사님의 기도대로 아드님과 손자들이 예수님 믿고 구원을 얻기를 간절히 기도합니다. 자녀손들을 향한 어머니의 기도는 이루어질 수밖에 없습니다. 너무나 간절한 기도이기에 …

영동역 벽에 아래와 같은 박노해 시인의 글이 걸려있었습니다. 하나님과 함께 하는 길이라면 모든 돌이 디딤돌이 될 것임을 믿습니다.

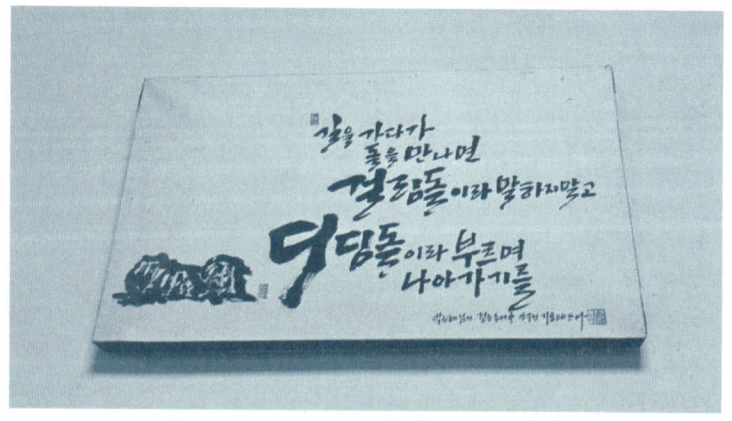

제3편
가족오락관

3-01
너희들도 나처럼 살아라

지난 주말(2024. 11. 16.) 장모님 팔순을 맞아 처가댁 식구들과 처 작은 아버지 내외분을 모시고 팔순 축하식을 했습니다. 사진 촬영해주시는 분이 일찍 오셔서 먼저 기념사진과 단체사진을 찍은 후 어머니 팔순 축하예배를 드렸습니다.

찬양은 어머니가 좋아하시는 찬송가 384장 '나의 갈 길 다 가도록'를 함께 찬양하고, 오정순 작은어머니의 대표기도, 성경본문 잠언 23장 25절 '네 부모를 즐겁게 하며 너를 낳은 어미를 기쁘게 하라'를 합독하고, 제가 '복 짓는 삶'이라는 주제로 "복은 받는 것이 아니라 짓는 것입니다. 80 평생 하나님과 동행하고, 복 짓는 삶을 살아온 어머니를 사랑하고 존경합니다. 부모를 공경하는 것은 어미를 기쁘게 하는 것이고, 자식들이 복 받는 길입니다."라는 내용으로 간단히 하나님의 말씀을 전하고, 신명기 5장 16절 말씀을 합독하고, 제가 축복기도를 하는 것으로 제1부 축하예배를 마쳤습니다.

너는 네 하나님 여호와께서 명령한 대로 네 부모를 공경하라 그리하면
네 하나님 여호와가 네게 준 땅에서 네 생명이 길고 복을 누리리라
(신명기 5장 16절)

장모님 팔순을 축하하는 의미에서 아래와 같은 내용의 '팔순 기념패'를 큰딸인 아내가 전달하고, 제가 낭독했습니다.

사랑하고 존경하는 정성남 어머니 팔순 감사패

네 부모를 즐겁게 하며 너 낳은 어미를 기쁘게 하라(잠언 23:25)

80 평생을 한결 같은 사랑으로 하나님과 우리 가족을 위해 살아오신 어머니께 온 마음을 다해 축하드리고, 존경과 감사의 마음을 담아 이 감사패를 드립니다. 저희도 어머니를 본받아 하나님의 사람으로 하나님께는 영광, 이웃에게는 유익이 되는 삶을 살아가겠습니다. 늘 강건하시고, 날마다 행복하세요. 어머니 사랑합니다!

이어서 케이크 커팅, 처남 가족의 특송(찬송가 216장 '성자의 귀한 몸', 처남 큰딸의 바이올린 연주), 작은아버지의 축사와 어머니의 답사 그리고 맛있는 저녁식사(맛집 '佳梅') 후 자녀손들의 팔순 축하 편지 낭독을 하는 것으로 어머니 팔순 축하 행사를 은혜롭게 마쳤습니다. 아래 글은 저희 가족이 쓴 어머니 팔순 축하 편지입니다. "너희들도 나처럼 살아라"라는 말씀을 행동으로 보여주신 정성남 장모님을 존경하고, 사랑하고, 축복합니다. 모든 것이 하나님의 은혜입니다.

1. 제가 장모님께 쓴 편지

사랑하고 존경하는 어머니 전 상서

어머니의 팔순을 온 마음과 사랑을 담아 축하하고 축하합니다. 어머니도 1998년 11월 14일을 기억하고 계시지요? 제가 어머니를 처음 뵌 날입니다. 어머니를 뵌 다음 날 어머니의 중매로 어머니의 큰딸을 만난 날부터 오늘까지 단 하루도 행복하지 않은 날이 없었습니다. 모든 것이 하나님의 은혜입니다.

어머니는 저에게 "자네는 뭔 복을 타고 나서 저런 복덩이랑 같은 사는지~"라는 말씀을 자주 하셨는데, 그 복덩이를 저에게 소개해 주신 분이 어머니이십니다. 어떻게 보면 어머니는 최고의 복덩이 유통업자이십니다. 어머니가 유통시킨 복덩이는 어머니처럼 또 다른 복덩이인 은혜·은철이를 잘 키워냈고, 그 복덩이들은 곧 저처럼 복을 타고 난 형제자매에게 유통될 것이고, 은혜·은철이는 어머니와 은혜엄마를 본받아 또 다른 복덩이들을 잘 양육해낼 것입니다.

> 내가 너로 큰 민족을 이루고 네게 복을 주어 네 이름을 창대하게 하리니 너는 복이 될지라(창세기 12장 2절)

어머니가 나주옥, 나지은, 나승재 복덩이들을 잘 키워내시고, 팔순에 이르실 때까지 아브라함처럼 복이 되어 주심에 감사하고 감사합니다. "너희들도 나처럼 살아라"라는 말씀을 행동으로 보여주신 어머니를 닮고 싶습니다. 팔순까지 함께 해주신 하나님께서 구십세, 백세까지 함께 해주실 것으로 믿습니다. 늘 강건하시고, 날마다 행복하세요. 어머니를 겁나게 사랑하고 축복합니다.

2024년 11월 16일
큰사위 김양홍 올림

2. 아내가 장모님께 쓴 편지

세상에서 제일 존경하고 사랑하는 우리 엄마!!

엄마의 팔순 생일을 정말정말정말로 축하드려요. 늘 주님을 가까이 하시고 평생 저희들을 위해 헌신하시고 사랑으로 이제까지 보살펴주신 은혜 진심으로 감사드립니다. 늘 엄마를 생각하면 마음이 따뜻해지고 푸근해지고 평안합니다. 엄마가 저희 엄마여서 너무 감사드려요. 늘 아름다우신 우리 엄마, 사랑 베풀기 좋아하시는 우리 엄마, 주님을 진심으로 섬기는 우리 엄마를 저도 닮고 싶습니다.

엄마 오래오래 건강하게 저희 곁에 계셔 주시고 늘 기쁨과 행복과 감사가 넘치시길 기도드립니다.

엄마 사랑해요.

2024. 11. 17.
큰 딸 올림

3. 딸이 장모님께 쓴 편지

To. 할머니께

할머니! 생신을 진심으로 축하드립니다♡ 벌써 할머니 연세가 80세라는 것이 믿겨지지가 않습니다ㅠㅠ 늘 강건하시고, 행복한 날들이 가득하길 바랍니다. 할머니를 떠올리면 늘 그립고 보고싶은 마음이 제 곁에 머뭅니다. 할머니와 함께 한 미국 생활, 일본 여행 그리고 수많은 추억들은 늘 기쁨과 감사와 행복했던 기억들만 남아있습니다. 부족한 손녀딸, 늘 예쁘다 해주시고, 사랑해 주시고, 아껴주셔서 늘 감사하고, 저도 할머니를 많이 많이 사랑합니다. 얼른 저도 직업이 생기고 안정된 사회인이 되어 할머니께 받은 은혜 보답해드리고 싶습니다. 할머니와 얘기를 하면 마치 옛 오랜 친구와 얘기하는 것처럼 늘 재밌고 기쁘고 에너지를 얻습니다. 앞으로도 이렇게 할머니와 친구처럼 늘 얘기하고 놀러 다니고 싶습니다. 사랑하는 할머니! 그리고 매일 저희들을 위해 기도해주셔서 감사합니다. 어쩌면 할머니의 기도로 제가 이 자리에 있는지도 모르겠습니다. 저도 할머니처럼 기도하는 그리스도인이 되도록 노력하겠습니다. 할머니! 사랑해요♡

2024. 11. 15.
손녀딸 은혜 올림

4. 아들이 장모님께 쓴 편지

사랑하고 존경하는 할머니께

팔순 축하드려요 할머니. 항상 건강하시고, 언제나 행복하시길 기도할게요! 군대에 있어서 할머니 팔순잔치에 참석하지 못하는 게 참 아쉽습니다. 제가 엄청 어렸을 때 할머니 집 가던 기억부터, 할머니랑 미국 가서 공원에서 무슨 베리 따던 기억, 중학교 때 엄마 속썩이지 말라고 말씀하셨던 기억까지, 어렸을 때를 생각해보면 할머니가 참 제 인생에 많은 추억을 선물해 주셔서 정말 감사해요. 성인이 되고 할머니가 낙상사고를 당하셔서 저희 집에 머무실 때에는 할머니와 많은 이야기를 나누면서 인생에 대해 많이 배웠던 것 같고, 할머니와 대화를 할 때면 참 즐거웠던 것 같습니다.

할머니! 할머니가 제 삶에서 즐거웠던 부분을 담당하신 만큼, 할머니를 축복합니다. 항상 하나님의 사랑 속에서 행복하고 즐겁게 지내시기를 바랄게요. 사랑하고, 팔순 축하드립니다!

2024년 11월 8일
사랑하는 손자 김은철 올림

3-02
내가 나를 존경할 수 있는 삶을 살자

"한 가지 정말 절실한 건 더 나은 삶을 살지 않으면 안 된다는 거야.
 내가 나를 존경할 수 있는 그런 삶을 …"

엊그제 관람한 연극 <밑바닥에서>에서 '빼뺄'이 한 명대사입니다. 그동안 저의 삶의 모토(motto)는 "나의 아내와 딸·아들에게 존경받는 사람이 되자"였는데, 오늘부로 "내가 나를 존경할 수 있는 삶을 살자"로 바꿨습니다. 어젯밤 아내와 '빼뺄'의 위 명대사에 대해서 이야기했는데, 아내가 대뜸 저에게 "당신은 당신을 존경하는 삶을 살고 있나요?"라는 질문을 했을 때 손사래를 치며 "그렇지 않다"고 대답했습니다. 오늘부터 저의 버킷리스트에 있는 것을 하나하나 실천해 가고, 매 순간 내가 나를 존경할 수 있는 삶을 살자고 다짐한 것을 되새기겠습니다.

김양흥 버킷 리스트

1. 마음도 몸도 건강한 "할아버지" 되기(나 자신을 존경할 수 있는 삶)
2. 남편/아버지/아들/장로/변호사 "자리 잘 지키기"
3. 매년 아내와 단둘이 1박2일 이상 여행하기
4. 손주 1명 훌륭한 정치인이 될 수 있도록 후원
5. 매년 행복한 동행 시리즈 출간하기 - 김홍신 선생님 특강 영향
6. 60세부터 10년마다 복 콘서트
   - 2028.4.15.(60세), 2038. 4.24.(70세), 2048.5.2.(80세)
7. 중국으로 유학 가기 - 중국어 공부와 선교여행
8. 중국에서 중국어로 '행복한 동행' 출간하기
9. 재단법인 상촌(桑村) 설립하여 장학선교사업
10. 법무법인 서호 명의 부동산 소유

3-03
내가 책을 쓰는 이유

저와 딸은 닮은 것이 참 많습니다. 어렸을 때는 저를 너무 많이 닮아 밖에 나가면 "아들이냐?"고 해서 늘 머리띠를 해야 했고, TV 보기 좋아하고, 영화나 드라마 볼 때 울고 있는 사람은 저와 딸입니다. 또한 아내와 아들은 '활자 중독'이라고 할 정도로 책이나 핸드폰으로 소설 보는 것을 좋아하는데, 저와 딸은 꼭 봐야하는 전공 책 외 일반 책을 보는 것을 싫어합니다. 암튼 일상생활 속에서 아내는 딸에게 "아빠 닮았다."는 표현을 자주 하곤 합니다.

그런데, 그렇게 책 보기를 싫어하는 딸이 저의 책의 교정은 정말 꼼꼼하게 잘 봅니다. 주말 오후에 저와 함께 사무실에 나가 딸은 올해 출간될《변호사 김양홍의 행복발전소》교정을 보고, 저는 일을 했습니다. 딸이 교정을 보다가 "나중에 사랑하는 사람이 생기면 이번 아빠 책을 선물하고 싶어요."라고 했습니다. 저는 그 말을 듣는 순간 눈물이 나려고 했습니다. 딸과 함께 사무실 건물 옥상에 올라가 이런 저런 이야기도 했는데, 딸이 재수할 때 "아빠랑 반포종합운동장 돌면서 이야기 할 때가 가장 행복했어요."라는 말을 듣고, 오히려 딸이 고3 학교생활 하면서 힘들어 할 때 딸의 이야기에 귀 기울이지 못한 것이 미안했습니다.

딸은 주일 예배를 드리고 나서 책 교정을 마무리 하겠다고 했는데, 아침에 일어나 보니 밤새 교정을 마치고(초고 369페이지) 식탁 위에 '교정 완료!! - 딸 -'이라는 메모를 남겨놨습니다. 역시 저의 딸입니다. 제가 매년 행복 시리즈 책을 써야 하는 이유가 하나 더 생겼습니다.

나중에 딸에게 사랑하는 사람이 생기면,《변호사 김양홍의 행복한 동행》1~3,《변호사 김양홍의 행복 나누기》,《변호사 김양홍의 행복 더하기》,《변호사 김양홍의 행복 곱하기》,《변호사 김양홍의 행복충전소》등 그동안 출간된 저의 모든 책을 한꺼번에 줄 생각입니다. 밥 안 먹어도 배부른 2024년 1월 13일 주일 아침에 사랑하는 딸에게 감사와 사랑의 마음을 전합니다.

3-04
말을 하기 전에

말을 하기 전에 그 말이 세 개의 문을 통과하게 하라
첫 번째 문, 그 말이 사실인가?
두 번째 문, 그 말이 필요한가?
세 번째 문, 그 말이 따뜻한가?

위 글은 '이슬람의 속담'이라고 합니다. 제가 엊그제 저의 자녀와 언쟁을 하다가 소리를 지르고 화를 낸 적이 있습니다. 성경은 "자녀를 노엽게 하지 말라(에베소서 6장 4절)"고 했습니다. 비록 저의 자녀이지만 그렇게 한 것은 잘못한 것 같아 제가 먼저 사과를 했습니다. 부모자식 사이 뿐만 아니라 부부나 형제자매, 친구 사이에서도 말을 하기 전에 그 말이 사실이고, 꼭 필요한 말일지라도 그 말이 따뜻하지 않으면 하지 말아야 합니다. 사랑의 말이 아니면 말문을 닫아야 합니다.

또 아비들아 너희 자녀를 노엽게 하지 말고 오직 주의 교훈과 훈계로 양육하라
(에베소서 6장 4절)

3-05
온도조절기

저는 땀이 많은 사람입니다. 그래서 잠 잘 때 사용하는 저의 베개 위에는 항상 수건이 깔려 있습니다. 요즘처럼 더울 때는 에어컨이 꺼지는 예약 시간을 설정해 놓고 자지만, 에어컨이 꺼진 후 더위를 느끼면 금방 잠에서 깹니다. 아내가 병원 당직 근무를 서거나 병원 일 때문에 집에 못 와서 저 혼자 잘 경우에는 더위 때문에 자주 잠에서 깹니다. 그런데 신기하게도 아내랑 같이 잘 때는 중간에 깨는 일이 없이 잘 잡니다. 아내와 대화하다가 오늘에서야 그 이유를 알게 되었습니다. 그동안 아내는 중간중간에 잠에서 깨어 잠자기에 알맞는 온도로 맞춰주는 온도조절기 역할을 했기 때문입니다.

저의 삶을 돌이켜보면 순간순간 온도조절기 역할을 해준 수많은 도움의 손길들이 있었습니다. 정말 모든 것이 하나님의 은혜입니다. 변호사는 돈을 버는 직업이 아니라 남을 돕는 직업입니다. 또한 교회 장로는 성도님들을 종된 마음으로 섬기는 직책입니다. 저는 변호사로서 그리고 이수교회 장로로서 저의 자리를 잘 지키면서 저의 이웃들과 이수교회 성도님들의 온도조절기 역할을 잘 감당하고 싶습니다.

둘째는 이것이니 네 이웃을 네 자신과 같이 사랑하라 하신 것이라 이보다 더 큰 계명이 없느니라(마가복음 12장 31절)

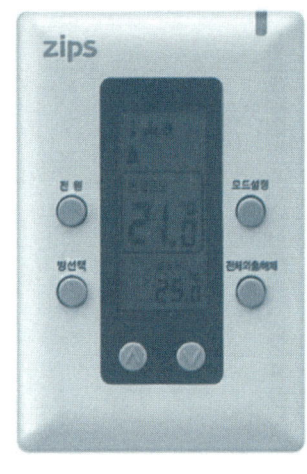

3-06
서로를 위해서 지록위마(指鹿爲馬)

1. 둘이서 두리안 먹자

저는 매주 수요일 저녁 10시30분 SBS Plus에서 방영하는 '나는 SOLO' 본방송을 사수할 정도로 즐거이 보고 있습니다. 나는 SOLO는 결혼을 간절히 원하는 솔로 남녀들이 모여 사랑을 찾아가는 극사실주의 데이팅 프로그램인데, 현재 18기가 진행 중입니다. 이번 주에는 남녀 출연자들이 귓속말로 랜덤 데이트를 하는 장면들이 나오는데, 한결같이 재밌었습니다. 딸도 이 프로그램을 참 좋아하는데(저도 딸의 추천으로 이 프로그램을 보기 시작했습니다), 베트남으로 여행 갔다가 오늘 귀국해서 어제 본방송을 보지 못한 것을 아내와 함께 다시 보기를 했습니다. 저는 두 번째 봤어도 처음 본 것처럼 재밌었습니다. 저희 부부는 잠들기 전에 나는 SOLO 출연자들처럼 침대에 누워 귓속말로 이런 저런 이야기를 하다가 지난해 싱가포르 갔을 때 맛있게 먹었던 두리안(냉동)을 주문해서 먹기로 했습니다. 또한 올

해 결혼 25년 은혼식(銀婚式) 행사를 나는 SOLO 18기 촬영지인 영덕으로 가는 것으로 이야기했습니다. 그 바닷가에서 귓속말 대화를 해볼 생각입니다. 여러분도 한 번 해보십시오. 귓속말 대화는 웃음과 행복을 부르는 꿀단지입니다.

2. 서로를 위해서

2024년 1월 둘째 주말 이른 아침 기독교대한성결교회 서울강남지방회 교회부흥확장위원회 회의에 다녀온 후 침대에 누워 회의 다녀온 후기 글을 쓰고 있는데, 아내가 "남산에 갑시다."라고 했습니다. 저는 후기 글도 써야 하고(꼭 써야하는 것은 아니지만), 오늘 새벽(05:30)에 일어나서 피곤한 데다가 조금 졸려서 소극적인 태도를 보였는데, 아내가 "딸의 건강을 위해서 갑시다."라고 해서 그냥 간다고 했습니다. 그렇게 아내는 남편과 딸을 위해서, 저는 딸과 아내를 위해서, 딸은 엄마와 아빠를 위해서 남산을 다녀왔습니다.

청명한 가을처럼 하늘에 구름 한 점 없고, 날씨마저 포근해서 모든 것이 좋았습니다. 남산 올라가는 초입에 작은 강아지가 안 갈려고 주저앉아 있는 모습을 보고, 견주(犬主)에게 "강아지가 피곤하신가 봐요~"라고 이야기 하면서 저의 마음을 간접적으로 표현했는데, 생각 이상으로 좋았습니다. 아내와 저는 남산에 가기 위해 아파트 엘리베이터를 타고 내려 갈 때와 남산에 다녀와서 엘리베이터를 탔을 때 딸이 보는 앞에서 SBS Plus의 '나는 SOLO' 18기 출연자들이 귓속말 데이트를 한 것처럼 서로가 서로의 귀에다 대고 다음과 같은 말을 했습니다.

"너무 좋아요."
"저도 너무 좋아요."

"너무 좋았어요."
"저도 너무 좋았어요."

3. 지록위마(指鹿爲馬)

지록위마(指鹿爲馬)를 한자 그대로 해석하면, '사슴을 가리켜 말(馬)이라고 하다.'는 뜻입니다. 중국 진(秦)나라 간신 조고(趙高)가 어린 황제 호해(胡亥) 앞에서 사슴을 가리켜 말(馬)이라고 말하고는, '말(馬)이 아니라 사슴'이라고 바른 말을 하는 신하들을 기억해 두었다가 나중에 몰래 다 숙청하여 황제보다 자신이 더 권력이 세다는 것을 확인했다는 일화에서 비롯된 고사성어입니다. 즉, 얼토당토않은 것을 우겨서, 윗사람을 멋대로 주무르고 권세를 마음대로 휘두른다는 의미로 쓰이는 고사성어입니다.

그런데 어제 저희 집에서도 지록위마(指鹿爲馬) 고사성어가 사용될만 한 일이 있었습니다. 저희 아파트는 남산 자락에 있는데, 집 거실에서 남산타워가 정면으로 보입니다. 그렇게 집 근처에 남산이 있다 보니 저는 주말이나 주일에 가기 싫어도 남산 둘레길을 돌아야만 합니다. 참고로 저는 골프 외에는 모든 운동을 싫어하기 때문에 등산도 할 수 없이 가지 스스로 가지는 않습니다. 나른한 토요일 오후 낮잠을 자고 일어나 늦은 점심식사를 하는데, 아내가 남산에 가자면서 참깨 볶듯이 들들 볶아서 살기 위해 남산에 갔습니다. 남산도서관을 지나 남산 둘레길을 올라가다 보니 떨어지지 않은 나뭇잎들이 모두 갈색으로 물들어 있어서 가을단풍을 보는 것 같았습니다. 그래서 제가 "가을인가보다~"라고 했더니, 아내는 이과 출신답게 곧바로 "저건 단풍이 아니잖아요~"라고 반박을 하더니 갑자기 "그래도 우리 신랑이 가을이라면 가을이죠."라고 했습니다. 순간 감동이 밀물처럼 밀려왔습니다만, 지록위마(指鹿爲馬) 고사성어가 생각났습니다. 암튼 아내가 저를 좌지우지(左之右之)하기 위해 겨울을 가을이라고 맞장구친 것이 아니기를 바랄뿐입니다.

4. 하늘을 보니 눈이 올 것 같아요

"아빠 근황이 궁금하면 아빠의 글을 보면 되요."

저의 딸이 오늘 저에게 한 말입니다. 그래서 오늘도 저의 근황을 글로 남깁니다. 2024년 7월 셋째 주말 아침 늦잠을 자고 일어나 아점(아침과 점심)으로 아내가 만들어준 맛있는 전복죽을 먹은 후 아내, 딸과 함께 집안 청소를 했습니다. 청소 후 탕 목욕을 하고, 오랜만에 낮잠을 늘어지게 잤습니다. 꿈나라에서 돌아와 보니 늦은 오후가 되어 있었습니다. 아내의 부탁으로 딸이 남대문시장에 가서 사온 만두와 전복죽으로 점저(점심과 저녁)를 먹자마자 아내가 남산에 다녀오자고 했습니다. 그래서 제가 "하늘을 보니 눈(雪)이 올 것 같아요."라는 말로 소극적으로 저항의 의사표시를 했으나, 저희 집 최고지도자 동지 아내의 명령을 거역할 수는 없었습니다. 후환이 두렵기 때문입니다. 집 근처 백범공원을 두 바퀴 돌고 남산타워를 올라가려고 했으나, 다행히 아내가 저의 아픈 무릎('연골연화증' 증상이 있습니다)을 배려해줘서 남산공원 안중근 기념관 근처에서 회군했습니다.

  집으로 돌아가는 길목에 있는 'WHITESTONE'이라는 갤러리에 처음으로 들어가 전시중인 권순익 작가의 개인전과 최아희 작가의 《365 inspiration》 작품들을 관람했습니다. 권순익 작가의 작품 중 제일 마음에 드는 작품 앞에서 사진도 찍었습니다. 개방되어 있는 갤러리 루프트탑에도 올라가 봤는데, 새 모양의 조형물이 3개 놓여있고, 저희 아파트가 보이는 등 전망이 그림 같았습니다. 갤러리에서 나와 하늘을 보니 눈 대신 비가 한 두 방울 떨어지고 있었고, 집에 들어오니 폭우가 쏟아졌습니다. 오늘 폭우를 맞지 않도록 적절하게 회군을 해준 아내에게 고마움을 표합니다. 오늘의 소중한 순간들이 행복의 씨앗임을 믿습니다. 행복의 씨앗은 수시로 마구마구 심어놔야 합니다.

5. 보고 드립니다

> 백골!!
>
> 보고 드립니다.
>
> 1. 은철이 아저씨와 함께 화장실과 거실 청소(진공기 청소와 물걸레 청소) 했습니다. 청소할 때 환기시켰고, 화분에 물 줬고, 재활용 쓰레기와 음식물 쓰레기 비웠습니다. 현관과 세탁실 바닥도 물티슈로 닦았습니다.
> 2. 발판을 빨았고, 빨래도 마쳤습니다.
> 3. 아침에 된장국(주재료 : 냉동 조개와 새우) 끓여서 식사했고, 은철이 아저씨는 청소 후 남산도서관에 갔습니다.
>
> 이상 보고를 마칩니다.
>
> 보고자 미래의 육군이병 김은철의 아빠 예비역 육군소령 김양홍
>
> 백골!!
>
> 오후 12:33

※ 어제 고향에 내려간 아내에게 방금 카톡으로 보고한 내용입니다.
※ 은철이 아저씨는 저의 아들의 애칭입니다.

6. 눈이 보배시네요

    포근한 주말 저희 집 최고지도자 동지(?)의 명령에 의해 먼저 집 근처 남대문시장으로 가서 점심식사를 하고, 남산둘레길을 돌기로 했습니다. 그런데 가는 날이 장날이라고, 남대문시장에는 그 어느 때보다도 사람들이 많

고, 식당마다 대기 줄이 길어서 식사하는 것도 쉽지 않아 보였습니다. 그래서 꽃상가에 들려 꽃이나 구경하기로 하고 갔다가 잘 자란 '호야' 식물이 눈에 띄었습니다. 더군다나 화분 1개에 5,000원밖에 하지 않아 2개를 샀는데, 1개 화분이 보통 호야 화분 2개를 합친 것 이상으로 무성했습니다. 꽃가게 여사장님이 그 호야를 알아본 저에게 "눈이 보배시네요~"라고 했습니다. 저는 사무실에서도 호야 화분을 4개 키우고 있고, 그 중에 저의 방에 있는 호야는 3년째 매년 예쁜 꽃을 피워줍니다. 집에 와서 빈 화분에 호야를 심었더니 꽃가게 사장님의 말씀대로 저의 눈이 정말 보배였음이 입증되었습니다.

7. 꽁냥꽁냥

창틈으로 들어오는 햇살이 따스하게 느껴지는 주말 아침에 아내가 끓인 굴떡국을 먹기 위해 식탁에 앉았습니다. 저희 집 식탁은 한 면이 벽에 붙어 있기 때문에 자연스레 가운데가 저의 자리입니다. 그런데 오늘은 제가 가운데 자리가 아닌 아내가 앉는 자리 맞은편에 앉아 있었는데, 아내가 늘 그랬듯이 저의 숟가락과 젓가락을 가운데 자리에 놨습니다. 그래서 제가 "당신을 마주보고 싶어 여기 앉았는데 …"라는 생존 언어(?)를 구사했더니, 아내가 대뜸 "저는 당신과 가까이 있고 싶은데 …"라는 고품격 언어(?)를 구사했습니다. 딸이 저희들의 대화를 듣더니 "두 분이 꽁냥꽁냥하시네요"라고 했습니다.

'꽁냥꽁냥'이라는 말은 연인끼리 서로 부드럽게 귓속말을 한다는 뜻의 신조어라고 합니다. 제가 아내와 마주 보고 싶은 자리에 앉았을까요? 아니면 아내가 가까이 있고 싶은 자리에 앉았을까요? 퀴즈를 맞추신 분이 저의 사무실이 있는 용산에 오시면 맛있는 국밥을 대접해 드리겠습니다. 따스한 햇살과 함께 행복한 주말 보내소서♡

※ 위 퀴즈에 대해 저의 형제들을 포함해서 몇 분이 답을 주셨는데, 모두 틀렸습니다. 저는 귀찮아서 그냥 제가 앉은 자리에서 굴 떡국을 먹었습니다.

8. 그대는 나라를 사랑하는가?

2024년 5월 마지막 주말 아내의 강권으로 자칭 서울에서 가장 예쁜 축제 '중랑 서울장미축제'가 열리고 있는 '중랑장미공원'을 다녀왔습니다. 오전에 아내로부터 '글 쓰는 베짱이'라는 핀잔을 들으면서 글을 하나 쓰고, 아들과 청소를 하고 나니까 움직이는 것 자체가 귀찮았습니다. 그런데, 어젯밤 아내의 무언의 압력에 굴복하여 장미축제에 가겠다고 약속하는 바람에 하는 수 없이 집을 나섰습니다. 암튼 아내의 추진력은 대한민국 최강입니다. 저희 부부는 반바지와 반팔 차림으로 나섰는데, 지하철로 이동하는데 에어컨을 너무 세게 틀어줘서 조금 추웠습니다. 그래서 제가 갖고 있는 손수건으로 아내의 무릎 부분을 덮어줬더니, 그 손수건에서 여인의 향기가 났습니다.

중랑장미공원은 중랑천을 따라 지하철 6호선 태릉입구역 주변에서부터 7호선 중화역 주변까지 5.45km로 길게 조성되어 있습니다. 태어나서 가장 장미꽃을 많이 본 듯 합니다. 서울에 이렇게 예쁜 거리가 있는지 몰랐습니다. 장미 축제기간은 오늘까지지만 장미꽃들이 조금 더 질지 몰라도 내일도 그대로 피어있을 것입니다.

중랑장미공원을 둘러보고 중화역 3번 출구 옆 '콩닢'이라는 맛집에서 맛있는 점심식사를 하고 왔습니다. 그 식당 입구에는 좋은 두부를 만드는 비법을 소개하는 글이 있습니다. 그것은 좋은 가마솥이나 맷돌이 아니라 직접 농가에서 가져온 콩으로 '천천히 정성'으로 만드는 것이라고 합니다. 우리의 삶도 마찬가지 아닌가요? 천천히 정성을 다해 사람을 대하고, 또한 일도 그렇게 해야 합니다.

중화역으로 가는 길목에 아파트 신축 현장 주변 펜스에 도산 안창호 선생의 사진과 아래와 같은 글이 새겨져 있었습니다. 저에게 하신 말씀처럼 느껴졌습니다. 저 먼저 건전한 인격을 갖추도록 마음과 뜻을 다하겠습니다.

"그대는 나라를 사랑하는가? 그러면 먼저 그대가 건전한 인격이 되어라. 우리 중에 인물이 없는 것은 인물이 되려고 마음먹고 힘쓰는 사람이 없는 까닭이다. 인물이 없다고 한탄하는 그 사람 자신이 왜 인물이 될 공부를 아니 하는가?"

9. 기다림은 행복입니다

아내가 서울역에 밤늦게 도착한다고 해서 딸과 함께 마중나왔습니다. 기다리면서 다음과 같은 카톡글을 아내에게 보냈습니다.

당신을 그리워하는 한 남자가 애처롭게 대합실에서 시간을 죽이고 있습니다. 그런데 시간이 너무 안 가요. 아~ 그리운 이여~ 언제 오시나용~♡

시간이 징하게 안 가네요. 기다리는 시간과 함께 하는 시간은 흘러가는 시간의 속도가 다릅니다. 같은 시간인데도 다른 시간입니다. 그렇지만 기다림은 분명 행복입니다. 기다리는 대상이 있기 때문입니다. 기다림이 반가움으로, 반가움이 행복으로 이어지는 아름다운 밤입니다. 당신이라는 그대가 있어서 …

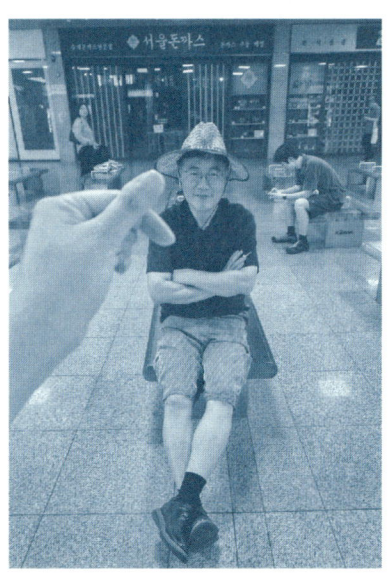

3-07
일신우일신(日新又日新)

어제 저녁 오랜만에 아내와 함께 이수교회 밤기도회에 가려고 집을 나서는데 뜬금없이 "나, 어제보다 예뻐지지 않았어요?"라는 질문을 했습니다. 그래서 저는 주저함이 없이 "날마다 더 이뻐지고 있어요."라는 생존언어(?)를 구사했습니다. 제가 그 대답을 한 후 갑자기 '날로 새롭고 또 날로 새로워진다'는 뜻의 일신우일신(日新又日新)이라는 단어가 생각나서 AI에게 '일신우일신으로 시를 지어 달라'고 했더니, 순식간에 다음과 같이 멋진 시를 지었습니다.

일신우일신

매일 아침 떠오르는 태양처럼
새로운 날이 시작되네
어제의 나를 뒤로 하고
오늘의 나를 새롭게 하네

변화의 바람 속에서
희망의 꽃이 피어나고
매 순간마다 새로워지는
나의 마음, 나의 꿈

일신우일신, 날마다 새로워지리라
어제의 나를 넘어서
내일의 나를 향해
끝없이 나아가리라

AI는 위 시를 지은 후 '이 시가 마음에 드셨길 바랍니다. 혹시 다른 주제로도 시를 지어드릴까요?'라는 글까지 남겼습니다. 사람보다 더 예의를 아는 AI입니다. 그래서 제가 다시 AI에게 '아내가 갑자기 남편인 나에게 "나, 어제보다 예뻐지지 않았나요?"라고 질문하면 어떻게 대답해야 할까?'라고 물었더니, AI도 저랑 비슷하게 아래와 같이 대답했습니다.

아내분께서 그런 질문을 하신다면, 진심 어린 칭찬을 해주시는 것이 좋을 것 같아요. 예를 들어, "당신은 항상 예뻐요, 오늘은 특히 더 빛나네요!"라고 말해보세요. 이렇게 하면 아내분께서 기분 좋게 느끼실 거예요.

저는 AI가 가르쳐준 정답(?)대로 아내에게 다시 칭찬의 말을 건넸습니다. AI가 예측한대로 아내는 분명 저의 칭찬 때문에 기분이 좋아졌을 것입니다. 어젯밤 민창기 목사님이 밤기도회에서 설교하실 때 김남조 시인의 '선물'이라는 어려운 시를 소개해주셨는데, 저는 윤보영 시인의 '선물'이라는 시를 아내에게 선물하고 싶습니다. 아내에게 사용하는 생존언어는 천국 갈 때까지 긴장을 놓지 말고 사용해야 합니다.

"사랑합니다"
자기 전에 이 말을 곱게 포장했습니다.
꿈속에서 만나면
그대에게 주기 위해

3-08
아내가 반대할 때는 이유가 있습니다

저는 1984년 광주일고 1학년 때 김종훈 담임선생님에게 오전 수업 끝날 때마다 그날 인근 학교 운동장에서 개최되는 국회의원 후보 연설 유세장에 가게 해달라고 요청했으나 허락해 주지 않으셔서 오후에 학교 수위아저씨에게 "잠깐 나갔다고 오겠다."고 거짓말하고 유세장에 다녀온 적이 있습니다(담임선생님은 제가 오후 수업 결석한 것을 모두 출석한 것으로 정리해 주셨습니다). 그때나 지금이나 저의 주변에는 정치인이 한 명도 없었고, 그 누구도 정치인이 되라고 권유한 사람도 없었는데, 저는 국회의원이 되어 정말 국민들에게 존경받는 정치인이 되고 싶었습니다. 그래서 저의 아버지가 신문을 갖고 오실 때마다 고등학교 3년 내내 좋은 정책 관련 기사를 스크랩해 놓기도 했습니다.

제가 1987년 전남대 법대에 입학하여 열심히 고시 공부하던 1989년 3학년 때 법대 학생회장(부학생회장 동반 출마) 선거에서 당시 민주화 시위를 주도하던 운동권 후보와 비 운동권 후보가 각각 출마했는데, "운동권 부학생회장 후보가 비 운동권 후보 측의 회유로 중도에 사퇴했다."는 말을 들었습니다. 당시 저는 법대 벤치에서 집에서 싸온 도시락으로 점심식사를 하다가 그 말을 들었는데, '법을 공부하는 법대에서 그런 일이 있어서는 안 된다.'는 생각에 운동권 후보 선거사무실을 찾아가 "제가 부학생회장 후보로 출마하겠다."고 나섰습니다. 학생회장과 부학생회장 후보가 정견 발표하는 법대 강당에 정환담 민법 교수님과 박인수 헌법 교수님이 저의 유세를 들으러 오셨었습니다. 또한 당시 고시반인 청운학사 W 선배님으로부터 옥상에 불려가서 "고시 공부하는 놈이 부학생회장 후보로 출마했다."면서 엎드려 뻗쳐 상태에서 몽둥이로 엉덩이를 서너 대 맞았습니다. 또한 저 때문에 전대 법대 광주일고 동문회가 열렸는데, 참석자 중 김상수 형님 외 모든 동문들이 제가 출마하는 것을 반대했었으나, 선거 결과는 100표 이상 차이로 압승했었습니다. 저는 부학생회장으로서 민주화 시위는 두세 번 참가했었고, 의료사고 형사 모의재판을 주관하는 것으로 저의 임기를 마쳤습니다.

저는 하나님의 은혜로 1992년 제10회 군법무관임용시험에 합격하여 3개월간의 군사훈련을 마치고 군법무관시보로 임관되어 사법연수원 2년 연수를 마치고, 8년 동안 군법무관으로서 수도방위사령부 검찰부장, 제3사단 법무참모, 제3군단 군판사, 국방부 법무과 군사법담당, 고등군사법원 보통부장직을 마치고(예비역 육군소령) 2003년 최재천 전 국회의원이 설립한 법무법인 한강 소속 변호사로 3년 동안 일하다가, 2006년부터 용산에서 공증인가 법무법인 서호를 설립해서 지금까지 대표변호사로서 일하고 있습니다.

제가 용산에서 법무법인 서호를 설립한 가장 큰 이유는 용산구청장에 도전하기 위해서였습니다. 그래서 용산구상공회 수석부회장 등 저 나름대로 열심히 지역에서 활동했었습니다. 그러던 중 2015년 A 당에 입당한 지 3개월이 되었을 때 아내가 "정치를 하지 않았으면 좋겠다."고 하여, 고민하다가 그 다음날 탈당계를 내고 정치를 그만 뒀습니다. 그때 당시 저는 어려서부터 꿈 꿔왔던 정치인이 되는 꿈을 버려야 하는 상황을 받아들이기 힘들었고, 저의 꿈을 버리게 한 아내가 원망스럽기까지 했었습니다. 그래서 그때 저의 마음을 달래기 위해 쓴 글이 아래 '남자는 아내의 그릇 크기만큼 성장한다'라는 글입니다.

남자는 아내의 그릇 크기만큼 성장한다

제갈공명은 늘 깃털부채를 들고 다녔는데, 이는 그의 아내 황씨의 조언 때문이었습니다. 그녀가 남편에게 부채를 선물하면서 "큰 일을 도모하려면 감정을 드러내지 말고 침착해야 된다."고 했다고 합니다. 또한 황씨는 공명이 청렴하게 공직생활을 할 수 있게 내조하는 지혜를 갖춘 사람이었습니다. 공명이 재상에 오르자 황씨는 손수 농사를 지으며 자녀 교육에 전념했고, 생활비는 공명의 봉록에 의존했습니다. 공명이 스스로 후주(後主) 유선(劉禪)에게 "신은 재산에 여유가 없고 아내는 여벌의 옷이 없습니다."라고 밝혔듯이 그녀는 재상의 아내였지만 여벌의 옷이 없을 정도로 검소하였기 때문에 공명은 뇌물에 초연할 수 있었습니다. 그 남편에 그 아내입니다. 대부분의 부부는 끼리끼리 만납니다. 소크라테스와 같은 예외적인 남자도 있지만 … 또한 남자는 그 아내의 그릇 크기만큼 성장합니다. 배우자로부터도 지지받지 못한 사람은 결코 이웃으로부터도 지지받지 못할 것이기 때문입니다.

아내는 지금은 저에게 정치를 하라고 하지만 저는 정치인이 되는 꿈을 깨끗이 접었습니다. 저의 삶의 영역에서 좋은 남편과 좋은 아버지, 좋은 아들, 좋은 형과 오빠, 좋은 장로, 좋은 변호사, 좋은 친구와 좋은 이웃이 되는 것이 정치인이 되는 것보다 더 소중하다고 생각하기 때문입니다. 암튼 저는 정치인이 되고자 하는 꿈을 버리게 한 아내에게 무한 감사의 마음을 갖고 있습니다.

제가 존경하는 김홍신 선생님이 2014년 가을 선거연수원에서 주관하는 민주시민정치아카데미 4기 특강에서 "죽기 전에 전공서적, 수필집, 자서전. 이 3가지는 꼭 쓰라."는 울림이 있는 강의를 듣고, 2016년부터 행복 시리즈 수필집을 출간하기 시작하여 지금까지《변호사 김양홍의 행복한 동행》1~3,《변호사 김양홍의 행복 나누기》,《변호사 김양홍의 행복 더하기》,《변호사 김양홍의 행복 곱하기》,《변호사 김양홍의 행복 충전소》등 총 7권을 출간하였고, 올해 출간될《변호사 김양홍의 행복발전소》초고에 대해 교정을 보는 중이고, 책 표지를 정하는 단계입니다.

저는 위와 같이 그 책 표지로 지난해 바닷가에서 찍은 이수성결교회 당회원수련회 사진으로 정했는데, 아내가 "자신의 얼굴이 책 표지로 나오는 것이 부담스럽다."고 했습니다. 책 교정을 꼼꼼하게 본 저의 딸도 "책 내용상 당회원수련회 사진으로 정하는 것이 좋겠습니다."라고 했는데 … 주일날 교회 김주애 집사님께 의견을 물었더니 다음과 같은 카톡이 왔습니다.

'장로님, 제가 신랑한테 이야기하니까요. 현답이 나왔어요. 저한테 권사님 편을 들었어야 한대요. 여자의 마음을 알아야 한다고요. 한 명이라도 마음이 불편하면 행복한 동행이 아니니, 풀잎 사진 말고 다른 사진으로, 아니면 캄보디아 다른 사진은 좀 어떨까요? 아이들 사진이나^^'

※ 풀잎 사진은 제가 급하게 김주애 집사님께 당회원수련회 사진 대신 풀잎이 들어간 사진을 책 표지로 교체한 것을 보내줬었습니다.

아내가 나중에는 당회원수련회 사진을 책 표지로 사용하는 것에 동의했지만, 이번에도 아내의 첫 의견을 존중하고자 합니다. 아내가 반대할 때는 이유가 있기 때문입니다. 저의 페이스북과 제가 운영하는 <행복한 동행> 네이버 밴드 그리고 교회 성도님들 등의 의견을 종합해 볼 때 자작나무 숲을 표지로 하는 것을 가장 많이 추천해 주셔서 그것을 책 표지로 결정했습니다. 그리고 아내는 앞으로는 "자신에 관한 이야기와 사진을 가능한 한 빼달라."고 해서, 그 뜻도 받들고자 합니다. 저의 행복 시리즈 책은 1년 동안 저의 삶을 정리하는 책이기에 가족 이야기를 빼면 '앙꼬 없는 찐빵'이지만, 앞으로 출간될 책에서 제3편 가족오락관 이야기가 많이 줄더라도 가족 간의 문제가 생겨서 그런 것이 아님을 미리 밝혀둡니다.

3-09
당신은 비교하지 말아요, 나는 비교할게요

부부 동반 모임을 할 때마다 모임 후 저는 아내로부터 혼나는 경우가 많습니다. 제가 부부 동반으로 자주 만나는 부부 예컨대, 한창용 친구 부부, 윤철수 집사님 부부, 나지은 처제 부부 그리고 오늘 만난 김용직 형님 부부는 한결같이 남편이 아내를 '불면 날아갈세라' 애지중지(愛之重之)하고, 국보급 도자기 다루듯 소중히 하는 사랑꾼들입니다. 김용직 형님 부부와 행복한 동행을 하고, 잠자리에 들기 전에도 어김없이 김용직 형님과 비교 당했습니다. 다행히 아내가 스스로 "비교하면 불행하다. 비교하지 않겠다."면서 평정심(平靜心)을 되찾았습니다. 그래서 제가 "당신은 비교하지 말아요, 나는 비교할게요. 나는 당신을 다른 여자와 비교할수록 당신이 더 좋아요."라고 했습니다. 저의 최고의 극찬에 대해 아내는 "말로만~"이라고 했지만, 싫지 않은 표정이었습니다. 그래도 비교 당한 오늘밤에는 잘 넘어가서 좋습니다. 김용직 형님의 말씀처럼 "노후에 부부가 행복하게 살려면, 서로 건강해야 하고, 남자가 한 달이라도 먼저 가야 하고, 돈이 있어야 한다."는 말씀에 공감합니다. 저는 평소에 아내로부터 '글 쓰는 베짱이'로 불리는데, 다음부터는 아내에게 좀 더 관심을 기울이고, 한창용 친구처럼 아내에게 새우도 잘 까주고, 건강을 위해 좀 더 걷는 '글 쓰는 베짱이'가 되겠습니다.

3-10
25년까지와 25년 이상의 차이

비가 오락가락하고, 2월 중순 날씨 중 가장 포근한 날 아침 순천향대학교 천안병원으로 건강검진 받으러 왔습니다. 저희 부부는 올해 결혼 25주년인데, 아내는 오늘 새벽 제가 잠자고 있는 모습을 보고 "앞으로도 이 남자랑 25~30년까지 건강하게 살게 해달라"고 기도했답니다. 그래서 제가 "서운하다"고 했습니다. 앞으로 25년~30년까지만 건강하면 저는 81~86세이기에 … 그랬더니 아내가 "25~30년 이상 건강하게 살게 해달라"고 기도하겠다고 했습니다. 같은 마음입니다. 하나님께서는 하나님의 귀에 들린 대로 행하시겠다고 하신 말씀(민수기 14장 28절)대로 이루어질 것으로 믿습니다.

> 그들에게 이르기를 여호와의 말씀에 내 삶을 두고 맹세하노라 너희 말이 내 귀에 들린 대로 내가 너희에게 행하리니(민수기 14장 28절)

3-11
안마병

저희 집에는 안마병 3명이 근무하고 있습니다. 저희 딸과 아들은 아내가 침대든 쇼파든 "엄마, 안마 좀 해라"라는 명령이 떨어지면 하기 싫어도 안마를 실시하고, 저도 아내의 명령이 하달되면(말은 부탁조로 하지만 거부할 수 없기 때문에 분명 명령에 해당됩니다) 어명으로 알고 안마를 실시합니다. 다만, 안마병 3명 중에서 아들이 요령껏(?) 가장 빨리 끝내는 것 같습니다. 저는 결코 딸, 아들에게 안마를 시키지 않습니다. 같은 안마병으로서의 동료의식(?)이 있기 때문입니다.

군인도 임기가 있고, 직장인도 정년이 있는데, 저의 안마병의 임기는 정해진 바가 없는 종신직입니다. 물론 고용기간의 약정이 없는 때에는 당사자는 언제든지 계약해지의 통고를 할 수 있고, 그 경우 상대방이 해지의 통고를 받은 날로부터 1월이 경과하면 해지의 효력이 생깁니다(민법 제660조 제1~2항). 그렇지만, 저는 아내에게 안마병의 계약을 해지조차 할 수 없는 열악한 환경(?)에 놓여 있습니다. 그래도 저에게 안마병이라는 직책이 부여되어 있음에 감사합니다. 그래서 오늘도 집에 있는 저와 아들은 안마병으로서의 임무를 충실히 수행했습니다. 아내가 부족한 안마병들의 안마로 시원했으면 됐습니다. 오늘밤은 저희 아파트 앞 벚꽃들이 더 활짝 웃는 것 같습니다.

3-12
소나기는 피해가라

    2024년 3.1절 날 아침 아내로부터 혼이 나갈 정도로 융단 폭격을 맞았습니다. 요새 의대 증원 문제로 전공의들이 모두 사직하는 바람에 의대 교수인 아내는 전날 야간 당직을 서면서 잠을 2시간밖에 자지 못하고 왔는데, 남편이라는 사람이 한우 1kg을 한꺼번에 프라이팬으로 굽고 있는 모습을 보고 폭발을 한 것입니다. 아내가 그렇게 큰소리로 화를 내는 바람에 잠에서 깬 딸도 무서워서 방을 나오지 못했다고 합니다. 저 나름대로 할 말은 있었지만, 소나기는 피하는 것이 지혜이기에 아내가 화를 낼 때 쥐 죽은 듯이 조용히 있었습니다.

    아침에 고기를 먹기로 해서 전날 진공포장 상태로 냉동실에 있던 한우 5개 팩을 냉장실로 옮겨놨는데, 아침에 보니 하나도 녹지 않았습니다. 그래서 처음 따뜻한 물에 담가서 녹일 때는 3개 팩만 담갔으나 고기가 진공 팩으로 되어 있어서 그런지 4명이 먹기에는 양이 다소 부족할 것 같아 나머지 2개 팩까지 모두 담갔습니다. 이후 고기를 프라이팬에 굽는데, 3개 팩만으로도 양이 충분해 보였습니다. 그렇지만 이미 따뜻한 물로 5개 팩을 모두 해동을 한 상태였기 때문에 남은 2개 팩을 다시 냉동실에 넣으면 상할 것 같아 나머지도 모두 굽게 된 것입니다. 저는 소고기 1kg이 그렇게 양이 많은지 몰랐습니다. 물론 아내가 화를 내기 전에 미리 자초지종을 이야기했으면 아내도 화를 내지 않았을텐데, 아내는 밤새 잠도 제대로 자지 못하고 피곤한 상태에서 제가 아무 생각 없이 한꺼번에 많은 한우를 구운 것으로 오해하고 화를 냈던 것입니다.

    딸이 저의 이야기를 듣고 난 후 저에게 "그대로 엄마에게 해명하면 엄마도 이해하실 것이라"고 했지만, 제가 "부부관계든 친구관계든 한 쪽이 화를 낼 때는 소나기는 피해가는 것이 좋으니까 나중에 말하는 것이 좋다"고 했습니다. 그러자 딸이 아내에게 조심스레 저를 변호해주었고, 딸의 감동적인 변론 덕분에 아내가 오히려 저에게 미안하다고 사과했습니다. 아마 딸은 오늘 저희 부부의 모습을 통해 많이 느꼈으리라 생각합니다. 암튼 오랜만에 아내의 융단 폭격을 맞으니까 옛 추억도 떠오르고 나름대로 좋았습니다. 소나기는 피해가라는 말은 고스톱판에서 뿐만 아니라 인생살이에서도 꼭 필요한 지혜입니다. 소나기는 금방 지나갑니다.

3-13
톱니칼 만행사건과 맞바꾸자

저는 무더운 주말 하루 종일 집에서 TV와 핸드폰 보고, CBS 방송 듣고, 밀린 성경 보면서 쉬었습니다. 오전에 아내랑 집안 청소를 하고, 점심식사는 감자와 고구마로 간단히 먹었습니다. 아내가 오후에 "친구들과의 점심식사 모임 장소까지 집에서 18분 걸리는데, 태워줄 수 있어요?"라고 부탁했으나, 저는 만사가 귀찮아서 "그냥 택시 타고 가요."라고 대답했습니다(참고로 저희 부부는 화 낼 때 외에는 서로 반말 하지 않습니다). 제가 그때는 제정신이 아니었나 봅니다. 아내가 서운한 내색을 하면서 집을 나설 때가 되서야 제가 죽을죄를 범했다는 사실을 자각하고 태워주겠다고 했으나, 아내는 그냥 웃으면서 집을 나섰습니다. 그때라도 그냥 차를 태워줬어야 했는데, 두 번째 기회도 놓쳤습니다. 제가 정신 줄을 놓았나 봅니다. 세상만사 다 때가 있는 법입니다.

제가 몇 년 전 구입한 작은 고무나무가 거의 저희 집 아파트 천정에 닿을 정도로 무성하게 잘 자랐는데, 어느 날 아내는 바게트 빵 자르는 톱니칼로 고무나무를 2/3 가량 잘라버린 일이 있었습니다. 아내는 분명 제가 애지중지(愛之重之) 키우는 나무라는 것을 잘 알고 있었고, 제가 그렇게 자르지 말라고 부탁을 했음에도 무자비하게 두동강 낸 것입니다. 제가 아내와 결혼한 지 25년 만에 처음으로 서운한 마음이 든 자칭 '톱니칼 만행사건'입니다. 제가 오늘 아내에게 지은 죄와 그 톱니칼 만행사건을 상계(相計)처리하는 것이 좋을 것 같았습니다.

그래서 저녁에 밀린 성경 통독을 마치고, 잠자리에 들려고 하면서 아내에게 오늘 차 태워주지 못한 것을 다시 사과했습니다. 아내는 결혼한 지 25년 만에 제가 처음으로 자신의 부탁을 들어주지 않는 것을 보고 놀랐다고 했습니다. 그래서 제가 "톱니칼 만행사건과 맞바꾸자"고 제안을 했더니, 아내가 흔쾌히 OK 했습니다. 저는 오늘 아내에게 죽을죄를 지었을 뿐만 아니라 아내에게 서운한 마음이 들 때마다 사용하려고 아껴둔 '막강한 무기'마저 폐기시켜 버렸습니다. 다음부터는 아내하고 있을 때도 정신 바짝 차리고 언행을 하도록 하겠습니다. 이래저래 참 아쉬운 주말 밤입니다.

"오늘의 특별한 순간들은 내일의 소중한 추억들이야"
- 만화영화《알라딘》명대사 -

※ 아래 사진은 '톱니칼 만행사건' 이후 2024. 7. 14. 현재 고무나무에서 새순이 자란 모습니다. 많이 컸죠?

3-14
사랑하는 딸에게 해 준 조언

1. 사랑하는 딸에게 해 준 조언

가. 평범한 일상이 기적이다.

아빠는 무릎만 아파도 힘든데, 우리 이웃 중에는 평생 장님으로 살아가는 사람도 있다. 범사에 감사하는 삶을 살아야 한다. 그것은 하나님의 뜻이다. 감사가 감사를 부른다.

> 항상 기뻐하라 쉬지 말고 기도하라 범사에 감사하라 이것이 그리스도 예수 안에서 너희를 향하신 하나님의 뜻이니라(데살로니가전서 5장 16~18절)

나. 너는 너의 주어진 삶에 충실하면 된다. 남이 뭐라고 하든 …
부정적인 생각, 부정적인 말 하지 마라. 생각한대로 되고, 말한대로 된다. 하나님은 내 귀에 들리는대로 행하시겠다고 하셨다.

> 그들에게 이르기를 여호와의 말씀에 내 삶을 두고 맹세하노라 너희 말이 내 귀에 들린 대로 내가 너희에게 행하리니(민수기 14장 28절)

다. 상대방의 언행에 대해서 너무 예민하게 대응할 필요 없다.
나쁜 사람이라고 판단되면 그냥 피해라. 가까이 하지 않으면 그만이다. 예수님도 우리를 정죄하지 않으셨다. 우리는 예수님을 따르는 그리스도인이다. 우리는 그리스도인답게 누구를 정죄하려 해서는 안 된다. 사랑하는 사람과 사랑하기에도 부족한 것이 우리 인생이다.

대답하되 주여 없나이다 예수께서 이르시되 나도 너를 정죄하지 아니하노니 가서 다시는 죄를 범하지 말라 하시니라(요한복음 8장 11절)

라. 삶을 단순하게 살아라.

주님과 동행하고, 가족과 동행하고, 좋은 사람들과 동행하면 된다. 영화배우도 아닌 네가 만인의 연인이 될 필요는 없다. 너를 세상 끝 날까지 사랑해 줄 엄마와 아빠, 은철이가 너의 곁에 있음을 잊지 마라.

새 계명을 너희에게 주노니 서로 사랑하라 내가 너희를 사랑한 것 같이 너희도 서로 사랑하라(요한복음 13장 34절)

2. 예쁜 여자가 아닌 예쁜 말을 하는 여자랑 결혼하라

사랑하는 딸

잘 잤지? 어제 선생님이 하신 말씀에 대해 이야기해줘서 고맙다. 우연히 페이스북에서 김창옥 교수님이 "예쁜 여자가 아닌 예쁜 말을 하는 여자랑 결혼하라"는 강의를 들었다. 전적으로 공감한다. 딸도 어제 선생님처럼 상대방이 듣기 좋아하는 예쁜 말을 자주 해라. 아빠도 내 딸과 아들에게만 지적하는 말이나 가르치는 말 그리고 화나는 말을 하지 누구에게도 그런 말을 잘 하지 않는다. 네가 작성한 '행복한 인생을 위해 꼭 필요한 여섯 가지' 중에 '유머'가 들어 있던데, 그것도 아주 공감한다. 유머는 곧 예쁜 말이다. 엄마아빠에게, 은철이에게, 미래의 남편과 자녀들에게, 미래의 시댁 식구들에게 예쁜 말을 자주 하도록 노력해라. 그것이 곧 사랑의 말이고, 유머다. 웃음을 주는 말이기에 …

※ 행복한 인생을 위해 꼭 필요한 여섯 가지

1. 김양홍
   ① 하나님을 믿는 믿음
   ② 가족간의 사랑
   ③ 행복한 가정
   ④ 행복한 일(터)
   ⑤ 좋은 친구
   ⑥ 돈

2. 아내
   ① 예수님과 동행
   ② 행복한 가정
   ③ 건강
   ④ 행복하고 든든한 직장
   ⑤ 주변의 좋은 사람들
   ⑥ 돈

3. 딸
   ① 가족
   ② 신앙
   ③ 친구

④ 돈
⑤ 직업
⑥ 유머

4. 아들
① 올바른 눈
② 이치에 맞는 사고
③ 사고의 유연함
④ 신과 나, 세상에 대한 사유
⑤ 끊임없이 삶의 의미를 찾고 이루는 것
⑥ 삶의 기억과 관계를 마음에 새기는 것

1. 어떻게 살 것인가?

말을 소금으로 맛을 냄과 같이 하라

말은 그대로 이루어지게 하는 능력이 있다.
그렇기 때문에
감사의 말, 사랑의 말, 긍정의 말,
축복의 말을 해야 한다.
사랑의 말이 아니면 말문을 닫아야 한다.
말은 씨가 되어 자라고,
그 열매를 맺기 때문이다.

모든 것을 품위 있게 하고 질서 있게 하라 (고린도전서 14:40)

3. 너는 하나님의 은혜이다

사랑하는 나의 딸 은혜의 스물다섯 번째 생일을
온 마음을 담아 축하한다.

사랑하는 나의 딸이 엄마아빠의 딸로 이 땅에 와준 것에 대해 참 감사하다.
사랑하는 나의 딸이 하나님의 자녀로 살아감에 참 고맙다.
사랑하는 나의 딸이 엄마아빠를 사랑해줘서 참 이쁘다.
사랑하는 나의 딸이 열심히 공부하는 모습이 참 대견스럽다.
사랑하는 나의 딸이 엄마아빠에게 너의 인생사를 이야기해줘서 참 고맙다.
사랑하는 나의 딸과 함께 '나는 SOLO'를 보면서 다른 사람들의 삶의 태도를 배울 수 있어서 참 감사하다.

사랑하는 나의 딸이 하나님께 인정받는 사람이 되어
하나님께는 영광, 이웃에게 유익이 되는 삶을 살아가길 기도한다.
사랑하는 나의 딸이 성품 좋은 믿음의 배우자를 만나
믿음의 가정을 이루어 엄마아빠처럼 행복하게 살아가길 기도한다.
사랑하는 나의 딸의 부부와 함께 할 미래가 기다려진다.
사랑하는 나의 딸의 자녀와 함께 할 미래도 기다려진다.
사랑하는 나의 딸과 함께 기다리는 모든 것이 행복이다.

사랑하는 나의 딸을 사랑하고 축복한다.
너는 하나님의 은혜이다♡

2024년 11월 2일 아침

사랑하는 나의 딸을 생각하면서
김은혜의 아빠가 썼다.

3-15
은혜의 밥상

1. 감동적인 아침 밥상

    2024년 설 연휴 다음날인 오늘 새벽 5시가 채 안 되었는데 부엌에서 부스럭거리는 소리가 들려 나가보니 딸이 계란프라이와 스크램블, 상추샐러드를 식탁 위에 준비해 놨습니다. 딸은 오늘 오전에 친구와 함께 대만 여행을 가는 날입니다. 그래서 제가 새벽 4시경 일어나 딸에게 계란프라이라도 해줘야겠다고 생각했는데, 깜박하고 알람을 해놓지 않고 잠이 들었습니다. 짧은 시간이지만 딸에게 고마움을 표현한 후 대화하는 방법에 대해 조언해줬습니다. 저는 시도 때도 없이 아빠라는 이름으로 딸에게 하나라도 더 가르치려고 하는 것 같습니다. 그렇게 하지 않아도 때가 되면 잘 할텐데 ... 감동적인 아침 밥상을 차려 주고, 아빠의 잔소리를 경청해 준 딸에게 다시금 고마운 마음을 전합니다. 아름다운 추억이 진짜 재산입니다. 딸과 친구가 평생 잊지 못할 행복한 여행을 하고, 건강하게 돌아오기를 기도합니다.

2. 은혜의 밥상

　2024년 8월 첫 주말 아침, 말 그대로 저의 딸 은혜가 차려준 밥상입니다. 딸은 주중에는 치대 실습 때문에 집에 오지 못하고 대부분 금요일 저녁에 오는데, 주말 아침 엄마아빠를 위해 닭 가슴살과 토마토가 들어간 샐러드와 계란프라이 그리고 마시는 물까지 준비해 놓은 것입니다. 정말 감동적인 은혜의 밥상입니다. 네이버에서 은혜의 밥상을 검색해봤더니 대구제일성결교회 오연택 목사님이 쓰신 '은혜의 밥상을 물려주라(2018년 11월 19일자 국민일보 가정예배 365)'는 글이 맨 상단에 있었습니다. 은혜의 밥상 때문에 만나게 된 정말 은혜로운 말씀이라서 전문을 공유합니다.

　(1) 말씀

　므비보셋이 항상 왕의 상에서 먹으므로 예루살렘에 사니라 그는 두 발을 다 절더라(사무엘하 9장 13절)

　므비보셋은 요나단의 아들이고 사울의 손자입니다. 왕손이었으니 최고의 교육을 받고 풍요롭게 자라는 것이 당연한 인생입니다. 그러나 므비보셋이 다섯 살 되던 해 요나단과 사울 왕이 죽게 됩니다. 이 소식을 들은 유모는 그를 안고 급히 도망을 가다 떨어뜨리는 바람에 므비보셋은 다리를 절게 되었습니다. 화려한 왕궁에서 모든 것을 누리는 왕자의 인생에서 장애인으로 숨죽여 살아야만 하는 인생이 되고 만 것입니다. 그렇게 지내던 어느 날, 다윗 왕이 사울 집안에 남아 있는 사람은 없는지 알아봅니다. 힘든 수소문 끝에 요나단의 아들 므비보셋이 살아 있다는 소식을 듣고 그를 불러오라고 합니다. 므비보셋은 두려움에 떨며 다윗 앞에 섰습니다. 그런데 다윗은 할아버지의 땅을 모두 므비보셋 앞으로 해 주겠다고 합니다. 그 뿐만아니라 왕궁에서 함께 살면서 다윗과 한 상에서 함께 식사하자는 은혜까지 베풀어 줍니다. 다윗이 엄청난 은혜를 베푼 것은 요나단과 맺은 언약 때문입니다(사무엘상 20장 42절).

> 요나단이 다윗에게 이르되 평안히 가라 우리 두 사람이 여호와의 이름으로 맹세하여 이르기를 여호와께서 영원히 나와 너 사이에 계시고 내 자손과 네 자손 사이에 계시리라 하였느니라 하니 다윗은 일어나 떠나고 요나단은 성읍으로 들어가니라(사무엘상 20장 42절)

아버지 요나단은 아들 므비보셋에게 좋은 공부를 시켜주지도 못했고 많은 재산을 남겨주지도 못했습니다. 그러나 다윗이 베풀어준 은혜로 모든 것을 회복했고 되찾게 되었습니다. 이 모든 일이 어떻게 가능할 수 있었을까요? 아버지 요나단 덕분입니다. 요나단은 생전에 다윗을 생명처럼 사랑했습니다. 얼마나 사랑했는지 자신이 가지고 있던 겉옷을 벗어주었고 군복과 칼과 활과 띠도 주었습니다. 아버지 사울이 다윗을 죽이려 할 때에도 다윗의 편을 들어 지켜주었습니다. 덕분에 므비보셋은 엄청난 은혜를 누릴 수 있게 된 것입니다. 므비보셋이 요나단에게 직접 받은 것은 없었습니다. 그러나 요나단으로 인하여 가장 귀한 선물을 받게 되었으니 바로 '은혜의 밥상'입니다. 이것이야말로 요나단이 아들 므비보셋에게 남겨준 최고의 선물입니다.

다윗은 예수님의 모형입니다. 요나단이 다윗을 사랑하듯 우리가 이 땅에서 마땅히 해야 할 일은 주님을 사랑하는 것입니다. 그리고 다윗이 므비보셋을 은혜의 밥상에 함께 하게 한 것이 가장 큰 선물이듯, 우리의 자녀들이 예수님의 식탁 앞으로 나오도록 하는 것이야말로 가장 귀한 유산이 됩니다. 주님이 우리의 자녀에게 해 주실 수 있는 것은 우리가 직접 자녀에게 해 줄 수 있는 것과는 비교도 되지 않습니다. 이것을 알지만 막상 일상의 삶에서는 내가 직접 다 해주려고 버둥거리면서 살고 있지는 않습니까. 그 일이 인생의 전부인 듯 살면서 주님을 향한 사랑은 식어지고 나의 영혼은 점점 더 주님과 멀어지고 있지는 않습니까. 자녀사랑의 첫 번째 핵심은 부모가 먼저 주님을 사랑하고 주님과 가까워지는 것입니다.

(2) 기도

사랑의 하나님, 우리 자녀에게 물려줄 최고의 선물이 신앙임을 다시 한 번 깨닫게 하소서. 하나님 자녀들에게 은혜의 밥상을 물려주는 믿음의 부모가 되게 해 주옵소서. 영적 유산을 잘 물려줘 자녀들이 인생의 참 가치를 붙들고 나아갈 수 있도록 해 주옵소서. 예수님의 이름으로 기도드립니다. 아멘.

은혜의 밥상 때문에 은혜로운 말씀의 밥상을 받아서 이 아침 참 행복합니다. 한 번도 만나 뵌 적 없는 대구제일성결교회 오연택 목사님께도 감사의 인사를 드립니다. 언제 만나 뵙게 되면 은혜의 밥상을 대접하고 싶습니다. 특히 사무엘상 20장 42절 말씀은 제가 섬기는 이수성결교회 송구영신 예배 때 뽑은 말씀 카드입니다. 저희 집 식탁에 놓여 있어 매일 아침 한 번씩 읽는 성경 구절입니다. 하나님께서 영원히 저와 여러분 사이에 계시고, 저의 자손과 여러분의 자손 사이에 계실 것임을 믿습니다. 아멘!

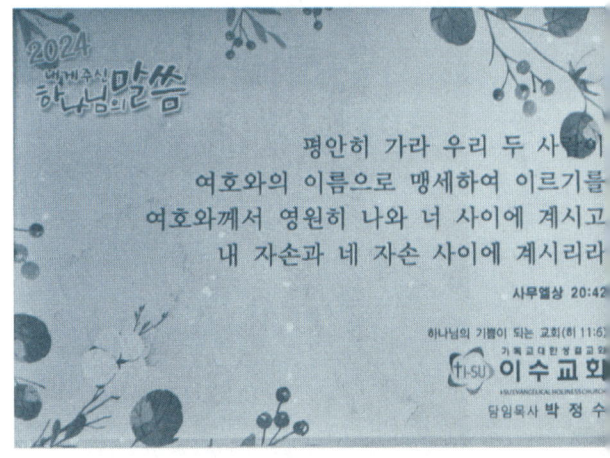

3-16
꿀처럼 달다

딸 : 꿀처럼 달다
아내 : 주옥(珠玉) 같다
김양홍 : 우리 마누라 같다

처가댁 식구들, 아내, 딸과 함께 '한나미니스트리' 오미운 사모님이 성경을 요약해주시고 안내하는 분량만큼 성경 통독을 하고 있는데, 요새 로마서를 읽고 있습니다. 위 이야기는 신약 성경을 읽는 것에 대한 소감입니다. 참고로 저는 아내 이름이 주옥(主玉)이어서 "우리 마누라 같다"고 표현한 것입니다. 저는 결혼 초기 아내가 "자기 전에 매일 성경 1장을 읽고, 기도하고 자자"고 해서 시작한 성경 통독을 7년 만에 1독을 마쳤습니다. 지금은 자기 전에 성경은 읽지 않고 기도만 하고 잡니다. 이후 매년 혼자서 성경 통독을 도전했으나 실패를 거듭했고, 지금은 '한나미니스트리'를 통해 처가댁 식구들과 함께 세 번째 성경 통독을 목전에 두고 있습니다. 신약 성경은 정말 한 말씀 한 말씀이 주옥같습니다. 참말로 하나님의 말씀이 살아서 움직이는 것 같습니다. 여러분도 성경 통독을 시도해 보십시오. 생각 그 이상의 감동과 기쁨을 느끼실 것입니다.

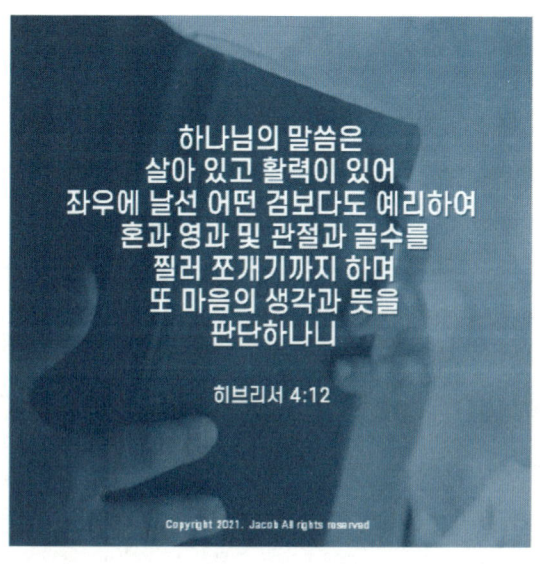

3-17
비밀로 하고, 알려는 드리겠다

    2024년 2월 마지막 주일 사랑하는 딸과 함께 서울역 옆에 있는 '서울로(SEOULLO)7017'로 산책 나왔습니다. 참새가 방앗간을 그냥 지나치지 않듯이 저희 부녀는 서울로7017 중간 지점에 있는 'K-spot 수국전망대 카페'에 들렀습니다. 딸이 엄마에게 카페 가는 것을 비밀로 해달라고 해서, 이렇게 답을 했습니다.

    "비밀로 하고, 알려는 드리겠다."

    서울로7017 오기 전에 중구 북창 미디어 월(JUNGGU BUKCHANG MEDIA WALL) 앞에 모르는 여인네가 다소곳이 앉아 있어서 손을 잡고 한 번, 허리를 안고 한 번 사진 찍은 것을 가족 단톡방에 올렸더니, 아내가 이렇게 답글을 달았습니다. 오늘밤 후환(後患)이 두렵습니다.

    웬 낯선 여자랑 ㅋㅋㅋ

3-18
영어로 방언하게 해주세요

"하나님 아버지, 저도 방언 받고 싶습니다.
기왕 방언을 주시려거든 영어로 방언하게 해주세요."

2024년 1월 셋째 주말 아침 아들과 단 둘이 식사하면서(아내는 여행, 딸은 CMF 수련회 참가) 배우자상에 대해 이야기를 했습니다. 아들은 기회가 되면 미국에 가서 살고자 하기에 "아빠는 기왕이면 한국어 하는 며느리면 좋겠다."고 했습니다. 물론 저는 아들이 미국 여성을 사랑해서 결혼하겠다고 하더라도 반대할 생각은 없습니다만, 제가 영어를 못하기에 미국 며느리는 소통하는데 많이 불편할 것 같습니다. 그래서 앞으로는 유비무환(有備無患)의 마음으로 하나님 아버지께 "영어로 방언하게 해주세요"라고 기도해야겠습니다.

※ 방언(方言, tongues)
성경에서는 두 종류의 방언을 언급하고 있다. 첫째, 성령의 역사로 습득한 일이 없는 언어를 무아지경 상태에서 말하는 일을 가리킨다. 구약에서는 선지자들 사이에서 노래나 시(詩) 형태로 표현되었다. 그러나 신약 시대에는 보통 사람들이 알아듣지 못하는 신비한 언어 형태로 표현되었는데, 하나님께서 특별한 사람들에게 주는 성령의 은사 가운데 하나였다(네이버 지식백과에서 인용).

3-19
우리 아들이 300억 벌게 해주세요

1. 아들과의 내기

봄비가 내리는 오늘 아침 아들과 식사하면서 3만원 내기를 했습니다. 저는 "2024년 4월 중 의대 증원 백지화(원점에서 재검토도 안 됨)와 보건복지부 장관과 차관 경질이 된다."고 했고, 의대생인 아들은 "그럴 리가 없다."고 했습니다. 내기 금액도 처음 1만원에서 3만원으로 증액되었습니다. 제가 아들과의 내기에서 이길 수 있을까요? 만약 제가 내기에서 이기면 맞추신 분들에게 내기 금액 범위 내에서 커피 한 잔 대접하겠습니다. 내기 금액을 5만원으로 올려볼까요? 참고로 아들과의 위와 같은 내기는 대법원 판례상 도박죄가 성립하지 않습니다.

우연한 승부에 재물을 거는 노름행위가 형법상 금지된 도박에 해당하는가, 아니면 일시적인 오락의 정도에 불과한 것인가 하는 점은 도박의 시간과 장소, 도박에 건 재물의 가액 정도, 도박에 가담한 자들의 사회적 지위나 재산 정도 및 도박으로 인한 이득의 용도 등 여러 가지 객관적 사정을 참작하여 결정하여야 한다(대법원 1985. 4. 9. 선고 84누692 판결).

2. 우리 아들이 300억 벌게 해주세요

존경하고 사랑하는 저의 장모님이 가족 성경톡독방에 날기새(날마다 기막힌 새벽) 김동호 목사님의 '부모 공경에 상을 약속하신 하나님'이라는 설교를 꼭 보라고 하셔서 아들과 함께 기숙사 가는 길에 승용차 안에서 그 설교 말씀을 들었습니다. 하나님이 십계명에서 부모를 공경하라고 한 것은 결국 자녀들에게 이 땅에 복을 누리고 장수하게 하려는 것임을 깨닫게 해주셨습니다.

김동호 목사님께서 "자식 덕 보게 해달라"는 기도가 부모를 위한 기도이기 보다는 자녀를 위한 기도임을 깨달았다고 하시면서 자녀들로부터 좋은 차를 선물 받은 자랑(?)을 해주셨습니다. 그래서 저도 아들에게 "언제 차 사 줄거야?"라고 물었더니, 아들이 "대단한 부자가 되면 사 드릴께요."라고 했습니다. 제가 "대단한 부자라는 말은 너무 모호하니까 현재 기준으로 얼마를 갖고 있어야 대단한 부자냐?"고 되물었더니, "300억(아들은 처음에는 3,000억이라고 대답하려다가 줄인 것이라고 합니다)"이랍니다. 제가 "아빠한테 차 안 사주겠다는 말 아니냐?"고 했더니, 아들이 "왜요?"라고 되물어서 제가 믿음이 부족함을 사과했습니다. 오늘부터 "우리 아들이 300억 벌게 해주세요!"라고 기도하렵니다. 저도 늘그막에 자식 덕 좀 보고 싶습니다.

너는 네 하나님 여호와께서 명령한 대로 네 부모를 공경하라 그리하면 네 하나님 여호와가 네게 준 땅에서 네 생명이 길고 복을 누리리라
(신명기 5장 16절)

3-20
주저함에 대한 서운함

"아빠는 아버지 말 잘 들었다."

제가 평소 저의 아들에게 늘 세뇌시킨 말입니다. 저의 기억 장치가 아버지의 말씀에 순종하는 것만 남겨놔서 그런지 모르겠습니다만, 저의 동생들도 이의를 제기하지 않는 것으로 봐서는 제가 아버지의 말씀을 잘 따랐음은 분명합니다. 저의 아들도 집에서 설거지를 하고, 청소를 하고, 음식물 쓰레기와 재활용을 버리는 것에 주저함이 없고, 엄마아빠의 말에 순종하려고 함에 감사합니다. 제가 할 수 있지만, 아들이 무거운 짐을 들고 가는 모습을 보면 참 행복합니다. 표면적인 모습은 아들의 고통을 즐기는 아빠 같지만, 저의 속마음은 아들이 밖에서도 그렇게 할 것으로 믿기에 감사하고 행복한 것입니다. 저는 아들이 어렸을 때 잠에서 막 깼을 때나 피곤해 할 때만을 골라서 아빠의 권위로 "음식물 쓰레기를 버리고 오라."고 시켰었습니다. 암튼 지금 아들의 모습은 타고난 착한 성품과 고된 훈련(?)의 결과물이 아닐까요?

요새 아들이 정부의 의대 증원 정책 반대 등의 문제로 휴학계를 내고 집에 있기에, 어제 제가 아들에게 공항 가는데 전철로 갈지 공항버스로 갈지 고민된다고 하면서 짐이 무거우니까 공항까지 들어다 주라고 했습니다. 그러자, 아들이 "버스로 가시면 안 들어 드려도 되지 않아요?"라고 되물었습니다. 물론 결론은 어떻게 하든 아들이 짐을 들어주기로 했습니다만, 아들의 그 주저함에 대한 서운함이 밀려왔습니다. 저는 아버지가 짐을 들어주라고 했으면 주저하지 않았을 텐데 … 저에게 '섭섭마귀'가 찾아온 것입니다. 나이가 들수록 섭섭마귀가 자주 찾아오는 것 같습니다. 앞으로는 저에게 어떠한 경우에도 섭섭마귀가 감히 찾아올 수 없는 할아버지가 되도록 마음을 잘 다스려야겠습니다. 세월이 빨리 흘러가는 것이 아쉬울 때도 있지만, 저는 얼른 할아버지가 되고 싶습니다. 딸과 아들이 계속 초등학생에 머물러 있으면, 지금 딸과 아들의 모습을 어떻게 보겠습니까? 그래서 나이 듦은 하나님의 축복입니다.

아래 글은 저의 아들이 고등학교 졸업한 무렵에 쓴 글입니다. 이렇든 저렇든 아들이 저희 집의 공식적인 노예로 살아줌에 감사합니다. 하나님의 아들 예수님은 죄 많은 우리를 섬기시려고 이 땅에 오셨습니다. 예수님을 구세주로 믿는 저도, 저의 아들도 언제 어디서나 주인이 아닌 종의 삶을 살아내기를 소망합니다. 혹시 제가 주인 노릇하면 "그렇게 살지 마세요!"라고 지적해주십시오. 기쁨 마음으로 마음가짐과 몸가짐을 바로 잡겠습니다.

<공식적인 노예>

"저는 우리집의 공식적인 노예입니다."
올해 고등학교를 졸업한 나의 아들이 교회 권사님 부부 앞에서 한 말이다. 아들의 말대로 실제 우리집에서 아들은 노예처럼 산다. 음식물 쓰레기 비우기부터 집안의 모든 잡다한 일의 대부분은 아들 몫이다. 심지어 나는 아들이 가장 하기 싫어할 때를 골라서 음식물 쓰레기 버리기를 시켰다. 아들 스스로 자신이 노예라고 생각할 정도로, 나는 의도적으로 아들을 노예 아닌 노예로 키웠다. 이 세상에 하나밖에 없는 아들을 노예처럼 대할 부모가 어디 있겠는가? 그렇지만 나의 아들은 집안에서 부모에게 그리고 누나에게 노예처럼 섬기는 삶을 살았기에, 세상에 나가서도 먼저는 하나님의 영광과 나라를 위해서 그리고 미래의 아내와 곁에 있는 이웃들을 위해서 노예처럼 충실히 섬기는 삶을 살 수 있으리라.
기꺼이 노예의 삶을 받아들인 아들이 참 대견스럽다.

서로 마음을 같이하며 높은 데 마음을 두지 말고 도리어 낮은 데 처하며 스스로 지혜 있는 체 하지 말라(로마서 12장 16절)

3-21
홍콩 가다

국어사전에서는 '홍콩(에) 가다'는 말을 '(사람이) 신나거나 기분이 좋아지다.'라고 설명하고 있습니다. 옛날에는 자주 쓰는 표현이었는데, 요새는 잘 쓰지 않은 것 같습니다. 저는 오래전 CEO과정에서 홍콩 근처인 주하이(珠海)와 마카오(澳门)를 다녀온 적은 있으나 아직까지 홍콩(香港)에 가지는 않았습니다. 물론 삶의 현장에서는 여러 번 홍콩에 갔습니다. 홍콩은 무비자로 갈 수 있기에 시간과 돈만 있으면 언제든지 홍콩에 갈 수 있습니다. 그러나 삶의 현장에서는 시간과 돈이 없어도 홍콩에 갈 수 있는 것들이 많이 있습니다. 지난주 제가 변호한 피고인이 무죄 판결을 받았는데, 그 소식을 듣는 순간 정말 홍콩 갔습니다. 변호하다 보면 의뢰인과 일심동체(一心同體)가 되기 때문입니다. 곰곰이 생각해 보면 내가 홍콩 가는 일은 나보다 나의 이웃 덕분에 가는 경우가 더 많습니다. 우리가 내 곁에 있는 사람들에게 잘해야 하는 이유입니다.

저의 아들이 어제 저녁 홍콩에 간다고 말하고, 오늘 아침 친구들과 함께 홍콩에 갔습니다. 여행가는 아들에게 축복기도해주면서 "주일성수(主日聖守 - 주일을 기억하여 거룩하게 지키는 일)할 수 있게 해달라"는 기도도 했습니다. 아들이 홍콩 갔으니까 분명 홍콩 갈 것으로 확신합니다. 오늘 하루 우리 모두가 삶의 현장에서 홍콩 가기를 소망합니다.

3-22
은철이 선생님 군대 잘 가세요

1. 예비 조리병이 차린 아침 밥상

저의 아들이 올해 의대 본과 2학년인데 의대 증원 문제 등으로 휴학하였고, 올해 6월 조리병으로 군 입대할 예정입니다. 어제부터 떡 갈비집에서 아르바이트하면서 요리사 선생님으로부터 칼질하는 것도 배우고, 무거운 것 드는 방법 등 조리병 수업을 열심히 받고 있습니다. 아들은 수학 과외를 하면 1시간 40,000원을 받을 수 있는데, 지금은 시간당 13,000원을 받는다고 합니다. 오늘(2024. 3. 19.) 아침 밥상은 예비 조리병인 아들이 차렸습니다.

제가 아들에게 늘 강조하는 것이 있습니다. 그것은 "작은 일이 큰일이다."라는 것입니다. 성경은 '지극히 작은 것에 충성된 자는 큰 것에도 충성되고 지극히 작은 것에 불의한 자는 큰 것에도 불의하니라(누가복음 16장 10절)'라고 합니다. 내가 할 일이 비록 작은 일일지라도 최선을 다해야 합니다. 이 세상은 그렇게 작은 일에 최선을 다하는 사람들이 이끌어가는 것입니다. 아들이 조리병의 책무도 잘 해내리라 믿습니다. 그래서 요리도 잘하는 훌륭한 의사가 될 것으로 믿습니다.

2. 은철이 선생님 군대 잘 가세요

은철이 선생님 군데 잘 가세요~♡ 우리 생간하지 말고 군데애 집중하세요~~~♡ 2년 동안 군데에서 좋은 일이 많~~~~이 보내고 도라왔으면 좋엤어요 2년 동안 행~~~~복한 일 많이 생기세요♡ 다시 2년 지나고 많나요♡ 꼭이요
라빈

여호와는 나에 목자시니 내게 부죽함이 없으리로다
시 23. 1. 말씀

- 라빈 -

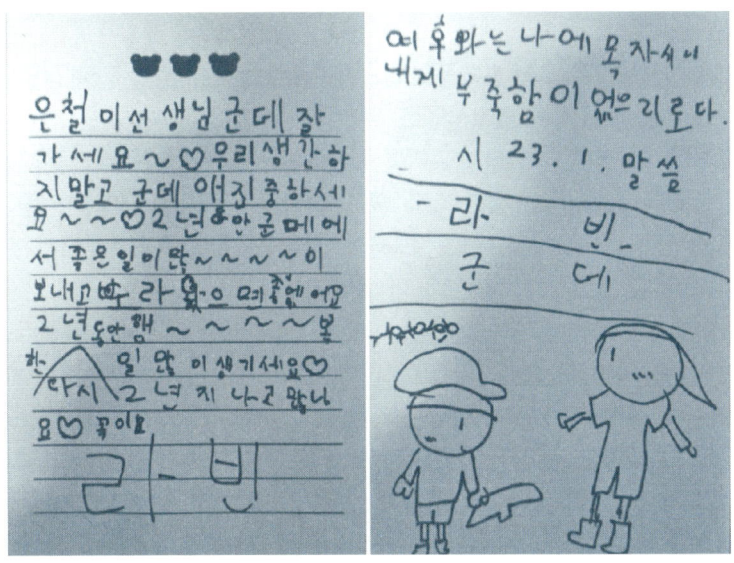

저의 아들은 2021년 1월경부터 지금까지 이수교회 유치부 교사로 섬기고 있는데, 오는 6월 3일 군 입대합니다. 위 첫 번째 글은 이수교회 정라빈 어린이가 저의 아들이 군 입대 한다고 써준 편지 앞뒷면입니다. 참 감동적인 편지입니다.

정라빈 어머니 김주애 집사님은 8살과 6살인 어린 두 딸 라빈·라원에게 성경 암송 교육을 하고 있는데, 라빈에게 "선생님께 힘이 되는 말씀을 적어

주자"고 했더니 위와 같이 시편 23편 1절의 내용을 적어줬답니다. 비록 맞춤법은 완벽하지 않더라도 선생님을 위하는 마음은 완벽합니다. 더 감동입니다. 훌륭한 제자를 둔 아들이 참 부럽습니다. 라빈의 바람대로 저의 아들이 군대에 집중하고, 군복무기간인 18개월 동안 좋은 일과 행복한 일 많이 생기고, 꼭 다시 만날 수 있기를 기도합니다.

3. 부자유친 아버님들께

부자유친 아버님들께

안녕하세요? 김은철입니다.
6월 3일자로 육군에 입대하게 되어 연락드립니다!
저는 취사병으로 우리 장병들의 밥을 매일같이 짓는 역할을 할 예정입니다. 요리를 배운 적도 없고 경험도 일천해서 걱정이 많이 되지만, 최선을 다해 음식을 만들며 열심히 요리를 공부해 군인들에게 맛있는 밥을 제공하도록 하겠습니다. 옛날 아버지들께서 바비큐 파티를 할 때에 아들들에게 맛있게 고기를 구워 주셨던 때처럼 열심히 하겠습니다!
벌써 중학교를 졸업한 지 8년이 다 되어 가는데, 지금도 부자유친 모임이 지속되고 있음에 감사하고 소중한 마음이 듭니다. 중학교 시절 친구들과 친구들의 아버님들의 즐거운 표정들이 떠오르네요. 정말 즐거운 기억이 많은데, 고기를 맛있게 구워먹은 기억, 바람 빠진 자전거를 타고 한강을 달린 기억, 연탄 봉사를 한 기억, 라오스 여행을 간 기억은 시간이 정말 많이 지났는데도 생생하게 기억이 납니다. 중학생 아들들과 이런 활동을 하는 것이 정말 쉽지 않았을 텐데 아버님들께 존경과 감사를 올립니다. 정말 아버님들 덕분에 제가 이렇게 잘 자랄 수 있었던 것 같습니다.
이제 군대라는 전혀 겪어보지 못한 환경을 겪게 되어서 두려운 마음이 있지만, 언제나 그랬듯 잘 해낼 거라 믿습니다. 이는 부자유친 아버님들께서 항상 저희 뒤에서 응원해 주신 덕분이라 생각합니다!
항상 감사드리고, 이후 부자유친 모임에 참여할 기회가 있다면 꼭 아버님들과 친구들을 보고 싶네요. 곧 있을 백두산 여행도 잘 다녀오시고, 다들 건강하시기를 기도하겠습니다!

2024년 5월 마지막 날
부자유친 김은철 올림

4. 김은철 군 입대(2024. 6. 3.) 축하예배

(1) 다함께 사도신경으로 신앙고백
(2) 찬송 : 438장 내 영혼이 은총 입어

1절
내 영혼이 은총 입어 중한 죄 짐 벗고 보니
슬픔 많은 이 세상도 천국으로 화 하도다
2절
주의 얼굴 뵙기 전에 멀리 뵈던 하늘나라
내 맘 속에 이뤄지니 날로 날로 가깝도다
3절
높은 산이 거친들이 초막이나 궁궐이나
내 주 예수 모신 곳이 그 어디나 하늘나라
(후렴)
할렐루야 찬양하세 내 모든 죄 사함 받고
주 예수와 동행하니 그 어디나 하늘나라

(3) 대표기도(엄마)

(4) 성경 말씀(아들) : 골로새서 3장 23절

무슨 일을 하든지 마음을 다하여 주께 하듯 하고 사람에게 하듯 말라
(Whatever you do, work at it with all your heart, as working for the Lord, not for human masters).

(5) 설교(아빠)

아빠는 군 입대하는 아들이 자랑스럽다. 아들이 입소할 때 대부분의 부모들은 운다고 하지만, 아빠는 안 울고 싶다. 아들이 대를 이어 나랏일 하러 가는데, 얼마나 자랑스럽고 고마운 일이냐? 아들이 군의관으로 가서 장병들의 건강을 돌봤으면 더 좋았겠지만, 취사병도 군의관 못지않게 귀한 일이라고 생각한다.

아빠가 아들이 고1 때 봉사하러 갈 때 "나랏일 잘 하고 오라"고 기도해 준 적이 있다. 이웃을 섬기는 일이 곧 나랏일인데, 취사병은 진짜 나랏일이다. 아빠의 기억력은 좋지 않지만, 아들의 말 중 기억하는 말이 있다. 아들이 고등학교 다닐 때 교회 중고등부에서 케이크가 필요한데 주일날 아들이 케이크를 사가면서, "누군가 해야 한다면 제가 해야지요"라는 말을 했었다. 취사병 생활도 다를 것 없을 것이다. "누군가 해야 한다면 내가 한다"는 마음가짐만 있으면 된다. 골로새서 3장 23절 말씀대로 해라 "무슨 일을 하든지 마음을 다하여 주께 하듯 하고 사람에게 하듯 하지 말라" 아빠 회사 홈페이지 첫 문장도 "무엇을 하든지 주께 하듯 하겠습니다"이다. 그리고 매일 장병들의 식사를 책임지는 취사병이고, 피곤할지라도 주일성수는 꼭 지켜라. 주일성수는 아빠가 너에게 미리 한 유언임을 잊지 마라. 잘 다녀와라.

내게 능력 주시는 자 안에서 내가 모든 것을 할 수 있으니라
(빌립보서 4장 13절)

(6) 기도(아빠)
(7) 다함께 주기도문

※ 이웃 봉사는 나랏일이다(2017년 11월 11일 쓴 글)

　주말 아침 고등학교 1학년 아들이 기아대책에서 주관하는 죽을 만들어 어려운 이웃들에게 나눠드리는 봉사하러 갔다. 그래서 아들에게 "나랏일 잘 하고 오라"고 기도해줬다. 아들은 그것이 무슨 나랏일이냐고 반문했지만, "이웃을 섬기는 일이 곧 나랏일이다"라고 앵무새처럼 같은 말을 했다. 더 이상 무슨 설명이 필요한가? 나라가 하는 일 모두가 국민 즉 우리 모두의 이웃을 위하는 일 아닌가? 이웃을 섬기는 일은 큰일이든 작은 일이든 나랏일 한다는 마음가짐으로 마음을 다하고, 힘을 다하고, 뜻을 다해야 할 것이다. 또한 도산 안창호 선생 말씀처럼, 작은 일에 최선을 다하는 것이 곧 나라 사랑하는 길이다.

김은철 군 입대 축하예배

1. 다함께 사도신경으로 신앙고백
2. 찬송 : 438장 내 영혼이 은총 입어

(1절)
내 영혼이 은총 입어 중한 죄 짐 벗고 보니
슬픔 많은 이 세상도 천국으로 화 하도다
(2절)
주의 얼굴 뵙기 전에 멀리 뵈던 하늘나라
내 맘속에 이뤄지니 날로 날로 가깝도다
(3절)
높은 산이 거친들이 초막이나 궁궐이나
내 주 예수 모신 곳이 그 어디나 하늘나라
(후렴)
할렐루야 찬양하세 내 모든 죄 사함 받고
주 예수와 동행하니 그 어디나 하늘나라

3. 대표기도(엄마)
4. 성경 말씀(아들) : 골로새서 3장 23절

무슨 일을 하든지 마음을 다하여 주께 하듯 하고 사람에게 하듯 하지 말라(골로새서 3장 23절)

5. 설교(아빠)
6. 기도(아빠)
7. 다함께 주기도문

3-23
이등병 아들과 함께

1. 사랑하는 나의 아들 은철에게

사랑하는 나의 아들 은철에게
우리 아들의 스물세 번째 생일을 미리 축하하고 축하한다.
우리 아들의 이름을 아빠가 지은 것 알지?
은혜 은(恩), 슬기로울 철(哲)이다.
우리 아들이 하나님의 은혜 안에서 슬기롭게
살아가길 바라는 마음에서 그렇게 지었다.
우리 아들은 요즘 군 입대, USMLE 준비 등으로 정신없겠지만,
하나님께서 좋은 길로 인도해주실 것으로 믿는다.
먼저 믿고, 나중에 기도하는 것도 좋은 방법인 것 같다.
우리 아들이 꿈을 꾸고, 그 꿈을 이루어가는 모습이 보기 좋다.
힘내라. 사랑하고 축복한다.
2024년 3월 23일
우리 아들을 사랑하는 아빠가

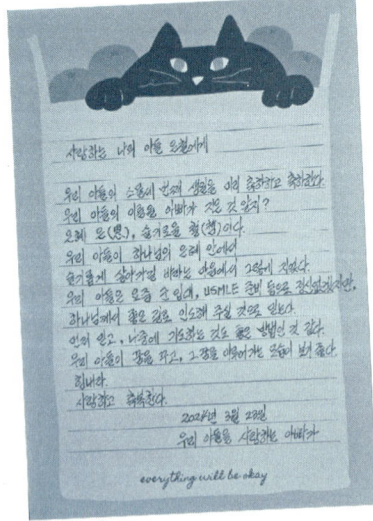

2. 김홍신 문학관에서 이등병 아들과 함께

오늘따라 니가 너무 보고 싶다 생각했는데
다시 생각해 보니까 너는 항상 보고 싶었다

　오늘(2024년 7월 9일) 아침에 친구가 보내준 글입니다. 오늘은 저의 아들이 육군훈련소에서 6주간의 군사훈련을 마치고 우리 조국 대한민국의 육군 이등병으로 거듭 태어난 날입니다. 아들을 만나러 가는 저의 마음을 대변하는 글 같습니다. 그렇지만 저는 훈련병들 소식을 알려주는 'THE CAMP' 앱에 가입조차 하지 않았습니다. 저는 육군에서 군법무관으로 10년 복무하고 소령으로 전역했기 때문에 아들도 군의관으로 대를 이어 장교가 되길 바랐지만, 의대 증원 문제로 휴학하는 바람에 조리병(조리병)으로 지원했습니다. 아직 이발할 때가 아니었지만, 어제 현역 소령처럼 머리를 단정히 깎았습니다. 이등병 아들이 거수경례할 때 제대로 경례를 받고 싶어서입니다. 아들이 "충성"이라는 구호로 거수경례를 할 때 저도 "백골(제가 법무참모로 근무한 제3사단 경례 구례가 백골입니다)"이라고 화답하면서 거수경례를 해줬습니다. 아들이 육군훈련소에서 작은 돌을 주워서 동기들과 '공기놀이'를 하고, 노트에 바둑판을 그려 '오목'도 하고, "논산 노을이 예뻐요"라는 말을 하는 것으로 봐서 훈련을 즐겁게 잘 받은 것 같습니다. 아들은 책 읽기를 참 좋아하는데, 훈련기간 동안 5권의 책을 읽었다고 합니다. 아들이 영어 원서(FUNDAMENTALS OF PATHOLOGY)와 나스메 소세키의 《그 후》라는 책을 집에 갖다 놓으라고 해서 갖고 왔습니다. 다 읽었나 봅니다.
　가는 길에 천안-논산 고속도로 들어설 때 비가 많이 내렸는데, 다행히 수료식 시작할 때부터 가랑비만 내렸습니다. 오늘은 저의 딸도 동행했습니다. 저는 아들이 육군훈련소에 입소할 때도 눈물이 나지 않았는데, 수료식에서 애국가 제창 때는 저절로 눈물이 났습니다. 정말 우리는 대한 사람 대한으로 길이 보전해야 합니다.

동해물과 백두산이 마르고 닳도록
하느님이 보우하사 우리나라 만세
무궁화 삼천리 화려 강산
대한 사람 대한으로 길이 보전하세

수료식을 마치고 식당에 가서 이른 점심식사를 마치고, '김홍신 문학관(이하 문학관)'을 방문했습니다. 문학관은 지하 1층부터 지상 3층까지 366평 규모로 2019년 준공되었는데, 문학관과 집필관 등 제반 건축비 약 60억 원을 김홍신 선생님의 고향 후배 남상원 회장님이 전액 출연했다고 합니다. 참 대단한 인연입니다. 김홍신 선생님의 배려로 선생님의 집필관인 '모루軒(헌)'에서 저의 집 안방처럼 편히 쉴 수 있었습니다. 아래 내용은 '모루헌'에서 아들과 한 인터뷰한 내용입니다.

김양홍 : 우리 아들 6주간 군사훈련을 받으셨는데, 소감을 간단히 말씀해 주세요.
김은철 : 해볼 수 없는 경험이었고, 정말 즐거웠습니다. 좋은 사람들 만

나서 즐겁게 할 수 있었던 것 같습니다. 지금까지 혜택을 누리며 살아왔는데 직접 훈련을 경험해 보니까 이런 훈련을 받고 군인들이 우리나라를 지켰구나 싶어서 제가 그걸 직접 몸으로 경험할 수 있어서 참 좋았고, 이제 제가 앞으로 그 의무를 다 하도록 하겠습니다.

김양홍 : 가장 힘들었던 순간은?
김은철 : 훈련기간 동안 식판에 비닐 씌우고, 좁은 데 들어가서 밥 먹는 게 제일 힘들었습니다.

김양홍 : 그것 말고는 다 재밌었지?
김은철 : 훈련장 걸어가는 게 조금 힘들었습니다.

김양홍 : 다 지나가게 돼 있다. 앞으로 계획은?
김은철 : 열심히 밥을 짓도록 하겠습니다.

김양홍 : 복무신조, 다시 해봐라.
김은철 : 복무신조! 우리의 결의!
우리는 국가와 국민에 충성을 다하는 대한민국 육군이다.
하나, 우리는 자유민주주의를 수호하며 조국통일의 역군이 된다.
둘, 우리는 실전과 같은 훈련으로 지상전의 승리자가 된다.
셋, 우리는 법규를 준수하고 상관의 명령에 복종한다.
넷, 우리는 명예와 신의를 지키며 전우애로 굳게 단결한다.

김양홍 : 잘 했다. 우리 아들이 조리병으로서 우리 장병들의 밥을 맛있게 건강하게 잘 준비해 줄 수 있도록 해라. 아빠는 우리 아들이 우리 조국 대한민국의 군인이 된 것에 대해서 너무 자랑스럽다. 건강하게 잘 지낼 것으로 믿는다.

김홍신 선생님이 국회의원 시절 후원회장을 맡았던 고 홍문택 신부님이

'김홍신은 세상을 떠받치는 버팀목 같은 사람'이라는 의미로 호 '모루'를 지어주셨다고 합니다. 모루는 대장간에서 사용하는 도구로 불에 달궈진 뜨거운 금속을 위에 올려놓고 망치로 두드릴 때 사용되는 받침쇠입니다. 문학관 1층에 그 모루가 전시되어 있습니다. 오늘 수료한 대한의 아들들 847명 모두가 군에서 그리고 그들의 삶의 영역에서 세상을 떠받치는 모루가 되기를 기도합니다.

전직 기자 출신인 이진영 문학관 기획실장님이 김홍신 선생님의 삶을 전시해 놓은 문학관 곳곳을 재밌게 설명해 주시고, 사진을 많이 찍어주셨습니다. 저희는 오늘 논산에 있는 사진관에서 가족사진을 찍으려고 했는데, 선생님은 저의 마음을 어떻게 아시고 이실장님을 통해 수십 장의 가족사진을 찍게 해주셨습니다. 아들이 음악을 참 좋아하는데, 카페에 있는 디지털 피아노에서 연주하는 모습까지 찍어주셨습니다.

특히 문학관 1층에는 선생님의 여동생이 운영하는 카페가 있는데, 쥬스 맛이 일품입니다. 선생님은 먼 훗날 저의 손주가 육군훈련소에 입소하면 그때도 집필관을 사용할 수 있게 해주시겠다고 하셨습니다. 암튼 감사의 마음을 글로 다 표현 못해 죄송할 따름입니다. 선생님은 평생 원고지에 만년필로 글을 쓰시는데, 3층에는 원고지와 연필을 준비해 놓아 방문객들이 자유롭게 글을 쓰게 해놨습니다. 저도 원고지에 다음과 같은 글을 남겼습니다.

김홍신 선생님

날마다 행복하소서.
사랑하고 축복합니다.
선생님의 그림자라도 닮고 싶습니다.
날마다 강건하시고
날마다 평안하소서.

2024년 7월 9일
제자 김양홍 올림

김홍신 선생님으로부터 "죽기 전에 전공서적, 수필집, 자서전을 꼭 써라!"는 울림이 있는 강의를 듣고 2016년부터 쓰기 시작한 저의 행복시리즈 8권(변호사 김양홍의 행복한 동행 1~3, 행복 나누기, 행복 더하기, 행복 곱하기, 행복충전소, 행복발전소)을 문학관에 두고 왔습니다. 선생님께서 훗날 '김홍신 책방'에 전시해주신다고 하셨습니다. 또한 선생님은 저의 60세, 70세, 80세 북 콘서트에 오셔서 축사해주시기로 하셨습니다. 앞으로도 저의 행복시리즈는 저의 생을 마감할 때까지 계속 출간될 것이고, 저의 행복시리즈 합본이 저의 자서전이 될 것입니다.

※ 김양홍 80세 북 콘서트 일시장소
2048년 5월 2일 토요일 11:00 이수성결교회
 - 축사 : 김홍신 선생님(101세)
 - 축사 : 서상범 주교님(제4대 군종교구장)
 - 축사 : 지형은 목사님(성결교단 115년차 총회장)
 - 축사 : 하창우 변호사님(제48대 대한변협 회장)
 - 축가 : 최인혁 목사님(CCM 가수)
 - 축도 : 박정수 목사님(이수성결교회)

김홍신 문학관에서는 개관 5주년 기념으로 2024년 9월 28일 오후 3시 선생님의 139번째 책《겪어보면 안다》북 콘서트를 하는데, 그날 '법륜스님의 즉문즉설' 시간도 있습니다. 논산에 가실 일이 있거든 꼭 김홍신 문학관을 꼭 방문하십시오. 큰 감동과 행복을 만끽하실 수 있을 것입니다.

3. 동학사에서 이등병 아들과 함께

조리병으로 군 입대한 아들이 육군훈련소 6주간의 교육을 마친 후 대전에 있는 육군종합군수학교에서 3주간 주특기 교육을 마치고 내일(2024년 8월 1일) 자대인 항공작전사령부 제2전투항공여단으로 가기 전 오늘 면회를 했습니다. 주어진 면회시간이 총 5시간 정도라 어디를 갈지 고민하다가 계룡산국립공원 안에 있는 동학사(東鶴寺)를 갔습니다. 동학사 가는 길 입구에 있는 카페에 들려 차 한 잔 하면서 아들과 다음과 같은 대화를 나눴습니다.

아빠 : 재밌었지?
아들 : 예, 조리 실습하면서 점심식사는 동기들과 요리해서 먹었고, 샤워할 때 따뜻한 물을 마음껏 쓸 수 있어 좋았습니다.
아빠 : 앞으로의 계획은?
아들 : 열심히 시간을 보내서 병장이 되는 것입니다. 생각을 비우고, 시간에 몸을 맡기겠습니다.
아빠 : 전역예정일은 언제냐?
아들 : 2025년 12월 2일입니다.
엄마 : 매일 성경 두 장씩 읽어라. 군에 있을 때 성경을 한 번은 읽어야지. 엄마랑 손가락 걸고 약속!!

※ 결국 아들은 강요에 의해 엄마랑 손가락 걸고 약속했습니다.

동학사 숲길을 걸어갈 때 계곡에서 고등학생으로 보이는 청년들이 물놀이를 하고 있었습니다. 그들의 모습을 보던 아들이 "저들이 불쌍해요"라고 했습니다. 그 청년들도 군입대해서 군 복무할 것을 생각하니까 불쌍하다는 것입니다. 아들은 육군훈련소에서 군사훈련 마치고 약 1시간 거리를 완전무장한 채로 귀대할 때 들판에 있는 소들이 풀 뜯어 먹는 모습을 보고, 속으로 '너는 참 행복하겠다.'라는 생각이 들었다고 합니다. 아들이 인생의 쓴 맛을 쪼~끔 맛본 듯 합니다. 아들이 매 순간 생각을 비우고, 시간에 몸을 잘 맡길 것으로 믿습니다. 동학사 가는 중간에 있는 관음암(觀音庵) 약수(藥水) 위에 있는 소나무에 불교의 경전 '숫타니파타'에 있는 글이 걸려 있었습니다.

애착을 없애는 일에 게으르지 말며,
벙어리도 되지 말라.
학문을 닦고 마음을 안정시켜
이치를 분명히 알며 자제하고 노력해서
무소의 뿔처럼 혼자서 가라.
- '숫타니파타' 중에서 -

부처님은 왜 애착(愛着 – 좋아하여 집착함)을 없애라고 하셨을까요? 애착이라는 단어 앞에 자식, 사랑, 돈, 명예, 권력, 취미 등 어떤 단어를 넣어도 이해가 되는 것 같습니다. 분명 애착과 애정(愛情 – 사랑하는 마음)은 다릅니다. 우리 모두 애착을 없애는 일에 게으르지 맙시다! 동학사 대웅전 앞에는 눈을 가리고, 귀를 가리고, 입을 가린 동자승이 보였습니다. 상식이 풍부한 아들은 그것을 '사악한 것은 보지도, 듣지도, 말하지도 말라'라는 것을 의미한다고 설명해줬습니다.

孔子曰(공자왈), 非禮勿視(비례물시), 非禮勿聽(비례물청), 非禮勿言(비례물언), 非禮勿動(비례물동).

공자님도 논어(論語)에서 "예가 아니면 보지를 말고, 예가 아니며 귀 기울여 듣지 말고, 예가 아니면 말하지 말고, 예가 아니면 행동하지 말라."고 하셨습니다. 인생살이에서 가장 중요한 것은 '말하는 것'입니다. 하나님도 내 귀에 들린 대로 행하시겠다는 무서운 말씀을 하셨습니다. 사악한 것은 말하지 말아야 하고, 예가 아니면 말하지 말아야 하고, 사랑이 아니면 말문을 달아야 합니다.

> 그들에게 이르기를 여호와의 말씀에 내 삶을 두고 맹세하노라 너희 말이 내 귀에 들린 대로 내가 너희에게 행하리니(민수기 14장 28절)

점심식사를 하고 근처에 있는 찜질 카페에 생애 처음으로 가봤습니다. 반신욕과 발마시지를 하면서(시간상 원적외선 찜질은 못했습니다) 허브티와 단백질 쉐이크 또는 이온음료를 먹고, 심지어 얼굴 팩까지 했습니다. 생각 이상으로 좋았습니다. 무엇보다도 오늘 군인아저씨가 된 아들과 함께해서 좋았습니다. 아들이 건강하게 행복하게 군생활 잘 하기를 기도합니다. 백~골!!

※ 아들이 논산시에 있는 항공작전사령부 제2전투여단 제60항공대 본부중대에 최종 배치되었습니다. 조리병은 아들 포함해서 4명인데, 식당 아주머니가 두 분이나 계신답니다. 아들이 중대장과 면담할 때 믿음의 정도를 '상중하' 중에서 '상'으로 표기해서 그런지 중대장이 "주일성수(主日聖守)를 보장해주겠다."고 해서 더 감사했습니다.

4. CBS 음악FM '박승화의 가요 속으로' 노래 신청 사연

매주 토요일 마다 아들과 함께 집안 청소를 했는데, 아들이 지난달 군입대하여 아들 없이 노래를 들으면서 청소하고 있습니다. '김광석의 이등병의 편지'를 신청합니다. 육군훈련소에 있는 아들이 이 방송을 들을 수는 없겠지만, 곧 이등병이 될 아들을 생각하면서 듣고 싶습니다. 김은철! 아빠가 겁나게 사랑한다.

※ 2024년 7월 6일 토요일 CBS 음악FM '박승화의 가요 속으로'에 노래를 신청한 사연입니다만, 방송되지는 않았습니다.

<김광석의 이등병의 편지>

집 떠나와 열차 타고 훈련소로 가는 날
부모님께 큰절하고 대문 밖을 나설 때
가슴 속에 무엇인가 아쉬움이 남지만
풀 한 포기 친구 얼굴 모든 것이 새롭다
이제 다시 시작이다 젊은 날의 생이여
친구들아 군대 가면 편지 꼭 해다오
그대들과 즐거웠던 날들을 잊지 않게
열차시간 다가올 때 두 손 잡던 뜨거움
기적소리 멀어지면 작아지는 모습들
이제 다시 시작이다 젊은 날의 꿈이여
짧게 잘린 내 머리가 처음에는 우습다가
거울 속에 비친 내 모습이 굳어진다 마음까지
뒷동산에 올라서면 우리 마을 보일는지
나팔소리 고요하게 밤하늘에 퍼지면
이등병에 편지 한 장 고이 접어 보내오
이제 다시 시작이다 젊은 날의 꿈이여

3-24
조리병 아들의 신병 위로휴가

1. 노트 10권

조리병 아들이 USMLE STEP 1 등 전공서적 4권, 노트 10권과 필통을 보내달라고 해서 밤기도회에 다녀와서 기쁜 마음으로 서울역 롯데마트에 들러 노트 10권을 샀습니다. 마트 갈 때 '서울로'를 통해서 갔는데, 그곳에 녹색 수국이 활짝 피어 있었고, 모과도 주렁주렁 열려있었습니다. 조리병이고 이등병이기에 쉬는 시간 공부하기가 쉽지 않을텐데, 소설책도 아닌 전공서적을 보겠다는 아들이 대견스럽습니다. 아들이 중고등학교 다닐 때는 밤새 게임하고, 일본 만화 보는 것이 일상이었는데, 군대에서 스스로 공부하겠다고 하니까 신기합니다. 아들이 근무하는 부대에는 독서실이 있어서 공부할 수 있는 공간도 있답니다. 아들에게 꿈이 있음에 감사합니다. 그렇게 꿈이 나를 이끌어가게 해야 합니다. 행복한 꿈이 행복한 나를 만들 것입니다. 자신이 좋아하는 일을 하는 것도 행복이지만, 자신이 하는 일을 좋아하는 것도 행복입니다. 아들이 미래를 위해 즐겁게 공부하고, 조리병 일도 즐거운 마음으로 할 것으로 믿습니다. 저는 매일 아들이 건강하게 행복하게 군 생활하게 할 수 있도록 기도하고 있는데, 세밀하게 저의 기도를 들어주시는 하나님께 감사합니다.

2025년 12월 2일은 아들의 전역예정일입니다. 지금의 아들과 전역한 아들은 많이 다를 것입니다. 아들이 해줄 요리를 먹을 생각하니까 참 행복합니다. 저는 돌아가신 아버지에게 한 번도 요리를 해드리지 못했는데 ... 천국 가면 아버지에게 자랑해야겠습니다. 아들이 요리해줬다고요 ... 저의 사무실 책상 벽에는 저의 아버지 사진이 붙어 있어서 매일 아버지 얼굴을 보고 있습니다만, 오늘은 유난히 아버지가 더 보고 싶은 아침입니다.

2. 군사보안(軍事保安) 의식이 투철한 조리병

아빠 : 조리병 아들이 휴가 나오면 부탁하고 싶은 요리 5가지
1. 삼겹살고추장볶음(?)
2.
3.
4.
5.
아빠 : 아들, 5가지 요리 적어봐라
아들 : 보안입니다ㅎㅎ

조리병 아들이 말단 병사로서 소속부대에서 메인 요리를 담당하게 되었답니다. 그래서 아들이 첫 휴가를 나오면 아들에게 부탁하고 싶은 요리 5가지를 아들에게 적어보라고 했더니, 보안이라고 합니다. 저도 군법무관으로서 10년을 복무한 예비역 육군소령인데, 이등병인 조리병이 이렇게 군사보안 의식이 투철한 것은 정말 놀랄 일(?)입니다. 저희 법무법인 서호에는 전 고등군사법원장을 역임한 예비역 육군준장 홍창식 변호사님이 계시는데, 홍변호사님이 "아들이 휴가 나오면 요리해달라고 하라"고 해서 그렇게 아들에게 부탁한 것입니다. 저를 너무 매정한 아빠로 생각하지는 마십시오. 아들이 나라를 위해 요리하는 것도 중요하지만, 부모형제를 위해 요리하는 것은 더 중요하다고 생각합니다. 비록 아들이 군사보안(?) 때문에 요리 5가지를 공개하지 못하지만, 집에 휴가 와서는 맛있는 요리를 해줄 것으로 믿습니다. 이수교회 MZ 세대 김주애 집사님이 아들에게 제안하라고 한 5가지 요리는 다음과 같습니다. 아들이 휴가 나와서 해줄 요리를 먹을 생각을 하니까 지금부터 입맛이 살아나는 것 같습니다.

1. 제육볶음
2. 치즈 감자전
3. 콩국수(콩을 삶지 않고 두부를 갈아 만드는 콩국수 쉬운 버전) 아빠

최애 음식이니까
4. 김치찌개
5. 엄마 최애 음식

3. 조리병 아들이 차려준 아침 밥상 - 소고기볶음

올해 6월에 군 입대한 조리병 아들이 지난 주말 6박 7일 신병 위로휴가를 나왔습니다. 오늘은 아들이 아침 밥상을 차려줬습니다. 먼저 양파와 버섯을 익힌 다음 소고기를 섞어서 소고기볶음을 만들었답니다. 참 맛있습니다. 그래서 아들에게 "내일 아침도 기대하겠다."고 이야기 해놨습니다. 아들이 깎아준 사과라서 그런지 더 맛있습니다. 설거지를 안 해도 되고 … 아들의 휴가가 좀 더 길었으면 좋겠습니다. 오늘 아침 시리아 내전이 13년 만에 종식되었다는 뉴스를 봤습니다. 비상계엄이 지속되었다면 오늘 아침 조리병 아들의 아침 밥상은 없었을 것입니다. 일상의 행복은 우리가 지켜내야 합니다.

4. 군 복무기간 동안 성경 1독 하게 하기

어젯밤 친구들과 술을 마시고(저는 아들에게 술은 적당히 '마셔야지' 만취할 정도로 '처마시는 것은 아니라'고 강조하는데, 다행히 어제는 '마시고' 귀가했습니다) 들어온 아들에게 아내는 "군 복무기간 동안 성경을 1독 하라!"고 말하고, 저는 옆에서 아들의 목을 졸라서 "성경을 1독 하겠습니다."는 답변을 받아냈고, 그 말을 녹음까지 했습니다. 그렇게 했기에 양심상 아들에게 성경 1독을 하게 하기 위해서는 제가 먼저 솔선수범하는 것이 마땅하기에 오늘 아침 일어나자마자 '한나미니스트리 성경 통독 일정'에서 밀린 성경을 통독했습니다.

그런데, 제가 밀린 성경 통독을 마치고, 출근 시간이 되었음에도 아침식사를 준비해야할 아들의 움직임이 없었습니다. 그래서 어제 아들이 미필적 고의(未必的 故意)로 간을 짜게 맞춰 놓은 소고기 국물에 아내가 떡국을 끓여놓은 것을 데워서 아들과 함께 아침 식사를 하는데, 09:20 아들의 시계에서 알람이 울렸습니다. 아들은 어제 늦게 잤다는 이유로 오늘 아침은 늙은 아비의 아침 밥상을 차리지 않겠다는 확정적 고의(確定的 故意)가 있었던 것입니다. 그래서 아들에게 "이는 분명 헌정 질서(憲政 秩序)와 가정 질서(家庭 秩序)를 어지럽힌 또 다른 내란죄(內亂罪)에 해당함을 고지하고, 내일 아침에는 재범을 범하지 않도록 하라!"고 단단히 주의를 줬습니다. 군인은 국민을 섬길 줄 알아야 합니다. 저는 분명 아들의 아버지이자 우리 조국 대한민국 국민입니다. 오늘은 아들에게 아침 식사 대표기도를 시켰는데, 아들이 기도 끝부분에서 "항상 감사하는 마음 주옵소서."라고 기도를 해준 것에 대해 참 감사했습니다. 그 기도는 제가 어떤 기도를 하든지 늘 끝부분에 하는 기도이기 때문입니다.

5. 아들이 복 받는 길

아내 : 매일 새벽 5시 30분에 일어나 식사 준비를 하는 아들이 휴가 기간이라도 늦잠 자게 해줘야지요. 내가 내일 아침 새벽 5시에 일어나 밥과 닭갈비 해놓고 갈께요.
※ 아들 군부대 기상 시간 월~금 05:30, 토 09:00, 주일 06:30
남편 : 아들이 부모 공경해서 복 받게 해줘야지요. 아들이 복 받는 길을 당신이 왜 막나요? 아들이 하겠다는데 …

아내와 남편이 아들을 사랑하는 마음은 같다고 생각합니다. 위 아내와 남편의 대화는 저희 부부의 대화입니다. 어젯밤 의대 동기들 만나고 그저께 밤과 비슷한 시간에 들어온 아들에게 제가 저희 부부의 대화를 이야기하고 아들의 생각을 물었는데, 아들이 기꺼이(?) 아침 밥상을 차리겠다고 했습니다.

너는 네 하나님 여호와께서 명령한 대로 네 부모를 공경하라 그리하면
네 하나님 여호와가 네게 준 땅에서 네 생명이 길고 복을 누리리라
(신명기 5장 16절)

아내가 06:30경 출근한 이후 아들의 수고를 덜어주기 위해 제가 냄비밥 하고, 고구마를 삶고, 아들이 08:00가 되어도 일어날 기색이 없어서 닭갈비 요리도 만들었습니다. 그런데 2인분용 닭갈비에 고구마, 양파, 버섯을 너무 많이 넣는 바람에 엉망이 되어 버렸습니다. 조리병을 깨울 걸 … 다행히 모두 익히고 나니까 먹을만했습니다.

6. 아보카도&명란&무순 김밥

　　아침에 일어나자마자 어제 참석한 '한국미혼모지원네트워크 2024년 전문위원회의' 후기를 작성하다 보니 08:00가 넘었습니다. 그런데, 조리병 아들이 08:00가 넘었는데도 '대한민국 국민'인 늙은 아비의 밥상을 차릴 준비를 하지 않아 아들 이름을 불러 깨워서 아침 밥상을 준비하게 했습니다. 비록 어젯밤 아내가 미리 준비해 놓은 '아보카도&명란&무순'에 어제 제가 한 냄비밥을 데워서 구운 김에 싸 먹고, 사과 1개를 깎아준 것이 전부였으나, 아들이 차려준 것이라서 그런지 더 맛있었습니다. 아들은 6박 7일간의 휴가를 마치고 내일 복귀합니다. 아들로부터 저녁 시간을 할애받지 못해 아들과 함께 밤기도회에 참석하지 못한 것이 조금 아쉽기는 합니다. 저의 딸도 내일 기말시험이 시작됨에도 남동생을 보러 올라오겠다는 것을 아내가 말렸습니다. 그것이 서로를 위하는 가족의 마음 아닐까요?

　　요즘 대통령의 비상계엄 선포와 관련한 윤석열 대통령의 탄핵 문제 때문에 나라가 매우 혼란스럽습니다. 비록 저의 아들이 육군 일병에 불과한 조리병이지만, 저의 아들이 계엄군이 되는 것은 결사 반대입니다. 군인의 본분은 나라와 국민을 지키는 것입니다. 다시는 이 땅에서 국가권력을 배제하는 내란이 일어나서는 안될 것이고, 결코 군인이 그 내란범의 공범이 되어 국민에게 총칼을 겨누게 해서는 안될 것입니다. 군인은 상관의 위법한 명령에 따랐다고 해서 위법성이 조각되는 것이 아니므로 위법한 명령은 거부해야 마땅합니다. 전두환과 노태우 그리고 그들의 명령을 따른 자들 모두 반란죄와 내란죄 등으로 처벌되었습니다.

상관의 적법한 직무상 명령에 따른 행위는 정당행위로서 형법 제20조에 의하여 그 위법성이 조각된다고 할 것이나, 상관의 위법한 명령에 따라 범죄행위를 한 경우에는 상관의 명령에 따랐다고 하여 부하가 한 범죄행위의 위법성이 조각될 수는 없다
(대법원 1997. 4. 17. 선고 96도3376 전원합의체 판결).

7. 늘 건강해라

　어젯밤 이수교회 밤기도회에서 예배드리고 귀가하는데 아파트 입구에서 친구들을 만나고 귀가하던 아들을 만났습니다. 아들이 갑자기 황금 잉어빵을 하나 내밀어서 그냥 먹었습니다. 그런데 그 순간 그 잉어빵은 10,000원짜리 잉어빵이 되었습니다. 2024년 새해 저의 다짐 중에 하나가 '저녁 9시 이후부터 다음날 오전 6시까지 물(차 포함) 외 음료수, 야식을 먹을 경우 딸에게 10,000원 지급'하기로 했기 때문입니다. 아들이 누나의 용돈까지 생각해서 잉어빵을 갖고 온 것이 분명합니다. 또한 아들은 누나가 망고 좋아한다는 것을 알고 테이블 위에 놓여 있는 2개의 망고를 먹지 않았습니다.
　"자식은 오랜만에 봐야 반갑다."라는 말이 있는데, 한편으로는 맞는 말 같기도 합니다. 저도 자식은 하나님이 청지기인 저희 부부에게 일정 기간 맡겨주신 것이고, 때가 되면 보내줘야 하는 존재라는 것을 인식하고 있지만, 딸-아들과 함께 있는 것만으로도 행복한 것은 어쩔 수 없는 부모자식의 관계인 것 같습니다.
　오늘은 아들이 6박 7일간의 신병 위로휴가를 마치고 귀대하는 날이기 때문에 제가 생선구이와 샐러드로 아침식사를 준비했습니다. 아들과 함께 한 아침밥상은 어떤 것을 먹어도 맛있고, 행복한 밥상입니다. 여비를 담은 봉투에 이렇게 썼습니다. 아들이 늘 건강하고, 행복하게 군복무를 잘 마치도록 기도합니다.

"늘 건강해라."
할아버지가 아버지와 전화 통화 하실 때마다 하신 말씀이다.

3-25
아들 군부대에서 행복한 동행

　대한민국 육군일병인 아들이 조리병으로 근무하고 있는 60항공대에서 박종선 항공대장님의 배려로 아들이 직접 만든 음식(메뉴 : 부대찌개, 낙지삼겹살채소볶음, 콩나물무침 그리고 밥과 김치)으로 맛있는 점심식사를 하고, 40여명의 장병들을 대상으로 '행복한 동행'을 주제로 강의하고 상경했습니다.
　점심식사를 할 때 항공대장님을 비롯한 모든 간부들이 직접 자신의 식판을 들고, 뷔페식으로 되어 있는 밥과 반찬을 자신이 먹을 만큼 담고, 식사 후에는 직접 식판을 세척한 후 식판을 제자리에 두셨습니다. 항공대장님의 지시로 특별히 저의 식판만큼은 아들이 세척해줬습니다. 지금은 간부식당과 병사식당을 구분하지 않고 간부와 병사가 동일한 음식을 먹는다고 합니다.
　아들은 아빠가 왔다고 급양관님과 조리병들이 만든 아이스커피를 항공대장님과 함께 자리한 간부들에게도 갖다 줘서 커피까지 맛있게 마셨습니다. 아들 부대에는 북 카페도 있는데, 일병에 불과한 아들이 조리병 일을 마치고 오전과 오후에 공부까지 하고 있다고 합니다. 항공대장님의 말씀에 의하면, 용사들이 어떤 자격증이든 취득하면 특별 휴가를 보내주고 있다고 합니다. 60항공대는 좋은 부대로 정평이 나 있는데, 제가 강의 중 운전병으로 근무하고 있는 김일병에게 "전생에 나라를 몇 번 구했나요?"라고 물었더니, "다섯 번 구했습니다."라고 대답했습니다. 그렇게 용사들도 좋은 부대에서 근무하고 있다는 것을 자각하고 있었습니다.

항공대장님께서 지금까지 출간한 저의 행복시리즈 수필집 여덟 권을 북카페에 비치해주시기로 했습니다. 암튼 제가 군법무관으로 근무하던 때의 군대와 지금 대한민국의 군대는 상전벽해(桑田碧海)가 되어 있었습니다. 항공대장님과 11시 30분경부터 13시 20분경까지 약 2시간을 같이 있으면서 군 생활에 대해 이런저런 대화했는데, 시간가는 줄 모르게 대화를 이어갔습니다.

사전에 오늘 강의 실시 여부에 대해 논의할 때 항공대장님은 "강의 후 아들과 당일 외출을 허락하겠습니다."라고 했었지만, 제가 부대에 폐를 끼치는 것 같아서 "강의 후 바로 복귀하겠습니다."라고 했었습니다. 그런데, 오늘 항공대장님께서 "아들에게 조리병 임무수행 유공으로 2박 3일 휴가를 보내주겠습니다."라고 하셔서 저도, 아들도 너무 놀랐습니다. 제가 강의 후 부대원들을 위해 아래와 같이 기도해주고, 저의 강의를 들은 일부 장병들과 기념사진을 찍고, 항공대장실에서 아들과 함께 기념사진을 찍는 등 잊지 못할 아름다운 추억을 남겼습니다.

하나님 아버지
하나님이 사랑하시는 60항공대에서 행복한 동행에 대해 이야기했습니다. 60항공대 부대원들의 건강을 지켜주시고, 이 자리에 있는 부대원들이 행복한 꿈을 꾸게 하시고, 위대한 사람들이 되게 하시고, 이 나라 이 민족을 위해 존귀하게 쓰임 받게 하옵소서. 항상 감사하는 마음 주옵소서. 모든 것을 감사드리며 예수님의 이름으로 간절히 기도합니다.

상경하는 길은 장대비가 쏟아지고 차가 너무 막혔지만, 아들과 함께 가는 길이라서 참말로 행복했습니다. 우리 60항공대 부대원들이 행복한 꿈을 꾸고, 존경받는 위대한 사람들로 귀하게 쓰임받기를 기도합니다. 오늘 아들 부대에서 강의를 할 수 있게 배려해주시고, 아들에게 2박 3일 특별 휴가까지 주신 박종선 60항공대장님과 저의 부족한 강의를 경청해주신 부대원들에게 사랑과 감사의 인사를 드립니다.

60항공대 화이팅!!

3-26
혹시 여기서도 바쁜가요?

1. 글쟁이의 고통과 기쁨

  2016년부터 거의 매년 출간하고 있는 저의 행복 시리즈 수필집은 지난 한 해 동안의 삶을 정리한 책이기에 자연스레 저의 아내와 딸, 아들의 이야기를 많이 담았었습니다. 그렇게 하다 보니 가족들의 사생활이 너무 많이 노출되는 것 같아 '2024년부터는 가족들의 이야기를 가능한 한 줄여야겠다.'고 다짐했습니다. 그런데 막상 가족들과 지내면서 글감을 찾았음에도 글을 쓰지 못하는 것도 고통이고, 가족에 관한 글을 쓰면 안 된다는 생각이 앞서서 글감을 찾고자 하는 마음이 없어진 것도 마음이 아픕니다. 그렇지만 제가 전문 작가도 아닌데 늘 글을 쓰고 싶어하고, 글을 쓰지 못하면 고통을 받는 진짜 글쟁이가 된 것 같아 기분이 좋습니다. 글쟁이는 어떤 식으로든 글을 써야 기쁩니다.

2. 발왕산 천년주목숲길 눈꽃 - 혹시 여기서도 바쁜가요?

한 겨울 용평스키장에서 케이블카를 타고 발왕산 천년주목숲길을 가보십시오. 눈꽃이 활짝 피었습니다. 어디를 찍어도 작품사진이 됩니다. 발왕산 정상에 있는 돌하루방 옆에 '혹시 여기서도 바쁜가요'라는 나무 푯말이 있습니다. 발왕산이 저에게 하는 말 같습니다. 아무리 바쁘더라도 발왕산 정상에서는 하나님이 우리를 위해 만들어 놓으신 비경(祕境)만 감상하세요. 악보에 쉼표가 있듯이 인생에도 쉼표가 있어야 합니다. 쉼은 버리는 시간이 아니라 완성하는 시간입니다.

3. 18번(十八番)

자신의 애창곡을 '18번'이라고 하는데, 그렇게 불리는 이유를 아시나요? 참고로 일본어 18번(十八番)은 '가장 자랑으로 여기는 장기나 재주'를 말합니다. 그와 같이 불리는 여러 가지 설 중에서 가장 널리 알려진 것은 가부키

(歌舞伎 - 일본 고전연극의 하나로 노래, 춤, 연기가 어우러지는 공연예술이고, 현재 일본 중요 무형문화재이자 세계무형유산에 등록되어 있습니다) 18번에서 왔다는 설입니다. 이치카와 단주로라는 일본 가부키를 정립한 사람이 가장 훌륭한 가부키극 18개를 선정했는데, 그것이 가부키 18번이라고 불리게 되었고, 여기서 18번의 뜻이 변해서 되었다는 내용입니다. 암튼 저의 18번은 '박상규의 조약돌'입니다.

어제 참 오랜만에 노래방에 갔습니다. 조약돌 다음으로 좋아하는 노래는 '노래를 찾는 사람들의 광야에서', 그 다음은 '나훈아의 사랑', 그 다음은 '서유석의 홀로 아리랑', 그 다음은 '해바라기의 사랑으로'입니다. 어제도 좋아하는 노래 순서대로 불렀습니다. 제가 요새 갱년기(更年期)라서 그런지 '광야에서'를 부를 때는 갑자기 눈물이 났습니다. 저는 '조약돌' 노래 가사처럼 살아가고 싶습니다. '조약돌' 노래 가사는 다음과 같습니다.

꽃잎이 한 잎 두 잎 바람에 떨어지고
짝 잃은 기러기는 슬피 울며 어디 가나
이슬이 눈물처럼 꽃잎에 맺혀있고
모르는 사람들은 제 갈 길로 가는구나
여름 가고 가을이 유리창에 물들고
가을날의 사랑이 눈물에 어리네
내 마음은 조약돌 비바람에 시달려도
둥글게 살아가리 아무도 모르게

(간주)
여름 가고 가을이 유리창에 물들고
가을날의 사랑이 눈물에 어리네
내 마음은 조약돌 비바람에 시달려도
둥글게 살아가리 아무도 모르게

3-27
참 아름다운 사람들과
참말로 아름다운 사람

1. 참 아름다운 사람들

　국어사전에는 인복(人福)을 '다른 사람의 도움을 많이 받는 복'이라고 정의하고 있습니다. 그런 점에서 저는 인복이 참 많은 사람입니다. 좋은 아내와 딸·아들, 좋은 부모형제, 좋은 선생님들, 좋은 목사님들과 성도님들, 좋은 친구들과 이웃들, 좋은 직원들과 동료들. 저의 장모님은 저에게 가끔 "자네는 뭔 복을 타고 나서~"라는 말씀을 하시곤 하는데, 곰곰이 생각해보면 그것은 기도 덕분인 것 같습니다. 아내를 만나기 전에는 매일 새벽에 조상신에게 기도하셨던 친할머니의 기도가 있었고, 아내를 만난 후에는 권사님이신 처 할머니와 장모님의 기도와 저를 위해 기도해주신 수많은 사람들의 기도가 있었습니다. 저는 기도의 힘을 믿습니다. 지금까지의 저의 삶이 기도응답의 연속이었기 때문입니다. 정말 모든 것이 하나님의 은혜입니다.
　지난 주말에는 전라도 광주에서 장모님과 처남이 오랜만에 저희 집에 오시고, 처 작은아버지 내외분도 오셔서 함께 집 근처에 있는 남산 타워까지 다녀왔습니다. 저의 아들이 아침에 "저는 할머니의 사위가 아니기 때문에 남산에 안 갈 수도 있습니다."라고 했는데, 따라나서서 할머니가 힘들어 하실 때마다 손을 잡고 걸어주는 모습이 참 대견스러웠습니다. 남산 타워 근처에서 사진도 찍고, 남산타워 안에 있는 '제주면장' 식당에서 점심식사도 함께 했습니다. 특히 '제주면장' 식당의 돔베고기 수육국밥 세트, 제주 고기국수 등 모든 메뉴가 맛있었고, 가격도 참 착했습니다. 강추합니다! 집에 와서 찍은 사진들을 보니 참 아름다운 사람들이 그 사진 속에 있었습니다. 참 아름다운 사람들과 행복한 동행을 하고 있음에 감사의 마음이 밀려왔습니다.

2. 참말로 아름다운 사람

　2024년 5월 5일은 저희 부부 결혼 25주년이 되는 날입니다. 서양 풍속에서는 결혼 25주년을 기념하는 의식을 은혼식(銀婚式)이라고 하고, 부부가 서로 은으로 된 선물을 주고받는다고 합니다. 그런데 저희 부부는 지난해가 결혼 25주년인줄 알고 은혼식 축하 편지를 주고받고(올해 출간된 저의 책《변호사의 김양홍의 행복발전소》229~232쪽에 수록되어 있습니다), 아내에게 은 목걸이도 선물했었습니다. 아내가 주말 저녁에 "내일이 우리 은혼식인데 뭐 없어요?"라고 해서 더 혼나지 않기 위해 입을 다물었습니다. 아내는 은혼식 전날에서야 은혼식이라는 것을 알았지만, 저는 그 전에 알고 있었음에도 지난해 편지도 쓰고, 선물도 했고, 올해 친구 부부랑 함께 여행도 가기로 했기 때문에 그냥 넘어가려고 했던 것입니다. 암튼 오늘 이렇게 살아 있으니 힘든 고비(?)는 넘은 것 같습니다. 어린이주일 오후 처제 집에 온 가족들이 모여서 저의 딸과 아들이 준비한 케이크를 앞에 두고 아들의 사회로 다음과 같이 약식 은혼식을 거행했습니다.

　김양홍 : 우리 어머님 말씀을 빌리자면 "자네는 뭔 복을 타고 나서 저런 복덩이랑 같이 사는지 ~" 어머님의 말씀에 정말 누가 되지 않도록 잘 살고, 지금까지도 감사하지만 앞으로의 삶도 하나님께서 함께해 주실 것으로 믿습니다. 감사합니다.

　아내 : 사실 오늘이 결혼기념일인 것도 어젯밤에 알았어요. 요새 의료사태 때문에 정신이 나가가지고 … 25년이 눈 깜짝한 사이에 흘러가지고 … 정말 세월이 너무 빨리 가네요. 이제 또 25주년 후면 금혼식? 여튼 25년 동안 같이 행복하게 후회 없이 결혼생활을 해 준 우리 은혜 아빠한테 감사하고 또 저희를 지켜주신 하나님께 감사하고 또 저를 낳아주신 우리 엄마한테 당연히 감사드리고 또 우리 은혜 아빠를 낳아주신 우리 어머님에게도 감사를 드립니다. 감사합니다.

　처남 : 키스 해~!

아내 : 미쳤어 지금. 안 돼!

아들 : 우리 아버지의 건강 문제(감기)로 그거는 좀 넘어가도록 하고, 우리 어머니·아버지의 25주년 결혼을 축하드리고, 이제 백년해로 하시기를, 앞으로도 만수무강하시기를 기원하면서 이제 케이크를 먹어 보도록 할까요?

대체휴일인 오늘 점심 때 지인이 모친상을 당해서 수원에 있는 아주대병원 장례식장을 버스로 다녀왔는데, 그 버스 안에서 CBS JOY4U '최인혁의 사랑의 노래 평화의 노래'에 다음과 같은 사연을 보냈습니다. 그랬더니 최인혁 목사님이 저의 신청곡 '세상에서 방황할 때'를 직접 기타를 치시면서 찬양을 해주셨습니다. 따라 부르는데 눈물이 저절로 났습니다. 방송 후 제가 최인혁 목사님께 전화드려 감사인사를 전할 때 최목사님께서 갑자기 "노후대책은 되셨어요?"라는 질문을 하셨습니다. 그래서 제가 "충분히 노후대책이 되었습니다."라고 답했습니다. 저희 부부의 은혼식을 최상의 찬양곡으로 축복해주신 최인혁 목사님께 다시금 깊이 고개 숙여 감사인사를 드립니다.

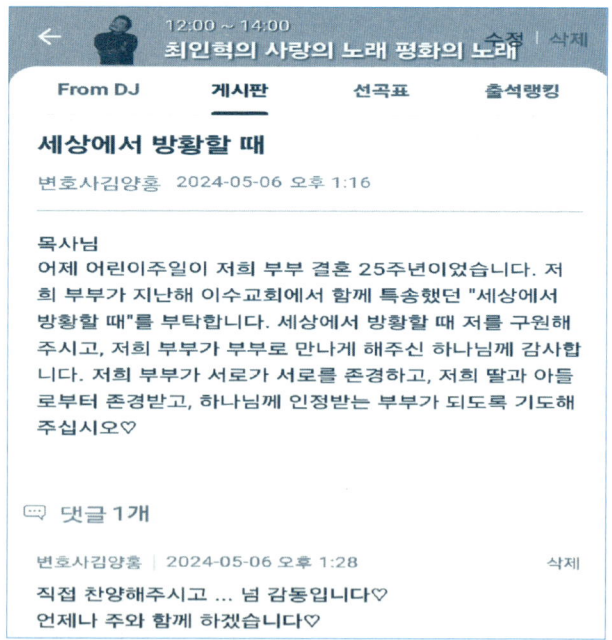

3. 2023년 5월 4일 쓴 저의 은혼식 축하 편지

늘 당신 곁에

기억하나요
가진 건 사람밖에 없던 나라
견디기 힘든 그 시간을 이겨낸 사람들
각자의 자리를 지켜준 당신의 60년이 있었기에
지금의 우리가 있습니다
앞으로도 함께 하겠습니다
늘 당신 곁에, 박카스

위 글은 '늘 당신 곁에, 박카스 60주년 캠페인' 광고 멘트입니다. 엊그제 같은데, 당신과 내가 결혼한 1999년 5월 5일로부터 25년이 지났습니다. 저도 위 박카스 광고 멘트처럼 당신과 나 사이의 은혼식(銀婚式)을 다음과 같이 기억하고 싶습니다.

기억하나요
가진 건 사랑밖에 없던 우리
견디기 힘든 그 시간을 이겨낸 우리
각자의 자리를 지켜준 당신의 25년이 있었기에
지금의 우리가 있습니다
앞으로도 함께 하겠습니다
늘 당신 곁에, 김양홍

결혼 25주년을 기념하는 은혼식은 우리나라 풍습인줄 알았는데, 서양 풍습이라고 하고, 은혼식에서는 부부가 서로 은으로 된 선물을 주고받는다고 합니다. 어제 선물로 은색 목걸이를 고르길 잘 했네요. 결혼 50주년을 기념하는 금혼식(金婚式)에서는 부부가 서로 금으로 된 선물을 주고받는다고 합니다. 그 때는 금 목걸이를 준비하겠습니다. 그렇지만, 당신은 나에게 그런 선물을 전혀 준비할 필요가 전혀 없습니다. 당신 자체가 나에게는 은이고, 금이고, 다이아몬드이기 때문입니다.

    박카스를 검색하면, '늘 당신 곁에 박카스 60년 앞으로의 60년까지 대한민국과 함께 하겠습니다'라는 광고 글이 있습니다. 저도 그 광고 글을 차용해서 우리의 은혼식 인사말을 맺고자 합니다. 어린이날이자 우리 부부의 날인 5월 5일을 온전히 가족과 보내게 해주신 하나님께 감사합니다. 사랑하고 축복합니다. 그리고 내일은 더 사랑하고, 더 축복할 것입니다.

늘 당신 곁에 김양홍 25년
앞으로의 50년까지 당신과 함께 하겠습니다.

2023년 5월 5일 하루 전날
언제 어디서나 당신의 피로회복제 박카스가 되고 싶은
은혜와 은철이 아빠 김양홍 드림

3-28
함께 하고 싶은 마음이 충돌할 때

저에게는 꿈이 있습니다. 그것은 몸도 마음도 건강한 할아버지가 되는 것입니다. 제가 20대 때부터 갖고 있는 꿈입니다. 할아버지가 되어 손자·손녀들과 함께 하고 싶기 때문입니다. 할아버지가 되어 주저함 없이 저의 곁에 있는 사람들에게 제가 줄 수 있는 것을 나눠주고 싶기 때문입니다. 그리고 하나 더 욕심을 부린다면, 저의 아들이 대를 이어 이수교회 장로가 되어 교회를 섬기고, 저처럼 싱글 맘을 섬기는 사단법인 다비다자매회 이사로서 다비다자매회를 섬겨주기를 바랍니다.

그런데 아들은 의대 본과 1학년으로 지금 해야 하는 공부도 힘들 텐데 미국 의사고시를 병행해서 준비하고 있어서 주일 오전 유치부 예배(아들은 교사로서 섬깁니다)와 오후 청년부 예배를 드린 후(아들이 반주로 섬깁니다) 집에 오자마자 집 근처 남산도서관에 갑니다. 아들은 3주간의 겨울방학을 맞아 친구들이 놀자고 해도 거절하고, 주말에도 남산도서관에 갑니다. 시간이 부족하답니다. 저희 부부 입에서 아들에게 "그만 공부하고, 쉬라"는 말을 할 줄은 상상조차 못한 일입니다.

다행히 아들은 방학 3주 중 1주는 오래전 친구들과 약속해 놓은 일본 여행을 가고, 다음 주 2박 3일 가족여행을 가기로 했습니다. 앞으로 아들이 미국 의사가 되어 미국에서 살게 되면 아들과 함께 할 시간이 얼마 없는 것 같습니다. 목표를 세워 놓고 매진하는 아들의 모습이 보기 좋지만, 아들이 정말 미국 의사가 되어 미국에서 살게 되면 많이 보고 싶을 것 같습니다. 저의 아버지도 아들과 함께 하고 싶으셨을 텐데, 생전에 전화조차도 자주 하지 못한 것이 후회스럽습니다.

한편 2024년 1월 27일은 다비다자매회 제30주년 행사가 있는 날입니다. 그래서 아내, 딸, 아들에게는 다비다자매회 행사에 참석해야 하기 때문에 저만 먼저 토요일 아침에 버스를 타고 상경하는 것으로 미리 양해를 구해놨습니다. 그동안 저는 다비다자매회 이사가 된 이후에는 매년 1월 주년 행사는 참여했었습니다. 1년에 한 번이라도 함께 하고 싶은 마음이 있기 때문입니다. 특히 이번에는 다비다자매회 회원들이 뮤지컬을 준비했고, 인천에 사시는 저의 중국어 선생님도 오시기로 했기 때문에 더 함께 하고 싶습니다. 아내도 당연히 다비다자매회 행사에 가야 한다고 합니다만, 함께 하고 싶은 두 마음이 강하게 충돌합니다. 제가 어떤 결론을 내릴 지 저도 궁금합니다. 저는 원래 무슨 일이든 결론을 빨리 내리는 사람인데, 이번 일만큼은 결론을 못 내리겠습니다. 싱글 맘은 누구든지 다비다자매회 모임에 오실 수 있습니다. 매월 넷째 주 토요일 오후 2시 이수교회에서 정기모임이 있습니다.

3-29
조국혁신당을 지지합니다

저의 집의 '정치지형도(政治地形圖)'는 1:3이지만, 이번 제22대 국회의원 선거에서는 그 지형도가 바뀌었습니다. 결혼 25년차인 저희 부부는 교회 성가대 지휘자님이 제3당으로 시의원 출마하셨을 때만 딱 한 번 같은 정당을 투표했습니다. 그런데 이번 의료사태 때문에 의사인 아내와 치대생 딸, 의대생 아들 모두가 지역구 투표는 4:0이 되었습니다. 이번 의료사태로 아내는 자주 당직 근무를 서고, 아들은 휴학하고 병으로 군 입대를 하는 등 고통을 받고 있지만, 정치적으로 의견 일치가 되니까 좋습니다. 그런데, 비례대표 투표는 저와 아들의 견해가 다릅니다. 아들은 이번 의료사태의 해법을 제시하고 있고, 공수처 폐지 공약을 내건 개혁신당을 지지합니다. 그런데, 무소불위의 망나니 칼춤을 추고 있는 검찰에 대해 그나마 제동을 걸 수 있는 공수처를 폐지한다는 것은 대한민국을 후퇴시키는 일입니다. 말 그대로 어불성설(語不成說)입니다.

지난 대통령 선거 때 제가 아침 밥상에서 아들에게 "아빠의 소원이니 아빠가 지지하는 후보를 찍어 달라!"고 했는데, 아들은 "아빠가 1,000만 원을 주신다고 해도 안 바꿉니다."면서 거절했었습니다. 어젯밤에도 제가 아들에게 "아빠는 아버지 말 잘 들었다."는 것을 강조했지만, 아들은 정치적인 견해만큼은 자신의 소신을 굽히지 않습니다. 조금 서운하기도 하지만, 그것이 민주주의 아니겠습니까? 저는 언제나 여당 편도 야당 편도 아닌 우리 조국 대한민국 편입니다.

모든 국민은 자신들의 수준에 맞는 정부를 가집니다. 참여하는 사람은 주인이요, 그렇지 않은 사람은 손님입니다(도산 안창호 선생의 명언). 대한민국은 민주공화국입니다. 대한민국의 주권은 국민에게 있고, 모든 권력은 국민으로부터 나옵니다(대한민국 헌법 제1조). 민주주의 꽃은 선거이고, 선거의 꽃은 투표입니다. 어제 사전투표 첫날 투표율이 15.61%로 역대 최대라고 합니다. 사전투표 둘째 날인 오늘 더 많은 분들이 대한민국의 주인답게 사전 투표권을 행사하리라 믿습니다. 그래서 오로지 나라와 국민만을 위하고, 하나님의 뜻에 합당한 후보가 우리 조국 대한민국의 제22대 국회의원으로 선출되기를 간절히 기도합니다.

> 그러므로 내가 첫째로 권하노니 모든 사람을 위하여 간구와 기도와 도고와 감사를 하되 임금들과 높은 지위에 있는 모든 사람을 위하여 하라 이는 우리가 모든 경건과 단정함으로 고요하고 평안한 생활을 하려 함이라(디모데전서 2장 1~2절)

3-30
너무 좋아

보라 형제가 연합하여 동거함이 어찌 그리 선하고 아름다운고(시편 133편 1절)

전라도 광주에 사는 저의 첫째 여동생 미란이와 평택에 사는 둘째 여동생 미아가 퇴근 무렵 옮긴 저희 법무법인 서호 사무실을 처음 방문했습니다. 미란이는 시골사람답게 "너무 좋다"를 연발했습니다. 인사를 나눈 최영경 세무사님이 미란이에게 "미인이세요~"라고 하자, 미란이는 "태어나서 처음으로 미인이라는 소리를 들었다"면서 너무 좋아했습니다. 요새 세무사님이 스피치학원을 다니시는데, 교육의 효과가 아주 좋은 것 같습니다. 그래서 제가 "너, 오늘을 국경일로 정해라"고 했습니다.

원래는 여동생들과 사무실 근처 식당에서 저녁식사를 하기로 했는데, 미란이가 갈치조림을 먹고 싶다고 해서 남대문시장 갈치조림골목에 있는 맛집 '중앙갈치식당'으로 갔습니다. 갈치조림 2인분과 고등어조림을 시켰는

데, 여동생들이 대만족하면서 충분히 맛있게 먹었습니다. 저녁식사 후 숭례문을 둘러 보고, 남산 백범광장으로 가서 남산타워가 보이는 곳에서 기념사진도 찍었습니다.

이후 저희 집에서 제가 어제 쪄놓은 고구마와 아내 지인이 보내온 홍시감을 먹으면서 제가 기도 응답받은 이야기, 신앙생활 그리고 저의 아버지 이름을 따서 만들 '주식회사 일랑일랑' 설립과 운영 방법에 대해서 이야기하고 있는데, 아내가 퇴근길에 아침 먹거리를 사 가지고 왔습니다. 이어서 저와 저의 딸이 최고로 좋아하는 TV 프로그램인 SBS Plus '나는 SOLO' 본방을 여동생들과 사수하고, 잠이 들었습니다.

아침에 일어나 연합군(?)의 식탁을 준비했습니다. 장모님이 보내주신 매실 장아찌, 아내가 어젯밤 사온 참치회와 문어숙회, 아내의 친구가 보내온 갓김치와 물김치, 구운 김, 주일날 교회에서 받아온 샐러드 그리고 제가 아침에 한 냄비밥과 누룽지로 평소 아침식사를 하지 않는 여동생들이 그 많은 것들을 함께 깨끗이 비운 후 드립 커피까지 마시고 식탁에서 일어났습니다. 오늘 아침 밥상에서 저의 생존전략(?)을 공개했고, 미란이가 "성공에 있어서 제일 중요한 것이 종잣돈인데, 오빠랑 올케언니가 사람 종잣돈 역할을 두둑하게 해주니까 고마워"라는 이야기를 해줘서 더 감사했습니다. 천사 여동생들과 남동생을 만나게 해주신 하나님과 부모님께 감사하고 감사합니다. 내년 2월에 남동생이 근무하고 있는 제주도에서 형제들 모임을 하기로 했는데, 겁나게 기대됩니다. 하나님을 믿는 우리 형제자매들의 가정에 하나님의 축복이 더 가득하기를 기도합니다.

※ 형제자매 부부 단톡방 게시글

미아 : 아침에 회에 솥밥에 .. 아~ 즐건시간 보내고 내려가는 길입니다. 의왕 지나고 있습니다. 주옥 언니가 준비해준 음식으로 아침 넘 잘 먹었어요. 자주 집에 놀러간다고 할까봐 걱정입니다. 또 놀러갈게요~ 고마워요. 언니

미란 : 아침에 밥맛이 최고였어요. 편히 쉬다가 갑니다. 오빠 언니 좋아요. 서울에 와서 와를 연발하고 갑니다.

미아 : 와~ 너무 좋아 너무 좋아. 언니 님네임^^ 앞으로 언니라고 안부르고 너무 좋아로 부르려구요.ㅋ

미아 : 오빠~ 잘 내려가는 중. 넘넘 행복했어요. 아직 해야 할 일이 많아 헉헉거리고 있는데 하룻밤 오빠와 보낸 시간이 2024년을 마무리하게 하는 힘을 주네요~~

3-31
선물 같은 하루

나도 엄마가 된다면 엄마처럼 될거야
엄마는 나의 베스트 프렌드
엄마를 보고 있으면 선물이라는 말이 떠올라요
엄마가 늘 행복했으면 좋겠습니다

두 딸의 편지만큼 예쁜 하루 5월 8일 선물 같은 하루 감사합니다

　마음이 저절로 따뜻해지는 위 글은 동화작가인 저의 둘째 여동생이 두 딸이 써 준 어버이날 감사 편지 중 일부를 자신의 페이스북에 올린 것입니다. 두 딸이 시인인 아빠를 닮아서 그런지 편지를 시처럼 참 잘 썼습니다.

To. 사랑하는 '아버지' ♡

　아빠 안녕하세요! 지현이에요. 어버이날을 맞아서 오늘만 '아버지'라고 써봤어요ㅋㅋㅋㅋ 사실 지금까지 제대로 된 편지를 적어 본 적이 없는 것 같아서(어버이날에!) 편지지 사는 기념으로 어버이날에 한 번 써 보기로 했어요. 지금까지 이렇게 자의로 진심을 담아 쓰는 편지가 처음이라 죄송하기로 해요. 아빠한테 하고 싶은 말 하면 가정 먼저 떠 오로는 건 '고마움'인 것 같아요. 공부 때문에 힘들어 할 때도, 기쁠 때나

슬플 때도 가장 먼저 위로해 주고, 달려와 주는 사람은 아빠에요. 항상 아빠 덕분에 무언가 이겨낼 힘과 용기가 솟아나는 것 같아요. 또 매일 이야기하고, 놀아줘서 즐거운 하루하루를 보내게 되는 것 같아요. 고마워요!! 생각해보면, 아빠는 아빠로서의 역할을 너무나도 잘 해주고 있는 것 같아요. 그래서 바라는 점도 많이 없고, 서운한 점도 거의 없어요. 아빠는 다시 곰곰이 생각해도 참 좋고, 따뜻한 사람이에요! 저도 아빠를 닮고 싶어요.

다음으로는 '미안함'에 대해 이야기해보고 싶은데, 저는 이렇게 좋은 아빠와 비교했을 때 그렇게 좋은 딸은 아닌 것 같아요. 짜증도 내고, 심술도 부리고, 퉁명스럽게 아빠를 대할 때도 적지 않으니까요. 그래서 아빠만큼은 아니더라도 좋은 딸이 되고 싶어요! 그러기 위해 앞으로 더 노력할께요.

마지막으로, 꼭 챙겨할 할 건강!! 다이어트 하고 계신다는 소문(?)이 들리던데, 꼭 성공하셔서 건강해지고 함께 오래오래 행복하게 살아요♡ 사랑해요 아빠! ♡

사랑이 넘치는 위 글은 저의 처남의 딸이 아빠에게 쓴 편지입니다. 참 감동입니다. '저도 아빠를 닮고 싶다'는 딸의 고백을 받은 우리 처남은 이 세상을 얻은 기분일 것입니다. 저의 딸·아들도 해마다 어버이날 편지를 써줬는데, 올해는 못 받아서 조금 아쉽습니다. 천안에서 치대 본과 3학년 공부하느라 바쁜 저의 딸이 다음날 오전 9시에 수업이 있는데도 어버이날 때문에 올라온다고 해서 제가 어버이날 전날 아래 카톡까지 보냈었습니다.

> 은혜야
> 어버이날 챙겨주고자 하는 마음은 넘 고맙다. 그런데 엄마아빠는 우리 딸이 단 1분이라도 마음 편히 학업에 정진하는 것이 더 감사하고 행복하다. 마음 편하게 주말에 모이면 안 될까?? 엄마아빠의 부탁이당~♡♡ 우리 딸과 아들을 사랑하고 축복한다♡♡

그런데, 딸은 상경해서 그저께 당직 근무서고 귀가하는 엄마를 마중 나와 짐까지 들어줬고, 밤늦은 시간에 꽃집에 가서 예쁜 카네이션 두 송이를 사 가지고 왔습니다. 참 예쁜 딸입니다. 그런데, 저의 아들은 저를 닮아서 그런지 무심하게도 올해 어버이날을 친구들과 보내고 밤늦게 들어오는 바람에 아내는 병원이 아닌 집에서도 당직 근무를 섰습니다. 암튼 부전자전입니다. 저 자신을 돌아보게 하는 2024년 어버이날입니다.

    나태주 시인의 '선물'이라는 참 아름다운 시가 있습니다. 그저께 폐렴으로 입원한 첫째 여동생의 첫째 딸 은총이의 건강이 좋아진 것도 선물 중의 선물입니다. 우리 가족들 모두가 늘 건강하기를 기도합니다. 제가 받은 오늘이라는 선물을 가장 아름다운 선물인 당신과 함께 보낼 수 있어서 더 아름다운 2024년 어버이날입니다. 오늘 하루도 당신 것입니다. 오하당!!

3-32
38광땡 잡은 이야기

시원한 여름비가 내린 6월 넷째 주말 어머니 일흔일곱 생신을 맞아 저의 형제들이 남동생 집에 모여 생신 축하 모임을 가졌습니다. 하나님이 저희 김씨 집안에 보내주신 천사 제수씨와 첫째 여동생이 여러 가지 음식을 잘 준비해줘서 참 맛있게 먹었습니다. 생신 축하 후에는 제수씨가 Amway를 소개하는 시간을 가졌습니다. 제수씨는 "Amway를 잘 활용하면 가문을 바꿀 수 있다"면서 열변을 토로했습니다. 제수씨의 마지막 강의 자료에 있는 '느림을 두려워하기보다 멈춤을 두려워하라'라는 글귀가 눈에 선합니다. 제수씨가 멈추지 않고 김씨 가문을 바꿔갈 것을 기대합니다.

남동생 차로 어머니를 모시고 어머니 댁으로 가는 길에 저의 딸이 올해 연말까지 10kg 감량하면, 아내가 운전하는 20년 된 승용차를 바꾸기로 약속했습니다. 딸은 오래된 차를 운전하는 엄마가 많이 걱정되었나 봅니다. 그리고 첫째 여동생은 지난 달 첫째 딸을 하늘나라에 보내고 많이 힘들텐데도 어머니 댁 벽지를 모두 교체하는 등 새집으로 만들어 놨습니다. 우리 첫째 여동생은 진짜 천사 중에 천사입니다.

저는 38이라는 숫자를 참 좋아합니다. 제가 다닌 광주일고와 전남대 법대 다닐 때 타고 다니던 시내버스 번호가 38번이었습니다. 무엇보다도 도박 '섯다' 족보 중에서 제일 높은 것이 38광땡입니다. 딸이 10kg 감량에 성공하면 딸의 건강도 챙기고, 딸 덕분에 승용차도 바꿀 수 있게 되기 때문에 아내는 오늘 사실상 38광땡을 잡은 것이 아닐까요? 또한 제가 하나님의 은혜로 좋은 부모님을 통해 이 땅에 태어나 예수님을 만나고, 좋은 아내와 딸·아들을 만나고, 좋은 형제들과 처가댁 식구들을 만나고, 좋은 스승님들과 친구들을 만나고, 좋은 직장 동료들과 군법무관 동기들을 만나고, 좋은 교회와 성도님들을 만난 것이 진짜 38광땡 아닐까요? 어머니가 100세 이상 건강하게 행복하게 사시길 기도합니다.

3-33
20대 유부녀가 말하는 절대 놓치면 안 되는 남자 유형

1. 나의 찌질함까지 인정해 주는 사람
2. 일상을 행복하게 만들어 주는 사람
3. 나의 꿈을 응원해 주는 사람
4. 강요하지 않는 사람
5. 피로 회복이 되는 사람
6. 문제해결 능력이 뛰어난 사람

엊그제 아내가 가족 단톡방에 올려준 '20대 유부녀가 말하는 절대 놓치면 안 되는 남자 유형'의 제목만 나열한 것입니다. 위 글쓴이는 '서로 행복을 주고받을 수 있는 사람과 결혼하면 참 좋을 것 같다.'고 결론을 내렸는데, 공감하고 공감합니다. 저도 아내에게 위와 같은 남자가 될 수 있도록 마음을 다하고, 뜻을 다하겠습니다.

어제 저녁 이수교회 박정수 담임목사님 인도로 '기도하는 삶' 교재 7과 '생명을 연장 받은 기도 히스기야'에 대해 제자훈련을 받았습니다. 히스기야가 병들어 죽게 되었을 때 선지자 이사야가 찾아와서 "여호와의 말씀이 너는 집을 정리하라 네가 죽고 살지 못하리라 하셨나이다(열왕기하 20장 1절)"라고 하자, 히스기야는 그 자리에서 고개를 돌려 얼굴을 벽으로 향해 다음과 같이 기도합니다.

> 여호와여 구하오니 내가 진실과 전심으로 주 앞에 행하며 주께서 보시기에 선하게 행한 것을 기억하옵소서 하고 히스기야가 심히 통곡하더라 (열왕기하 20장 3절)

히스기야는 얼마나 하나님 앞에 선하게 살았으면 '주께서 보시기에 선하게 행한 것을 기억하옵소서'라고 했을까요? 하나님은 히스기야의 위 기도를 들으시고 그의 수명을 15년이나 연장해주셨습니다. 박정수 담임목사님이 7과를 마칠 무렵 오늘 공부한 것을 삶에 적용해보라고 하셨습니다. 그래서 저는 그동안 저의 삶의 모토(motto)는 "나의 아내와 딸·아들에게 존경받는 사람이 되자"였는데, 엊그제 관람한 연극 '밑바닥에서'에서 한 배우가 한 명대사처럼 "내가 나를 존경할 수 있는 삶을 살자"로 바뀌었고, 그런 삶을 잘 살아내어 저도 히스기야처럼 '주께서 보시기에 선하게 행한 것을 기억하옵소서'라는 기도를 하고 싶다고 했습니다.

제자훈련과 밤기도회를 마치고 집에 돌아와 늦은 시간에 아내의 골프가방(보스턴백)이 너무 무거워 일부 불필요한 것들을 빼는 등 가방을 정리해줬습니다. 그랬더니 아내가 딸에게 "너도 아빠 같은 사람을 만나라."라고 했습니다. 저는 단지 가방 정리만 했을 뿐인데, 아내로부터 극찬을 받으니 몸 둘 바를 모르겠습니다. 앞으로도 아내로부터 칭찬받은 행동을 많이 하고 살고 싶습니다. 물론 저도 평소 아들에게 "너도 엄마 같은 여자를 만나서 행복하게 살았으면 좋겠다."라고 합니다(참고로 아내는 저의 글을 꼭 봅니다). 나무처럼 저의 자리를 잘 지키면서, 가족과 이웃에게 그늘이 되어 드리는

삶을 살고 싶습니다. 그렇게 살다 보면 저도 언젠가는 히스기야처럼 "주께서 보시기에 선하게 행한 것을 기억하옵소서"라는 기도를 할 수 있는 날이 올 것입니다.

"내 몫으로 조금이라도 남은 행복이 있다면 내가 그것까지 다 줄께요. 꼭 행복해져야 돼요."

- MBC 수목드라마 <운명처럼 널 사랑해> 남자주인공 이건 (장혁) 명대사 -

3-34
맛鮮生과 감자팬케이크

1. 맛鮮生

    2024년 1월 셋째 주말 오전에 아들과 함께 집안 청소를 하고(저는 화장실 청소, 아들은 진공 청소와 물걸레 청소), 공부하는 아들을 위해 오랜만에 김치찌개를 끓였습니다. 옛날에는(?) 저의 딸과 아들이 이 세상에서 제일 맛있는 음식이 제가 끓인 김치찌개라고 했었습니다. 저는 원래 김치찌개를 끓일 때 손에 잡히는 대로 순서도 없이 묵은 김치, 양파, 콩나물, 두부, 무, 버섯 등의 재료를 집어넣고, 돼지고기도 생(生)으로 집어넣는데, 오늘은 아내가 가르쳐준 대로 돼지고기를 볶아서 넣었습니다.

    김치찌개를 끓여 아들에게 맛을 보라고 했더니 "신기한 맛이네요."라고 했습니다. 아들이 갑자기 엄마가 요리할 때마다 넣는 매직 코인(청정원 조미료 '맛鮮生')을 넣자고 해서 그것을 넣어서 끓인 후 다시 맛을 보게 했더니, "오묘한 맛이네요."라고 했습니다. 아들을 위해 식은 밥이 남아 있음에도 새로 냄비밥을 해서 지난 주일 유숙자 권사님이 주신 소고기에 양파와 버섯을 섞어서 구운 것과 함께 점심식사를 맛있게 했습니다. 아들이 "먹다 보니까 점점 맛있어요."라고 했습니다. 역시 맛鮮生은 매직 코인(coin처럼 생겼습니다)이 맞습니다.

2. 소금 감자팬케이크

저희 법무법인 서호 근처에 '닭한마리'라는 식당이 있는데, 그 식당의 닭 요리도 맛있지만 '감자전'이 참 맛있습니다. 아내가 "감자 담아놓은 박스에서 썩은 감자를 골라내라"고 해서 골라내다가 갑자기 감자전을 만들어 먹고 싶었습니다. 그래서 큰 감자는 채를 썰고, 작은 감사는 잘게 썰어서 믹서기에 넣은 다음 양파와 소금을 넣고 걸쭉하게 만들었습니다. 식당에서 파는 감자전이 약간 두껍기 때문에 저도 그렇게 만들기 위해 프라이팬에 감자간 것을 전부 부었더니 점점 부풀어 올라서 프라이팬 두께만큼 두꺼워졌습니다. 감자전이 아니라 감자팬케이크(pancake)가 된 것입니다. 더군다나 소금을 너무 많이 넣었는지 엄청 짭니다. 아내는 그것을 저보고 다~ 먹으랍니다. 양도 많은데 … 큰일입니다.

제가 생애 처음으로 만든 감자전 모양은 '거시기(나타내려는 말이 분명하지 않거나 말하기 거북할 때, 또는 하려는 말이 바로 떠오르지 않을 때 흔히 쓰는 전라도 방언)'해도, 맛은 조금 짜지만 '겁나게(매우의 전라도 방언)' 맛있습니다. 저는 이 세상의 모든 음식을 '맛있는 것과 더 맛있는 것'으로 구분하는데, 제가 만든 감자전은 분명 더 맛있는 것입니다. 암튼 다음에는 취사병으로 군입대한 아들에게 만들어 보라고 해야겠습니다. 요리는 아무나 하는 것이 아닙니다.

3-35
사랑으로

　오늘은 1년 중 낮이 가장 길고, 밤이 가장 짧다는 하지(夏至)입니다. 그늘이 반가운 날 시원한 아이스크림 같은 글을 소개합니다. 저의 장모님이 처가댁 성경 통독방에 '사랑으로'는 제목의 영상을 보내주셨습니다. 그 영상에는 포터 와고너(Porter Wagoner)가 부른 'Green, Green Grass of Home(고향의 푸른 잔디)'가 배경음악으로 나오고 다음과 같은 글이 소개되어 있었습니다. 저의 장모님이 자식들에게 평소 하고 싶은 말씀인 것 같습니다. 오늘 하루도 당신 것입니다. 오늘도 행복해주세요♡

　기적(奇蹟)은 특별한 것이 아닙니다.
　아무 일 없이 '하루'를 보내면 그것이 기적입니다.
　행운(幸運)도 특별한 것이 아닙니다.
　아픈데도 없이 잘 살고 있다면 그것이 행운입니다.
　행복(幸福)도 특별한 것이 아닙니다.
　좋아하는 사람들과 웃고 지내면 그것이 행복입니다.
　오늘은 선물(膳物)입니다.
　하늘이 나에게 특별하게 내려주신 최고의 선물입니다.
　오늘은 내가 부활(復活)한 날입니다.
　어젯밤에서 다시 깨어났습니다.
　자다가 돌아가시는 경우를 생각하면 깨어난 것은 부활입니다.
　오늘을 인생의 첫날처럼 또한 마지막 날처럼 살아요.
　천국은 감사(感謝)하는 자만 가는 것이라네요.
　스트레스 받지 말고 기쁘고 행복하게 살기로 합니다.
　내가 불행하면 인생도 없다고 합니다.
　자신의 행복을 찾으세요.
　당신의 멋진 하루가 되기를 바랍니다.
　사랑합니다.

3-36
조카 김은총을 천국으로 보내면서

김미란(어머니) : 은총이는 내 딸이다

김성수(아버지) : 은총이는 공주다

김은서(동생) : 은총이는 순수한 아기다

김양홍(큰 외삼촌) : 은총이는 하나님 은혜의 선물이다

나주옥(큰 외숙모) : 은총이는 하나님의 은총이다

김미아(이모) : 은총이는 천사다

하종기(이모부) : 은총이는 인간으로 잠시 왔다가 우리 곁에 남은 천사다

김양수(작은 외삼촌) : 은총이는 깨끗한 영혼의 천사여서 하나님이 옆에 두고 싶어 일찍 데려간 아이다

박성하(작은 외숙모) : 은총이는 환한 빛이다

김은혜(사촌여동생) : 은총 언니는 아름다운 별이다
김은철(사촌남동생) : 은총 누나는 천국에 산다
하지은(사촌여동생) : 은총 언니는 사랑스러운 천사다
하지혜(사촌여동생) : 은총 언니는 빛나는 천사다
김예담(사촌여동생) : 은총 언니는 행복이다
김예림(사촌여동생) : 은총 언니는 소중하다

저의 조카(첫째 여동생의 첫째 딸) 은총이가 2024년 5월 27일 하나님의 부르심을 받고 천국에 갔습니다. 위 글은 가족들이 은총이에 대해 기억한 것을 한 문장으로 표현한 것입니다. 입관할 때와 발인예배 때 찬송가 480장 '천국에서 만나보자'를 불렀고, 은총이가 운구차에 태워질 때도 광주양림교회 성도님들이 그 찬양을 불러주셨습니다. 천사 은총이가 비록 이 땅에서는 많이 아팠지만, 예수님이 우리 은총이를 위해 예비해 놓으신 천국 거처에서 아픔 없이 영원한 평화 가운데 편히 쉴 것으로 믿습니다. 천국에서 은총이를 다시 만날 때까지 하나님께서 첫째 여동생의 가정을 지켜주시고, 하나님의 사랑을 잘 실천해 가는 믿음의 가족이 되기를 간절히 바라고 기도합니다.

> 너희는 마음에 근심하지 말라 하나님을 믿으니 또 나를 믿으라 내 아버지 집에 거할 곳이 많도다 그렇지 않으면 너희에게 일렀으리라 내가 너희를 위하여 거처를 예비하러 가노니 가서 너희를 위하여 거처를 예비하면 내가 다시 와서 너희를 내게로 영접하여 나 있는 곳에 너희도 있게 하리라 (요한복음 14장 1~3절)

3-37
2024년 어느 남자의 생일 축하 편지

1. 아내의 편지

사랑하는 남편에게

여보, 당신의 생일을 진심으로 축하해요.
늘 당신을 사랑하고 존경해요.
항상 건강하고 행복하고 평안하길 기도해요.
당신과 만나서 항상 행복하고
즐겁고 후회가 없어요.
다시 태어나도 당신과 결혼하고 싶어요.
오늘도 너무 즐거웠어요.
당신덕에 은혜·은철이를 만날 수 있어서
너무 감사해요.
항상 내 곁에 있어주세요. 사랑합니다.

2024. 4. 26.
사랑하는 당신 여자가

2. 딸의 편지

To. 사랑하는 아부지

아부지! 생신 축하드립니다.♡
어렸을 때부터 말썽을 많이 피워서 많이 힘드셨죠? 앞으로는 더 멋진 어른으로 성장해서 아빠 생신 때 최신 아이패드 사드릴 수 있게끔 더 노력하고 발전하는 모습 보여드리겠습니다. 아빠가 그동안 제게 보여주셨

던 사랑과 섬김의 모습, 예의와 겸손, 유머와 유머 속에도 있는 무게감은 늘 제게 깊은 인상을 줍니다. 저도 언젠가는 아빠처럼 존경받는 사람이 되고 싶습니다.

아빠! 저는 아빠 딸로서 태어나 하나님께 너무 감사드리고, 이 은혜를 누리며 살아가고 또 그 받은 은혜를 나눌 수 있는 사람이 되고 싶습니다. 늘 기도로서 응원해주시고 고민 상담을 해주시는 따스한 아버지! 저도 이제는 아버지를 위해 기도하고 응원하고 또 아빠를 닮은 자랑스러운 딸이 되겠습니다. 천안에 있으면서 가끔씩 아버지가 무척 보고 싶을 때가 있습니다. 사랑하는 아버지의 따스한 웃음과 포옹이 참으로 그립더라구요. 그래도 보고 싶어도 꾹 참고 열심히 공부해서 꼭 훌륭한 치과의사가 되겠습니다!

아빠! 겁나게? 사랑해요~~ I love you Dad♡

- 은혜 올림 -

3. 아들의 편지

아빠께,

아빠 생신 축하드려요!
항상 건강하시고, 아빠 삶에 축복이 가득하기를 기도합니다.
벌써 제가 24살에 이제 곧 군에 입대하는데, 그동안 저를 훌륭하게 키워주셔서 감사합니다. 하해와 같은 은혜 잊지 않겠습니다!
제가 아버지 존경하는 것 아시죠? 아빠는 제가 본 사람들 중 제일로 이상주의자이시면서 또 몸소 그것을 실천하시는 분이세요. 아빠랑 이야기할 때에나 아빠의 행실을 보고 있으면 정말 배울 점이 많은 것 같아요. 앞으로 제 삶이 어떻게 흘러갈지는 정말 모르겠지만, 아빠는 언제나 제 사랑하는 아버지시니까, 미래에 대해서도 너무 걱정하지 마세요. 아빠가 항상 말씀하시는 것처럼 우리 주님께 믿고 맡기면, 주님께서 좋은 길로 인도해 주실 테니까요. 사랑하고, 생신 축하드려요.

2024. 4. 26. 아들 김은철 올림

3-38
2024년 설 이야기

1. 시절인연이 되어주신 분들을 위한 기도

설날 아침에 현관, 마당, 대문 밖을 빗자루로 싹싹 쓸었습니다. 세배하러 올 자식과 제자들에게 제 마음 닦아 기도한 뜻을 비추어주려고요. 닦은 마음으로 제 시절인연 되어주신 분들 위해 설 마중처럼 건강, 화평, 자유, 웃을 일만 잔뜩 마중하시라는 기도드리겠습니다.

김홍신 절

　김홍신 선생님이 카톡으로 보내주신 2024년 설 인사 글입니다. 선생님의 설과 추석 인사 글에서 빠지지 않은 단어가 두 개 있는데, 그것은 '시절인연(時節因緣)'과 선생님과 시절인연이 되어주신 분들을 위한 '기도'입니다. 시절인연(時節因緣)은 모든 사물의 현상은 시기가 되어야 일어난다는 말을 가리키는 불교용어입니다. 현대에는 모든 인연에는 때가 있다는 뜻으로 통하며 때가 되면 이루어지게 되어 있다는 뜻입니다. 또한 인연의 시작과 끝도 모두 자연의 섭리대로 그 시기가 정해져 있다는 뜻도 내포합니다. 시절(時節)이란 인연(因緣)에 의해 오는 것이기 때문에 인연이 있어야 때가 온다는 말입니다(네이버 검색 내용).
　김홍신 선생님의 명절 인사 글을 볼 때마다 행복이 밀물처럼 밀려옵니다. 그 글에 선생님의 이웃들에 대한 간절한 축복 기도가 담겨있기 때문입니다. 저도 선생님처럼, 저의 시절인연이 되어주신 모든 분들을 위해 설 마중처럼 건강, 화평, 자유, 웃을 일만 잔뜩 마중하시라는 기도를 드리겠습니다.

2. 채우시는 하나님

올해 설에는 처가와 본가 가족들과 함께 이수성결교회 박정수 담임목사님이 준비해주신 '2024년 설 명절 가정예배' 순서지로 예배를 드렸습니다. 시작 찬송은 찬송가 552장 '아침 해가 돋을 때', 대표기도는 장모님과 남동생이, 성경 본문은 요한복음 2장 7~11절 말씀을 합독하고, 설교는 순서지에 있는 '채우시는 하나님' 설교 내용을 읽는 것으로 하고, 제가 하고 싶은 말을 몇 마디 했습니다.

예수님이 갈릴리 가나 혼인 잔치집에서 포도주가 떨어 졌을 때 물을 포도주로 바꾼 첫 표적을 이룰 수 있었던 것은 예수님이 그곳에 초청을 받아 그곳에 계셨기 때문입니다(요한복음 2장 2절). 그리고 예수님의 어머니 마리아는 예수님의 능력을 믿었기 때문에 예수님에게 "저들이 포도주가 없다"고 한 다음 하인들에게는 "너희에게 무슨 말씀을 하시든지 그대로 하라"고 하셨던 것입니다. 우리는 하나님이 해주실 것 같은 것만 믿어서는 안 됩니다. 예수님이 전지전능하신 능력의 주님임을 믿고 순종할 때 놀라는 기적과 축복을 경험할 수 있을 것입니다.

설교 후 가족기도는 가정예배 순서지에 있는 대로 하고, 순서지에는 없지만 예배에 참여한 각자가 기도제목 한 가지씩을 이야기했습니다. 특히 올해 처음으로 설 가정예배에 사촌 동생과 함께 참여해주신 본가 작은 어머님께서는 본가에 시집 왔을 때는 하나님을 믿는 분이 본인 혼자여서 외로웠는데 저의 아내가 시집온 이후 온 가족이 하나님을 믿게 된 것과 신을 받으신 할머니께서 예수님을 영접하고 소천하신 이야기를 해주셨습니다. 그리고 저의 아내의 할머니께서 살아생전에 가장 좋아하셨던 찬송가 559장 '사철에 봄바람 불어 잇고'를 함께 찬양하고, 주기도문으로 가정예배를 마쳤습니다.

3. 도곡에서

본가 식구들과 어머님 댁에서 점심식사와 가정예배를 마친 후 전남 화순군 도곡면에 있는 '도곡에서'라는 카페에 갔습니다. 카페는 차들도 거의 다니지 않는 작은 시골 도곡면에 있었는데, 카페에는 이미 손님들로 가득 차 있었습니다. 카페 밖에는 아이들이 마음껏 뛰어 놀 수 있는 넓은 공터가 있고, 커다란 비누 방울 만드는 도구를 빌려주기 때문에 비누 방울 만드는 놀이를 남녀노소가 즐길 수 있습니다. 수제 쌍화차가 8,000원으로 다소 비싸지만, 한약사가 직접 만들었다고 하니까 더 맛있었습니다. 오랜만에 가족이 함께 한 것만으로도 행복했습니다.

4. 이런 가정이 되게 하소서

아내가 대체휴일인 월요일에 출근해야 하기 때문에 토요일 저녁 8시경 귀경길에 올랐는데, 정체가 심해서 집에 들어오니 새벽 2시 15분경이었습니다. 오늘은 설 연휴 기간이어서 이수성결교회 1부 예배(08:00)와 2부 예배(10:50)를 통합하여 예배를 드렸는데, 예배 시작 할 때 박정수 담임목사님이 설 연휴 기간에 성도님들을 위해 <이런 가정이 되게 하소서>라는 기도를 하셨다고 하시면서, 그와 같이 되도록 함께 기도하자고 하셨습니다. 담임목사님의 그 기도는 제가 늘 바라는 기도제목이기도 합니다. 2024년 새해에는 저희 가정도, 여러분의 가정도 하나님의 은혜가 충만한 가정이 되길 소망합니다.

<이런 가정이 되게 하소서>
① 하나님의 은혜가 충만한 가정
② 가족 간에 사랑이 충만한 가정
③ 부모가 자녀에게 축복기도하는 가정
④ 자녀가 부모를 공경(효)하는 가정
⑤ 부부간에 더 친밀해지는 가정

3-39
2024년 여름 가족 모임

1. 나는 깔아주자

　　2024년 제79주년 광복절을 맞아 8월 15일은 처가댁에서, 8월 16~17일은 본가에서 형제들 모임을 갖기로 해서 어제 오후 재판을 마친 후 KTX로 광주광역시 처가댁에 도착해서 장모님이 해주신 문어탕으로 맛있는 저녁식사를 했습니다. 수요일 밤 10시 30분 SBS PLus와 ENA 리얼 데이팅 프로그램 '나는 SOLO'를 장모님, 아내와 함께 본방 사수를 했습니다. 저는 '나는 SOLO' 전부를 시청할 정도로 찐팬인데, 이번 '나는 SOLO' 22기는 1기 이후 처음으로 '솔로남 7 : 솔로녀 7' 형태로 진행되었고, 처음으로 '정희'라는 솔로녀가 등장했습니다. 저의 딸도 본방 사수를 했다고 합니다. 100분이 10분처럼 느껴질 정도로 재밌게 봤습니다. 14인의 자기소개 시간이 있는 다음 주가 더 기대됩니다.

　　광복절 아침 장모님이 차려주신 맛있는 밥상으로 아침식사를 하고, 아내, 처남(광주 이마을치과 원장), 처남 친구 노경호 원장(광주 첨단 리더스치과)과 함께 어등산CC에서 한여름 골프를 했습니다. 저의 골프채를 갖고 오지 않고 처남이 빌려온 골프채로 했지만, 파4 1번 홀에서 파를 해서 잘 할 줄 알았는데, 2~5번 홀 연속 트리플을 하고, 6~7번 홀 연속 양파(더블파)를 하는 바람에 전반전만 61타를 쳤습니다. 후반전에는 새로운 마음으로 3번 우드로 티샷을 해서 전반전보다는 좀 나았지만, 후반 11~12번 홀 연속 양파를 하고, 심지어 파5 11번 홀에서는 골프공을 3개나 워터 해저드에 빠뜨렸습니다. 그래서 그곳에서 기념사진도 찍었습니다. 파5 17번 홀에서는 아내와 제가 티샷한 볼이 나란히 있어서 신기했습니다. 가장 어려운 홀인 18번 홀에서 처남과 노원장이 "누구세요?"라는 말이 나올 정도로 티샷을 잘 쳤는데, 두 사람이 공히 "내 친구에요~"라고 대답했습니다. 아래 잠언 말씀대로 서로의 얼굴을 빛나게 해주는 처남과 노원장 사이가 참 보기 좋았습니다.

> 철이 철을 날카롭게 하는 것 같이 사람이 그의 친구의 얼굴을 빛나게 하느니라(잠언 27장 17절)

후반전에서는 파3 14번 홀에서 파를 하는 등 선전(善戰)해서 55타를 쳤고, 전후반 합계 116타로 타의 추종을 불허하는 뒤에서 1등을 했습니다(저는 골프에 입문한 지 올해 23년차입니다). 처남은 그린 상태가 엉망임에도 파를 10개나 하는 등 80타로 앞에서 1등을 했고, 노원장은 버디를 1개 했습니다. 저는 게임할 때마다 지론이 "나는 깔아주자"입니다. 내가 꼴등을 해야(물론 억지로 꼴등을 하려고 하는 것은 아닙니다만) 다른 사람이 더 마음 편히 골프를 할 수 있다는 생각에 늘 꼴등을 지향(?)합니다. 정확하게는 제가 그런 마음을 가져야 저의 마음이 편해집니다.

점심식사는 골프장 근처에 있는 '어등산 숯불촌닭구이(광주광역시 광산구 어등대로 491번길 13)' 식당에서 닭 숯불구이를 참 맛있게 먹었습니다.

촌닭백숙(옻) 요리는 하루 전 예약(전화 010-4489-4380)해야만 먹을 수 있는데, 그 이유는 "손님들이 닭백숙 국물이 충분히 우러난 것을 드시게 하고 싶어서"라고 합니다. 장사하는 식당이니까 오시는 손님에게 그냥 닭백숙을 해줄 수도 있을텐데, 그 마음이 너무 감사했습니다. 심지어 미리 예약만 하면 생닭육회도 가능하다고 합니다. 참고로 저도 오래전 영암 월출산에서 생닭육회를 먹어봤는데, 전문용어로 '겁나게' 맛있습니다. 노경호 원장이 미션스쿨 다니던 중학교 시절로 돌아가 온 가족이 함께 하나님을 믿어 구원을 얻기를 바라고, 하나님의 축복이 넘치는 가정이 되길 기도합니다.

2. 기분의 탄생

(1) 추석이나 설 명절에 본가 형제들 모두가 모일 수 없는 경우가 많아서 명절이 아닌 날 모임을 하기로 했습니다. 이번 모임에는 사촌동생(고모 아들)도 참석하여 총 12명이 참석했습니다. 내년 가족 모임은 남동생이 최근에 전근하여 근무하고 있는 제주도에서 하고, 2026년에는 사촌동생이 살고 있는 거제도에서 가족 모임을 하기로 했습니다. 8월 16일 아침 아내와 함께 엄마 건강검진 받으시는데 동행하고, 엄마를 친엄마처럼 잘 대해주시는 '찰리K' 미용실에 들러 감사의 인사를 드렸습니다. 첫째 여

동생 집에 모여 맛있는 냉면으로 점심식사를 하고, 아버지와 할머니 산소가 있는 저의 고향 전라남도 장흥군 유치면 조양리 상촌(桑村)에 갔습니다.

처음에는 아버지 산소에서 추도예배를 드리려고 했는데, 숙소에서 추도예배 드리면서 둘째 매제 하린 시인(이하 '하린 시인')의 시집 『기분의 탄생』 시 낭송과 특강을 듣는 것으로 바꾸었습니다. 하린 시인은 2008년 《시인세계》로 등단한 이후 시집으로 『야구공을 던지는 몇 가지 방식』, 『서민생존헌상』, 『1초 동안의 긴 고백』, 시창작연구서 『시클』, 『49가지 시 쓰기 상상 테마』 등이 있고, 한국시인협회 젊은 시인상, 한국해양문학상 대상 등을 수상했습니다. 현재 단국대학교 문예창작학과 초빙교수로서 후학을 양성하고 있습니다.

(2) 숙소는 장흥군 '정남진 편백숲 우드랜드'인데, 가족 단위로 쉬기에는 참 좋은 곳입니다. 억불산 정상까지 나무 데크길로 되어 있습니다. 매표소 안에는 연리목이 있는데, 그곳에 한승원 시인의 '연리목(連理木) 신화'라는 시가 돌판에 새겨져 있습니다.

우리가 서로를 보듬고 몸부림치는 뜨거운 사랑은 태초의 별밤부터 시작되었습니다. 방해하지 말고 축복해주십시오. 부디 우리 애락을 배워다가 백년천년 내내 금슬 좋게 사십시오.

※ 연리목(連理木) : 나무가 자라면서 서로 너무 가까이 자라면서 성장한 줄기가 맞닿아 한나무 줄기로 합쳐져 자라는 현상을 말합니다. 연리목은 두 남녀의 지극한 사랑에 비유되어 사랑나무로 불리기도 합니다.

(3) 장흥 읍내에서 사온 소고기와 돼지고기, 첫째 여동생이 미리 준비해온 김치볶음밥, 라면으로 맛있는 저녁식사를 했습니다. 첫째 여동생의 딸 표현대로, "딱 기분 좋은 배부름"이 느껴졌습니다. 저녁 식사 후 가진 추도예배 시간에는 찬송가 438장 '내 영혼이 은총 입어'를 다 함께 찬양하고, 사도신경으로 신앙고백하고, 제가 사도행전 2장 17절 본문을 토대로 '너희의 늙은이들은 꿈을 꾸리라'라는 주제로 하나님의 말씀을 전했습니다. 이후 각자의 꿈을 소개하고, 기도제목을 나누는 시간을 가졌습니다. 아래 내용은 순서대로 나눔 내용을 정리한 것입니다.

김양홍 : 저의 꿈은 몸도 마음도 건강한 할아버지가 되는 것입니다.

아내 : 건강하게 내 일 잘하고, 가족들 잘 돌보고, 신앙 잘 지키면서 사는 게 꿈이고, 그다음에 은혜·은철이가 믿음의 성품 좋은 배우자를 만나서 좋은 가정을 이루는 걸 보는 게 꿈입니다.

첫째 여동생 : 계림동 두산위브더파크 아파트 단지 앞 3층 건물의 건물주가 되고 싶습니다.

제수씨 : 제가 Amway를 해보니까 이거는 남을 도와주는 일이더라고요. 앞으로 남을 더 많이 도와줘서, 매월 350만 원(수당)을 받는 것이 꿈입니다.

남동생 둘째 딸 : 아빠가 제주도에서 잘 계시는 것이요.

둘째 여동생 : 이번에 처음으로 저희 온 가족이 참여한 것 같아요. 매년 이렇게 함께하고 싶습니다. 이번에 지은 아빠 네 번째 시집이 나왔는데, 저도 동시집을 준비하고 있습니다. 이번에 200만 원 창작 지원금도 받았기에, 열심히 써서 1~2년 내에 동시집을 내는 것이 꿈입니다.

둘째 여동생 둘째 딸 : 저는 꿈이 생기는 게 꿈이에요.

엄마 : 엄마는 다 좋다.

첫째 여동생 딸 : 제가 헤어 디자이너로서 어느 정도 입지를 다져 고정 고객이 생겨서 돈을 모으는 단계를 넘어 돈을 불러들이는 단계까지 이루는 원장이 되고 싶습니다.

하린 시인 : 그냥 애들 건강하게 무탈하게 잘 성장하고, 순간순간 노력하며 사는 것이 꿈입니다.

사촌동생 : 젊었을 때는 큰 꿈도 있었는데, 살아보니까 그 꿈이 이루어진다는 게 하늘의 별 따기인 것 같고, 지금 꿈은 우리 성주 빨리 결혼시키는 것입니다.

꿈은 이야기해야 하고, 하나님께 그 꿈을 이뤄달라고 구체적으로 기도해야 합니다. 가족들의 꿈이 이루어지도록 생각날 때마다 기도할 것을 권면했습니다.

(4) 이어서 둘째 여동생 큰 딸, 첫째 여동생 둘째 딸, 남동생의 첫째 딸이 『기분의 탄생』 시집에서 가장 마음에 드는 시를 한 편씩 낭독하고, 하린 시인으로부터 시 잘 쓰는 방법에 관한 특강을 들었습니다. 둘째 여동생

의 큰 딸 지은이는 "시는 가슴으로 읽는다고 하는데, 언어로 형상화할 수는 없지만, 가장 끌렸다"고 한 '기분의 탄생 – 눈사람'시를 첫 번째로 낭독했습니다.

기분의 탄생
- 눈사람

어떻든 사람입니다
천사가 아닙니다

마당이거나 골목이거나 언덕이거나
지분을 가지고 있습니다

아랫목은 어디입니까
고드름은 왜 생깁니까

그것이 궁금하다면
당신은 백색에 대한 오해를 가지고 있는 것입니다

나는 하늘로부터 주관성을 부여받았습니다
눈 속의 눈이 생길 수 있고 깊어질 수도 있습니다

저에게 많은 감정이 없습니다만
특별한 비밀이 있습니다

적막과 대면할 수 있습니다
이야기 밖으로 빠져나갈 수 있습니다

뼈와 살과 피와 심장과 마음이 하나라는 착각을 무너뜨릴 수 있습니다

아이가 잠든 사이에 길고양이를 찾아 나설 참입니다
나를 보고 놀라지 않은 이유에 대해 물어볼 것입니다

벌벌 떨고 있는
배고픈 새끼 고양이를 만난다면 처음으로 울 것입니다

그만 녹아 흐를 것입니다
머리가 재빨리 심장에 달라붙어 기형이 되어 무너질 것입 니다

전이일까요
자리바꿈일까요

(5) 두 번째로 시를 낭독한 첫째 여동생의 딸 은서가 고른 시는 '기분의 탄생 - 날짜변경선'입니다. 은서는 시를 낭독하자마자 눈물을 흘렸는데, 첫 번째 행은 "올해 봄 하늘나라에 간 언니 생각이 나서 눈물이 났고, 마지막 행은 자신의 처지를 표현한 것 같아 눈물이 났다."고 합니다. 짧은 시가 그렇게 사람을 울릴 수 있음에 감동이었습니다.

기분의 탄생
- 날짜변경선

떠나기 싫은데 떠나야 할 것 같습니다

최후와 최선이 뒤섞입니다

기억을 안다고 하는 순간 달아나는 기억이 있습니다

매번 마지막이고
매번 처음인 자리

연애도
사람도
그랬으면 좋겠습니다

어제의 발목이 오늘의 발목으로 바뀌었을 뿐인데
질문이 넘나듭니다

날개는 혁명입니까
너머는 새롭습니까

정착은 기쁨입니까

난 왜 마침내 당신과 내가 헤어진 양수리입니까

지구는 둥급니까
누군가 돌아온다는 약속이
왜 새알처럼 놓여져 있습니까

이곳이 사라지면
그곳이 된다고 확신한 당신을 위해
달력을 찢겠다는 약속을 지킬 수 없습니다
수만 마리 새떼 속
한 마리 새처럼
난 점점 무뎌져 가고 있습니다

(6) 세 번째로 시를 낭독한 올해 중학교 2학년인 남동생 첫째 딸 예담이 고른 시는 '기분의 탄생 - 가장자리'라는 시입니다. 예담이는 "가장자리는 끝에 있는 것이고, 그것을 보는 사람도 많지 않은데, 그걸 시로 표현한다는 것이 새롭고 마음에 와 닿았다."고 합니다.

기분의 탄생
- 가장자리

헌책들이 쌓여 있는 가게
이것을 세상의 모든 가장자리라고 해 두자

무너질 것처럼 쌓여 있으니
가장자리가 가장자리에게 보내는 위안이라고 해 두자

결과는 기록이 되고 기록은 전진한다

가장 가장자리다운 것이 무엇인지 고민한다
왜 그렇게 문장들은 치열했던 것일까, 후회한다

먼지를 뒤집어쓰는 것도
아파하는 것도 가장자리의 특권이지만
소멸보다는 자멸에 가깝다

기록은 불현듯 속도를 잊는다
겨울에 문을 닫고
여름에도 문을 닫는 중고 서점

주인은 지금 새 주인을 찾는 중이다
책을 살 사람이 아니라
책과 함께 늙어 갈 사람이다

책방 임대 중이

책방 정리 중으로 바뀌고
다시 책 가져갈 사람 찾아요로 바뀌는 동안
가장자리는 니힐니스트가 된다

일 년 동안 책을 한 권도 읽지 않는 사람들이
쯧쯧 혀를 차며 지나갔지만
그 시절 마스크는 흔한 연민조차 허락하지 않았다

(7) 『기분의 탄생』 시집에서 저의 마음에 가장 와 닿는 3편의 시는 다음과 같습니다. 참고로 저는 시집을 처음부터 끝까지 읽은 것은 이번이 처음입니다. 이번 가족 모임을 통해 왜 사람들이 시집(詩集)을 사서 읽는지를 알게 되었습니다.

기분의 탄생
- 벌레

1989년 난 남영역 근처 자동차 부품 회사 하청업체로 고3 실습을 나갔다. 에어컨에 들어가는 금속 부품에 드릴로 구멍을 뚫는 일이었는데, 장갑이 드릴에 끼어 돌아가 열아홉 살 친구의 손가락이 뭉개졌다. 기계에 다닥다닥 붙은 피와 살의 흔적이 생생했다. 기숙사에 들어와 열 명씩 잠을 겨우 청할 때, 그 친구가 손가락을 부여잡고 울었다. 벌레의 기분은 그때 탄생했다.

꿈틀꿈틀은 나의 최대화

악천후 속에서든
공장 속에서든
나는 겨우 꼼지락꼼지락
밤에 혼자 있을 땐
비트박스처럼
꼼지락꿈틀 꼼지락꿈틀 꼼지락꿈틀을 날렸지
무릎은 나의 소심화

아버지 앞에서든
교무실 안에서든
바닥은 나의 일반화

매미를 부러워했지
칠흑 속에서도
날개에 대한 목적을
버리지 않았으니까

벌레처럼을 수식어로 내밀고
벌레 같은을 뒤집어쓰게 하고
벌레 보듯을 실천하는 당신들
사라진 벌레의 행방을 한번이라도 궁금해했을까

뇌 속에 구더기를 생생하게 키우고 있는
나의 의지는 벌레화

기분의 반경마저 정해진 생활을
견디고 있는 나는
끝없는 암흑화

위 '기분의 탄생 - 벌레'라는 시를 읽는 순간 눈물이 났습니다. 열아홉 살 그 친구의 마음이 나의 마음이 되었기 때문입니다. 우리는 또 다른 벌레가 되어서도 안 되지만, 또 다른 벌레를 만들어서 안 됩니다. 우리는 벌레가 아닌 하나님이 창조하신 위대한 창조물입니다.

家長

지는 건 되지만 무너지는 건 안 된다
양심을 선언에게 맡겨도 되지만 앞장서면 안 된다
비굴 앞에서 비겁해도 비참을 떠올려선 안 된다

이러지도 저러지도 못 하는 상황 속에 놓이면 안 된다
떳떳한 것과 당당한 것의 기준을 삼아선 안 된다
먼저 빠져나왔다고 머뭇거리고 괴로워해서도 안 된다
사랑해도 안 되고 사랑 안 해도 안 된다
척을 잘해야 할 때와 못해야 할 때를 구분해선 안 된다
진보와 보수, 다른 말로 다르게만 인식해선 안 된다
반성해서도 안 되고 부끄러워해서도 안 된다
한 시간 전보다 참혹해도 뛰어내려선 절대 안 된다
새들처럼 구름처럼 바람처럼 시체처럼 가면처럼, 처음을 껴입어서도 안 된다
웃는 건 된다 울어도 된다 그러나 들키면 안 된다
그 어떤 순간에도 끝장이란 단어가 끝까지 괴롭히게 만들면 더더욱 안 된다

위 '家長'이라는 시를 읽으면서 아버지가 생각났습니다. '안 된다'라는 단어가 저의 마음을 아프게 후벼 파는 것 같습니다. 아버지가 아들인 저에게 그동안 숨겨 놓았던 아버지의 속마음을 털어놓으시는 것 같습니다. 아버지는 치매가 심해지시고, 자신의 몸도 가누지 못할 정도로 아프셨을 때도 "몸 건강해라" 하시면서 세상 끝 날까지 저를 사랑해주셨습니다. 저도 아버지처럼 아무리 힘들어도 '안 된다'는 삶을 살아가겠습니다. 저도 家長이니까요.

금요일 밤의 자학

신의 목적에 부합하기 위해 하루를 더 살았다
말씀은 말씀의 객관성을 갖고
실천은 실천의 주관성을 갖는다
어디를 가든 불안과 불편과 불온이 동반된다
기분은 젖거나 마르거나 둘 중 하나이고
욕실은 씻겨질 수 없는 것들을 증명한다

샤워기 앞에 이젠 울지 않기로 하자

눈물의 목적은 위로가 아니라
자학 아니면 자책이니까

주석도
프롤로그도
에필로그도
전부 주목받지 못한 분위기를 취하고 있으니까
다 내 잘못이니까

하루를 더 살았다면 지금 여기에 도달한 몸속 수치심을 확인하세요
거품을 제거하세요
나를 포기하지 않은 거울의 목소리가 들린다

표정 관리는 또 해야 하나
왜를 남발하는 사람들에게 한번 더 왜를 던져야 하나

나는 나의 방식으로 안쪽을 이해했을 뿐이다
비굴이란 성분이 심장을 갉아먹을 때마다...

위 '금요일 밤의 자학'이라는 시는 아직 하나님을 믿지 않는 둘째 매제가 둘째 여동생과 두 딸의 기독교 신앙이 시에 반영된 것 같아 참 마음에 드는 시입니다. 기독교인들의 인생 최대 목표는 시인의 말처럼 하나님의 뜻(목적)에 합당한 삶을 사는 것입니다. '우리가 살아도 주를 위하여 살고 죽어도 주를 위하여 죽으니 그러므로 사나 죽으나 우리가 주의 것이로다(로마서 14장 8절)'라는 사도 바울의 고백이 나의 고백이 되길 바라는 것이 기독교인들이기 때문입니다. 그래서 위 시의 제목을 '금요일 밤의 고백'으로 바꾸면 더 좋을 것 같습니다.

(8) 하린 시인은 "시는 '순간성의 장르'이다. 하나의 구체적인 시공간만 갖고 써라, 나만이 발견한 것을 화자가 자기의 이야기를 하든지 아니면 바라본 사람의 이야기를 써라. 설명하려고 하지 마라." 등 시 창작에 도움이

되는 특강을 들었습니다. 특히 저는 '디카시'라는 단어를 처음 들었는데, 디카시는 디카(디지털카메라)와 5행 이하로 쓴 시의 합성어로 디지털카메라로 찍고 써서 사진과 문자가 한 덩어리로 된 멀티 언어 예술을 의미합니다. 하린 시인으로부터 디카시에 대해 배운대로 저도 생애 처음으로 '망둥어'를 소재로 디카시를 한 번 써 봤습니다.

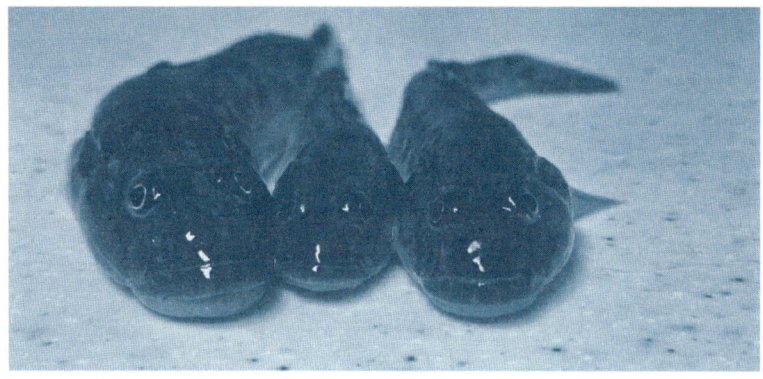

망둥어 변호사

나는 직업이 변호사다
여섯 개의 눈동자가 나를 보고 있다
전부 젖어 있는데
바다가 한 참 멀다

지구별에서

물고기를 기다린다
물고기는 지구별 밖에
사는 것 같다
기다림은 소설책이다
기다림은 행복이다

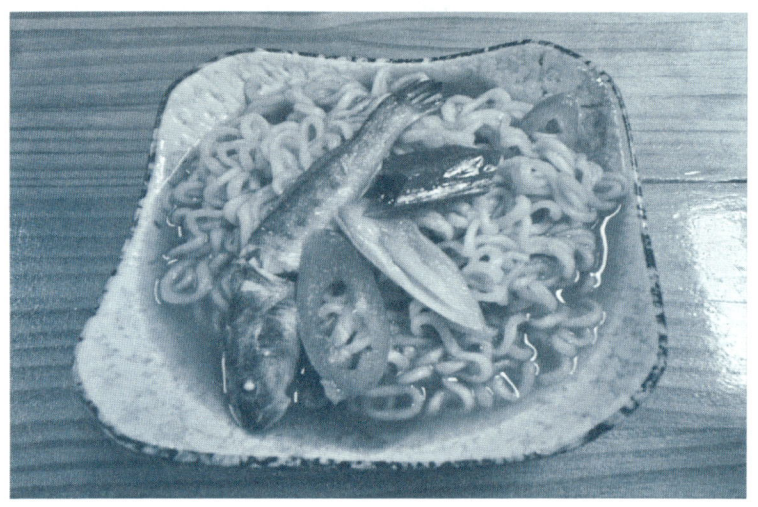

망둥어의 꿈

자신의 이름을 남기기 위해
육지로 나와
망둥어라면이 되었다

(9) 하린 시인의 특강 후 찬송가 365장 '마음속에 근심 있는 사람'을 함께 부르고, 주기도문으로 아버지 추도예배를 마쳤습니다. 아직까지 하나님을 믿지 않고 있는 둘째 매제와 사촌동생이 언젠가는 하나님을 믿을 것으로 믿습니다.

(10) 아버지 추도예배를 마친 후 둘째 매제, 사촌동생과 함께 약 20분 거리에 있는 바닷가 방파제로 가서 사촌동생이 준비해온 낚시대로 약 2시간 동안 릴낚시를 해서 작은 망둥어 3마리를 잡았습니다. 그 망둥어들은 다음날 아침 '망둥어라면'으로 부활(?)했습니다.

(11) 8월 17일 아침 일어나서 아내, 하린 시인과 함께 해발 518m 억불산 정상까지 올라갔습니다. 그곳에는 목판에 '성공은 당신이 서있는 위치가 아니라 당신이 바라보는 방향입니다'라는 조지 버나드 쇼의 명언이 새겨져 있습니다. 그러나, 저는 내가 서있는 위치에서 나에게 주어진 직분을 충실히 담당하는 것이 성공의 시작이고 끝이라고 생각합니다. 그래서 저의 버킷리스튼 10가지 중 하나가 '남편/아버지/아들/장로/변호사로서의 자리 잘 지키기'입니다.

(12) 산 정상에 다녀온 후 첫째 여동생이 밤낚시로 잡은 망둥어 3마리를 넣어 끓여준 '망둥어라면'을 맛있게 먹었습니다. 숙소에서 편히 쉬다가 아점(아침과 점심)으로 장흥 읍내에 있는 식당에서 점심식사를 하고, 장흥에서 가장 아름답다고 하는 '위로(We, 路)'라는 카페에서 바다를 바라보면서 차를 한잔씩 하고 헤어졌습니다. 올해 모임에는 제주도로 전근간지

얼마 안 된 남동생이 참석하지 못해 아쉬웠지만, 내년 제주도 가족 모임에는 사촌 여동생도 참석하기로 했습니다. 제수씨가 가족 단톡방에 남긴 글의 표현대로, 이번 여행은 '정말 힘을 얻는 행복한 가족여행'이었습니다. 가족들의 오가는 길을 지켜주시고, 행복한 동행을 하게 해주신 하나님께 감사합니다. 모든 것이 하나님의 은혜입니다.

3-40
2024년 추석 이야기

1. 너희의 늙은이들은 꿈을 꾸리라

토요일(2024. 9. 14.) 오전 처가 식구들과 함께 함평에 있는 장인어른과 처 할머니 산소에 가서 추도예배를 드렸습니다. 제가 참 좋아하는 사도행전 2장 17절 말씀을 갖고, '너희의 늙은이들은 꿈을 꾸리라'라는 주제로 하나님의 말씀을 전했습니다.

> 하나님이 말씀하시기를 말세에 내가 내 영을 모든 육체에 부어 주리니 너희의 자녀들은 예언할 것이요 너희의 젊은이들은 환상을 보고 너희의 늙은이들은 꿈을 꾸리라(사도행전 2장 17절)
> In the last days, God says, I will pour out my Spirit on all people. Your sons and daughters will prophesy, your young men will see visions, your old men will dream dreams.

※ 이수교회 박정수 담임목사님은 사도행전 2장 17절 "젊은이들은 환상을 보고 늙은이들은 꿈을 꾸리라"에서, 환상과 꿈은 같은 의미이고, 성령이 임하면 청년이든 노인이든 하나님이 주시는 꿈(비전)이 생긴다는 뜻이라고 설명해주셨습니다.

성경은 분명 성령이 임하면 "너희의 젊은이들은 꿈을 꾸리라"고 하지 않고, "너희의 늙은이들은 꿈을 꾸리라"고 합니다. 왜 그렇게 말씀하셨을까요? 어른들이 어떤 꿈을 꾸느냐에 따라 그 자녀들의 삶이 달라지기 때문입니다. 우리는 꿈을 꿔야 합니다. 하나님께서 하나님의 때에 하나님의 방법으로 이루어주실 것입니다. 추도예배를 마치고, 장인어른 산소 주변에 잡초가 자라지 못하게 자갈을 깔아 놨음에도 자갈 틈 사이로 자라난 잡초들을 모두가 나서서 뽑았습니다. 특히 동서는 손가락이 까질 정도로 열심히 잡초를 뽑았습니다.

2. 키친(KITCHEN) 205

점심식사 대신에 함평의 명소 중 하나인 '키친(KITCHEN) 205' 카페 본점에서 들려 맛있는 케이크와 음료수를 마시면서 망중한(忙中閑)을 보냈습니다. 카페 앞 의자에 세상에서 가장 편한 자세로 앉아 뭉개구름이 한가로이 거닐고 있는 파란 하늘 아래에서 흘러나오는 노래를 듣고 있으니까 그곳이 천국 같았습니다. 천국의 모습을 직접 보지 못했지만, 사랑하는 믿음의 가족들과 함께 행복하게 지내는 곳이 천국이 아니면 어디가 천국이겠습니까?

3. 衆惡之必察焉, 衆好之必察焉

아내가 어렸을 때 고향마을에서 "삼촌"으로 불렀던 이상익(李尙益) 함평군수님 댁을 방문하여 인사를 드렸습니다. 군수님은 2020년 4월 보궐선거로 당선된 이후 5년 째 급여 전액을 장학금으로 기탁하는 등 그동안 3억 5,500만원을 '함평군 인재양성자금'으로 기부하는 등 다음 세대를 위한 정책을 잘 펼치고 계셨습니다. 함평군은 일정한 거주요건을 충족하면 장학금을 지급하는데, 2024년 상반기에만 242명 학생들에게 3억6,900여만원의 장학금을 지급했다고 합니다. 지방으로 이사를 생각하신다면 함평군으로 가십시오. 군수님은 당선된 이후 관사를 사용하지 않고 자택에서 생활하시는데, 자택 손님맞이 방 벽면에는 군수님이 군민을 주인으로 모시기 위한 경구(警句)들이 여러 개 보였습니다. 그 중에 논어(論語) 위령공편(衛靈公編)에 나오는 다음 구절이 가장 마음에 와 닿았습니다.

衆惡之必察焉(중오지필찰언)
衆好之必察焉(중호지필찰언)
많은 사람들이 싫어해도 반드시 좋은 점이 없는지 살펴보아야 하고,
많은 사람들이 좋아해도 반드시 나쁜 점이 없는지 살펴보아야 한다.

이상익 군수님은 2022년 제8회 지방선거에서 80.15%를 득표하여 전남 단체장 중 최고득표로 당선되었는데, 본인 다짐대로 '큰 머슴' 역할을 잘 하셔서 존경받는 함평군수가 되실 것으로 믿습니다.

4. 듣기는 속히 하고, 말하기는 더디 하라

토요일 저녁 남동생 집에서 본가 가족 모임을 했습니다. 제수씨와 첫째 여동생이 함께 맛있는 음식을 준비해줬고, 저는 밥을 세 공기나 먹었습니다. 저녁식사 후 추석 가족모임 예배를 드렸습니다. 제가 야고보서 1장 19~20절 말씀을 갖고, '듣기는 속히 하고, 말하기는 더디 하라'는 주제로 하나님의 말씀을 전했습니다.

> 내 사랑하는 형제들아 너희가 알지니 사람마다 듣기는 속히 하고 말하기는 더디 하며 성내기도 더디 하라 사람이 성내는 것이 하나님의 의를 이루지 못함이라(야고보서 1장 19~20절)

사람에게 귀가 2개이고, 입이 1개인 이유는 듣기를 말하기보다 두 배 더 하라는 뜻입니다. 솔로몬이 하나님께 구한 것도 '듣는 마음'이었습니다. 하나님은 '듣는 마음'을 '지혜롭고 총명한 마음'이라고 표현하고 있고, 심지어 하나님은 단지 듣는 마음을 구한 솔로몬에게 솔로몬이 구하지도 아니한 부귀와 영광도 주셨습니다(열왕기상 3장 9~13절). 사랑은 오래 참는 것이고, 무례히 행하지 않고, 성내지 아니하며, 모든 것을 참으며, 모든 것을 견디는 것인데, 그렇게 하기 위해서는 듣기는 속히 하고, 말하기는 더디 해야 합니다(고린도전서 13장 4~7절). 결국 사랑의 시작과 끝은 '듣는 마음'입니다. 제가 약 15분 정도 하나님 말씀을 전한 후 약 45분 동안 가족들의 기도제목 한 가지씩 나누는 시간을 가졌는데, 가족들이 시간 가는 줄 모르게 나눔을 잘 해준 것에 대해 이 글을 통해 감사의 마음을 전합니다. 저의 딸이 가족 예배를 마치고 돌아오는 차 안에서 "너무 행복해요"라는 말을 할 때 저도 같은 마음이었습니다. 특히 남동생이 교정직 공무원으로 제주도로 전근한 지가 얼마 되지 않아 토요일에 왔다가 주일에 제주도로 복귀해야 했는데, 첫째 여동생 내외가 남동생의 왕복 비행기 비용을 보내준 것에 대해서도 참 고맙게 생각합니다. 내년에는 제주도에서 가족 모임을 하기로 했는데, 그 때가 지금부터 기다려집니다.

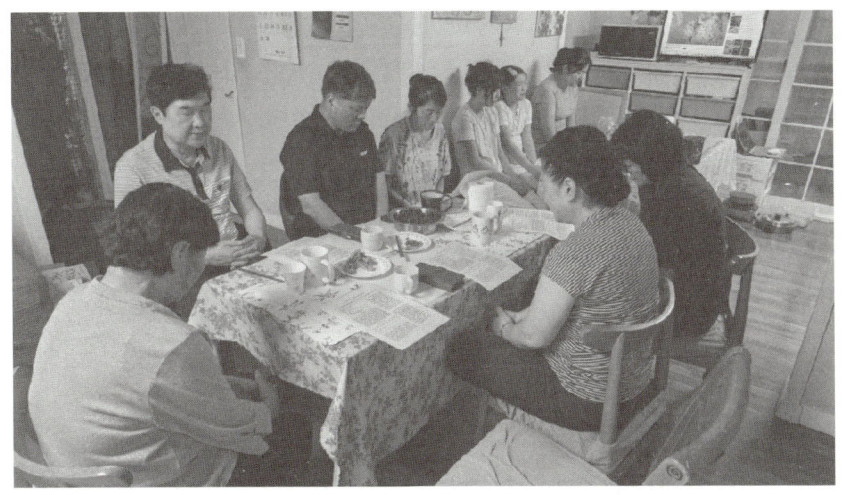

5. 계획이 계획으로 끝나지 않기를 …

플랜 A : 처남과 동서랑 포카드를 해서 조카들 줄 용돈을 마련한다.
플랜 B : 처남과 처제, 동서랑 훌라를 해서 조카들 줄 용돈을 마련한다.
- 2024년 추석 김양홍의 계획 -

처가댁 단톡방에 공지한 저의 글입니다. 이에 대해 처남은 '대성공을 기원합니다.'라는 응원의 글을 남겼습니다. 토요일 밤 9시가 넘어서 시작된 플랜 A 전투(?)에서 저는 과연 승리했을까요?

6. 나는 왜 예수를 믿는가?

저의 어머니께서는 이웃에 계시는 권사님들을 따라 교회를 가셨다가 안 가셨다를 반복하시다가 지난 2022년 8월 아버지 산소에서 추도예배를 드린 후부터는 어머니 댁 근처에 있는 '광주생명교회(대한예수교장로회)'를 섬기셨습니다. 그런데, 올해 그 교회 담임목사님이 교체된 이후 주일성수를 하지 않으셔서 걱정을 많이 했었습니다. 다행히 어머니께서는 이번 주일에는 예배 시간 보다 약 1시간 먼저 교회에 가셨습니다. 송길남 담임목사님은 '나는 왜 예수를 믿는가?'라는 주제(본문 요한복음 6장 22~33절)로 은혜로운 설교를 해주셨는데, 함께 예배를 드리고 나오신 후 "목사님이 나 들으라고 하신 말씀 같다."고 하셔서 참으로 감사했습니다. 하나님께서는 "하나님께서 보내신 이를 잘 믿는 것이 하나님의 일이라(요한복음 6장 29절)"고 하셨습니다. 우리가 예수님을 믿는 이유는 "예수님이 길이요 진리요 생명이기 때문"입니다(요한복음 14장 6절). 저의 어머니가 예수님을 믿어 영생을 얻고, 하늘이 주시는 기쁨과 평안을 누리실 수 있도록 더 기도해야겠습니다.

저의 어머니와 함께 예배를 드린 후 첫째 여동생 내외와 첫째 여동생의 시어머니와 함께 저의 어머니 댁에서 함께 점심식사를 했는데, 치매가 심한 첫째 여동생의 시어머니께서 밝은 모습으로 식사를 잘 하셔서 함께 한 그 시간이 감사하고, 행복했습니다. 식구(食口)는 함께 밥을 먹어야 식구입니다.

7. 짜증은 내어서 무엇하나

사랑하는 친구 한창용 친구 부부 초청으로 전남 나주에 있는 골드레이크 CC에서 함께 골프를 했습니다. 추석 연휴 중 월요일을 제외한 나머지 날들은 모두 한 낮 최고 온도가 35~36도로 한 여름 날씨였는데, 친구 내외랑 운동한 날만 구름이 끼고, 가랑비가 조금 내리는 등 운동하기에는 최적의 날씨였습니다. 저는 파를 2개 했지만, 양파도 3개나 해서 109타로 뒤에서 1등을 했으나 전혀 불만이 없습니다. 운동 중에 아내가 어느 홀에서 잘 안 맞자 짜증을 내서 제가 경기민요인 '태평가'의 한 소절을 불러줬습니다.

> 짜증은 내어서 무엇하나
> 성화는 바치어 무엇하나
> 속상한 일도 하도 많으니
> 놀기도 하면서 살아가세
> 청사초롱(靑紗草籠)에 불 밝혀라
> 잊었던 낭군(郎君)이 다시 온다
> 공수래공수거(空手來空手去)하니
> 아니나 노지는 못 하리라
> (후렴)
> 니나노 닐리리야 닐리리야 니나노
> 얼싸 좋아 얼씨구나 좋다
> 벌 나비는 이리저리 펄펄
> 꽃을 찾아 날아든다

경기민요 '태평가'의 일부인데, 가사대로 놀기도 하면서 살아갑시다. 김홍신 선생님은 "잘 놀다 가지 않으면 불법이다."라고 하셨습니다. 살면서 최소한 불법은 저지르지 말아야지요. 친구 내외와 함께 하는 시간은 1분 1초가 천국입니다. 저희 부부는 좋은 날씨에, 좋은 친구 내외와 함께 '공짜 골프'도 하고, 이 세상에서 제일 맛있는 밥인 '공짜 밥'까지 먹었습니다. 성경은 '사랑의 빚 외에는 아무에게든지 아무 빚도 지지 말라(로마서 13장 8절)'고 하고 있는데, 친구 내외에게 진 빚이 너무 많아 언제 그 많은 빚을 갚아야 할지 쪼까('조금'의 전라도 방언) 걱정입니다.

8. 김일병의 첫 외출

조리병으로 근무하고 있는 아들이 있는 부대가 논산시에 있습니다. 그래서 귀성길에 아들을 면회했고, 부대장님의 배려로 김일병이 첫 외출을 나올 수 있었습니다. 아들과 함께 개봉 6일 만에 누적 관객 400만을 넘긴 '베테랑 2'를 CGV 논산에서 팝콘을 먹으면서 관람했습니다.

> 가족들도 못 챙기고 밤낮없이 범죄들과 싸우는 베테랑 형사 '서도철'(황정민)과 강력범죄수사대 형사들. 어느 날, 한 교수의 죽음이 이전에 발생했던 살인 사건들과 연관성이 있는 것으로 밝혀지며 전국은 연쇄살인범으로 인해 떠들썩해진다. 이에 단서를 추적하며 수사를 시작한 형사들. 하지만 이들을 비웃기라도 하듯, 연쇄살인범은 다음 살인 대상을 지목하는 예고편을 인터넷에 공개하며 또 한 번 전 국민을 흔들어 놓는다. 강력범죄수사대는 서도철의 눈에 든 정의감 넘치는 막내 형사 '박선우'(정해인)를 투입한다. 그리고 사건은 새로운 방향으로 흐르게 되는데 …

위 내용은 인터넷에 공개된 '베테랑 2'의 기본 정보입니다. 2015년 8월 개봉하여 관객수 1,341만명을 달성한 '베테랑'과 연계성은 없으나, 당시의 시

대상을 잘 반영하고 있는 것은 동일합니다. '베테랑'에서 서도철 역의 황정민이 말한 "우리가 돈이 없지 가오가 없어!"라는 명대사를 저의 "행복한 동행" 강의에서 늘 인용하고 있습니다. '베테랑 2'의 명대사를 하나만 꼽으라고 한다면, 서도철이 고등학생인 아들에게 말한 "아빠가 생각이 짧았다."입니다. 저도 저의 딸과 아들에게는 처음 하는 아빠 역할이기 때문에 저의 생각이 짧았을 때가 많았기 때문입니다.

　영화에서는 악인을 보면 머리의 뿔로 받아 버린다고 하는 '해치'역할을 하는 인물이 등장하는데, 그 해치도 잘못된 언론의 보도를 믿고 억울한 한 시민을 살해하려고 합니다. 그래서 아무리 중대한 범죄를 범한 죄인도 재판을 받을 권리와 변호인의 조력을 받을 권리를 보장해 줘야 마땅하고, 극악 무도한 범죄자를 변호했다는 이유로 그를 변호한 변호사를 손가락질해서는 안 됩니다.

　영화 관람 후 족욕카페에서 쉬다가 '탑정호 출렁다리'를 갔는데, 입장 종료 시간(17:30) 이후에 도착하는 바람에 멀리서 출렁다리만 사진 찍고 왔습니다. 아들이 군 복무하는 곳이라서 그런지 논산의 하늘은 유난히 이쁜 것 같습니다. 아들이 생각 이상으로 군 생활을 잘 하고 있는 것 같아서 참 감사했습니다. 아들은 결코 원치 않았지만, 부대장님의 배려로 오는 10월 18일 아들 부대를 방문하여 "행복한 동행" 강의하기로 했습니다. 그것도 아들과 함께 하는 아름다운 추억의 한 장이 될 것으로 믿습니다.

9. 가을아침 내겐 정말 커다란 행복이야

이른 아침 작은 새들 노래소리 들려오면
언제나 그랬듯 아쉽게 잠을 깬다
창문하나 햇살 가득 눈부시게 비쳐오고
서늘한 냉기에 재채기 할까 말까 음~
눈 비비며 빼꼼이 창밖을 내다보니
삼삼오오 아이들은 재잘대며 학교가고
산책 갔다 오시는 아버지의 양손에는
효과를 알 수 없는 약수가 하나 가득 음~
딸각딸각 아침 짓는 어머니의 분주함과
엉금엉금 냉수 찾는 그 아들의 게으름이
상큼하고 깨끗한 아침의 향기와
구수하게 밥 뜸 드는 냄새가 어우러진
가을아침 내겐 정말 커다란 기쁨이야
가을아침 내겐 정말 커다란 행복이야

양희은의 '가을 아침'이라는 노래가사의 일부입니다. 추석 연휴 마지막 날 처가 작은 아버지 댁을 방문했는데, 그 벽에 초등학생 조카가 '가을 아침'의 의미를 알고 썼는지는 모르지만, 그 조카가 쓴 '가을아침 내겐 정말 커다란 행복이야'라는 글이 붙어 있었습니다. 하루하루가 정말 하나님이 주신 선물이고, 가을아침은 정말 커다란 기쁨이고, 정말 커다란 행복임을 잊지 맙시다.

3-41
2024년 성탄절 풍경

1. 딸이 끓인 예수님과 엄마를 위한 미역국

사랑하는 딸이 성탄절 아침 일찍 일어나 어젯밤 손수 사온 한우로 미역국을 끓였습니다. 내일이 엄마 생일인데, 내일 첫 학생 진료(치대)가 있는 날이라서 준비할 것이 많아 성탄 감사예배 드린 후 곧바로 천안으로 내려가야 하기 때문입니다. 조리병 누나답게 참 맛있게 끓였습니다. 딸이 아들과 함께 엄마 생일 선물로 장갑을 선물했습니다.

아내 : 당신은 선물 없어요?
김양홍 : 내가 선물이죠.
딸 : 아빠, 저는 크리스마스 안 썼는데 …
김양홍 : 우리 딸이 크리스마스 카드다.

2. 2024년 크리스마스 카드

가. 사랑하고 존경하는 나의 아내 나주옥 님

미리 크리스마스 &메리 크리스마스
당신 생일도 미리 축하하고 축하합니다.

당신을 향한 나의 마음이 해마다 더해집니다.
해마다 사랑하는 마음이 더해지고,

해마다 존경하는 마음이 더해집니다.

부족한 사람을 많이 사랑해 줘서 고맙습니다.
당신을 통해 예수님을 구주로 영접하게 된 것도 감사한데,
당신과 함께 예수님을 더 사랑하게 된 것은 더 감사합니다.
날마다 강건하시고, 날마다 평안하소서.
2025년에는 돈도 많이 벌겠습니다.
사랑하고 축복합니다.

2024년 크리스마스 이브
당신 남자 김양홍 드림

나. 사랑하는 나의 딸 은혜에게

미리 크리스마스 &메리 크리스마스

사랑하는 나의 딸과 함께 한
2024년은 참 감사하고, 참 행복했다.
2025년은 더 감사하고, 더 행복할 것으로 믿는다.
오늘 아빠의 아침 밥상을 챙겨줘서 고맙다.
우리 딸과 함께 대화하는 것만으로도 큰 행복이다.
우리 딸과 함께 '나는 SOLO' 보는 즐거움이 2025년도 계속 되길 바란다.
우리 딸의 첫 학생 진료 '크라운 프렙과 임시 치아 장착'을
잘할 것으로 믿고, 기도한다.
사랑하고 축복한다.

2025년을 기다리는 크리스마스 이브 밤
우리 은혜를 겁나게 사랑하는 아빠가 썼다.

다. 사랑하는 나의 아들 은철에게

미리 크리스마스 & 메리 크리스마스

사랑하는 나의 아들과 함께 한
2024년은 참 감사하고, 참 행복했다.
2025년은 더 감사하고, 더 행복할 것으로 믿는다.

우리 아들이 대한민국 군인임이 자랑스럽다.
우리 아들이 건강하고 행복하게 군 생활 잘할 것으로 믿고, 미리 감사한다.
전역 후에도 조리병 아들의 아침 밥상을 기대한다.
아빠는 우리 아들의 꿈을 응원한다.
미국이든 한국이든 하나님의 의사로서 하나님께는 영광,
이웃에게는 유익이 되는 삶을 잘 살아갈 것으로 믿고, 기도한다.
사랑하고 축복한다.

2024년 크리스마스 이브 밤
우리 은철이를 겁나게 사랑하는 아빠가 썼다.

3. 딸이 미리 아내에게 쓴 생일 축하 편지

To. 사랑하는 엄마

엄마! 생신 축하드립니다.
늘 인자한 미소와 아름다운 지혜로 저희를 키워주고 사랑해주시고 아껴주셔서 감사합니다. 벌써 시간이 빠르게 흘러 지금까지 왔지만, 어버이의 은혜는 한결같아요. 앞으로도 늘 건강하시고 행복한 날들만 있기를 간절히 바랍니다. 이제 본과 3학년을 졸업하고 본과 4학년이 되었는데,

열심히 실습하고 공부해서 꼭 멋진 치과의사로 엄마, 아빠의 치아를 책임지도를 하겠습니다! 그리고 빨리 살 빼서 어머니 차 바꾸게 해드릴게요...ㅎㅎ 그동안 출퇴근하랴, 애들 키우랴, 고생 많으셨습니다. 엄마의 수고 평생 잊지 않고 어머니께 은혜 갚도록 하겠습니다!
저도 엄마처럼만 살 수 있다면 좋을 것 같습니다! 그만큼 엄마는 저의 롤모델이십니다.ㅎㅎ 엄마의 신앙을 제가 그대로 배울 수 있기를, 엄마의 성품을 배울 수 있기를, 엄마의 열정을 제가 배울 수 있기를 간절히 바랍니다. 그리고 엄마! 사랑해요!!

2024. 12. 24.
김은혜 올림

※ 아들이 아내 생일에 보내온 카톡 글

사랑하는 엄마께,
엄마 생신 축하드려요!! 엄마 생신 때 함께하지 못한 건 이번이 처음인 것 같은데 너무 아쉽네요. 비록 곁에 있진 못하지만 마음만은 함께랍니다!! 항상 건강하시고, 언제나 하나님 안에서 행복하시길 기도할게요. 제가 집에 있었으면 미역국을 끓여드렸을 텐데 ㅎㅎㅎ 아쉽네요. 내년에는 꼭 끓여드릴게요. 사랑하고 축복합니다 어머니!!

2024년 6월 26일
아들 김은철 올림

4. 이수교회 성탄 감사예배

2024년 이수교회 성탄 감사예배는 박정수 담임목사님의 시작 인사, 저의 대표기도, 할렐루야성가대의 깜찍하고 귀여운 캐롤 메들리, 아동부의 '그 얘기 들어봤니' 찬양과 율동, 유치부의 '언제나 하나님은' 외 1곡 찬양과 율동, 청소년부의 '구원열차' 워십, 청년부의 예수님의 생일파티 단막극, 그리고 박정수 담임목사님의 '예수님은 누구신가'(마태복음 1장 21절) 설교 그리고 봉헌 찬송과 담임목사님의 축도로 진행되었습니다. 특히 유치부 어린이들의 '언제나 하나님은'이라는 찬양과 율동 시간에 "언제나 하나님은 1번"이라는 외침에 큰 울림이 있었습니다. 아래는 그 찬양 가사입니다.

내 맘의 1번 우리 하나님
언제나 1번 꼭꼭 기억해!
마음이 흔들흔들할 때도
마음이 싱글벙글할 때도
생각이 빙글빙글할 때도
언제나 하나님은 1번, 1번!

5. 새가족 여창현 성도님과 신상애 집사님 부부

　성탄절에 이수교회 근처에 사시는 여창현 성도님과 신상애 집사님 부부가 새가족으로 등록하셨습니다. 예수님 생일날 예수님이 가장 기뻐하실 일입니다. 교회 5층 식당에서 점심식사 시간에 담임목사님 내외분과 함께 이런저런 이야기를 할 때 신상애 집사님은 자신의 인생 3가지 찬스(기회)를 얻은 것을 소개하셨는데, 그것은 대학에 합격한 것과 남편 여창현 성도님을 만난 것 그리고 하나님을 만난 것을 들었습니다. 참 감동입니다. 하나님께서 여창현 집사님 내외분과 두 분의 따님 가정을 도와주시고, 축복하여 주실 것으로 믿습니다.

6. 까레아 우라!

　　사랑하는 윤철수·조선영 집사님이 댁으로 초청해 주셔서 크리스마스 이브에 개봉한 감동적인 영화 '하얼빈'도 보여주시고, 맛집에서 맛있는 음식도 대접해 주셔서 눈과 입과 마음 모두 행복한 2024년 크리스마스를 보냈습니다. 특히 윤집사님의 따님 예림 양이 올해 고3 수험생으로 성균관대 의대에 합격한 큰 기쁨도 함께 나눴습니다. 안중근(현빈 역)이 이토 히로부미를 저격하고 체포될 때 "카레아 우라(대한독립 만세)!"를 외쳤는데, 대통령이 탄핵소추된 이 시국에 우리도 각자의 방식으로 우리 조국 대한민국을 지켜야 할 것입니다. 어떻게 지켜낸 이 나라입니까!!

　　불을 밝혀야 한다. 사람을 모아야한다. 기어히 앞에 나가고, 뒤에 나가고, 급히 나가고, 더디 나가고, 미리 준비하고 뒷일을 준비하면 모든일을 이룰 것이다.
　　- 안중근(현빈 역) 명대사 -

　　조선이란 나라는 수백 년간 어리석은 왕과 부패한 유생들이 지배해 온 나라지만 저 나라 백성들이 제일 골칫거리다. 받은 것도 없으면서 국난이 있을 때마다 이상한 힘을 발휘한다.
　　- 이토 히로부미(릴리 프랭키 역) 명대사 -

　　끝까지 싸우지 않으면 아무것도 얻을 수 없습니다.
　　- 안중근(현빈 역) 명대사 -

제4편
변호사 이야기

4-01
저는 겨울이고, 당신은 눈입니다

어느 날 전철을 탔는데, 강원도 겨울 KTX 기차여행을 홍보하는 다음과 같은 광고 글이 있었습니다.

> 우리는 겨울이고, 너는 눈이야

참 정겨운 광고 글입니다. 우리의 삶 속에서도 '우리는 겨울이고, 너는 눈이야'라는 마음으로 이웃을 대하면 얼마나 아름다운 세상이 될까요? 오늘 아침 일어나 보니 온 세상이 하얀 눈으로 덮어져 있었습니다. 그래서 출근길에 아파트 옥상에 올라가 눈 덮힌 남산을 찍었습니다. 오늘 하루 하얀 눈을 볼 수 있는 것도 하나님의 은혜입니다. 눈 구경하고 있는데, C 목사님을 상대로 제기된 '게시물 삭제 및 게시금지 가처분'이 기각되었다는 C 목사님의 연락을 받았습니다. 한 겨울에 하얀 눈처럼 참 반가운 소식이었습니다. 지난해 중국에서 활동하시는 이영훈 목사님의 소개로 C 목사님을 만나게 된 것과 여러 돕는 손길을 통해 패소할 가능성이 높은 위 가처분 사건을 승소하게 된 것도 모두 하나님의 은혜입니다. 때때로 각본 없는 재밌는 드라마를 써주시는 하나님께 감사합니다.

저는 겨울이고, 당신은 눈입니다!

4-02
정신없이 감사한 하루

　어제 퇴근 무렵 의뢰인으로부터 A협회 회장선거금지 가처분 사건을 수임했는데, 심문기일이 오늘 오후 2시 20분입니다. 그래서 비몽사몽간에 새벽 3시경 답변서 초안을 작성해서 의뢰인께 보내드리고 잠이 들었습니다. 아침에 아침식사를 하는 둥 마는 둥 하고 출근해서 어제 이혼 관련 전화 상담을 해드리지 못한 분과 상담해드린 후 저의 경험을 토대로 "아들이 나도 엄마처럼 살고 싶다는 말을 들으실 수 있는 삶을 살아내시고, 아들과 함께 교회에 가시라."고 조언했습니다. 그 분이 그렇게 하실 것 같아 참 기쁩니다. 이후 새벽에 작성한 위 답변서 초안을 수정해서 의뢰인에게 보내드렸더니 만족해하셔서 11시경 법원에 접수했습니다. 무엇보다도 재판 전 의뢰인께서 저의 조언대로 조정하는 안을 수용하시겠다고 해서 사건 수임 21시간 만에 쌍방 합의로 사건을 마무리했습니다. 또한 오늘 오전 유류분(遺留分) 관련하여 전화 상담을 하신 분에게도 소송보다는 합의하는 것을 권유해드렸습니다.

오늘 오후 5시 다비다자매회 이사회에 참석하고, 이후 친한 고등학교 동창이 부친상을 당해서 장례식장을 다녀올 생각입니다. 점심시간에 오신 공증 손님의 서류에 서명하고, 점심식사도 하지 못한 채 법원에 와서 재판을 마치고 돌아가는 길이지만, 감사가 밀려왔습니다. 저에게 화해하고 조정하는 직분을 주심에 감사하고, 많이 부족한 저에게 지혜 주심도 감사합니다. 법은 해결 수단이 아닙니다. 화해하고 조정할 수 있다면 그렇게 하는 것이 지혜입니다. 환승역인 잠실역 '넘버원 페스츄리 붕어' 빵가게에서 붕어빵 2개를 먹고 있는데, 겁나게 맛있습니다. 참 정신없이 감사한 하루입니다.

4-03
눈물이 나도록 고마워

"장로님 생각하면, 눈물이 나도록 고마워"

저의 의뢰인 목사님께서 방금(2024년 설 연휴 전날) 호주 청정우를 저희 집으로 보내주셨습니다. 그래서 감사의 마음을 전화하기 위해 전화드렸더니 "미리 선물하지 못해서 미안하다"고 하시면서, 갑자기 "장로님 생각하면, 눈물이 나도록 고마워"라고 하셨습니다. 제1심과 제2심 착수금도 주시고, 성공보수금도 주셨는데 … 목사님 사건은 일부 패소할 가능성이 있는 사건이었는데(사건 수임하기 전 상담한 다른 변호사의 의견도 저와 같았습니다), 정말 하나님의 은혜로 전부 승소한 사건이었습니다. 하나님께서 평생 기도의 삶을 사신 우리 목사님의 기도를 들어주셨다고 생각합니다. 암튼 2024년 설 명절은 생애 최고의 선물을 받았습니다.

"목사님, 저도 눈물이 나도록 고맙습니다."

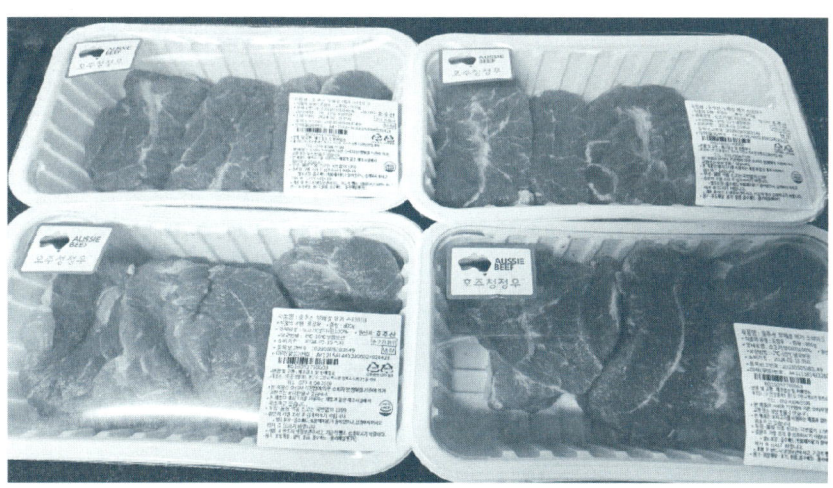

4-04
법무법인 서호 代表辯護士 金良烘에 시집온 꽃

　햇살 좋은 날 저의 의뢰인께서 민사소송 1~3심을 모두 승소했다고 예쁜 동양란을 사오셨고, 제가 참 좋아하는 콩국수도 사주셨습니다. 모든 것이 하나님의 은혜입니다. 저는 오늘 이 세상에서 제일 예쁜 꽃을 선물 받았고, 이 세상에서 제일 맛있는 공짜 밥을 얻어먹었습니다.

> 산에 피어도 꽃이고,
> 길가에 피어도 꽃이고,
> 들판에 피어도 꽃이다.
> 꽃은 모두 소중하다.
> 그리고 그 자체로 아름답다.
> 나 또한 하나의 꽃이다.

　위 글은 James Moon의 명언이라고 합니다. 위 글에 '꽃은 사무실에 피어도 꽃이다.'라는 말을 추가해도 될 듯 싶습니다. 꽃은 서로가 서로를 시샘하지도 않고, 서로가 서로를 무시하지도 않습니다. 묵묵히 자신이 있는 그 자리에서 자기의 때에 자기의 꽃을 피우고, 자기의 열매를 맺습니다. 그렇게 생각하면, 꽃은 그냥 식물이 아니라 우리의 스승입니다. 꽃이 산에 피면 어떻고, 길가에 피면 어떻고, 들판에 피면 어떻고, 사무실에 피면 어떻습니까? 꽃은 꽃입니다. 나도 꽃이고, 당신도 꽃이고, 그도 꽃입니다. 삶은 어디서나 저마다 최선을 다해 피어나는 꽃입니다. 우리 모두가 아름다운 꽃입니다. 그렇기 때문에 오늘 만나는 모든 꽃들에게 "너 참 예쁘다!"라고 해주십시다.

4-05
돈 많이 버는 변호사보다 존경받는 변호사가 되라!

저희 '법무법인 서호'는 '전남대학교 법학전문대학원 실무 협력 기관'으로 지정되어 있습니다. 그런데, 제가 제1회 변호사시험 합격한 변호사님들의 수습을 도와드린 이후에는 수습 변호사님들의 취업에 대한 부담감 때문에 그동안 실무 수습 변호사님들을 받지 못해 너무 죄송했었습니다. 다행히도 올해는 김백진 변호사님과 공동으로 전남대 로스쿨 출신 정혁주 변호사님의 실무 수습을 돕기로 했습니다.

수습 첫날인 오늘 약 2시간 정도 변호사업무 수행시 가져야 할 태도에 대해 선배 변호사로서 조언하고 싶은 이야기를 해드렸습니다. 피고인이 무죄 주장을 해달라고 하는데, 변호사가 수사기록 검토 후 유죄라고 판단될 때 변호사는 어떻게 해야 할까?, 피고인이 변호사와 재판장을 완벽하게 속

여 무죄 판결을 받은 사례, 법에도 눈물이 있었던 사례, 끝까지 포기하지 않아서 승소한 사례, 피고인이 무죄인데도 무죄를 받을 수 없어서 부득이하게 유죄를 인정해야 했던 사례, 접견한 구속 피고인에게 "사자는 풀을 먹을 수 없다"라고 말한 사례 그리고 꼭 들어야 할 교육 과정들을 소개하고, 변호사로서 가져야 할 마음가짐 등에 대해 조언을 드렸습니다. 저는 정혁주 변호사님에게 "돈 많이 버는 변호사보다 존경받는 변호사가 되라!"고 했습니다. 변호사는 곧 죽어도 정도(正道)를 가야 합니다. 그리고 참 감사하게도 하나님을 믿지 않은 정혁주 변호사님이 5월 26일 주일 제가 섬기는 이수교회에 오셔서 예배드리기로 했습니다. 예수님은 우리의 진짜 변호사이십니다. 정혁주 변호사님이 예수님을 닮은 훌륭한 변호사가 되실 것으로 믿습니다. 하나님께서 정혁주 변호사님과 언제 어디서나 동행해 주시길 기도합니다.

4-06

많은 비가 내린 제76주년 제헌절 날 소감

오늘은 제76주년 제헌절 날인데, 하루 종일 비가 내렸습니다. 저는 2000년부터 기독교대한성결교회(약칭 '성결교단') 자문변호사의 직분을 감당하고 있다보니, 성결교단이나 지방회를 상대로 제기된 종교재판이나 종교단체 관련 사건을 변호하는 경우가 많습니다. 오늘은 성결교단을 상대로 제기된 가처분사건의 심문기일이 있었는데, 류승동 총회장님, 노성배 장로부총회장님, 양종원 서기목사님, 송우진 총회 사무국장님, 박지훈 목사님 등 대부대가 출동하셔서 응원해주셨습니다. 모두 기도하시는 분들이라서 그런지 더 힘이 나는 것 같습니다.

상대방이 제기한 오늘 가처분사건(총회결의 효력정지)은 성결교단 입장에서는 매우 중요한 사건이라서 총회장님의 출석을 부탁드렸고, 재판 전 미리 총회장님을 만나 예상 질의응답 시간도 가졌는데, 재판부에서 특별히 질문도 하지 않은 채 쌍방 주장 사실만 간단히 듣고 심문을 종결했습니다.

총회장님은 법정에서 "한 교단의 책임자로서 교단의 문제로 이 법정까지 오게 되어서 그렇지 않아도 과중한 업무에 수고하시는 재판부에 또 하나 더 가중시켜드려서 죄송하다."는 말씀을 먼저 드리고, "이번 총회를 진행하면서도 헌법과 규정에 위배되지 않도록 모든 절차를 진행했고, 총회에서 본건으로 1시간 넘게 진행되어졌다."는 것을 강조하셨습니다. 오늘 총회장님을 비롯한 대부대가 출동한만큼 반드시 승소할 것으로 믿습니다.

오늘은 특별히 변호사실무 수습중인 정혁주 변호사님이 처음부터 끝까지 재판을 참관했는데, 총회장님께 "제가 전도해서 이수교회 세 번 출석했습니다."라고 소개해드렸더니, 참 좋아하셨습니다. 정변호사님이 예수님을 믿어 구원을 얻고, 하나님께도 인정받는 믿음의 법조인이 될 것으로 믿습니다.

재판을 마치고, 취재하러 오신 한국성결신문사 남원준 차장님이 법원 앞에서 함께 동행해주신 분들과의 기념사진을 찍어주셨습니다. 서울중앙지방법원 앞에서 전에 한기채 제114년차 총회장님, 지형은 제115년차 총회장님 그리고 오늘 류승동 제118년차 총회장님과 기념사진을 찍었는데, 앞으로 법원 앞에서는 총회장님과 기념사진을 찍는 일이 안 생기기를 기원합니다. 제76주년 제헌절을 맞아 대한민국 국민 모두가 대한민국 헌법을, 성결교단 교인 모두가 성결교단 헌법을 잘 지켜 나가기를 소망합니다. 대한민국 헌법과 성결교단 헌법이 비에 젖게 해서는 안 됩니다.

4-07
꼭 '혐의 없음' 처분 받게 해주세요

서울용산경찰서 앞에 'DOODLE PEACE'라는 카페가 있습니다. doodle은 '뭔가를 끼적거리다'는 뜻이고, peace가 '평화 또는 평화로움'이라는 뜻이기에 평화롭게 끼적거릴 수 있는 카페라는 뜻입니다. 그래서 저도 경찰조사 받기 전 의뢰인을 위 카페에서 만났을 때 저의 바람을 아래와 같이 기도문 형태로 끼적거리고 나왔습니다. 기도대로 이루어질 것으로 믿습니다.

하나님 아버지
우리 의뢰인 아시지요?
우리 의뢰인 도와주시고, 꼭 혐의 없음 처분 받게 해주세요.
예수님의 이름으로 간절히 기도합니다.
2024. 2. 첫날변호사 김양홍

※ 저의 기도대로 경찰과 검찰 모두 '혐의 없음' 처분 받았습니다.

4-08
카페 행복마루

　오늘 오전 서울 등 수도권에 호우주의보가 내려졌고, 장대비가 쏟아진 오후 서울서부지방검찰청 피의자 조사에 입회했습니다. 가짜 의사가 진짜 의사 행세를 하는 바람에 병원 원장님이 의료법위반 등으로 입건된 사건입니다. 오늘 쉬는 시간 포함해서 3시간 가량 조사를 받았지만, 검찰에서 우리의 억울함을 조서에 잘 기재해주셔서 시간 가는 줄 모르게 조사를 받았습니다. 검찰에서 우리의 이야기를 잘 들어주셨으니 '혐의 없음' 처분을 내려주실 것으로 기대하고 기대합니다.

　서울서부지방검찰청 1층에는 카페가 하나 있는데, 그 이름이 '카페 행복마루'입니다. 저는 오늘 의뢰인과 검찰조사를 대비하면서 바닐라라떼, 쉬는 시간에는 오렌지쥬스, 조사를 마친 후에는 유자차를 마셨습니다. 저는 오늘 생애 처음으로 한 카페에서 세 종류의 차를 마셨습니다. 저녁에 아내로부터 단 음료수를 세 잔이나 마셨다고 야단을 맞았습니다만, 마신 순간 행복했기에 전혀 불만이 없습니다. 특히 '카페 행복마루'는 범죄피해자지원센터가 운영하는 사회적 기업으로 카페의 모든 수익금은 전액 범죄피해자를 지원하는 용도로만 사용된다고 합니다. 카페는 누구나 이용할 수 있으나, 차마 검찰청에까지 가서 차를 마시라고 권유할 수는 없을 것 같습니다. 검찰청 1층 남자화장실에 다음과 같은 3가지 명언이 걸려 있습니다. 우리 모두가 가슴에 새겨야 할 명언들입니다.

　　우리의 마음속에 있는 청렴보다 더 신성한 것은 없다.
　　- 에디슨 -

> 가랑비에 옷 젖는 줄 모르고 무심코 받아들인 호의가 공직자의 청결한 의복을 까맣게 물들인다.
> - 목민심서 -

> 알맞으면 복이 되고 너무 많으면 해가 되는 것이니, 세상에 그렇지 않는 것이 없거니와 재물에 있어서는 더욱 그것이 심하다.
> - 장자 -

검사의 주된 업무는 범죄를 수사하고, 공소를 제기 및 유지 하고, 재판 집행을 지휘·감독하는 것입니다. 그렇지만 검사는 그 직무를 수행할 때 국민 전체에 대한 봉사자로서 헌법과 법률에 따라 국민의 인권을 보호하고 적법절차를 준수하며, 정치적 중립을 지켜야 하고 주어진 권한을 남용하여서는 아니 됩니다(검찰청법 제4조 제3항). 최소한 오늘 조사 받은 우리 의뢰인은 가짜 의사 때문에 피해를 입은 피해자이지 결코 범죄자가 아니기 때문에 검찰에서 마땅히 '혐의 없음' 처분을 해주실 것으로 확신합니다.

※ 저의 기대대로 검찰에서 '혐의 없음' 처분 받았습니다.

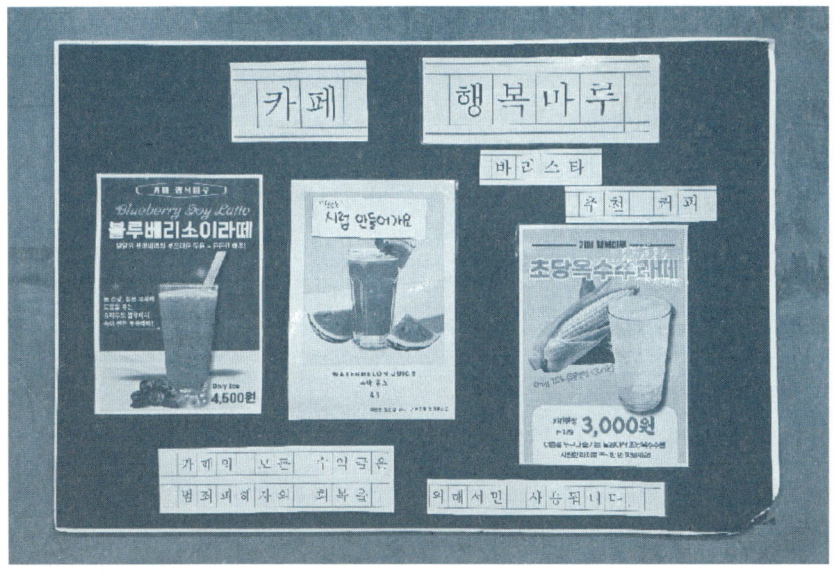

4-09
천안동남경찰서 근처
뚜쥬르 빵돌가마마을

　체포영장이 발부된 의뢰인의 경찰조사 변호인 입회가 오늘 오전 천안동남경찰서에 예정되어 있어서 경찰서에 조금 일찍 도착했는데, 경찰서 안에 있는 'DN 어울림'이라는 카페에서 조사 준비를 할 수 있어서 좋았습니다. 오전 조사를 마치고, 오후 2시에 이어서 조사를 하게 되어 중간에 시간이 비었습니다. 그래서 저희 가족이 천안에서 살 때부터 지금까지 늘 형제처럼 저를 챙겨주시는 천안교회 양정환 안수집사님께 전화드렸더니 회사에서 버선발로 뛰어 나오셨습니다.
　양집사님은 제가 콩국수 좋아한다는 것을 아시고 천안에서 제일 맛있다고 하는 '늑대골식당' 콩국수를 사주셨습니다. 점심식사 후 경찰서 근처 '뚜쥬르 빵돌가마마을'에 들렸습니다. 그곳은 빵돌가마로 구운 다양한 빵을 판매하면서 커피 등 차를 함께 마실 수 있는 곳인데, 밀밭 체험 장소까지 마련되어 있는 말 그대로 '빵마을'입니다. 저는 그곳의 시그니처 커피인 '팥의 여왕'이라는 커피를 마셨는데, 세상에서 처음 맛본 신기한 맛이었습니다. 양집사님과 서로 자녀들 이야기, 양집사님이 새벽예배 드리면서 은혜받은 이야기 등 시간 가는 줄 모르게 대화를 이어갔습니다. 특히 양집사님이 올해부터 새벽예배에 빠지지 않고 참석하시면서 저희 가족까지 기도해주시고 계심에 참 감사했습니다. 함께 빵마을에 있는 밀밭 주변도 거닐었습니다. 도심 속에서 밀을 볼 수 있다는 것이 신기했고, 그 시간만큼은 경찰조사 참여하러 왔다는 것을 잠시 잊을 수 있었습니다.
　경찰 조사가 오후 5시 30분경 마쳐졌는데, 의뢰인께서 마지막 하고 싶은 말씀을 하시고 눈물을 흘리실 때는 같이 눈물이 났습니다. 변호인은 자연스럽게 의뢰인의 마음과 같아지는 것 같습니다.

천안아산역에서 상경하는 KTX를 기다리면서 '사귀거나 결혼할 남녀의 적정한 나이 차이'에 대해 저의 딸과 전화 통화를 하게 되었습니다. 남녀가 사귀거나 결혼하기에 좋은 나이 차이는 정답이 있을 수 없겠지만, 저의 경험에 비추어 봤을 때 "남자가 여자보다 세 살 더 많은 것이 좋은 것 같다."고 조언해줬습니다(참고로 저희 부부가 세 살 차이입니다). 저를 보더라도 남자가 여자보다 속이 없기에(철이 덜 들었기에) 남자가 여자보다 세 살 더 많으면 남녀가 비슷해진다고 생각하기 때문입니다. 저희 부부가 매일 저희 딸·아들이 성품 좋은 믿음의 배우자를 만나도록 기도하고 있기 때문에 딸이 속이 든 좋은 믿음의 형제를 만날 것으로 믿습니다.

※ 의뢰인이 기소중지된 상태에서 10년 만에 입국한 날인 2024. 7. 29. 인천공항에서 체포영장이 집행되었고, 경찰은 제1차 조사 후 검찰에 구속영장을 신청했으나 검찰에서 의뢰인의 억울한 사정을 인정하여 이례적으로 7. 30. 구속영장을 기각해주었습니다. 이후 곧바로 별건으로 의뢰인에 대해 추가 체포영장이 발부되긴 했으나 7. 31. 제2차 조사 후 석방되었습니다. 모든 것이 하나님의 은혜입니다.

4-10
주님의 은혜가 효과가 있네

오늘 오후 대구지방법원 항소심 형사재판 변호가 있었습니다. 원래 의뢰인과 저는 서울에서 각자 출발해서 법정 앞에서 만나기로 했었는데, 의뢰인께서 고속버스로 이동한다고 해서 제가 의뢰인의 KTX 표까지 끊어주고 같이 가는 것으로 했습니다. 서울역에서 10:07 KTX를 타기로 했는데, 조금 일찍 도착한 의뢰인으로부터 "KTX가 포항 가는 것이 아닌 것 같습니다."라는 전화를 받았습니다. 의뢰인은 제1심 형사재판을 받은 포항지원에서 항소심 재판까지 하는 것으로 알고 있었던 것입니다. 정말 큰일 날 뻔했습니다.

의뢰인이 저의 동생뻘 되는 분이라서 KTX 안에서 마신 커피와 간식, 동대구역에서 법원까지 간 택시비, 법원 앞 중국집에서 먹은 짜장면, 점심식사 후 법원 근처에서 마신 공차 등 모든 비용을 제가 부담했습니다. 저는 콩국수를 좋아해서 여름에는 거의 매일 콩국수만 먹는데, 오랜만에 먹은 짜장면이 너무나도 맛있었습니다. 의뢰인과 사건에 관한 이야기뿐만 아니라 신앙생활 등 이런저런 사는 이야기도 하면서 의뢰인의 긴장을 풀어드렸고, 재판도 잘 마쳤습니다. 제가 약 6년 전에도 의뢰인을 변호했었는데, 그 때 이후 의뢰인께서 교회에 잘 다니고 있다는 말을 듣고 참 감사했습니다. 모든 것이 주님의 은혜입니다.

법원 앞에서 의뢰인과 헤어진 후 저의 군법무관 동기 형인 남봉하 변호사 사무실에 들렀습니다. 남변호사님은 저를 보자마자 "주님의 은혜가 효과가 있네"라고 하시면서 안색이 좋다고 칭찬해 주셨습니다. 제가 제일 좋아하는 말은 저에게 "기도해달라"고 부탁하는 것입니다. 그것은 제가 하나님을 믿는다는 것을 인정해주는 말이기 때문입니다. 남변호사님의 위 말씀도 제가 하나님을 믿기 때문에 안색이 좋다는 것이기에 참 기분이 좋았습니다. 대구에 친형님 같은 분이 계셔서 마음이 든든했습니다. 남봉하 변호사님의 삶과 가정에 하나님의 은혜가 가득하시길 기도합니다.

4-11
역전 가락국수

　대전경찰청 조사에 참여하고 상경하는 길에 대전역 앞에 있는 역전 가락국수집에 들렀습니다. 작은 식탁 4개 밖에 없는 허름한 식당이었는데, 가락국수와 꼬마김밥의 맛은 일품이었습니다. 특히 국물맛이 끝내줍니다. 식당 여주인은 어머니가 하던 식당을 물려받았는데, 60년 째 그 식당을 하고 있답니다. 제가 "식당을 딸에게 물려줄 의향이 있으시냐?"고 여쭤보니, "외동딸이 판사인데, 지금 손녀를 낳아서 손녀 봐주러 가야 한다."고 했습니다. 저희가 오후 4시경 식당에 들어갔는데, 저희가 마지막 손님이었습니다. 손녀 보러 가시는 여주인 내외분이 참 부러웠습니다. 저도 언젠가는 손자손녀 보러 가는 기쁜 날이 올 것으로 믿습니다.
　또한 대전역 앞 포장마차에서 파는 붕어빵은 3개 1,000원인데, 붕어빵도 맛있었습니다. 오늘은 경찰 조사 입회하러 온 것이 아니라 맛집 탐방 온 듯 싶을 정도로 경찰 조사도 참 편하게 받았습니다. 경찰 조사를 잘 받은 만큼 그 결과도 좋게 나오기를 기원합니다.

　※ 저의 기대대로 검찰에서 '혐의 없음' 처분 받았습니다.

4-12
나는 충분히 행복하다

오늘은 오전에 인천법원에서, 오후에는 안양지원에서 민사재판이 있었습니다. 오전에는 저의 집 근처에 계시는 의뢰인께서 차를 태워주셔서 편하게 법원에 갈 수 있었습니다. 저는 의뢰인에게 법원에 함께 참석해주실 것을 권유하고, 오늘처럼 같이 동행하는 것을 좋아합니다. 법원 가는 길에 재판 관련 이야기도 하고, 개인적인 이야기를 하다보면 의뢰인의 사정을 더 이해할 수 있기 때문입니다. 의뢰인께서는 지난해부터 식단을 조절하여 일정한 시간에 세끼를 먹고, 매일 30분 이상 걷고, 야식을 먹지 않았더니 8개월 만에 9kg 가량을 감량했다는 이야기를 해주시면서 아래와 같은 명언을 말씀해 주셨습니다.

"정신적으로는 스트레스가 만병의 원인이고,
육체적으로는 비만이 만병의 시작이다."

2024년 새해 저의 다짐은 다음과 같습니다.

1. 하나님의 사람답게 살아가기
2. 성경 1독
3. 저녁 9시 이후부터 다음날 오전 6시까지 물(차 포함) 외 음료수, 야식을 먹을 경우 딸에게 10,000원 지급
4. 1주일에 5일 이상 10,000보 걷기

지난주에는 저녁 9시 이후에 야식을 먹지 않았는데, 어제는 '나는 SOLO' TV 프로를 보면서 야식을 신나게(?) 먹었습니다. 위와 같이 저녁 9시 이후에 야식을 먹으면 딸에게 10,000원을 주기로 약속했기 때문에 준 돈이 아깝

지 않도록 더 많이 먹었습니다.

　저는 요새 무릎이 아파서(정형외과 선생님 왈, '연골연화증'이라고 합니다) 걷는 것이 조금 불편합니다. 무릎이 아픈 것도 과체중이 그 원인 중의 하나임이 분명합니다. 암튼 지난주는 64,832보를 걸었고, 이번주는 오늘 현재 40,039보를 걸었습니다만, 의뢰인의 가르침대로 더 주의하도록 하겠습니다.

　오후 재판이 있는 안양지원은 광역버스와 지하철로 이동했는데, 평촌역에서 내려 계단으로 나가지 않고 엘리베이터를 탔습니다. 그 엘리베이터에는 모두 할아버지들과 할머니들만 타셨고, 젊은 사람은 저밖에 없어서 조금 쑥스러웠습니다. 우연히 SNS에서 노천명 시인의 '감사'라는 시를 봤는데, 오늘 저의 마음을 잘 대변해주는 시입니다. 걸을 수 있고, 볼 수 있고, 말 할 수 있어서 저도 충분히 행복합니다. 올해는 꼭 살을 더 빼서 더 충분히 행복할 수 있기를 소망합니다. 감사와 행복은 같은 말입니다.

　　감사

　　저 푸른 하늘과
　　태양을 볼 수 있고

　　대기를 마시며
　　내가 자유롭게 산보할 수 있는 한

　　나는 충분히 행복하다
　　이것만으로 나는 신에게
　　감사할 수 있다

4-13
전우들

저는 1993년 육군 법무관으로 임용되어 군에서 군검사와 군판사, 군사법담당 법무관으로 10년 동안 근무하고, 2003년에 변호사 개업을 했습니다. 어느덧 법조인의 삶을 산지 30년이 지났습니다. 시간이 참 빠르게 흐르는 것 같습니다. 제가 변호사 개업할 때 이은아 과장님과 한성모 실장님이 저를 도와주셨고, 2006년에 공증인가 법무법인 서호를 설립하면서 임희정 공증팀장님이 합류하였습니다. 이은아 과장님은 저를 18년 동안 도와주시다가 2020년 12월 31일 퇴직하셨고, 임희정 팀장님과 한성모 실장님은 지금까지 저를 도와주고 계십니다. 말 그대로 전우(戰友)들입니다. 오늘 이은아 과장님이 호주 여행 갔다가 직원들의 선물을 사 갖고 왔습니다. 그래서 전우들끼리 함께 점심식사하면서 옛 추억을 되새기면서 즐거운 시간을 보냈습니다.

저는 최소한 공증을 할 수 있는 75세까지 변호사업무를 할 생각인데, 임희정 팀장님은 그때까지 저와 같이 일하기로 했고, 한성모 실장님은 제주도에서 과일 농사를 짓고 계시는 부모님의 일을 이어받아 하기 전까지는 저와 같이 일 하기로 했습니다. 저는 참 인복(人福)이 많은 사람입니다. 우리 전우들의 건강과 평안을 기도합니다. 동행이 행복이고, 행복이 동행입니다.

※ 2020년 12월 30일 김양홍의 송별사 : 떠나는 이은아님에게

아직도 실감이 나지 않습니다. 2020년 마지막 날인 내일 퇴근하시면, 내년에 꼭 다시 출근하실 것 같습니다. 늘 그랬듯이 … 2003년 5월 제가 변호사 개업할 때부터 지금까지 18년 동안 함께 해주신 이은아 님은 저의 삶의 일부가 되어 있습니다. 오늘까지도 '은아씨'라고 불렀는데, 송별사에서만이라도 '은아 님'으로 부르고 싶습니다. 그대는 저에게 늘 소중한 '님'

이기 때문입니다. 그동안 함께 하면서 이런 저런 사연이 참 많았는데, 돌이켜보니 엊그제 같고, 생각할수록 감사하고 감사한 마음뿐입니다. 제가 그동안 알게 모르게 우리 님의 마음을 아프게 한 것 널리 용서하소서. 한용운님의 '님의 침묵'이라는 시에 이런 시구가 있습니다.

우리는 만날 때에 떠날 것을 염려하는 것과 같이
떠날 때에 다시 만날 것을 믿습니다

우리 님이 비록 법무법인 서호를 퇴직하지만, 저와 법무법인 서호 가족 모두의 마음속에서는 영원히 떠나지 않는다는 것을 믿습니다. 많이 보고 싶을 겁니다. 18년(발음을 잘해야 합니다) 동안 참말로 수고 많으셨습니다. 사랑하고 축복합니다. 내년에 또 봅시다!!!

2020년 12월 30일 저녁
우리 님을 생각하면서 김양홍 올림

제5편
이런 저런 이야기

5-01
갑진행복

2024년 갑진년 새해를 맞아 새로운 몸가짐으로 일 하려고 사무실 근처 이발소에 들렀습니다. '그시대 이발관' 이발소 이름이 말해주듯 70대 후반의 할아버지가 운영하는 참 정겨운 이발소입니다. 이발을 하려고 기다리는 시간에 동아일보를 보는데, 신문 1면 하단에 '갑진행복'이라는 SK 광고가 눈에 띄었습니다.

> 생각이 달라도 서로 이해할 때, 거기 행복이 있습니다.
> 당신이 잘되라고 먼저 응원할 때, 거기 행복이 있습니다.
> 갑진년 새해, 그 값진 행복이 용솟음치기를 SK가 응원합니다.
> SK가 함께 합니다.

이발을 마치고 사무실을 오자마자 오늘 오전에 이재명 더불어민주당 대표가 부산에서 피습을 당했다는 속보를 들었습니다. 결코 일어나서는 안 되는 극악무도(極惡無道)한 일입니다. 서로 생각이 다를 뿐이지 틀린 것이 아닙니다. 갑진년 새해에는 위 SK 광고대로 서로 이해하고, 먼저 응원하는 우리 모두가 되기를 소망합니다. 2024년에도 우리 조국 대한민국은 앞으로 더 나아가야 합니다.

5-02
그 친구

친구란 내가 누군지 알면서도
여전히 나를 좋아하는 사람이다.

나에 대한 모든 것을 알고 난 후에도
여전히 나에게 실망하지 않는 사람이다.

세상이 모두 나를 버렸을 때 조용히
내 방문을 두르려 주는 사람이다.

어느 책 속에 있는 한 줄 명언입니다. 여러분에게는 그런 친구가 있나요? 저에게는 그런 친구가 있습니다. 1983년 광주 북성중학교 3학년에 다니던 같은 반 학생 두 명은 가정환경도 비슷했고, 법조인이 되고자 하는 꿈도 같았습니다. 31년이 지난 지금 한 학생은 영어학원 원장으로, 한 학생은 변호사로서의 삶을 살아가고 있지만, 서로가 서로에게 그런 친구로 남아 있습니다. 저는 올해 결혼 25주년, 그 친구는 결혼 26주년입니다. 지난해도, 올해도 그 친구 부부와 함께 부부 동반으로 여행할 수 있음에 참 감사합니다. 내년에도, 그 다음해도 함께 여행할 수 있을 것임에 미리 감사합니다.

친구는 사랑이 끊어지지 아니하고 형제는 위급한 때를 위하여 났느니라
(잠언 17장 17절)

철이 철을 날카롭게 하는 것 같이 사람이 그의 친구의 얼굴을 빛나게 하느니라(잠언 27장 17절)

하나님 아버지께서 제가 천국 갈 때까지 행복한 동행을 하라고 귀한 그

친구를 보내주셨음을 믿습니다. 앞으로 제가 할 일은 그 친구를 위해 열심히 기도하는 것입니다. 그 친구의 건강과 행복을 위해서 ...

> 욥이 그의 친구들을 위하여 기도할 때 여호와께서 욥의 곤경을 돌이키시고 여호와께서 욥에게 이전 모든 소유보다 갑절이나 주신지라
> (욥기 42장 10절)

5-03
CBS JOY4U 최인혁의 사랑의 노래 평화의 노래

1. 김지혜 자매의 매니저 겸 변호사 김양홍

이수교회 청년 김지혜 자매(백석예술대 실용음악학부 싱어송라이터 전공 1학년)가 오늘(2024. 1. 22.) CBS 라디오 JOY4U 《최인혁의 사랑의 노래 평화의 노래》(매일 12:00~14:00)에 출연해서 '주의 사랑으로'와 '밤이나 낮이나' 찬양을 참 잘 했습니다. CCM의 대부 최인혁 목사님은 김지혜 자매가 부른 노래의 음원이 출시되면 다시 방송에 초대해 주시기로 했습니다.

2. 야곱의 축복

목사님

오늘 오후 2시 이수성결교회에서 30년 동안 몸과 마음이 상한 싱글맘을 보듬고 사랑을 보여준 사단법인 다비다자매회 창립 30주년 감사예배가 있습니다. 은혜로운 시간 되도록 기도해주시고, 신청곡 "야곱의 축복" 가사대로 다비다자매회 회원들, 섬김의 본을 보여주시는 김혜란 목사님과 이주은 목사님을 마음껏 축복해주십시오. 저는 강원도로 가족여행 왔다가 다비다자매회 30주년 감사예배에 참석하기 위해 저만 따로 버스 타고 서울 가는 길입니다. 최인혁 목사님과 김태은 작가님을 비롯한 애청자 여러분 모두를 사랑하고 축복합니다.

※ 2024. 1. 27. 토요일 CBS JOY4U '최인혁의 사랑의 노래 평화의 노래' 신청 사연입니다.

3. 마음속에 근심 있는 사람

목사님

평안하시지요? 찬양 들으면서 신나게 청소하고 있습니다. 화분에 물을 주니까 식물들도 신나 보입니다. 365장 '마음속에 근심 있는 사람' 찬양을 신청합니다. 우리 모두 찬송가 가사대로 365일 주 예수께 아뢰는 삶을 살아가길 소망합니다.

김양홍 장로 올림

※ 2024. 9. 28. 토요일 CBS JOY4U '최인혁의 사랑의 노래 평화의 노래' 신청 사연입니다. 최인혁 목사님께서 토요일은 녹음이라서 못 틀어주셨고, 감사하게도 9월 마지막 날 2부 때 365장 찬양곡과 저의 사연을 방송해주셨습니다.

4. 너는 내 아들이라

※ 2024. 8. 24. 토요일 CBS JOY4U '최인혁의 사랑의 노래 평화의 노래' 신청 사연입니다.

5-04
살찌세요

　나른한 월요일 오후 단 것이 댕겨서 대추차를 마시려고 하는데, 홍창식 변호사님(현재 국방부 법무관리관)이 "도너츠('도넛'의 비표준어) 하나 드세요."라고 했습니다. 그래서 홍변호사님 책상에 놓여 있는 도넛(dougnut) 중에서 가장 맛있어 보이는 것을 하나 골라서 갖고 나오니까 홍변호사님이 "살찌세요~"라는 덕담(?)을 했습니다. "살찌라"는 말이 그렇게 정겨운 말인지 예전에는 미처 몰랐습니다. 커피숍 앞에 "괜찮아 커피는 살 안 쪄"라는 광고와 식당 안에 "맛있는 건 살 안 쪄"라는 광고를 본 적이 있습니다. 홍변호사님은 맛있는 도넛은 살이 안 찐다는 사실을 모르시는 것 같습니다. 아직 홍변호사님 사무실에 도넛이 3개 남아 있는데, 하나 더 먹으러 갈까 합니다. 맛있는 도넛은 절대 살이 안 찐다는 것을 믿기에 …

5-05
나라를 사랑하는 길

나라를 위해 뛰는 몸인데, 힘들다는 것은 핑계다.
우승, 한 가지 목표만 가지고 나아가겠다.

오늘 새벽 64년 만에 아시안컵 우승에 도전하는 대한민국이 호주와의 8강전에서 극적으로 2:1로 승리한 후 손흥민 선수가 한 인터뷰의 일부입니다. 저는 이수성결교회 제자훈련 오리엔테이션 내용을 글로 정리하면서 처음부터 끝까지 경기를 시청했는데, 축구가 아니라 드라마였습니다. "이제 한국 축구는 실컷 자다가 90분 이후부터 일어나 보면 된다는 말을 듣게 되었다."는 말을 들을 정도로 우리 조국 대한민국은 요르단과 조별 리그 2차전부터 4경기 연속으로 후반전 추가 시간에 득점하며 '좀비 축구'의 진수를 보여주고 있습니다. "나라를 위해 뛰는 몸인데, 힘들다는 것은 핑계다."라는 손흥민의 마음가짐에 대해 격하게 공감합니다. 우리 모두 각자의 삶터에서 무엇을 하던지 나라를 위해 한다는 마음으로 일을 하고, 사람을 대해야 할 것입니다. 작은 일이라도 내가 맡은 일을 열심히 하면 그것이 곧 나라를 사랑하는 길입니다(도산 안창호 선생의 말씀). 각자의 자리를 충실히 잘 지키는 것이 진짜 애국(愛國)입니다.

5-06
군고구마 오마카세

2024년 설 연휴를 맞아 광주에 내려왔습니다. 제가 태어난 곳은 전라남도 장흥군이지만, 초중고와 대학교를 다녔고, 처가와 본가가 있는 광주가 제2의 고향입니다. 고향이 좋은 이유는 사랑하는 가족들과 한창용 친구가 있기 때문입니다. 저의 딸이 "아빠는 창용이 삼촌과 같은 친구가 있어서 좋겠다."라고 말할 정도로 언제나 좋은 친구 한창용 부부가 횟집에서 맛있는 회와 매운탕으로 저희 가족의 배를 가득 채워줬습니다. 친구는 회를 좋아하지 않는데도, 제가 회를 좋아한다고 횟집을 식사 장소로 정했습니다. 친구랑 외식 할 때는 늘 친구가 밥을 사주기 때문에 저는 맛있게 먹어주기만 하면 됩니다. 세상에서 맛있는 밥이 공짜 밥인데, 친구는 그 공짜 밥을 가장 맛있는 밥으로만 골라서 사주기에 친구랑 먹는 밥이 언제나 '세상에서 가장 맛있는 밥'입니다.

저녁식사 후에는 친구 세컨 하우스에 가서 차와 커피를 마시면서 행복을 주고받았습니다. 친구는 운치 있게 장작으로 모닥불을 피워 놓고, 연한 녹색의 황칠차와 에티오피아 코케허니와 아리차 커피를 내려줘서 맛있게 마셨습니다. 친구는 모닥불에 군고구마를 구워줬는데, 꿀맛이었습니다. 주문할 음식을 가게의 주방장에게 일임하는 것을 '오마카세(おまかせ)'라고 하는데, 친구가 준비해준 군고구마 오마카세는 이 세상 최고의 음식입니다. 2024년 설은 친구 부부의 사랑과 섬김 때문에 더 행복할 것 같습니다. 여러분도 더 행복한 설 연휴 보내시고, 날마다 행복하소서.

친구는 사랑이 끊어지지 아니하고 형제는 위급한 때를 위하여 났느니라
(잠언 17장 17절)

※ 친구 부부와의 단톡방 글

아내 : 오늘 저녁 덕분에 정말 행복했습니다!! 은혜는 아빠가 부럽답니다. 이런 친구 부부가 있으셔서~~^^

친구 부인 : 함께 한 시간이 짧아서 아쉬웠어요~ 오랜만에 은혜,은철이도 만나서 정말 반가웠구요. 만날 때마다 반갑고 행복함이 깊어갑니다^^ 광주에서 가족들과 행복 추억 가득 담아 가셔요~~

친구 : 어제 저녁 일찍 잠이 들었습니다. 새벽에 잠깐 깨서 이제야 톡을 봅니다. 우리는 가족입니다. 평생 함께 하시게요~♡

아내 : 좋아요!! 다 같이 건강하게 평생 함께 하시지요~~!!

김양홍 : 창용이랑 있는 시간은 버리는 시간이 없습니다. 늘 남의 편을 들어주기에 '남편'이라고 하는데, 창용이는 언제나 나의 편을 주기에 '내편'입니다. 하나님이 내편이고, 아내가 내편이고, 딸과 아들이 내편이고, 형제들이 내편이고, 친구가 내편이기에 저는 참 복 받은 사람입니다. 모든 것이 하나님의 은혜입니다.

친구 : 나보다 나를 더 아껴주는 친구를 보면 나도 모르게 힘이 납니다. 세상이 더 따뜻하게 보이고, 사는 것이 더 의미있고, 즐겁고 행복해집니다. 광주에 잠깐 머무는 동안에 많은 위로와 행복을 느끼고 상경하세요♡

5-07
나의 속도로, 내가 선택한 방향으로

저희 집 아파트 1층 카페 벽에는 '나의 속도로 내가 선택한 방향으로'라는 메모지가 붙어 있습니다. 혹시나 해서 위 문장으로 인터넷을 검색해보니 "나의 가치는 내가 선택한 것이다. 매일매일 내가 선택하고 생각하고 행동하는 것에 따라 나의 가치가 형성된다."는 그리스 철학자 헤라클레이토스의 명언이 검색되었습니다. 공감합니다. 인생은 선택의 연속입니다. 커피, 여행지, 직업, 친구, 배우자, 일의 방향도 선택해야 할 것들입니다. 그것 뿐만이 아닙니다. 감사도, 행복도, 사랑도 선택할 것들입니다.

딸기가 딸기 맛을 지니고 있듯이, 삶은 행복이란 맛을 지니고 있습니다(프랑스 사상가 알랭의 명언). 행복과 불행은 사람의 마음 가운데 살고 있습니다. 내가 불행하다고 생각하면 불행한 것이고, 내가 행복하다고 생각하면 행복한 것입니다. 남과 비교하지 말고 나의 속도로, 내가 선택한 방향으로 가면 됩니다. 저와 여러분이 오늘 하루 감사와 사랑을 선택하고, 행복을 선택하기를 소망합니다.

5-08
형수님의 사랑으로 만든 조끼와 발판

저는 광주일고 62회 졸업생이고, 전남대 법대 87학번인데, 제가 대학 입학하기 한 해 전인 1986년에 결혼한 저의 고교와 대학교 7년 선배이신 박경희 형님과 임복희 형수님 내외분이 저의 사무실을 방문해주셨습니다. 형수님은 가난한 고시생인 형님 뒷수발을 하시면서도 동문들을 친누나처럼 잘 챙겨주셨었습니다. 형수님은 제가 고시 공부할 때인 어느 날 손수 한 땀 한 땀 뜨게질해서 만든 붉은 색 조끼를 갖다 주셔서 얼마나 감격했는지 모릅니다. 그런데 오늘도 손수 뜨게질해서 만든 붉은 색과 파란 색 발판을 갖고 오셨습니다. 제가 뭔 복을 타고 났는지 이렇게 큰 사랑을 받고 있습니다.

오늘 안 사실이지만, 형님이 KB손해보험 부사장 재직 시절 저의 책《변호사 김양홍의 행복한 동행》을 100권이나 구입해서 직원들에게 일일이 사인해서 드렸다고 합니다. 참 고마운 형님 내외분입니다. 형님 내외분은 지난 2019년도에 아드님을 결혼시켰고, 오는 2024년 3월 9일 따님을 출가시키는데, 제가 따님 결혼식 날 해외에 있어서 결혼식을 참가하지 못하기 때문에 오시라고 했습니다. 결혼식 청첩장에 이런 글이 있습니다.

사랑은 마주보는 것이 아니라
함께 같은 방향을 보는 것이다.
- 생텍쥐페리 -

함께라서 더 행복할 수 있도록
사랑하고 배려하며 살아가겠습니다.

공감합니다. 신랑신부가 위 글대로 살아갈 것으로 믿습니다. 형님 내외분을 닮아 배려가 몸에 밴 성품 좋은 형님의 아들 내외와 이제 20개월 되는 기품 있는 손자의 재롱 이야기 그리고 이번에 결혼할 따님 내외의 이야기는 행복 그 자체였습니다. 오늘 형님 내외분과 함께 한 점심식사 2시간이 2분 같이 빨리 지나갔습니다. 저도 언제가 형님 내외분처럼 손자와 손녀의 재롱으로 행복을 누릴 날이 올 것으로 믿습니다. 그래서 나이 들어감은 축복입니다. 앞으로도 형님 내외분의 사랑을 가슴에 평생 간직하며 살아가겠습니다. 형님 내외분과 자녀손들이 하나님의 사랑 안에서 늘 강건하고, 늘 평안하고, 늘 행복하기를 기도합니다.

※ 형수님의 카톡 글

과분한 대접과 글 내용에 몸 둘 바를 모르겠어요. 기쁘고 감사하고 또 무한히 행복합니다. 김변호사님 진짜 할아버지 되시면 제가 한땀 한땀 저희 손자 것이랑 똑같이 예쁜 손자손녀 이불을 미리 짜서 드리겠습니다. 그때 꼭 연락 주세요. 기쁘고 감사한 하루 오랫동안 소중히 간직할께요. 고맙습니다. - 두 손 모아 -

5-09
네 번 분실한 지갑을
네 번 모두 되찾은 이야기

저는 지금까지 지갑을 네 번 분실했으나 신기하게도 네 번 모두 찾았습니다. 아주 오래 전 어느 주말에 안면도로 아이들과 함께 가족 여행에 갔다가 지갑을 분실했었고, 2008년 미국에 갈 때 타고 간 공항버스에 지갑을 놓고 내렸었고, 미국에 가서 여행 다닐 때 비행기 안에 지갑을 놓고 내렸었고, 오늘은 택시요금을 결제한 후 지갑을 분실했습니다.

안면도에서 잃어버린 지갑은 다음날 그곳에 다시 가서 오가는 출입문 앞에 떨어져 있는 것을 찾았고, 공항버스에 놓고 내린 지갑은 버스 회사에 연락했더니 버스기사님이 다시 공항으로 돌아오셔서 찾았고, 미국 비행기 안에서 분실한 지갑은 고객센터를 통해 찾았고, 오늘 택시요금을 결제한 후 분실한 지갑은 참말로 드라마틱하게 찾았습니다.

저는 먼저 분실한 신용카드 4개 모두를 분실 신고했고, 수소문하여 오늘 제가 탑승한 택시 회사로 전화해서 그 택시 안에 지갑이 없다는 것을 확인한 다음 112에 신고하여 출동한 경찰관의 핸드폰에 다음과 같은 내용을 문자로 미리 남겼습니다.

지갑을 분실 신고한 김양홍입니다.
분실 일시장소 : 2024. 2. 27. 16:45경 서울 00자0000 법인택시, 택시비 23,800원 결제카드 : 국민카드 1234-5678-0000-0000, 뱅뱅사거리에서 용산 토투밸리빌딩까지 타고 온 법인 택시, 법인 전화번호 : 02-1234-5678

저는 저희 법무법인 서호 사무실로 출동한 경찰관 2명에게 위 내용을 중심으로 자초지종(自初至終)을 설명 드리자, 경찰관이 "진술서를 쓰자"고 했습니다. 그래서 제가 그렇게 하겠다고 대답한 후 "분실한 지갑은 장지갑이 아니고 접혀진 지갑으로 바지 뒷주머니에 넣어 둔 것"이라고 설명하면서 저의 바지 뒷주머니에 손을 넣었더니, 그 지갑이 손에 잡혔습니다. 제가 너무 당황한 나머지 바지 뒷주머니까지는 확인하지 않았던 것입니다. 출동한 경찰관들도, 사무실 직원들도 박장대소(拍掌大笑)했습니다. 하나님이 오늘 피곤한 저와 사무실 직원들에게 웃음을 주시려고, 개그콘서트 같은 웃음을 선물로 주신 것 같습니다. 웃으면 복이 옵니다(笑門萬福來).

5-10
김양홍 변호사에서 김양홍 작가로

1. 작가 김양홍

　2024년 2월 마지막 날 경인방송 '엄윤상이 만난 사람과 책'의 최지연 작가님으로부터 올해 출간된 《변호사 김양홍의 행복발전소》에 관하여 방송 섭외하고 싶다는 연락을 받았습니다. 무엇보다도 최지연 작가님이 저에게 보내주신 문자에 '작가님'이라고 써주셔서 참 감동이었습니다. 그래서 제가 '저는 작가로 불리기에는 부족한 사람입니다. 작가라고 하시니까 갑자기 부끄러워집니다. 암튼 불러주시면 한걸음에 달려가겠습니다.'라고 답장을 했습니다. 이후 제가 존경하는 김홍신 선생님께 최작가님이 저를 '작가'라고 불러줬다고 자랑하는 문자를 드렸더니, 선생님께서 아래와 같이 감동적인 답글을 주셨습니다.

> 당연한 귀결입니다. 벌써 그리 다양한 글을 남기셨으니 그리 불러도 부족함이 없습니다. 본디 <가>자가 붙으면 일가를 이루었다는 뜻을 함축하고 있습니다. 정치인이 세월 머금고 큰 인물이 되면 그때는 정치가라고 부르게 됩니다. 김변호사님은 정녕 작가십니다.

　저의 아내도 '김작가의 부인이 되었다'면서 좋아했습니다. 2024년 4월 18일 녹음하고, 4월 20일 오전 7시부터 8시에 방송이 송출될 예정입니다. 그날은 김양홍 변호사가 김양홍 작가로 불리는 날입니다. 기대 만땅입니다.

2. 경인방송 90.7MHz '엄윤상이 만난 사람과 책'

　오늘 오전 경인방송 90.7MHz '엄윤상이 만난 사람과 책'에 변호사가 아닌 작가로서 출연해서 올해 출간된 저의 책《변호사 김양홍의 행복발전소》에 대해 이야기하고 왔습니다. 저의 녹음본은 4월 27일 토요일 07:00~08:00 방송 예정입니다. Play 스토어에서 경인방송 앱을 다운받으시면 전국 어디에서든지 청취가 가능합니다. MC가 저와 같은 일을 하시는 엄윤상 변호사님이라서 더 편하게 녹음을 한 것 같습니다. 특히 경인방송에서 월요일부터 금요일까지 매일 아침 07:00~09:00 '까칠한 시선 이도형입니다'를 진행하고 있는 이도형 청운대 교수가 저를 반갑게 맞아주었습니다. 이교수는 제가 1997~1998년 백골부대 법무참모로 근무할 때 법무참모부 병사로 근무한 인연이 있는데, 이교수의 추천으로 오늘 방송에 출연하게 된 것입니다. 경인방송에서는 매년 저의 행복시리즈 책이 출간될 때마다 저를 초대해주시기로 했습니다. 제가 천국갈 때까지 매년 경인방송에 출연해서 저의 책 이야기를 할 수 있기를 기대합니다. 오늘 행복한 추억을 선물해준 이도형 교수, 최지연 작가님, 김국 PD님, 엄윤상 변호사님 그리고 오늘 방송 녹음 날짜를 기억하셔서 전화주시고, 기도해주신 박영환 교수님께 깊이 고개 숙여 감사 인사드립니다. 행복은 동행입니다. 여러분의 행복이 저의 행복입니다. 날마다 웃으시고, 날마다 행복하소서.

5-11
32년이 지난 오늘 이야기

1. 아름다운 추억

> 양홍아, 양홍이가 32년 전 광주에서 내 결혼식 사회를 보고 피로연 때 날 묶어 놓고 내 발바닥을 때렸던 것이 엊그제 같은데 세월 정말 빠르구나. 다음 달 3월 2일에 일산에 있는 백석역 부근 조그만 웨딩홀에서 큰딸 민수가 결혼을 하게 되었네. 직접 청첩장을 전하는게 도리이나 모바일 청첩장을 보내드리는 점 넓은 마음으로 양해 부탁하네. 신랑은 환경공단에서 근무하는 건실한 청년이고, 민수는 졸업 후 여러 직장을 다니다가 지금은 전업 유튜버(채널명 : 밍투데이)로 활동하고 있는데 이제 자리를 잡은 것 같아. 시간이 되면 꼭 와서 축하해줘~~~

위 글은 저의 군법무관 동기 형 길진오 변호사님의 큰딸 결혼식 초대글입니다. 저는 제10기 군법무관시보로서 사법연수원 다닐 때 길진오 변호사님 결혼식에서 처음으로 피로연 사회를 본 이후 백인주, 남봉하, 박경수, 박덕희, 국윤호, 김영철, 김영길 등 대부분의 동기 결혼식 피로연 사회를 보면서 신랑들을 괴롭혔습니다. 저는 피로연 사회 볼 때 넥타이로 신랑의 두 발을 묶어 놓고 발바닥을

때리는 것은 기본이고, 심지어 신랑 신발에 맥주를 가득 채운 후 신랑에게 그 맥주를 마시게 했었습니다. 모든 것이 아름다운 추억(?)입니다. 그런데 그렇게 결혼한 형님이 32년이 지나서 큰딸을 출가시킨다고 하니 참 세월이 빠른 것 같습니다.

2. 신부 아버지가 알려준 세 가지 지혜의 주머니

아래 글은 결혼식장에서 길진오 변호사님이 딸 부부에게 한 덕담입니다. 길진오 변호사님이 그 덕담에 앞서 저에 관한 이야기까지 해주셔서 몸 둘 바를 몰랐습니다. 신랑 아버님이 성혼선언을 하시기 전에 아들에게 "한 번의 멋진 인생, 신나게 즐기자"를 두 번이나 외치게 하셨는데, 신랑신부 아버님의 바람대로 두 사람이 신나게 즐기면서 행복하게 잘 살 것으로 믿습니다.

오늘 굉장히 추운 날씨임에도 불구하고 저의 이 예쁜 신랑 신부를 축하해 주기 위해 먼 길을 마다하지 않고 참석해 주신 많은 귀빈 여러분에게 진심으로 감사의 말씀을 전합니다. 앞으로 결혼을 하고 새 출발을 하는 두 신랑 신부에게 덕담을 하기 이전에 소개하고 싶은 은인이 있어서 잠깐 소개를 먼저 하겠습니다.

32년 전에 저는 광주에서 결혼을 했는데, 그때 저의 결혼식 사회를 봐주시고, 그리고 신혼여행 떠나기 전에 제가 남성 역할 제대로 할 수 있도록 넥타이로 저의 발을 묶고 몽둥이로 그렇게 열심히 때려주신 분이 계십니다. 그 덕에 저는 바로 우리 튼튼하고 건강한 민수를 임신했고, 건강하게 출산하여 오늘의 이 결혼에 이를 수 있게 되었습니다. 그런데 그분께서는 AS 책임을 다하기 위해서 인수 결혼식까지 참석해 주셨습니다. 그분에게 먼저 감사의 말씀을 전하고 싶어서 제가 그분의 이름을 호명할 테니 그분께서는 일어나서 박수 한 번 받으시기 바랍니다. "김양홍 변호사님, 일어나 주세요. 감사합니다. 김양홍 변호사님, 앞으로 제 둘째 딸, 셋째 딸 AS도 책임지실 것으로 믿습니다."

그럼 덕담 세 마디 하겠습니다. 저는 앞으로 인생을 살아갈 신랑 신부에게 세 가지 지혜의 주머니를 선물하고 싶습니다. 제가 인생을 살면서 경험했던 중요한 진리 세 가지를 지혜의 주머니로 담아서 여러분께 선물하고자 합니다.

첫 번째 지혜의 주머니는 "사소한 것에 감사하고 즐겨라"는 것입니다. 사소한 것에 자기가 가진 사소한 것에 감사할 줄 알 때 비로소 그때 행복이 시작되는 것임을 우리 신랑 신부가 이미 알고 있겠지만, 힘들 때마다 한 번씩 되새긴다면 이 현실 자체가 천국으로 변하는 그런 기적을 여러분들이 만날 수 있을 겁니다.

두 번째 지혜의 주머니는 "이 세상 모든 것은 변한다"라는 지혜입니다. 지금 아무리 힘든 상황에 있어도 언젠가 잘 견디고 열심히 준비하면 좋은 상황으로 바뀌어서 여러분들은 인생의 환희를 맛보게 될 것이고, 지금 아주 좋은 상황에 있더라도 언젠가는 상황이 어렵게 변할 수 있기 때문에 겸손한 마음으로 잘 준비한다면 어려운 상황에 닥쳐도 여러분들은 지혜롭게 그 고난을 극복할 수 있을 것입니다.

마지막 세 번째 지혜의 주머니는 "가장 중요한 것은 건강"이라는 점입니다. 여러분들이 돈과 명예는 잃으면 다시 열심히 해서 회복할 수 있지만 건강을 잃어버린다면 이 모든 것을 다 잃어버리게 되는 것입니다. 여러분들이 정신적 육체적 건강을 잘 유지하는 것이야말로 부모님에 대한 가장 큰 효도라는 것을 잊지 말기를 바랍니다.

제가 말한 세 가지 지혜의 주머니, "사소한 것에 감사하라. 이 세상 모든 것은 변한다. 건강이 가장 중요하다." 이 세 가지 지혜를 항상 가슴에 새기면 여러분들은 어떠한 경우에도 행복한 결혼 생활을 누릴 수 있으리라 믿습니다. 다시 한번 두 선남선녀의 결혼을 축하하며 앞으로 이들에게 무한한 즐거움과 행복이 가득 찬 날들이 계속되기를 믿어 의심치 않습니다.

5-12
워매~ 어째야 쓰까잉~

　아내의 절친 현정씨가 보내온 밑반찬입니다. 현정씨는 저의 딸이 어렸을 때 다닌 어린이집 '원더랜드'를 함께 다닌 아들의 엄마인데, 그때부터 지금까지 절친으로 지내고 있습니다. 현정씨는 해마다, 계절마다 제2의 친정 엄마처럼 밑반찬을 해서 보내줘서 잘 먹고 있는데, 오늘은 밑반찬 7가지와 한우 사골곰탕 밀키트를 보내왔습니다. 요새 저는 밤 9시 이후에 무엇을 먹으면 벌칙으로 딸에게 1만원을 줘야 함에도 하나하나 먹어봤는데, 너무나 맛있습니다. 1만원이 하나도 안 아깝습니다. 아래 내용은 저와 현정씨가 주고받은 카톡 내용입니다.

　김양홍 : 워매~ 어째야 쓰까잉~ 겁나게 감사합니당~♡
　현정씨 : 맛있게 드세요. 주옥이 요즘 고생해서 잘 먹고 힘내라고 보냈습니다.

현정씨는 요새 의대 증원 문제로 고생하는 친구가 고생한다는 것을 알고 평소보다 더 바리바리 준비한 밑반찬을 보내온 것입니다. 친구는 우리가 스스로 선택하는 또 다른 가족입니다. 친구는 유유상종(類類相從)하고, 제2의 자신입니다. 그래서 상대방의 친구를 보면 상대방이 누구인지 알 수 있는 것입니다. 저도 현정씨와 같은 친구가 있는데, 그 친구의 존재만으로도 행복합니다. 아내와 현정씨가 아름다운 모습으로 서로 사랑하는 친구로 영원하길 바랍니다. 행복 바이러스는 전염성이 매우 강합니다. 두 분으로부터 전염된 행복 바이러스로 인해 저도 덩달아 겁나게 행복합니다. 언제나 가족 이상으로 사랑을 베풀어주는 현정씨의 가정에 하나님의 축복이 가득하시길 간절히 기도합니다.

5-13
삶 자체가 작가

어제 페이스북에 아내의 친구 현정씨가 보내준 7가지 밑반찬에 감동해서 '워매~ 어째야 쓰까잉~'이라는 글을 올렸는데, 이수교회 서순애 권사님이 그 글 밑에 아래와 같은 댓글을 달아주셨습니다.

장로님 최고입니다.
장로님은 삶 자체가 작가입니다.

눈물나게 감동스러운 글입니다. 저를 한없이 사랑해주셨던 저의 할머니가 저에게 하신 말씀 같아서 더 감격스럽습니다. 제가 행복 시리즈 수필집을 2016년부터 올해까지 총 8권을 출간할 수 있었던 것도 매년 저의 삶을 글로 남기고 싶었기 때문입니다. 서순애 권사님의 표현대로, 삶 자체가 작가이고 싶었기 때문입니다.

'좋은 칭찬 한 마디에 두 달은 살 수 있다(마크 트웨인)'고 하지만, 저는 서순애 권사님의 칭찬만으로도 20년은 거뜬히 행복하게 살 수 있을 것 같습니다. 칭찬은 고래도 춤추게 하고, 김양홍도 춤추게 합니다. 서순애 권사님의 건강과 평안을 기원합니다.

서순애
장로님.최고입니다.장로님은.삶자체가.작가입니다

22분 좋아요 답글 달기   1 👍

5-14
THE HOUSE 1932

　주말 저녁 아내와 함께 '서울로(Seoullo7017)'로 산책을 나갔습니다. 홍매화가 피어 있는 곳에서 사진을 찍고 있는데, 아내의 동료 A 교수님의 남편 J 교수님이 우연히 길을 가시다가 저희를 보시고 반갑게 인사해주셨습니다. 저희 부부는 오래전 J 교수님 부부와 함께 청계산도 등산하기도 했었는데, J 교수님이 오랜만에 만난 저의 이름을 정확히 기억하고 불러주셔서 참 감사했습니다. 김춘수 시인은 '내가 그의 이름을 불러 주었을 때 그는 나에게로 와서 꽃이 되었다'고 했는데, J 교수님이 저의 이름을 불러 주었을 때 J 교수님도 저에게로 와서 향기로운 꽃이 되었습니다. J 교수님의 댁이 '손기정 체육공원' 근처라서 J 교수님과 함께 공원을 둘러봤습니다. J 교수님은 댁에 계시는 A 교수님을 밖으로 불러 내셔서 함께 공원 근처에 있는 'THE HOUSE 1932'라는 카페에 들렀습니다. 그곳은 1932년에 지어진 적산 가옥(敵産 家屋)을 2018년 카페로 리모델링한 곳으로, 긴 시간을 버티며 다양한 이야기를 간직한 공간의 원래의 모습을 살린 3층 건물로 된 정겨운 휴식 공간입니다.

　우리는 매장에는 빈자리가 없어서 야외 테이블에서 3가지 허브를 블렌딩 한 시그니처 티와 맛있는 빵을 먹으면서 J 교수님의 재미있는 역사 이야기와 의대 증원 문제 등을 이야기하면서 시간 가는 줄 모르게 대화를 이어갔습니다. 자고로 공짜 차와 빵은 더 맛있을 수밖에 없습니다. 여러분도 '서울로'를 한 번 걸어보시고, 'THE HOUSE 1932'에 들러 아름다운 추억을 남겨보십시오. 인생은 추억 쌓기입니다.

5-15
대우가족 김양홍

지난 2024년 3월 22일 '대우 창업 57주년 기념행사와 멘토링데이'에 초청받아서 다녀왔습니다. 12:00~14:00 한국프레스센터에서 개최된 창업기념 행사장에 갔는데, 저의 명찰이 있었습니다.

대우가족 김양홍

저는 25살 때부터 10년 동안 군법무관으로, 35살부터 지금까지 21년 동안 변호사로 일했습니다. 저는 31년 동안 법조인의 삶만 살았을 뿐 단 한 번도 회사 생활을 해보지 않았고, 심지어 아르바이트 한번 해본 적이 없습니다. 그런데 저의 명찰에 '대우가족 김양홍'이라고 표기해 주셨습니다. 주최측에서 저를 '대우가족'이라고 표기한 이유는 제가 2020년부터 전직 대우인들을 중심으로 결성된 사단법인 대우세계경영연구회가 주관하는 글로벌 청년사업가 양성과정(GYBM - Global Young Business Manager) 연수생들을 대상으로 '우리 생활과 법'(내용 : 민·형사절차, 교통사고, 임금에 대한 법률상식과 행복한 동행)이라는 주제로 강의를 하고 있기 때문입니다. GYBM은 2011년 베트남 1기 40명을 배출한 이래 베트남, 미얀마, 인도네시아, 태국 등 성장 가능성이 높은 국가를 대상으로 지금까지 약 1,300명을 약 10개월 동안 무료로 연수를 시켜 연수생 전원을 해당 국가에 취업시키고 있습니다. 국가가 할 일을 GYBM이 하고 있습니다. GYBM은 해외 취업은 물론 해외에서 창업이 가능하도록 관리하고 지원하는 '패키지 프로그램'입니다. 대우그룹은 사라졌어도 GYBM을 통해 '세계경영'이라는 대우의 DNA가 부활했다고 할 것입니다.

창업 57주년 기념행사에서는 대우인상(오원석 코리아에프티 대표님),

GYBM 멘토공로상(오준일 동국대 교수님, 이희재 코트랙 대표님, 남준희 굿바이카 대표님)을 시상하고, GYBM 사업 보고 후 김우중 회장님의 부인인 정희자 회장님을 비롯한 여러분들이 기념 케이크 커팅을 한 후 점심식사를 했습니다. 그날 행사장에 모인 대우인들을 보면서 왜 '삼성가족', '현대가족'이라는 말은 없는데, '대우가족'이라는 말이 있는지 실감을 했습니다. 정말 그분들은 서로가 서로를 가족처럼 대했습니다. 저를 대우가족으로 생각해준 것에 대해 참 감사했습니다. 행사장을 나오면서 정희자 회장님과 장병주 대우세계경영회장님과 기념사진을 찍었습니다.

창업 기념행사를 마치고 대우재단으로 장소를 옮겨 15:00~17:00 '멘토링데이' 행사를 가졌습니다. 멘토 30여명이 간략히 자기소개를 마친 후 GYBM 멘티 30여명이 약 10분 동안 무작위로 1:1 만남의 시간을 가졌습니다. 김남권, 이성훈, 이남오, 이규현, 김상현 이렇게 다섯 분이 저를 찾아주셔서 덕담을 해줬습니다. 저는 그날 교회 제자훈련과 밤기도회 참석 때문에 행사 뒷풀이까지는 함께 하지 못해 몹시 아쉬웠습니다. 주최측에서 사전에 내준 '대우가 묻고 내가 답한다'의 3가지 질문에 대해 저는 다음과 같이 답을 해봤습니다.

1. 나에게 김우중은 선구자(先驅者)다.
   밖에서 본 김우중 회장님은 모든 면에서 선구자이셨다.

2. 나에게 대우는 경부고속도로다.
   대우는 대한민국 발전의 초석이 된 경부고속도로 같은 존재다.

3. GYBM은 애국자 양성소이다.
   GYBM 연수생들은 애국자로 양성되고, 그들은 애국자로 살아간다.

멘토링데이에 참석한 30여명의 멘토들은 모두가 오래전 대우에서 퇴직한 분들임에도 GYBM 수료자들을 위해 기꺼이 자신의 재능과 시간, 돈을 내신 멋진 분들입니다. 행사를 준비한 박창욱 부회장님, 이금화 전무님, 오주석 부원장님, 이원석 팀장님 그리고 저를 GYBM 강사로 추천해준 선명규 팀장님을 비롯한 대우세계경영연구회 모든 식구들에게 존경과 감사의 마음을 전합니다. GYBM의 내일이 기대됩니다. 정희자 회장님과 대우가족 모두의 건강과 평안을 기원합니다.

5-16
결국, 사람이다

죽음의 길을 가지 않은 것은
사람 때문이다
결코 그 길을 가지 않으리라고 확신했던
그가 버티고 있었고
나를 그 길로 보내버릴 수 있었던 아이들이
집요하게 내 죽음의 멱살을 붙잡고 싸워 주었다
자신도 버티기 힘든 각자의 무게 위에
서로의 무게까지
우리는 어깨와 어깨를 맞대어
무게를 떠안고 분산시켰다
그리고 그곳에 이름 모를 수많은 이들이
어깨를 들이밀고
우리의 어깨가 흐트러지는 것을 막아 주었다
우리를 지탱시킨 것은 우리를 살린 것은
결국, 사람이다

위 글은 조국 교수님의 부인 정경심 교수님의 옥중 편지라고 합니다. 조국 교수님의 가족들의 어깨가 흐트러지는 것을 막아준 이름 모를 수많은 이들 속에 제가 있었고, 저의 처남 내외가 있었고, 저의 남동생 내외가 있었고, 수많은 나의 이웃들이 있었습니다. 우리가 서초동에서 "조국 수호"를 외쳤던 것은 조국 교수님 개인을 수호하고 싶은 마음도 있었지만, 더 나아가 "우리 조국 대한민국을 수호"하고 싶은 마음이 더 강해서 그렇게 거리로 나섰다고 생각합니다. 제22대 국회의원선거 비례대표 조국혁신당 득표율이 24.25%입니다. 약 3.5%의 소금이 바다를 짜게 합니다. 24.25%의 소금이 우리 조국 대한민국을 더 살기 좋은 나라로 만들 것으로 믿습니다. 결국, 사람입니다.

5-17
참 반가운 손님

　제가 운영하는 <행복한 동행> 네이버 밴드는 2013년 8월에 만들어졌고, 비공개 밴드임에도 현재 회원이 895명입니다. 제가 그 밴드에 올리는 글 중에서 1년 치를 모아서 2016년부터 거의 매년 1권씩 행복시리즈 수필집을 출간하고 있고, 올해도 여덟 번째 책인《변호사 김양홍의 행복발전소》를 출간했습니다.
　2015년 6월경 어느 날 서울지방변호사협회 '학폭위(학교폭력대책심의위원회) 전문가 회의'에서 황덕현 당시 번동초등학교 선생님을 만나 뵙고, 회의 후 제가 운영하는 <행복한 동행> 밴드에 초대해드렸습니다. 그 이후 황선생님은 지금까지 밴드에 올린 저의 글은 빠뜨리지 않고 보고 계시고, 심지어 일어나자마자 저의 글부터 읽으신답니다. 황선생님은 저의 글 속에 등장하는 인물들의 이름까지 기억하고 계셨습니다.
　근로자의 날인 오늘 황선생님은 서점에서 저의 책을 직접 사 갖고 오셔서 그 책에 사인해드렸습니다. 황선생님은 그 책 앞부분에 '저도 버킷리스트 만들어보겠습니다. 뵙게 되어서 행복합니다.'라는 글과 제가 경인방송 대담 때 낭독한 글의 일부인 '1시간을 1분 같이 느껴지는 당신이 있어 행복합니다.'라는 글을 써오셨습니다. 특히 황선생님은 저의 책을 밑줄을 그어 가면서 다 읽으셨는데, 책 서문에 있는 저의 글 중 '날마다 기도해주는 존경하는 나의 아내 나주옥 권사님' 부분에 밑줄이 그어져 있고, '존경하는'이라는 단어에 '< >'표시를 해놓으셔서 물었더니 황선생님도 아내를 존경하신답니다. 황선생님은 자신과 동일하게 아내를 존경하는 팔푼이(?)가 이 세상에 또 있어서 반가웠답니다. 제가 늘 강조하는 것이지만, 부부는 서로 사랑하는 것으로는 부족합니다. 부부는 서로 존경해야하고, 서로 존경받을 수 있도록 언행을 해야 합니다.

황선생님은 선생님들이 맡기 싫어하는 학폭위 담당 학생부장직을 15년 동안 하셨고, 지난해 34년 동안의 초등학교 교사직을 명예퇴직하셨습니다. 지금은 학폭위 조사관으로 활동하시면서 학폭위 관련 강의도 하신답니다. 어제도 3일 동안의 학폭 조사를 마치고, 정확하고 생생한 느낌을 사안보고서에 쓰느라 오늘 새벽 3시경에 일어나 2시간 동안 보고서를 쓰셨답니다. 황선생님은 2017년도에 학교폭력예방 책인《이럴 땐 어떻게 해요?》라는 책을 출간하신 바 있고, 2021년도에는 다섯 분의 선생님들과 함께《지혜로운 교사는 교실 속 문제를 어떻게 해결하는가》라는 책을 공저로 출간하신 바 있는데, 저처럼 자신만의 책을 쓰는 것이 황선생님의 버킷리스트라고 하셨습니다. 황선생님께서도 버킷리스트를 꼭 이루실 것으로 믿습니다. 꿈은 이야기하는 순간 이미 절반은 이루어지기 때문입니다.

황선생님과 거의 2시간을 함께 보냈는데, 거의 2분 같이 느껴질 정도로 재밌는 대화를 이어갔습니다. 저는 황선생님 덕분에 작가들이 자신의 팬들을 어떤 마음으로 만나는지 알 수 있어서 더 행복했습니다. 황덕현 선생님 내외분의 건강과 평안을 기원합니다. 날마다 행복하소서. 사랑하고 축복합니다.

5-18
형님 덕분에

　2024년 4월 넷째 월요일 오전에 사랑하고 존경하는 홍창식 변호사님과 함께 사기죄로 고소당한 분을 상담해드렸습니다. 상담을 마치면서 홍변호사님과 제가 이구동성(異口同聲)으로 "변호사 선임할 돈으로 피해자 찾아가서 용서를 구하고, 사죄하시라"고 조언을 해드렸습니다.
　요즘 점심은 저의 군법무관 동기 형인 홍변호사님(이하 '형님'으로 약칭)과 같이 하는 경우가 많은데, 점심때가 되어 형님이 추천한 전쟁기념관 근처 식당인 '산수옥'에 가서 곰탕을 먹기로 했습니다. 식당으로 가는 길목에 야쿠르트 아주머니가 판매용 전동차를 길가에 세워놓고 화단에 들어가서 무언가를 찾고 계셨습니다. 형님이 "네잎클로버 찾고 계세요?"라고 묻자, 야쿠르트 아주머니는 수첩 사이사이에 끼워놓은 네잎클로버를 보여주시면서 네잎클로버를 1개 주셨습니다. 그래서 그 네잎클로버를 받아들고 가다가 고마움을 표현하고 싶어서 뒤돌아 가서 전동차에 있는 것 중에서 제일 비싼 음료를 달라고 했더니 '쿠퍼스'를 추천해주셔서 4개(2,700원×4개=10,400원)를 샀는데, '400원'을 깎아 주셨습니다.
　제가 횡단보도에서 기다릴 때 형님께 "네잎클로버로 4행시를 지어보시라"고 했더니, 형님이 손가락을 하나 둘 펴시면서 네잎클로버는 다섯 글자라고 했습니다. 변호사다운 답변입니다. 그래서 그냥 넘어갔습니다. 아래 오행시는 친구가 써준 것입니다.

　　네/개의 음료수는
　　잎/사귀 때문에 사고
　　클/로버를 들고 환하게 웃는
　　로/또 맞은 표정은
　　버/거운 음식값을 공짜로 먹었기 때문이라네.

식당에 들어갔더니 형님이 감사로 섬기고 있는 사단법인 한국군사학회 강인순 상근부회장님과 김미자 사무국장님이 계셔서 자연스레 합석하게 되었습니다. 아쉽게도 곰탕은 재료가 소진되어 차돌된장찌개밖에 없다고 해서 4명 모두 된장찌개를 맛있게 먹었습니다. 사실 오늘 아침 군 입대를 위해 휴학하고 있는 아들을 위해 '새우 된장찌개'를 끓여서 먹고 왔는데, 제가 끓인 된장찌개와는 비교할 수 없을 정도로 맛있었습니다. 식당에서 쿠퍼스를 1개씩 나눴는데, 형님이 형님 것을 식당 주인아주머니께 드리자, 식당 아주머니는 눈사람처럼 큰 알사탕을 4개 주셨습니다. 또한 오늘은 제가 점심을 사기로 한 날인데, 형님이 점심식사비를 전부 계산해주셨습니다. 자고로 공짜 밥이 더 맛있습니다.

점심식사 후에는 전쟁기념관 안에 있는 한국군사학회 사무실을 방문하여 맛있는 커피까지 얻어먹고 왔습니다. 오후 2시에 상담이 있어서 전쟁기념관을 둘러보고 오지 못한 것이 다소 아쉽습니다. 네잎클로버가 행운을 갖다 주는 것은 맞는 것 같습니다. 오늘은 형님 덕분에 행복이 네 배로 커졌습니다. 전쟁기념관 엘리베이터에 붙어 있는 '今月의 名言' 글이 오늘을 잘 표현해주는 글 같아서 더 마음에 와 닿았습니다.

길을 걷다 돌부리에 걸리면
이것은 걸림돌이 되지만

냇가를 건널 때 물가에 놓은 돌은
고마운 디딤돌이 됩니다.

오늘도 만나는 사람마다
따뜻하고 감사한 마음으로 대하시고

상대에게 걸림돌이 아니라
디딤돌이 되어주는 멋진 그대이기를…

『열린생각 좋은글』 중에서

5-19
전국화물자동차운송사업연합회
'화물정보 플랫폼'

　저는 2006년도부터 경기도화물자동차운송사업협회(이사장 전재범) 고문변호사로서 협회와 회원사들에게 법률자문을 해드리고 있습니다. 오늘은 협회 물류정책연구소 연구위원(엄재영 부이사장, 이진우 부이사장, 이선우 전무이사, 염상빈 연구위원, 이원동 장안대 교수, 박종욱 교통신문 국장, 이태형 한국교통연구원 물류연구본부장)으로서 물류정책 연구회의에 참석하고 왔습니다. 이태형 박사님이 정부가 지난해 발표한 '제4차 물류시설개발 종합계획'과 올해 발표한 '화물운송산업 정상화 방안'에 대해 발표하셨고, 회의 옵저버로 참석한 전국화물자동차운송사업연합회 김승한 단장님이 '화물정보 플랫폼 추진단' 진행경과에 대해 발표해 주셨습니다.

발표를 들은 후 도시락으로 점심식사를 하면서 논의와 건의가 이어졌고, 회의 후에도 이사장실에서 이원동 교수님의 고견을 중심으로 유익한 대화가 오갔습니다. 암튼 경기화물자동차운송사업협회 임직원들이 미래를 열심히 준비하는 모습이 매우 보기 좋았습니다. 저는 물류전문가는 아니지만 협회와 회원사들의 법률자문과 소송을 진행하는데 있어 도움을 받고자 연구위원직을 수락하여 회의에 참석하고 있는데, 오늘도 한 수 배우고 갑니다. 저는 회의만 참석했을 뿐인데 나랏일에 동참한 기분입니다. 518,000대의 화물차량과 234,000명의 화물운송종사자가 있는 48조 6천억 원 시장규모에 맞고, 화주-운송사-차주 모두에게 이익이 되는 공공성이 강한 '화물정보 플랫폼'이 만들어져 편리한 물류가 일상이 되길 소망합니다.

5-20 목계장터

하늘은 날더러 구름이 되라 하고
땅은 날더러 바람이 되라 하네

청룡 흑룡 흩어져 비 개인 나루
잡초나 일깨우는 잔바람이 되라네

뱃길이라 서울 사흘 목계 나루에
아흐레 나흘 찾아 박가분 파는
가을볕도 서러운 방물장수 되라네

산은 날더러 들꽃이 되라 하고
강은 날더러 잔돌이 되라 하네

산서리 맵차거든 풀 속에 얼굴 묻고
물여울 모질거든 바위 뒤에 붙으라네

민물 새우 끓어 넘는 토방 툇마루
석삼년에 한 이레쯤 천치로 변해
짐 부리고 앉아 쉬는 떠돌이가 되라네

하늘은 날더러 바람이 되라 하고
산은 날더러 잔돌이 되라 하네

방랑과 정착의 삶 가운데 고뇌하고 있는 화자를 그려낸 시이다. '하늘은 날더러 구름이 되라 하고 땅은 날더러 바람이 되라 하네'라는 구절에서 볼 수 있듯이 자신이 방랑의 운명을 타고났다 하고 있다. 그러나 나중에

'산은 날더러 들꽃이 되라 하고 강은 날더러 잔돌이 되라 하네'라고 하면서 정착의 삶 역시 제시하고 있다. 이러한 고뇌는 마지막에 각각 한 구씩 사용하면서 이러한 고뇌를 강조한다.

나무위키에 소개된 신경림 시인의 '목계장터'라는 시와 그 분석 내용입니다. 이 시는 남한강의 대표적인 나루터이자 장터였던 '목계장터'를 배경으로 1976년에 지어진 시이고, 시골 나루터와 장터를 떠돌아다녀야 하는 장돌뱅이 즉, 민중의 애달픈 삶을 그린 시라고 합니다.

저는 이 시를 읽으면서 저의 아버지의 모습이 떠올랐습니다. 저의 아버지는 삶이 힘드실 때 구름이 되고, 바람이 되고 싶을 때도 있으셨을텐데 언제나 풀 속에 얼굴을 묻고, 바위 뒤에 붙어 사셔야 했습니다. 그러나 저는 과거도, 지금도, 미래도 구름이 되고 싶지 않고, 바람이 되고 싶지 않습니다. 저는 저의 아버지처럼 가족들과 이웃들을 돌보면서 매일매일 감사의 삶을 살아가고 싶습니다. 그냥 이름 없는 들꽃이 되고 싶습니다. 제가 비록 볼품없는 들꽃이라도 저만의 꽃을 피우고 있을 때 누군가 와서 그 꽃을 바라봐 주면 좋겠습니다. 설령 그 꽃을 아무도 안 봐줘도 좋습니다. 다만, 사랑하는 당신 한 사람만이라도 저를 바라봐 주면 행복할 것 같습니다.

대한민국의 시인 중의 시인 신경림 선생님이 2024년 5월 22일 오늘 향년 88세의 일기로 소천하셨습니다. 시인께서는 천국에서도 아름다운 시를 지으실 것으로 믿습니다. 유가족들에게 하나님의 위로를 빕니다.

5-21
다섯 번째 호야꽃이 피었습니다

　'법무법인 서호 대표변호사실'이 저의 사무실입니다. 제가 군법무관으로 10년, 법무법인 한강에서 3년 동안 소속 변호사로 있다가 2006년 5월 1일부터 서울 용산역 근처에서 법무법인 서호를 설립한 지 벌써 18년이 되었습니다. 엊그제 같은데, 제가 법조인이 된 지 31년차입니다. 참 시간이 빨리 가는 것 같습니다.

　저의 사무실 책상 뒤쪽에는 '호야(학명 Hoya carnosa)' 식물과 작은 녹차 나무 등 작은 화분 5개, 저의 의뢰인이 선물해 주신 십자가, 제4대 군종교구장 서상범 주교님이 선물해주신 묵주(黙珠), 제가 가장 보고 싶은 할머니가 있는 가족사진 그리고 제가 2017년 4월 30일 장로(長老)로 장립 받을 때 받은 '장로장립패'가 있습니다. 2019년 어느 날 호야꽃이 피었는데, 그 이후 매년 호야꽃이 피고 있습니다.

호야꽃 바로 앞에는 저의 장로장립패가 놓여 있습니다. 아래 글은 매년 같은 글을 반복해서 올리는 글입니다. 마음이 바뀐 것이 없기에 내용도 '저 자신이 저를 존경할 수 있는 삶을 살아내고 싶습니다.'라는 마지막 문장 외에는 그대로입니다. 내년에도 '여섯 번째 호야꽃이 피었습니다'라는 글을 올리지 않을까요?

장로장립패

귀하는 주님의 몸 된 교회의 충성스런 일꾼으로 믿음과 성품과 봉사사역에 본이 되어 담임목사를 도와 교회 부흥과 발전에 헌신함으로 교단 헌법 절차에 따라 이수교회 장로로 장립 받음을 진심으로 축하드리오며 이를 기념하여 이 패를 드립니다.

네가 죽도록 충성하라 그리하면 내가 생명의 면류관을 네게 주리라.(계 2:10)

주후 2017년 4월 30일
기독교대한성결교회 이수교회 담임목사 박정수

제가 2017년 1월 14일 장로 후보자로서 교육받을 때 선배장로이신 안충순 장로님이 내주신 숙제가 "훗날 소천했을 때 섬기는 교회 성도님들이 써주셨으면 하는 추도사를 써 오라"는 것이었습니다. 그때 제가 써 본 추도사입니다.

추도사

이름도 없이, 빛도 없이
예수님처럼 우리들을 섬겨주셔서 감사합니다.
많이 보고 싶을 거예요.
안녕히 가십시오.
사랑합니다.

이수성결교회 성도 일동

장로장립패에 쓰여진 글귀대로 제가 '충성스러운 일꾼, 믿음과 성품과 봉사사역에 본'이 되도록 마음을 다하고 뜻을 다하겠습니다. 제가 미리 써 본 추도사대로 우리 성도님들이 저를 기억할 수 있도록 노력하고 또 노력겠습니다. 그리고 무엇보다도 저의 아내, 딸과 아들로부터 사랑과 존경을 받는 남편과 아버지로 살다가 하늘나라 가고 싶습니다. 저 자신이 저를 존경할 수 있는 삶을 살아내고 싶습니다.

※ 위 글을 보신 성결교단 총회본부 총무 문창국 목사님이 감동적인 아래 카톡 글을 주셨습니다. 문목사님의 바람이 곧 저의 바람입니다. 권위(權威)가 있고, 근엄(謹嚴)하지만 아름다운 사랑으로 품는 변호사가 되도록 마음을 다하고 뜻을 다하겠습니다.

장로님^^
호야 꽃말이 "아름다운 사랑, 권위, 근엄"이랍니다. '권위'가 있고 '근엄'하지만 '아름다운 사랑'으로 품는 변호사님이셨으면 좋겠습니다.

5-22
천국의 맛과 지옥의 냄새를 가진 두리안

2024년 스승의 날 한창용 친구 부부와 함께 여행 갔다가 우연히 생 두리안을 먹게 되었습니다. 친구 부부는 두리안을 처음 먹어봤답니다. 저희 부부가 20여년 전 천안교회를 섬길 때 필리핀으로 의료선교를 갔었는데, 당시 천안교회 권석원 담임목사님께서 두리안을 사주셨습니다. 그때는 냄새 때문에 먹을 수가 없었습니다. 저는 어렸을 때 뱀과 개구리를 먹어 본 적이 있을 뿐만 아니라 모든 음식을 '맛있는 음식과 더 맛있는 음식'으로만 구분할 정도로 무슨 음식이든 맛있게 잘 먹는 식성이 저의 장기임에도 불구하고 두리안만큼은 도저히 먹을 수가 없었습니다.

그러다가 2022년 이수교회에서 캄보디아로 선교 갔을 때 정용희 선교사님이 냉동시켜 놓은 두리안을 주셨는데, 냄새도 거의 안 나고, 참 맛있었습니다. 그 맛을 못잊어 귀국해서도 냉동 두리안을 주문해서 먹기도 했습니다. 올해 봄 싱가포르 갔을 때 전통시장에서 생 두리안을 사서 먹는 것을 도전했는데, 생각외로 너무 맛있었습니다. 그 경험 때문인지 이번에도 친구 부부랑도 생 두리안을 참 맛있게 먹었습니다. 그래서 저는 친구 집으로, 친구는 저희 집으로 생 두리안을 주문해줘서 각자의 집에서 천국의 맛과 지옥의 냄새를 경험하고 있습니다. 저와 친구는 각자 집에서 두리안 씨를 심기로 했습니다. 잘 키워보겠습니다. 여러분도 한 번 도전해보십시오. 천국과 지옥을 동시에 경험할 수 있는 두리안 먹는 것을 …

5-23
베짱이의 비파 열매 따기

여름비가 내리는 주말 저의 어머니의 일흔일곱 생신을 맞아 남동생 집에서 모이기로 했습니다. 광주송정역에 내렸더니 사랑하는 한창용 친구가 마중 나와 친구의 세컨 하우스에 들려 드립 커피도 마시고, 과일과 감자 등을 먹으면서 처음부터 끝까지 웃었습니다.

친구 집 정원에는 매실, 대추, 석류, 샤인머스켓 등 다양한 유실수들이 있는데, 그중에 최고는 비파나무입니다. 여러분은 비파 열매를 드셔봤나요? 생김새는 살구 모양인데, 맛은 글로 표현할 수 없는 오묘한 맛입니다. 친구는 저에게 비파 열매 따기를 체험하라고 기회를 줬는데, 저는 '글 쓰는 베짱이'답게 어떤 것이 익은 것이 잘 모른다는 핑계로 3개만 따고, 친구가 딴 것을 제가 딴 것처럼 사진을 잘 찍었습니다. 친구가 양가 식구들 갖다주라고 비파를 많이 따줬습니다. 비파씨도 갖고 갑니다. 제가 섬기는 이수교회 정원에 비파씨를 심을 생각입니다. 지난해 저의 집 화분에 귤씨를 심어 자란 귤나무 한 그루도 이수교회 정원에 옮겨 심어놨습니다. 비파나무에 비파가 열리거나 귤나무에 귤이 열리면 미리 공지하겠습니다. 그때 꼭 이수교회로 오십시오. 농부의 마음으로 대접해드리겠습니다.

5-24
잘 먹고 잘 살자

"존 스튜어트 밀의 자유론(自由論, ON LIBERTY)에 의하면, '자유는 수단이 아니라 목적이고, 인간이 자유롭게 선택을 하고, 그것에 대해서 책임을 지는 것이 가장 인간다운 것이다'라고 합니다. 제가 당시 하고 싶었던 것을 충분히 할 만큼 했고, 그렇기 때문에 아쉽거나 후회는 전혀 남아 있지 않습니다."

위 말은 어느 거장의 말이 아니라 올해 28세 청년 윤상혁 군이 오늘(2024. 7. 18.) 저에게 한 말입니다. 윤상혁 군은 제가 사랑하고 존경하는 윤철수 ㈜태종약품 대표님의 아들인데, A 기업에서 글로벌기업인 '셀트리온'으로 이직했다고 인사차 저의 사무실을 들렀습니다. 1박스에 맛있는 큰 도너츠가 4개씩 든 OLD FERRY DONUT를 6박스나 사왔습니다. 경우가 넘치는 청년입니다.

윤상혁 군은 고려대 생명공학과 재학중일 때 저희 법무법인 서호에서 1주일간 실무수습을 했었고, 그 해 LEET(법학적성시험)도 봤었습니다. 이후 대학 졸업 후 군복무 중에도 LEET를 준비하다가 약 9개월 전부터 전공을 살려 의·치·약대 편입학 하는 것으로 진로를 바꾸었다고 합니다. 그래서 제가 "그동안 LEET 준비한 시간이 아깝다."고 했더니 위와 같은 명언을 저에게 한 것입니다.

오늘 점심식사 자리에는 올해 변호사시험에 합격한 정혁주 변호사님도 함께 해서 먹는 배도 풍성해지고, 마음도 풍성해지는 행복한 시간을 보냈습니다. 윤상혁 군은 A 기업에서 근무할 때의 삶의 애환, "잘 먹고 잘 살자"로 삶의 목표를 정한 이야기, 미래 배우자상 등에 대해 재밌는 대화를 주고 받았습니다.

윤상혁 군이 앞으로 하나님의 사람으로서 하나님께는 영광, 이웃에게는 유익되는 삶을 잘 살아서, 어떤 길을 가든 무슨 일을 하든 잘 먹고, 잘 살 것으로 믿습니다. 저는 그동안 윤상혁 군을 위해 늘 "그의 꿈을 이루어 주시고, 만남의 축복을 주사 좋은 믿음의 배우자 만나 믿음의 가정을 이루게 하옵소서."라는 기도를 하고 있는데, 저의 기도대로 이루어질 것으로 믿습니다. 자유는 수단이 아니라 목적입니다. 우리 모두 잘 먹고 잘 삽시다!!

사람이 마음으로 자기의 길을 계획할지라도 그의 걸음을 인도하시는 이는 여호와시니라(잠언 16장 9절)

5-25
역사적인 순간

저는 심하게 기계치입니다. 정확하게 표현하면 기계 다루는 것을 두려워합니다. 저는 지금도 집안에 설치되어 있는 월 패드(wall pad)로 문을 열어줄지 몰라서 누가 벨을 누르면 얼른 뛰어가서 직접 문을 열어줍니다. 심지어 복잡하게 얽혀있는 TV 켜는 것도 잘 몰라서 아내와 아들의 도움을 받을 때가 있고, 저의 승용차 크루즈 기능도 잘 모릅니다. 물론 아내가 조수석에 타면 알아서 적절하게 조절해주기 때문에 크루즈 기능을 익혀야겠다는 생각도 없습니다. PC도 기본적인 것 외에는 잘 다룰 줄 모르지만, 다행히 에어컨은 켤 줄 압니다.

어젯밤 그 기계 때문에 저에게 큰 시련이 닥쳤습니다. 저희 집은 매주 토요일마다 집안 청소를 하는데, 아내와 딸, 아들이 모두 있을 때는 파트를 나눠서 청소를 합니다. 즉, 아내는 큰방 화장실, 저는 작은방 화장실, 딸은 식탁 위나 TV 주변 등을 닦고, 아들은 진공기 청소와 물걸레 청소를 합니다. 요즘 딸은 학교 공부(병원 실습) 때문에 집에 없고, 아들은 취사병으로 군입대하는 바람에 진공기 청소와 물걸레 청소는 저의 몫이 되었습니다. 때마침 동료 김정현 변호사님의 남편께서 저에게 LG 최신형 로봇청소기를 선물해 주셨습니다. 그렇게 로봇청소기를 선물 받았으니 일견 저에게는 좋은 일이기는 하지만, 당장 그 로봇청소기를 작동시켜보라는 아내의 명령이 하달되었기 때문에 저에게는 큰 시련인 것입니다. 아래 내용은 저와 아내, 김정현 변호사님과 주고받은 카톡입니다.

아내 : 여보, 로봇청소기 해보세요 ~~^^
김양홍 : 당신이 해요. 만지다가 망가뜨릴까봐 무서워요
아내 : 네. 설명서 잘 읽어보셔요
김양홍 : 무서워요
아내 : 제발 읽어보고 해보세요. 당신이 그러니 스트레스 받아요

(김정현 변호사님에게 SOS)
김양홍 : 로봇청소기가 넘 이뻐요.
김정현 : 색이 예쁘더라구요. 변호사님 댁의 청결을 책임지길!! ㅎㅎ
김양홍 : 아내가 나보고 해보라는데 … 무서워요^^
김정현 : 해보세요!! 어플도 다운받으시고!! ㅋㅋ
김양홍 : 내일 가르쳐주세요. 방금 혼났어요~ 아내는 오늘 야간당직 근무라서 스트레스 만땅 받는 중~ 그래서 어떻게든 제가 사용해야 해요ㅜㅜ
김정현 : ㅋㅋㅋㅋㅋ
김양홍 : 내일 꼭 가르쳐 주세요~ 일단 오늘은 편히 주무세요~
김정현 : 네 저도 제가 안하긴 하는데 … ㅋㅋㅋ 그래도 가르쳐드릴게요. 쉽습니다.

아침에 일어나자마자 어젯밤 충전시켜 놓은 로봇청소기 위에 있는 버튼을 눌렀더니 로봇청소기 속에 있는 여인(?)이 "청소를 시작하겠습니다." 라고 말하고, 지금 자기가 알아서 청소하고 있습니다. 정말 역사적인 순간입니다. 제가 아내에게 로봇청소기가 청소하는 것을 동영상으로 찍어 보내주었더니 감동적인 답장이 왔습니다.

당신은 할 수 있습니다!!

이 로봇청소기는 저와 같은 기계치도 쉽게 설치하고 작동시킬 수 있습니다. 설치하고 말고도 없습니다. 초등학생 이상이라면 누구나 작동시킬 수 있습니다. 이 청소기의 이름은 'LG CordZero Objet Collection'입니다. 이 청소기는 청소 후에는 스스로 충전기로 귀가(?)한 다음 "충전을 시작합니다. 먼지 비움을 시작합니다. 먼지 비움을 종료했습니다."라고 친절하게 안내까지 합니다. LG 로봇청소기를 많이 사용해주십시오. 우리 조국 대한민국 최고의 제품입니다!!

5-26
Kebab을 아시나요?

저는 특별한 일정이 없으면 저의 군법무관 동기 형인 홍창식 변호사님과 함께 점심식사를 합니다. 오늘은 오후에 국방부 인사소청심사위원회가 있어서 일찍 점심식사를 하자고 했더니 홍변호사님이 "케밥(Kebab) 먹으로 가자."고 하셔서, 제가 "케밥이 케찹이 들어간 것인가요?"라고 되물었다가 '촌놈' 취급받았습니다. 케밥을 파는 곳이 작은 식당이라서 포장해서 사무실에서 먹어야 한다고 해서 '저항권'을 행사했으나, 결국 새로운 시도를 해보기로 했습니다.

케밥은 양념한 양고기나 치킨 등 고기를 구워서 채소와 함께 먹는 튀르키예(구 터키)의 전통음식입니다. 케밥은 종류가 천여 가지에 이를 정도로 다양하고, 각 지방마다 특색이 다르다고 합니다. 그도 그럴 것이 저희는 '서울케밥'을 먹었습니다. 주문이 밀려 약 30분 기다려서 케밥을 받았는데, 기다린 보람이 있었습니다. 경상도 남자들은 "맛있다"를 "아~ 배부르다"라고 한답니다. 케밥은 일반 햄버거 크기의 2배 이상으로 크고, 먹으면 참말로 배부릅니다. 여러분도 한 번 드셔보십시오. "아~ 배부르다"라는 말이 저절로 나올 것입니다.

5-27
2024 파리 올림픽

　2024년 7월 26일부터 8월 11일까지 17일간 '와서 나누자(Made for Sharing)'는 슬로건으로 프랑스 파리에서 개최된 제33회 2024 파리 올림픽이 막을 내렸습니다. 이번 올림픽에는 206개국 10,500명이 32개 종목, 329개 경기에 참가했습니다. 우리 대한민국 선수단은 21개 종목에 144명(남자 66명, 여자 78명)이 출전하여 금메달 13개, 은메달 9개, 동메달 10개를 획득하여 종합 순위 8위로 이번 대회를 마쳤습니다. 전체 메달 수 32개는 1988년 서울 올림픽 33개에 이은 2위 기록입니다.

　파리에서는 세 번째 개최되는 올림픽인데, 우리나라는 1900년 제2회 올림픽에는 대한제국이 IOC 비회원국이라 참가하지 않았고, 1924년 제8회 올림픽 때는 일제강점기였기 때문에 참가하지 못했고, 태극마크를 단 대한민국 선수단이 파리 올림픽에 출전한 것은 이번이 처음입니다. 특히 이번 올림픽은 128년 올림픽 역사에서 처음으로 남녀 선수 출전 비율이 50대 50으로 같다는 점과 경기장(메인스타디움) 밖에서 개막식이 열렸다는 특징이 있습니다.

　저는 주로 삐약이 신유빈 선수가 출전한 탁구, 안세영 선수가 출전한 배드민턴, 김우진 선수가 출전한 양궁, 양희영 선수가 출전한 골프를 보면서 참 뿌듯했습니다. 양궁은 5개 종목 모두 금메달을 차지했고, 양궁 3관왕을 차지한 김우진은 통산 올림픽 금메달 5개로 역대 한국인 최다 금메달리스트가 되었습니다. 그동안의 수고한 대한민국 선수들과 206개국 선수들 모두에게 감사와 사랑의 박수를 보냅니다. 무엇보다도 대한배드민턴협회의 문제점을 온 몸으로 알린 안세영 선수의 용기에 힘찬 격려의 박수를 보냅니다. 그리고 한국으로 귀화한 전지희 선수와 이은혜 선수가 동메달을 딴 것에 대해서도 축하하고 축하합니다.

탁구 혼합복식 시상식에서 금메달을 획득한 중국 왕추친과 쑨잉샤, 은메달을 획득한 북한 리종식과 김금용, 동메달을 획득한 임종훈과 신유빈이 함께 어울려 기념사진을 찍는 모습과 태국 파니팍 옹파타나키트 선수가 태권도 여자 49kg급 결승전에서 금메달을 확정지은 뒤 한국인 최영석 감독을 향해 무릎 꿇고 인사하는 모습을 파리 올림픽의 감동적인 모습으로 꼽고 싶습니다.

2028년 로스엔젤레스 올림픽에서도 감동의 순간은 이어질 것입니다. 나라도, 선수도, 온 세계인들도 이번 파리 올림픽 슬로건대로 '서로 나누는 세상'을 만들어 가기를 소망합니다. 더불어 사는 세상이 더불어 행복한 세상입니다.

5-28
창작음악그룹 '오롯'과 함께 한 박물관문화향연

    2024년 이수교회 새가족 야유회 장소인 국립중앙박물관을 답사하기 위해 방문했다가 야외 석조물공원에서 열린 음악그룹 '오롯'의 국악 공연을 관람하고 왔습니다. 오후 3시에 공연이 시작되었는데, 오전에 내린 비가 무더위를 모두 씻어낸 듯 겉옷을 입지 않으면 추위를 느낄 정도로 시원한 날씨 속에서 생애 처음 들어본 생황(笙簧 - 큰 대로 판 통에 많은 죽관을 돌려 세우고, 주전자 귀때 비슷한 부리로 부는 관악기)과 양금(洋琴 - 채로 줄을 쳐서 내는 현악기) 그리고 피리와 해금(奚琴) 소리는 바람소리, 새소리와 어우러져 참 아름다운 소리를 만들어 냈습니다. 1시간가량의 공연이 10분처럼 느껴질 정도로 시간이 금방 지나갔습니다. 해금소리를 듣다보면 저절로 눈이 감깁니다. 국악의 향기를 느끼는 저는 분명 한국인입니다.

    음악그룹 '오롯'은 피리와 생황 연주자 김한길 선생님과 해금과 양금 연주자 유선경 선생님 두 분의 멀티 악기 연주자로 이루어진 창작음악그룹이라고 합니다. 모자람이 없이 온전한 것을 '오롯하다'라고 하는데, 연주곡 하나하나가 정말 오롯했습니다. 여러분도 주말에 국립중앙박물관을 한 번 방문해보세요. 황홀한 공연이 여러분을 기다리고 있습니다.

5-29
몸에 좋은 것과 입에 좋은 것 그리고 다 좋은 것

　법무법인 서호 사무실 식구들 전체 회식을 할 때는 주로 사무실 근처에 있는 '닭한마리'라는 식당에서 닭 요리를 먹는 경우가 많습니다. 그런데, 오늘은 홍창식 변호사님이 사무실 식구들 전체 점심식사를 용리단길에 있는 '오네스토'라는 이탈리안 음식점에서 사주시면서 "닭 한마리는 몸에 좋은 것이고, 이탈리안 음식은 입에 좋은 것"이라는 표현을 했습니다. 그러자 김진철 변호사님이 "공짜는 다 좋은 것"이라고 화답했습니다. 짧은 문장 속에 참 많은 내용이 담겨 있습니다.
　'음식을 주는 사람은 당신에게 마음을 주는 것이다.'라는 말이 있습니다. 성경에서도 요셉이 동생 베냐민에게는 '자기 음식을 다른 사람보다 다섯 배나 줬다(창세기 43장 34절)'라는 표현이 나옵니다. 요셉은 동생 베냐민에게 마음을 더 준 것입니다. 오늘 홍창식 변호사님은 사무실 식구들에게 사랑과 감사의 마음을 담아 점심식사를 사주신 것이기 때문에, 그 음식은 몸에도 좋고, 입에도 좋고, 눈에도 좋은 것입니다. 더군다나 공짜이기에 '다 좋은 것'입니다. 그래서 저는 마지막 남은 피자 조각까지 배 터지게 먹었습니다. 결국 저는 오늘 아침 살을 빼기 위해 서울역 근처에 있는 집에서 신용산역 근처 사무실까지 걸어왔는데, 오늘 점심식사로 '말짱 도루묵' 되었습니다.

5-30
한국계 교토국제고
일본 '여름 고시엔' 첫 우승

'고시엔(甲子園)'은 효고현 니시노미야시 남동부 지역에서 사용되는 명칭입니다. 주로 일본 고등학교 야구 대회를 가리키며, 특히 교토국제고등학교가 '고시엔'으로 불리는 일본 전국고교야구선수권대회에서 처음으로 우승했습니다. 이 대회는 일본 고교 야구를 상징하며, 매년 4,000개 가까운 팀이 출전합니다. 교토국제고는 해방 이후 1947년 재일교포들이 자발적으로 설립한 교토조선중학교가 전신이며, 현재는 교토국제고로 명칭을 바꾸었습니다. 이번 우승은 교토국제고뿐만 아니라 재일 한국인 사회에도 큰 의미를 지니며, 선수들이 한국어로 교가를 부르며 눈물을 흘렸다고 합니다. 정말 멋진 업적이죠!

> "동해 바다 건너서 야마도 땅은
> 거룩한 우리 조상 옛적 꿈자리
> 아침 저녁 몸과 덕 닦는 우리의
> 정다운 보금자리 한국의 학원"

이 교가는 교토국제고를 상징하며, 고시엔에서 선수들이 한국어로 부르며 눈물을 흘리는 감격적인 장면이 공영방송 NHK을 통해 일본 전국에 생중계되기도 했습니다. 정말 멋진 업적이죠! AI에게 '고시엔은 무엇인가요?'라는 질문과 '교토국제고의 교가를 알려 달라.'는 질문을 했더니 위와 같이 답변을 했습니다. 옥에 티라면 '정말 멋진 업적이죠!'라는 말을 반복한 것 외에는 어디 흠잡을 데 없이 완벽한 문장입니다.

교토 히가시야마구에 자리한 교토국제고는 2024년 4월 현재 중고교생 전체 학생수는 159명인데, 그 중 한국계는 약 30%이고, 고교생 137명 중 야구부 소속은 약 44%라고 합니다. 학생들은 입학하면 주 3~4시간씩 한국어를 배우고, 한국어로만 진행하는 수업도 꽤 있다고 합니다. NHK 방송을 통해 교토국제고 한국어 교가를 듣는 것만으로도 감동입니다. 교토국제고 교가(校歌) 1~4절은 동해 바다를 건너서 일본으로 간 우리 조상들의 이야기를 담고 있고, 교기(校旗)에도 선명하게 무궁화와 태극 문양을 새겼습니다. 교토국제고가 교가대로 '이국땅에서 어두움을 밝히는 등불이 될 것'으로 믿습니다. 참 자랑스럽습니다.

(2절)
서해를 울리도다 자유의 종은
자주의 정신으로 손을 잡고서
자치의 깃발 밑에 모인 우리들
씩씩하고 명랑하다 우리의 학원

(3절)
해바라기 우리의 정신을 삼고
문명계의 새 지식 탐구하면서
쉬지 않고 험한 길 가시밭 넘어
오는 날 마련하다 쌓은 이 금당

(4절)
힘차게 일어나라 대한의 자손
새로운 희망 길을 나아갈 때에
불꽃같이 타는 맘 이국땅에서
어두움을 밝히는 등불이 되자

※ 고시엔(甲子園)은 일본 효고현 니시노미야시에 있는 야구 구장 이름입니다. 개장 연도가 육십갑자상 '갑자(甲子)년'인 1924년이었기 때문에 이런 이름을 붙였고, 올해가 개장 100주년입니다. 매해 3월 '선발고교야

구대회(마이니치신문 주최)'와 8월 '전국고교야구선수권대회(아사히신문 주최)'가 열리는데, 이를 각각 '봄 고시엔'과 '여름 고시엔'이라고 통칭합니다. 32교가 나오는 '봄 고시엔'에 비해 47도도부현(광역자치단체)별로 1개교(홋카이도와 도쿄도 2개)씩 49교가 출전하는 '여름 고시엔'이 더 큰 행사로 꼽힙니다. 본선 고시엔에서는 토너먼트 방식으로 경기가 치러지기 때문에 패한 팀은 바로 집으로 돌아가야 합니다. 그래서 대회 중계에서는 패배한 선수들이 구장의 흙을 모아 병 등에 담아 가져가는 모습이 빠지지 않고 등장합니다. 내년에 반드시 이곳에 돌아와 이 흙을 돌려주겠다는 각오라고 합니다. 고시엔은 일본 프로야구 한신 타이거스 홈구장이기도 합니다(인용 글).

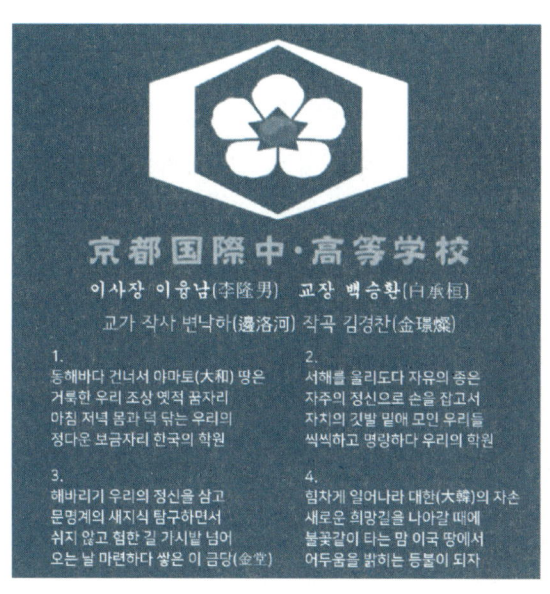

5-31
골프공을 줍는 꿈과
갑오징어가 새끼를 낳는 꿈

그저께밤 비몽사몽간에 밀린 성경책을 읽고 잠이 들었습니다. 평소에는 꿈을 잘 꾸지 않는데, 아침에 일어나기 직전에 2가지 꿈을 동시에 꿨습니다. 하나는 쌀 씻는 양푼이를 들고 다니면서 나무 사이와 땅에 밝혀 있는 골프공을 가득 주워 가지고 나오는데, 바다가 아닌 계곡에서 큰 갑오징어 한 마리가 엄청나게 많은 새끼를 낳는 모습을 곁에 계시던 유숙자 권사님의 핸드폰으로 찍었습니다.

성경 창세기에서는 아버지 야곱이 아들 요셉을 편애하자 요셉의 형들이 자신들을 만나러 온 요셉을 이스마엘 상인에게 노예로 팔아 버리고, 애굽 왕 바로의 시위대장 보디발의 집에서 노예로 일하게 된 요셉이 범사에 하는 일마다 하나님께서 복을 주시자 보디발이 요셉에게 모든 집안일을 맡깁니다. 그런데 용모가 뛰어난 요셉을 보디발의 아내가 요셉을 유혹하였으나, 요셉이 그 유혹을 거절하자 보디발의 아내가 요셉을 누명을 씌워서 감옥에 갇히게 됩니다. 요셉은 그 감옥에서도 충실하게 지내면서 떡 굽는 관원장과 술 맡은 관원장의 꿈을 해몽해주었고, 그것이 계기가 되어 애굽 왕 바로의 꿈을 해몽해주면서 바로에게 7년 풍년 후 7년 흉년이 들 것이므로 풍년 동안에 흉년을 준비하라고 권유하고, 결국 그 꿈 해몽으로 인해 요셉은 애굽의 총리가 됩니다. 이후 요셉은 아버지 야곱을 비롯한 온 가족을 애굽으로 오게 하고, 그곳에서 가족이 번성해서 430년 만에 출애굽 할 때 약 200만 명이 됩니다. 요셉이 자신을 노예로 판 형들에게 "하나님이 큰 구원으로 당신들의 생명을 보존하고 당신들의 후손을 세상에 두시려고 나를 당신들보다 먼저 보내셨나니 그런즉 나를 이리로 보낸 이는 당신들이 아니요 하나님이시라 하나님이 나를 바로에게 아버지로 삼으시고 그 온 집의 주로 삼으시며 애굽 온 땅의 통치자로 삼으셨나이다(창세기 45장 7~8절)"라고 합니다. 하나님이 하시는 일은 정말 상상을 초월합니다.

그저께밤 제가 꾼 꿈을 요셉처럼 해몽해주실 분이 계실까요? 저는 그 꿈을 잊어버렸는데, 오늘 아침 홍창식 변호사님이 '특수임무수행자 보상심의 위원회' 회의가 가셨다가 선물로 받은 골프공 1더즌을 주셨습니다. 제가 꿈속에서 쌀 씻는 양푼이를 들고 다니면서 나무 사이와 땅에 밝혀 있는 골프공을 가득 주운 꿈은 오늘 홍변호사님으로부터 골프공을 선물 받을 것을 미리 암시한 꿈이 아닐까요?

그리고 '계곡에서 큰 갑오징어 한 마리가 엄청나게 많은 새끼를 낳는 모습을 본 꿈'은 제가 1997~1998년 백골부대 법무참모로 근무할 때 과장으로 근무한 박찬주 과장님이 사시는 고창을 방문에서 행정병 안봉주(한국은행 대구경북본부 기획금융팀장), 운전병 이윤석(코스닥 상장회사인 더블유에스아이 대표이사)과 함께 내일과 모레 골프도 하고, 함께 식사하는 행복한 시간을 꿈으로 보여준 것이 아닐까요?

※ 유숙자 권사님의 저의 꿈 해몽

첫 번째 꿈, 땅에 떨어져 있는 골프공을 신자로 보면 교회 잘 나오다 쉬고 계시는 성도님들을 찾으라는 것.
두 번째 꿈, 갑오징어가 산고의 고통을 겪으며 계곡에서 새끼를 낳는 것을 지켜보며 사진 찍는 것은 어려움에 갈팡질팡대며 살아가는 타향에서 고생하는 사람들을 찾아 유숙자 권사와 함께 전도하라는 메시지.

5-32
나에게 행복을 주는 사람

    오늘 오전 전북 완주군에 있는 이수교회 민창기 목사님 모친상(삼례성결교회 이은자 권사님) 장례식장에 다녀와서, 오후에 의뢰인과 함께 내일 재판 준비를 마치고 쉬는 시간에 페이스북을 보다가 우연히 <나에게 행복을 주는 사람>이라는 글을 봤습니다.

    <나에게 행복을 주는 사람>
    1. 있는 그대로 나를 봐 주는 사람
    2. 나를 보며 웃어주는 사람
    3. 힘들 때 토닥토닥 해주는 사람
    4. 나의 가치를 알아주는 사람
    5. 나를 빛나게 해주는 사람
    6. 있는 그대로 나를 사랑해 주는 사람
    7. 나에게 행운을 주는 사람
    8. 나에게 기쁨과 여유를 주는 사람
    9. 우울하지 않게 공감을 나눠주는 사람
    10. 편하게 대화하고 기댈 수 있는 사람

    여러분에게 위와 같이 행복을 주는 사람은 누구인가요? 나에게 행복을 주는 사람이 많으면 많을수록 좋겠지만, 그런 사람이 단 한 사람만 있어도 이 세상 행복하게 살아갈 수 있습니다. 그렇기 때문에 서로가 서로에게 행복을 주는 사람이 되도록 마음을 다하고, 뜻을 다해야 합니다. 행복은 그냥 주어지는 것이 아니고, 내가 만들어 가는 것입니다.
    해바라기의 '행복을 주는 사람' 노래가사처럼 비록 내가 가는 길이 험하고 멀지라도, 때로는 지루하고 외로운 길일지라도 나에게 행복을 주는 사람과 함께라면 그 인생길 웃으면서 걸어갈 수 있음을 믿습니다. 기왕이면 내가 먼저 상대방에게 행복을 주는 사람이 되도록 노력합시다. '행복바이러스'는 전염성이 강하기 때문에 상대방도 금방 감염되어 나를 행복하게 해 줄 것입니다. 행복은 멀리 있는 것이 아니라 바로 당신 곁에 있습니다. 늘 자녀들에게 행복을 주셨던 모친을 하나님 아버지 곁으로 보내신 민창기 목사님과 유가족들에게 하나님의 위로를 빕니다.

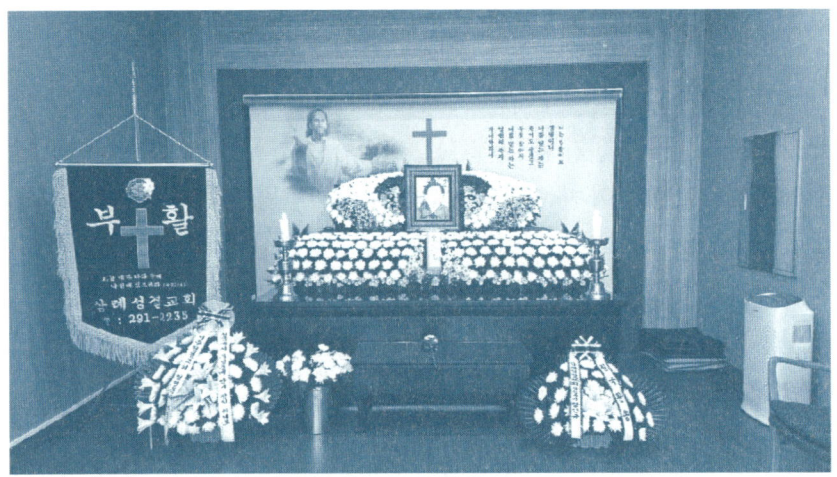

5-33
한국의 작가, 한강!

South Korean Auther, Han Kang!
한국의 작가, 한강!

    2024년 10월 10일(현지 시간) 스웨덴 한림원에서 2024년 노벨문학상 수상자로 대한민국 소설가 한강(韓江)을 호명했습니다. 123년 노벨문학상 역사에서 아시아 여성이 받은 것은 최초입니다. 한림원은 노벨문학상 선정 사유를 "역사적 트라우마를 정면으로 마주하고 인간 삶의 유약함을 드러내는 강렬하고 시적인 산문"이라고 발표했는데, 한강이 2014년 발표한 소설 <소년이 온다>는 광주 5.18 민주화운동을, 2021년에 발표한 소설 <작별하지 않는다>는 제주 4.3 사건을 다룬 것입니다.

    한강이 대한민국 광주 출신이라는 것도 자랑스럽고, 우리의 아픈 역사를 소설로 써준 것도 감사합니다. 한강은 광주일보와 과거 인터뷰에서 소설 <소년이 온다>에 대해 "제가 작품을 썼다기보다 소설 속 주인공인 소년과 80년 광주를 체험했던 시민들이 작품을 썼다고 본다. 글을 쓰는 동안 저의 삶을 온전히 그분들께 빌려드린다는 마음으로 작업을 했다."고 했습니다.

천천히, 계속 더 쓸 것이다.
- 한강 작가 공식홈페이지 글 -

어떤 다짐이나 각오의 말을 하고 싶지는 않다.
언제부터 글쓰기는 나에게 밥과 같은 것이었다.
- KBS TV문화지대 출연 당시 한강 작가의 말 -

    작가 한강의 아버지이자 소설가인 한승원 작가는 딸 한강이 "전쟁으로 고통받는 사람들이 많다면서, 노벨문학상 수상 축하 마을 잔치를 열지 말라고 했고, 기자회견도 안 할 것이라고 했다."고 말했습니다. 참으로 따뜻한 마음가짐입니다. 한강 작가의 말대로 좋은 작품들을 매일 밥을 먹듯이 천천히 계속 더 써서 이 나라 이 민족을 더 빛내줄 것으로 믿습니다. 백범 김구 선생의 꿈이 우리 모두의 꿈이 되길 소망합니다.

나는 우리나라가 세계에서 가장 아름다운 나라가 되기를 원한다. 가장 부강한 나라가 되기를 원하는 것은 아니다. 내가 남의 침략에 가슴이 아팠으니, 내 나라가 남을 침략하는 것을 원치 아니한다. 우리의 부력(富力)은 우리의 생활을 풍족히 할 만하고, 우리의 강력(强力)은 남의 침략을 막을 만하면 족하다. 오직 한없이 가지고 싶은 것은 높은 문화의 힘이다. 문화의 힘은 우리 자신을 행복되게 하고, 나아가서 남에게 행복을 주기 때문이다.

- 백범 김구 선생 명언 -

5-34
지금 이대로

"우리 인생도 노을처럼 멋있게 지는 거지."
"사랑이라는 거, 나이에 상관없이 참 아름다운 거지."
"시간을 사고 싶다."

제가 다시 보기로 즐겨보는 JTBC 예능 프로그램 '끝사랑'에서 나온 명언들입니다. 이 프로그램은 50세 이상 남녀 시니어들이 마지막 사랑을 찾는 이야기를 다루고 있는데, 사랑과 인생의 의미를 다시 생각하게 만드는 명언들이 많이 나옵니다. 맞습니다. 우리 인생도 노을처럼 멋있게 지는 것이고, 사랑은 나이에 상관없이 참 아름다운 것입니다. 그런데, 저는 시간만큼은 사고 싶지 않습니다. 저에게도 길가에 있는 풀이 부러울 정도로 힘든 날이 있었고, 시간을 되돌리고 싶을 정도로 후회스러운 날도 있었습니다. 그렇지만 저는 그 시간 함께 해준 아내와 딸·아들, 부모와 형제자매 그리고 저를 사랑해주신 수많은 이웃들이 있었기에 그 시간을 간직하고 싶습니다. 저는 20대 중반에도 그리고 50대 중반인 지금도 '지금 이대로'가 좋습니다. 그 모든 것들이 소중한 나의 인생이기 때문입니다.

5-35

KIA 타이거즈 V12 2024 한국시리즈 우승

　KIA 타이거즈가 광주에서 펼쳐진 2024 한국시리즈 5차전 삼성 라이온즈와의 경기에서 역전승을 거둬 한국시리즈 통산 12번째 우승을 차지했습니다. 저는 1982년 프로야구가 시작된 때부터 해태 타이거즈 광팬이었는데, 저뿐만 아니라 광주시민을 포함한 호남 사람들 대부분이 '목포의 눈물'을 불러가면서 해태 타이거즈를 응원하는 즐거움이 꽤 컸었습니다. 더군다나 저는 야구의 명문 광주일고 62회 졸업생으로 야구와 가까이 할 수밖에 없었습니다. 또한 저는 전남대 87학번인데, 해태 타이거즈는 1987년 광주에서 한국시리즈 우승을 했었고, 37년 만에 다시 광주에서 한국시리즈 우승을 한 것입니다. 제가 1993년 사법연수원 다닐 때 해태 타이거즈가 오늘처럼 삼성 라이온즈를 꺾고 한국시리즈를 우승했었는데, 당시 함께 연수받던 저의 군법무관 10기 동기들에게 구내식당에서 점심식사를 대접하기도 했습니다.

　그렇게 야구를 좋아하던 제가 어느 때부터 야구 경기를 보지 않게 되었습니다. 그런데, 오늘밤 우연히 TV를 보다가 KIA 타이거즈가 우승하는 감동적인 순간을 함께 했습니다. KIA 타이거즈는 해태 타이거즈 시절을 포함하여 통산 한국시리즈 우승 12회로 최다 우승팀이고, 한국시리즈에 올라가서는 단 한 번도 우승을 놓친 적이 없는 무패 행진을 이어가고 있습니다.

"광주, 우리 시대에 가장 큰 아픔을 야구로 극복한 도시에서 타이거즈는 운명이자 자랑이었습니다. 그런 KIA 타이거즈가 7년 만에 프로야구 챔피언에 오릅니다."
- MBC스포츠플러스 한명재 캐스터의 우승 콜 -

광주시는 '한강 작가의 노벨문학상 수상에 이은 KIA 타이거즈의 한국시리즈 우승은 광주시민들에게 다시 한번 가슴 벅찬 감동과 기쁨을 주었다.'고 치켜세웠는데, 저도 같은 마음입니다. V12 2024 한국시리즈 우승을 이끈 KIA 타이거즈 이범호 감독과 코칭스태프, 선수들에게 축하의 물개박수를 보내고, 아울러 V13 2025 한국시리즈 우승을 기원합니다.

　최강 KIA 화이팅!!

5-36
머슴들을 위하여 건배!

오늘 아침은 뱃살을 빼기 위해 서울역 근처에 있는 저의 집에서 사무실이 있는 신용산역까지 걸어서 출근했고, 점심때도 좀 더 걷기 위해 걸어서 삼각지역 주변에 있는 짱뚱어탕 전문 식당을 들어갔습니다. 그 식당 안에는 Kelly 맥주 이미지가 양쪽에 있고, 아래와 같은 글이 써 있는 현수막이 걸려 있습니다.

나는 자식들의 물주요, 마누라의 머슴이다.
머슴들을 위하여 건배!!

저도 머슴이라는 생각이 드니까 갑자기 Kelly 맥주 한잔하고 싶어졌습니다(참고로 저는 2016년 여름경부터 금주중입니다). 밥은 옛날 도시락에 담겨서 계란후라이가 얹혀 나오고, 밑반찬으로는 떡볶이, 도토리묵, 조개젓 등이 나오는데 한결같이 맛있습니다. 걸죽한 짱뚱어탕은 술안주로도 안성맞춤입니다. 오늘은 짱뚱어탕 때문에 다이어트는 내일부터 해야 할 것 같습니다. 또한 식당 벽에는 아래와 같은 글이 액자에 걸려 있습니다.

바라만 보아도
참 좋은 당신

위 글은 식당 주인이 손님을 바라볼 때의 마음일 수도 있지만, 저는 마누라(국어사전 뜻 : 중년이 넘는 아내를 허물없이 이르는 말)가 저를 바라볼 때 그와 같은 마음이 들도록 오늘 하루도 열심히 살아갈 것을 장렬히 순직한 짱뚱어들이 들어 있는 짱뚱어탕 앞에서 굳게 맹세합니다!!

5-37
백골978 고창에서 "백골"

1. 첫째 날 : 어서와~ 고창은 처음이지?

저는 1992년 제10회 군법무관임용시험에 합격하여 1995년에 사법연수원을 수료한 후 첫 보직인 수도방위사령부 검찰부장직을 마치고, 1997~1998년 백골부대에서 법무참모로 근무했습니다. 당시 백골부대 법무참모부에는 법무참모, 군검사, 검찰과장, 행정병 3~4명, 운전병 1명이 근무했었습니다.

제가 법무법인 서호를 설립한 2006년에 박찬주 과장님(예비역 원사)을 비롯한 백골부대 법무참모부 전우들 대부분이 사무실을 방문해주셨고, 그 무렵부터 저와 함께 근무한 백골부대 전우들이 '백골978'이라는 이름으로 모임을 이어가고 있습니다. 어느 날은 박태승 변호사(행정병)가 개업한 부천에서 모임을 했었고, 어느 날은 서초동에서 손철우 부장판사님(군검사), 박과장님, 박변호사, 안봉주 팀장(행정병, 한국은행 대구경북지부 기획금융팀) 내외, 원준연(행정병, 공직자), 박정석 (주)중앙 이사(운전병), 이도형 청운대 교수(행정병, 경인방송 '까칠한 시선 이도형입니다' 진행자), 이윤석 코스닥 상장회사인 (주)더블유에스아이 대표이사(행정병) 그리고 저의 부부가 함께 모여서 백골부대에서의 행복한 추억을 나눴습니다. 이후 이원신 부장판사님(군검사)과도 당시 박정석 이사가 운영하던 음식점에서 백골978 전우들이 모여 즐거운 시간을 가졌습니다.

2018년 2월에는 5명이 저의 사무실이 있는 용산에서 모여 영화 '염력'을 관람했었고, 그 해 12월에는 6명이 모여 '이화동 벽화마을'에서 송년회 모임을 가졌습니다. 2019년 7월에는 박찬주 과장님 근속 30주년을 축하하기 위해 과장님의 근무지 제22사단이 있는 강원도 고성에서 6명이 모여 골프도 하고, 청간도콘도에서 싱싱한 문어를 삶아 먹으면서 새벽까지 서로의 꿈을 듣고 격려하는 시간을 가졌습니다.

그러던 중 박태승 변호사가 2021년 6월 불의의 교통사고로 소천한 이후 모임을 하지 못하고 있다가 이번에 오랜만에 과장님이 귀향하여 살고 계시는 고창에서 다시 모임을 갖게 되었습니다. 특히 이번 모임에는 독일 근무 등으로 모임에 오지 못한 안봉주 팀장이 먼 대구에서 참석하여 더 뜻깊은 모임이 되었고, 안팀장과 이대표는 고창을 처음으로 방문했다고 합니다.

이윤석 대표가 아침 일찍 저희 아파트로 와서 저의 부부를 태워줘서 편하게 이동했습니다. 백골부대 법무참모부에 배정된 차는 14호 군용 지프차였는데, 그 때 그 시절로 다시 돌아가 14호차를 타는 기분이어서 더 행복했습니다. 고창CC 클럽하우스에서 모여 간단히 점심식사를 하고, 아래와 같은 골프룰로 오후 13:36 티샷을 했습니다.

　　<백골978 골프룰>
　　① 1번 홀과 18번 홀 1파 만파 하지 않고 정확히 적는다.
　　② OK와 멀리건 없다. 다만, 경기 지연으로 캐디가 요청할 경우에는 OK 가능하다.
　　③ 회비에서 버디 1만원, 이글 5만원, 홀인원 10만원, 알바트로스 30만원 지급한다.
　　④ 골프비용은 1/n하되, 캐디피는 법무참모가 부담한다.

결과는 어떻게 되었을까요? 저는 캐디가 18홀 마지막 홀에서 "드라이버 하나 잘 맞았네요."라고 표현할 정도로 17번 홀까지 티샷을 엉망으로 했습니다. 저는 파를 하나도 못하고, 양파만 5개나 해서 116타로 뒤에서 1등 했습니다.

골프를 마친 후 박찬주 과장님 댁 근처 '오성장어' 식당에서 고창 특산물 풍천장어로 맛있는 저녁식사를 하고, 과장님 댁에서 준비해주신 복분자술과 과일을 먹으면서 서로의 삶을 이야기하는 시간을 가졌습니다. 특히 과장님은 제가 발 뒷꿈치가 아프다고 하니까 지압 등을 통해 체형관리를 해주셨는데, 참 아프면서 참 시원했습니다. 과장님 내외분은 2년 전 허름한 농가

를 산 후 직접 리모델링을 해서 아름다운 펜션처럼 집을 꾸며놨습니다. 과장님 댁에서 정겨운 대화를 마치고, 과장님이 마을 이장님이 손수 담근 복분자술을 1병씩 선물로 주셨습니다. 창가에 청개구리가 기어다니고, 밤하늘의 별이 참 많이 보였습니다. 숙소인 고창CC 골프텔로 복귀하여 침대에 눕자마자 꿀잠을 잤습니다.

2. 둘째 날 : 둥글게 둥글게

아침 식사를 마치고 07:25 티업을 했습니다. 오늘은 안팀장과 '집을 걸고' 골프를 했는데, 결과는 어떻게 되었을까요? 그늘집에서 안팀장과 이대표 앞에 골프공 2개를 놓은 상태로 사진을 찍은 후 다음과 같이 '둥글게 둥글게'라는 디카시를 썼습니다.

둥글게 둥글게

참 좋은 사람들이다
둥글게 둥글게 살아온 사람들
참 고마운 사람들이다
둥글게 둥글게 섬겨온 사람들
참 사랑스러운 사람들이다

안팀장과 '집을 걸고' 시합을 한 결과 처음에는 제가 5타 차이로 앞섰으나, 전반 12번 홀을 마칠 때는 10타 차이로 제가 지고 있었습니다. 그러다가 그늘집에 잠시 들러 오디 팥빙수를 먹은 후에는 제가 연거푸 파를 3개나 해서 2타 차이로 간격을 좁혔으나, 최종 6타 차이로 석패했습니다. 안팀장은 "1가구 2주택이 되게 되었습니다."라고 좋아하면서 제가 집을 안 넘겨 주면 가처분 등 소송을 하겠다고 해서, 제가 민법 제103조를 들어 무효임을 확인시켜줬습니다.

민법 제103조(반사회질서의 법률행위) 선량한 풍속 기타 사회질서에 위반한 사항을 내용으로 하는 법률행위는 무효로 한다.

골프를 마치고, 구시포해수욕장 해변가에 있는 '가막도횟집' 식당에서 백합 칼국수와 죽, 물회, 삶은 소라로 맛있는 점심식사를 하고, 해변가와 가막도에서 기념사진을 찍었습니다. 안팀장은 한국은행에서 만든 '2024 한국의 주화'와 올리브유를 선물로 줬고, 특별히 저에게는 한국은행에서 만든 '2023 한국 명산의 사계 은화'를 선물로 줬는데, 은화에 은이 많이 들어 있는지 묵직했습니다.

인생은 추억 쌓기입니다. 1997~1998년부터 지금까지 행복한 추억 쌓기를 함께 해주고 있는 백골978 전우들에게 사랑과 감사의 인사를 전합니다.

특히 이틀 동안 코스닥 상장회사 대표이사에서 백골부대 법무참모 운전병으로 변신하여 서울-고창 왕복 운전을 해준 이윤석 대표에게 더 많은 감사 인사를 전합니다. 내년에는 이용의 '잊혀진 계절' 노래가사대로 10월의 마지막 밤을 이도형 교수가 살고 있는 인천에서 보내기로 했습니다.

"백골!"

5-38
독립유공자의 명칭을 되찾자

2025년 수능시험이 실시되는 오늘 광복회에서 주관하는 '독립운동 용어 정립과 현대적 적용 연구' 학술연구 발표회에 참가하고 왔습니다. 광복회 행사에는 생애 처음으로 참석했는데, 이종찬 광복회장님 등 귀한 분들을 많이 뵙고, 고견을 듣는 귀한 시간이었습니다.

<주제 발표>
기조발언 : 유민 광복회학술원장
제1주제 발표 : 순국선열·애국지사 용어에 대한 고찰(발표자 김삼열 사단법인 한국독립유공자유족회 회장)
제2주제 발표 : 독립유공자 예우 진작을 위한 용어 정립(발표자 사단법인 윤우 의병정신선양중앙회 명예회장)
제3주제 발표 : 3·1혁명의 역사적 의미 변화와 용어 개념 정리(발표자 이계형 국민대 교양대학 교수)

저는 윤우 회장님이 발표하신 제2주제 논문 순서대로 ① 순국선열의 본인 사망 사실 간과 문제와 독립유공자법상 유족 또는 가족의 범위 확대 문제, ② 순국선열의 사망일시금 지급 문제, ③ 국가유공자단체법상 단체 순위 표기 문제, ④ 박물관 등 이용시 독립유공자 국가유공자 대우 등의 문제, ⑤ 순국선열 개념 정의 문제 등에 관하여 저의 졸견을 밝혔습니다. 저는 종합토론 마지막 발언으로 광복회에 세 가지를 주문했습니다. 첫째, 국경일에 관한 법률에는 '3·1절, 제헌절, 광복절, 개천절, 한글날'을 국경일로 정하고 있는데, 후세대들이 '3·1절'을 그냥 노는 날로만 인식하지 않도록 '3·1독립절'로 개정하는 일에 나서 달라. 둘째, 독립유공자 명칭을 찾는 방법으로 현행 국가유공자법과 독립유공자법 적용 대상자 명칭 중 순국선열은 '순국

독립유공자 또는 독립 순국선열'로, 애국지사는 '독립유공자 또는 독립 애국지사'로 개정되도록 힘써 달라. 셋째, 광복회 국민의례 때 국기에 대한 경례만 할 것이 아니라 애국가 제창과 '순국선열과 호국영령에 대한 묵념'도 실시 하고, '순국선열'도 '독립유공자의 한 부류'이므로 광복회부터 '독립유공자와 호국영령'로 변경해서 묵념을 실시해달라고 요청했습니다.

저희 집이 남산 자락에 있기 때문에 남산공원 안중근 의사 기념관 앞을 자주 가곤 합니다. 그곳 돌판에 새겨진 안중근 의사의 유묵(遺墨) '견리사의 견위수명(見利思義 見危授命 - 이로움을 보면 의로움을 생각하고, 위태로움을 보면 목숨을 바치라)' 글을 볼 때마다 가슴이 뭉클합니다. 광복회에서 안중근 의사 기념관에서 개최하는 전국 백일장과 시화전, 독립유공자 관련 연극과 영화, 유튜브 영상 지원 등 여러 가지 방법을 통해 우리 젊은 세대들이 독립유공자의 나라 사랑 정신을 배울 수 있는 기회를 많이 제공해 주셨으면 합니다. 끝으로 광복회 소개 영상에 나온 어느 독립유공자의 글을 소개합니다. 우리 모두 나라 사랑합시다!!

우리는 찬사를 원하지 않는다
우리는 보답을 원하지 않는다
대한독립 마침내 찾거든
함성과 눈물과 바람으로 살아
죽어도 죽지 않는다

어째서 사람이 이 모양인

　아래 <천주교 사제 1,466인 시국선언문 전문>을 윤석열 대통령이 꼭 읽었으면 합니다. 지금도 늦지 않았습니다. 윤대통령은 아내만 사랑하지 말고, 우리 조국 대한민국 국민 모두를 사랑해주십시오. 정의(正義)의 제1원칙은 '같은 것은 같게, 다른 것은 다르게' 하는 것입니다. 정적(政敵)을 대하는 잣대와 가족을 대하는 잣대는 같아야 합니다. 부디 정의가 강물처럼 흐르게 해주십시오. 무엇보다도 지금 의대 증원 문제가 심각합니다. 대통령의 생각이 틀릴 수도 있습니다. 무엇이 문제인지 다시 한 번 살펴봐 주십시오. 솔로몬은 하나님께 부(富)와 장수(長壽)를 구하지 않고 '듣는 마음'을 구했습니다. 솔로몬처럼 상대방의 이야기를 들어주십시오.

　저는 대한민국 헌법 제65조에 따라 대통령이 탄핵 소추(彈劾 訴追)되고, 헌법재판소의 대통령 탄핵 결정이 있기 전에 대통령 스스로 하야(下野)하는 것은 옳지 않다고 생각합니다. 그렇지만, 천주교 사제 1,466인이 "매섭게 꾸짖어 사람의 본분을 회복시켜주는 사랑과 자비를 발휘하자"고 외치는 소리를 외면하지 말고, 대통령이 스스로를 돌아보며 남은 임기 동안만이라도 헌법에서 부여한 책무를 충실히 다해 주십시오. 그래서 다시는 국민들로부터 "어째서 사람이 이 모양인가!"라는 말을 듣지 마십시오. 더 이상 우리 조국 대한민국을 망가뜨리지 마십시오!! 어떻게 지켜낸 이 나라입니까?

　<천주교 사제 1,466인 시국선언문 전문>

　어째서 사람이 이 모양인가!

　"사람이 죄를 지었기 때문에 하느님이 주셨던 본래의 영광스러운 모습을 잃어버렸습니다."(로마 3,23)

1. 숨겨진 것도 감춰진 것도 다 드러나기 마련이라더니 어둔 데서 꾸민 천만 가지 일들이 속속 밝혀지고 있습니다. 이에 분노는 걷잡을 수 없이 커졌고, 무섭게 소용돌이치는 민심의 아우성을 차마 외면할 수 없어 천주교 사제들도 시국선언의 대열에 동참하고자 합니다.

2. 조금 더, 조금만 더 두고 보자며 신중에 신중을 기하던 이들조차 대통령에 대한 신뢰와 기대를 거두고 있습니다. 사사로운 감정에서 "싫다"고 하는 게 아닙니다. 선공후사의 정신으로 "안 된다"고 말하는 것입니다. 나머지 임기 절반을 마저 맡겼다가는 사람도 나라도 거덜 나겠기에 "더 이상 그는 안 된다"고 결론을 낸 것입니다.

3. 사제들의 생각도 그렇습니다. 그를 지켜볼수록 "저들이 하고자 하는 것은 무엇이나 못할 일이 없겠구나."(창세 11,6) 하는 비탄에 빠지고 맙니다. 그가 어떤 일을 저지른다 해도 별로 놀라지 않을 지경이 되었습니다. 하여 묻습니다. 사람이 어째서 그 모양입니까? 그이에게만 던지는 물음이 아닙니다. "선을 바라면서도 하지 못하고, 악을 바라지 않으면서도 그것을 하고 마는"(로마 7,19) 인간의 비참한 실상을 두고 가슴 치며 하는 소리입니다. 하느님의 강생이 되어 세상을 살려야 할 존재가 어째서 악의 화신이 되어 만인을 해치고 만물을 상하게 합니까? 금요일 아침마다 낭송하는 참회의 시편이 지금처럼 서글펐던 때는 일찍이 없었습니다. "나는 내 죄를 알고 있사오며 내 죄 항상 내 앞에 있삽나이다…보소서 나는 죄 중에 생겨났고 내 어미가 죄 중에 나를 배었나이다."(시편 51,5.7)

4. 대통령 윤석열 씨의 경우는 그 정도가 지나칩니다. 그는 있는 것도 없다 하고, 없는 것도 있다고 우기는 '거짓의 사람'입니다. 꼭 있어야 할 것은 다 없애고, 쳐서 없애야 할 것은 유독 아끼는 '어둠의 사람'입니다. 무엇이 모두에게 좋고 무엇이 모두에게 나쁜지조차 가리지 못하고 그저 주먹만 앞세우는 '폭력의 사람'입니다. 이어야 할 것을 싹둑 끊어버리고, 하나로 모아야 할 것을 마구 흩어버리는 '분열의 사람'입니다. 자기가 무엇하는 누구인지도 모르고 국민이 맡긴 권한을 여자에게 넘겨준 사익의 허수아비요 꼭두각시. 그러잖아도 배부른 극소수만 살찌게, 그 외는 모조리 나락에 빠뜨리는 이상한 지도자입니다. 어디서 본 적도 들은 적도 없는 파괴와 폭정, 혼돈의 권력자를 성경은 "끔찍하고 무시무시하고 아주 튼튼한 네 번째 짐승"(다니 7,7)이라고 불렀습니다. 그러는 통에 독립을 위해, 민주주의를 위해, 생존과 번영을 위해 몸과 마음

과 정성을 다 바친 선열과 선배들의 희생과 수고는 물거품이 되어가고 있습니다. 아무리 애를 써도 우리의 양심과 이성은 그가 벌이는 일들을 도무지 이해할 수 없습니다.

5. 그를 진심으로 불쌍하게 여기므로 그를 위해 기도합니다. 하지만 "그 사람 마음 안에서 나오는 나쁜 것들"(마르 7,21-22)이 잠시도 쉬지 않고 대한민국을 괴롭히고 더럽히고 망치고 있으니 가만히 있을 수 없습니다. 오천년 피땀으로 이룩한 겨레의 도리와 상식, 홍익인간과 재세이화의 본분을 팽개치고 사람의 사람됨을 부정하고 있으니 한시도 견딜 수 없습니다. 힘없는 사람들을 업신여기고 사회의 기초인 친교를 파괴하면서 궁극적으로 하느님을 조롱하고 하느님 나라를 거부하고 있으니 어떤 이유로도 그를 용납할 수 없습니다. 버젓이 나도 세례 받은 천주교인이오, 드러냈지만 악한 표양만 늘어놓으니 교회로서도 무거운 매를 들지 않을 수 없습니다.

6. 그가 세운 유일한 공로가 있다면, '하나'의 힘으로도 얼마든지 '전체'를 살리거나 죽일 수 있음을 입증해 준 것입니다. 숭례문에 불을 지른 것도 정신 나간 어느 하나였습니다. 그런데 하나이기로 말하면 그이나 우리나 마찬가지요, 우리야말로 더 큰 하나가 아닙니까? 지금 대한민국이 그 하나의 방종 때문에 엉망이 됐다면 우리는 '나 하나'를 어떻게 할 것인지 물어야 합니다. 나로부터 나라를 바로 세웁시다. 아울러 우리는 뽑을 권한뿐 아니라 뽑아버릴 권한도 함께 지닌 주권자이니 늦기 전에 결단합시다. 헌법준수와 국가보위부터 조국의 평화통일과 국민의 복리증진까지 대통령의 사명을 모조리 저버린 책임을 물어 파면을 선고합시다!

7. 오늘 우리가 드리는 말씀은 눈먼 이가 눈먼 이를 인도하면 둘 다 구덩이에 빠질 것이니 방관하지 말자는 뜻입니다. 아무도 죄의 굴레에서 자유롭지 않습니다. 그러기에 매섭게 꾸짖어 사람의 본분을 회복시켜주는 사랑과 자비를 발휘하자는 것입니다.

2024. 11. 28.
하느님 나라와 민주주의를 위해 기도하며
천주교 사제 1,466인

5-40
윤석열 대통령의 비상계엄 선포는 형법 제87조 내란죄에 해당된다

대한민국 대법원은 '우리 나라는 제헌헌법의 제정을 통하여 국민주권주의, 자유민주주의, 국민의 기본권보장, 법치주의 등을 국가의 근본이념 및 기본원리로 하는 헌법질서를 수립한 이래 여러 차례에 걸친 헌법개정이 있었으나, 지금까지 한결같이 위 헌법질서를 그대로 유지하여 오고 있는 터이므로, 군사반란과 내란을 통하여 폭력으로 헌법에 의하여 설치된 국가기관의 권능행사를 사실상 불가능하게 하고 정권을 장악한 후 국민투표를 거쳐 헌법을 개정하고 개정된 헌법에 따라 국가를 통치하여 왔다고 하더라도 그 군사반란과 내란을 통하여 새로운 법질서를 수립한 것이라고 할 수는 없으며, 우리 나라의 헌법질서 아래에서는 헌법에 정한 민주적 절차에 의하지 아니하고 폭력에 의하여 헌법기관의 권능행사를 불가능하게 하거나 정권을 장악하는 행위는 어떠한 경우에도 용인될 수 없다. 따라서 그 군사반란과 내란행위는 처벌의 대상이 된다(대법원 1997. 4. 17. 선고 96도3376 전원합의체 판결 내용).'는 입장입니다.

계엄사령부 포고령 제1호

자유대한민국 내부에 암약하고 있는 반국가세력의 대한민국 체제전복 위협으로부터 자유민주주의를 수호하고, 국민의 안전을 지키기 위해 2024년 12월 3일 23:00부로 대한민국 전역에 다음 사항을 포고합니다.
 1. 국회와 지방의회, 정당의 활동과 정치적 결사, 집회, 시위 등 일체의 정치활동을 금한다.
 2. 자유민주주의 체제를 부정하거나, 전복을 기도하는 일체의 행위를 금하고, 가짜뉴스, 여론조작, 허위선동을 금한다.

3. 모든 언론과 출판은 계엄사의 통제를 받는다.
4. 사회혼란을 조장하는 파업, 태업, 집회행위를 금한다.
5. 전공의를 비롯하여 파업 중이거나 의료현장을 이탈한 모든 의료인은 48시간 내 본업에 복귀하여 충실히 근무하고 위반시는 계엄법에 의해 처단한다.
6. 반국가세력 등 체제전복세력을 제외한 선량한 일반 국민들은 일상생활에 불편을 최소화할 수 있도록 조치한다.

이상의 포고령 위반자에 대해서는 대한민국 계엄법 제9조(계엄사령관 특별조치권)에 의하여 영장없이 체포, 구금, 압수수색을 할 수 있으며, 계엄법 제14조(벌칙)에 의하여 처단한다.

2024. 12. 3.(화)
계엄사령관 육군대장 박안수

    대한민국 헌법 제77조 제1항은 '대통령은 전시·사변 또는 이에 준하는 국가비상사태에 있어서 병력으로써 군사상의 필요에 응하거나 공공의 안녕질서를 유지할 필요가 있을 때에는 법률이 정하는 바에 의하여 계엄을 선포할 수 있다.'고 명시하고 있습니다. 그런데 2024년 12월 3일 대한민국은 '전시·사변 또는 이에 준하는 국가비상사태'가 아니었습니다. 그러므로 2024년 12월 3일 비상계엄을 발령한 윤석열 대통령과 이를 건의한 김용현 국방부장관, 계엄사령부 포고령 제1호를 발령한 계엄사령관 육군대장 박안수 등은 모두 형법 제87조 내란죄(미수범)의 공범으로 형사처벌 대상입니다. 대한민국 제84조는 '대통령은 내란 또는 외환의 죄를 범한 경우를 제외하고는 재직 중 형사상의 소추를 받지 아니한다.'고 명시하고 있습니다. 현직 대통령이라 할지라도 내란죄의 처벌은 피할 수 없습니다.

    아래 기사는 제가 2016. 11. 18. 저의 페이스북에 올린 글을 보고 로이슈 신종철 기자가 같은 날 <김양홍 변호사 "대통령 계엄? 전혀 염려 없어… 국회가 바로 해제">라는 제목으로 쓴 기사 내용입니다. 상상할 수 없는 일이 현실이 된 것에 대해 경악을 금할 수 없습니다. 다시는 이런 일이 생기지 않기를 간절히 기도합니다.

추미애 더불어민주당 대표가 18일 박근혜 대통령에게 "계엄령까지도 준비하고 있다는 정보도 돌고 있다. 참으로 무지막지한 대통령"이라고 말해 청와대와 새누리당이 강력 반발하는 등 정치권을 강타했다. 이 논란에 대해 고등군사법원 보통부장을 지낸 김양홍 변호사가 헌법을 체크하면서 "계엄은 전혀 염려하지 않아도 된다"며 안심시켜줬다.

먼저 이날 추미애 대표는 최고위원회의에서 "(박근혜) 대통령이 국민과 싸우기로 작정을 한 모양"이라며 "국민이 조사를 받으라고 명하는데, 청와대에 앉아서 인사권을 행사하고, 검찰 조사를 거부하고, LCT수사를 지시하고, 친박 지도부를 버티게 하고, 하수인을 시켜서 촛불민심을 인민재판이라고 하느니, 마녀사냥이라고 하느니, 공격을 하고 있다"고 비판했다. 추 대표는 "박사모를 시켜서 물리적 충돌을 준비하게 하고, 시간을 끌며 지지층 결집시키기를 시도하고, 사정기관에 흔들지 말라는 신호를 보내고 있다"며 "이렇게 한 다음에 최종적으로는 계엄령까지도 준비하고 있다는 정보도 돌고 있다. 참으로 무지막지한 대통령이다"라고 규탄했다. 이에 청와대 정연국 대변인은 "추 대표의 계엄령 준비 운운 발언에 대해 매우 유감스럽게 생각한다"고 밝혔다. 정 대변인은 "제1야당의 책임 있는 지도자가 하기에는 너무나 무책임한 정치적 선동"이라며 "더 이상 사회혼란을 부추기는 발언은 자제해 주기 바란다"고 말했다. 새누리당 염동열 수석대변인도 현안관련 브리핑에서 "정치인의 말은 천리를 간다. 당대표의 말은 역사에 영원히 기록된다"며 "오늘 추미애 대표가 '박근혜 대통령이 계엄령을 준비하고 있다는 정보가 돈다'는 국민 혼란을 자극하는 유언비어를 말했다"고 비판했다. 염 수석대변인은 "계엄령은 있지도 있을 수도 없는 천부당만부당한 말이다"라면서 "대통령을 향해선 극단적인 유언비어를 말하는 것은 상상도 못할 매우 충격적인 이중 잣대 공세"라고 비난했다. 이렇게 정치권에서 논란이 됐다. 이에 '박근혜 계엄령'이 이날 포털사이트(네이버, 다음 등)에서 실시간 검색어 1위에 오를 정도로 큰 관심을 받았다.

그런데 김양홍 변호사(법무법인 서호 대표)가 페이스북에 헌법을 거론하면서 "계엄은 전혀 염려하지 않아도 된다"고 국민을 안심시켰다. 김 변호사는 "대통령이 계엄을 선포하더라도, 국회가 재적의원 과반수의 찬성으로 계엄의 해제를 요구한 때에는 대통령은 이를 해제해야 한다"며 헌법 제77조 제5항을 제시했다. 김양홍 변호사는 "따라서 (박근혜) 대통령은 실효성이 없는 계엄을 선포하지 않을 것이고, 설령 계엄을 선포해도 국회는 이를 바로 해제시킬 수 있다"고 설명했다. 현재 국회의원은 300명이다. 각 정당 의석수를 보면 새누리당 129석, 더불어민주당 121석, 국민의당 38석, 정의당 6석, 무소속 6석이다.헌법 제77조 5항은 "국회가 재적의원 과반수의 찬성으로 계엄의 해제를 요구한 때에는 대통령은 이를 해제하여야 한다"고 규정하고 있다. 300석인 국회의 재적의원 과반수는 150석이다. 따라서 현재 '박근혜-최순실 게이트'에 공동 대응하는 더불어민주당(121석), 국민의당(38석), 정의당(6석)만 힘을 모아도 165석으로 과반을 훌쩍 넘는다. 이런 계산에 따라 김양홍 변호사는 "박근혜 대통령이 실효성이 없는 계엄을 선포하지 않을 것이고, 설령 계엄을 선포해도 국회는 이를 바로 해제시킬 수 있다"고 판단한 것이다.

김양홍 변호사 "대통령 계엄? 전혀 염려 없어… 국회가 바로 해제"

기사입력 2016.11.18 18:20:47

[로이슈 신송철 기자] 추미애 더불어민주당 대표가 18일 박근혜 대통령에게 "계엄령까지도 준비하고 있다는 정보도 돌고 있다. 참으로 무지막지한 대통령"이라고 말해 청와대와 새누리당이 강력 반발하는 등 정치권을 강타했다.

이 논란에 대해 고등군사법원 보통부장을 지낸 김양홍 변호사가 헌법을 체크하면서 '계엄은 전혀 염려하지 않아도 된다"며 안심시켜줬다.

추미애 대표(사진=더불어민주당 홈페이지)

5-41
국민의 힘과 내란의 힘

"어제의 범죄를 벌하지 않는 것은 내일의 범죄에 용기를 주는 것과 똑같은 짓이다."

알베르 카뮈(Albert Camus)의 명언입니다. 경향신문 2024년 12월 9일자 1면에 「'내란죄' 윤석열 탄핵 투표 불참한 국민의힘 105명」 제목 하에 국민의힘 국회의원들의 사진과 이름, 지역을 표기한 것을 게시하면서 그 사진들 아래에 다음과 같은 기사를 실었습니다.

국민의힘 의원 108명 중 105명은 지난 7일 '대통령(윤석열) 탄핵소추안'이 상정되자 국회 본회의장을 떠나 돌아오지 않았다. 이들은 한 층 아래 회의장 문을 굳게 닫은 채 '투표 불성립' 선언을 기다렸다. 국회를 에워싼 시민들은 "윤석열 탄핵"을 외쳤다. 야당 의원들은 "돌아와 표결에 참여하라"고 호소했다. 결국 탄핵안 투표에 참여한 의원은 총 195명. 투표 성립 요건(200명)에 미달해 안건은 개표 없이 폐기 수순에 들어갔다. 국헌을 문란하게 한 '내란 우두머리'의 대통령직 시간이 연장됐다. 8일 0시48분을 기해 탄핵안이 공식 폐기됐다. 12·3 비상계엄 사태 6일째, '헌법 파괴' 대통령의 헌법 절차에 따른 직 박탈이 '헌법 준수'를 한 105명의 방탄 행위로 무산된 날이다.

한겨레신문도 같은 날 1면에 「탄핵하랬더니, 통치하겠다는 한동훈」 제목 하에 국민의힘 국회의원들의 사진들을 공개하고, 그 국회의원들 사진들 한 가운데에 '그날 본회의장 떠난 105인'이라는 제목으로 '지난 7일 오후 윤석열 대통령 탄핵소추안 국회 본회의 표결에 국민의힘 의원 108명 가운데 105명이 불참해 투표가 성립되지 않았다. 윤 대통령은 8일 내란죄 피의자로 입건됐다. 탄핵안 표결에 불참한 105명의 이름과 얼굴을 기록으로 남겨 둔다.'는 기사를 남겼습니다.

국민의힘 국회의원들이 자신이 한 국회의원 선서대로 국회의원의 직무를 양심에 따라 성실히 수행할 것을 촉구합니다. 국회의원들은 '국민의 힘'이 되어야 하지 '내란의 힘'이 되어서는 결코 안 될 것입니다.

> 국회법 제24조(선서) 의원은 임기 초에 국회에서 다음의 선서를 한다.
> "나는 헌법을 준수하고 국민의 자유와 복리의 증진 및 조국의 평화적 통일을 위하여 노력하며, 국가이익을 우선으로 하여 국회의원의 직무를 양심에 따라 성실히 수행할 것을 국민 앞에 엄숙히 선서합니다."

5-42
대한민국의 미래는, 우리의 희망은, 국민 속에 있습니다!!

대한민국 헌법 제1조
① 대한민국은 민주공화국이다.
② 대한민국의 주권은 국민에게 있고, 모든 권력은 국민으로부터 나온다.

1. 국회의장 우원식의 윤석열 탄핵소추안 가결 후 마무리 발언

존경하는 국민 여러분, 의원 여러분. 오늘 우리 국회는 윤석열 대통령 탄핵 소추안을 가결했습니다. 국민의 대표로서 엄숙히 선서한, 헌법 준수의 약속에 따른 결정입니다. 비상계엄이 선포된 그 순간부터 오늘 이 순간까지 국민 여러분께서 보여준 민주주의에 대한 간절함, 용기와 헌신이 이 결정을 이끌었습니다. 국회와 국회의장은 이 사실을 깊이 새길 것입니다. 이제 헌법적 절차에 따라 대통령의 파면 여부는 헌법재판소가 결정하게 됩니다. 국회는 헌법재판소의 탄핵 심판에 충실히 임하겠습니다. 공석인 헌법재판관 임명도 신속하게 이뤄지도록 서두르겠습니다.

민주주의는 국민의 삶으로 증명됩니다. 이제 함께, 한 걸음 더, 다음 단계로 나아갑시다. 국민의 생업과 일상이 빠르게 안정되고, 경제·외교·국방 등 모든 면에서 대내외적 불안과 우려가 커지지 않도록 국회와 정부가 합심하고 협력하겠습니다. 정부 공직자들은 한 치의 흔들림 없이 맡은 소임을 다 해주십시오. 국회도 대외신인도 회복과 민생복원에 최선을 다할 것입니다.

마지막으로 국민 여러분. 국민 여러분의 연말이 조금 더 행복하기를 바랍니다. 취소했던 송년회, 재개하시기를 당부드립니다. 자영업 소상공인 골목 경제가 너무 어렵습니다. 대한민국의 미래는, 우리의 희망은, 국민 속에 있습니다. 희망은 힘이 셉니다. 국민 여러분, 고맙습니다.

2. 대한민국은 선결제 민주공화국이다!!

  2024년 12월 14일 윤석열 탄핵소추안에 대해 찬성 204명, 반대 85명으로 가결되었습니다. 윤석열 탄핵 집회에 참석하는 시민을 위해 5.18 계엄군의 30대 딸이 커피 1,000잔을 선결제하고, 이름 모를 50대 남성이 파리바게뜨 여의도KBS점에서 커피 5,000,000원 어치(약 1,666잔)을 선결제하고, 가수 아이유와 소녀시대 유리가 국회 근처 인근 식당과 카페에서 음식과 음료를 선결제하고, 조국혁신당 조국 대표가 커피 333잔을 결제하는 등 수많은 사람들이 음료 등의 대금을 선결제를 했다고 합니다. 그런 점에서 대한민국은 선결제 민주공화국입니다!! 오늘 윤석열 탄핵소추안에 반대한 내란 공범 85명의 국회의원들에게 대한민국 헌법 제1조를 다시 읽어주고 싶습니다.

  대한민국 헌법 제1조
  ① 대한민국은 민주공화국이다.
  ② 대한민국의 주권은 국민에게 있고, 모든 권력은 국민으로부터 나온다.

5-43
한국미혼모지원네트워크
2024년 전문위원회의

저는 2022년 미혼모가 아이를 잘 키울 수 있는 세상을 만들기 위하여 한마음으로 노력하고 있는 '사단법인 한국미혼모지원네트워크' 전문위원으로 위촉장을 받았었습니다. 그 이후 저는 한국미혼모지원네트워크 유미숙 국장님의 법률자문 요청에 응한 것 외에는 별다른 도움을 드리지 못해 늘 미안했는데, 어제 2024년 전문위원회의에 참석해서 올해 사업을 돌아보고 내년도 사업을 계획했습니다.

한국미혼모지원네트워크 사무실 근처 '들풀한상'이라는 솥밥 전문 식당에서 신구 전문위원들이 모여 저녁식사를 했는데, 김지은 회계팀장님이 "2만원대 솥밥정식이 비싸다"는 표현을 하셔서 놀랐습니다. 한국미혼모지원네트워크 2023년 세입결산액이 1,358,606,668원이나 되는데, 1년 동안 무료로 봉사하고 있는 전문위원들에게 식사 대접하는 자리에서 10,000원까지도 아끼려는 모습을 보면서 감동의 물결이 밀려왔습니다. 그리고 식사 자리에 모인 아홉 분이 모두 기독교인이어서 저의 제안으로 목사님이신 김지은 팀장님에게 대표 식사기도를 부탁드려 함께 기도하고 식사한 것도 감사했습니다.

한국미혼모지원네트워크는 2007년 리차드 보아스(Richard Boas) 박사님에 의해 설립되었고, 2008년 9월 서울사무소 개소와 더불어 양육미혼모들을 위한 권익 옹호 및 사회적 편견 불식을 위해 노력해왔습니다. 미혼모에 대한 편견 개선과 미혼모 자립을 위한 사업, 미혼모 관련 연구와 포럼 및 심포지엄 개최, 미혼모 지원단체들과의 네트워크 형성 등으로 그동안 감춰졌던 미혼모이슈를 공론화하는데 지대한 영향을 미쳤습니다. 한국미혼모지원네트워크는 사단법인 임직원들과 전문위원들 그리고 보이는 곳에서 보이지 않는 곳에서 돕는 손길을 통해 미혼모에 대한 사회적 편견을 개선하고 그들의 권익을 옹호하며, 미혼모의 역량을 강화하고 이들의 자립을 돕는 데 기여하는 각종 지원 사업을 힘차게 해나고 있습니다.

특히 한국미혼모지원네트워크는 2021~2024년 하나은행과 하나금융그룹 지정 후원으로 255명에게 긴급주택 지원, 주거개선, 인턴십, 돌봄비 등으로 129억원을 효과를 거뒀고, 한부모가족복지상담소KUMSN 2019~2024년 9,887건의 상담을 통해 3,872명을 지원했으며, 금순이네TV 유튜브 채널을 만들어 한부모 가족이 알아두면 유익한 정보를 제공하고 있습니다. 단체 예산도 2012년 228,750,000원이었는데, 2024년 예산은 1,358,606,668원으로 약 6배 늘어났습니다.

한국미혼모지원네트워크는 2024년 'HD현대 1% 나눔재단'으로부터 사회공헌활동 유공으로 최우수상을 수상했습니다. 그렇게 귀한 사역을 하고 있는 '천사들의 집합체' 한국미혼모지원네트워크 관계자와 전문위원님들을 사랑하고 축복합니다. 무엇보다도 그분들 중에 이수교회 성도님들이 네 분이나 된다는 것이 자랑스럽습니다.

5-44
압도적 감사

저의 아들이 졸업한 반포중학교 부자유친 OB 1기 모임 회원 서왕연 형님의 환갑을 맞아 열네 분의 회원들이 함께 모여 이수역 근처에 있는 '용차이' 중국집에서 환갑잔치를 했습니다. 그 식당 벽에는 이런 글이 붙어 있습니다.

찾아 주셔서 감사!
압도적 감사!

압도적 승리라는 말은 들어봤어도 압도적 감사라는 말은 처음 봅니다. 압도적이라는 단어의 의미가 '보다 뛰어난 힘이나 재주로 남을 눌러 꼼짝 못하게 하는 것'을 의미하기 때문에 감사라는 단어 앞에 쓰기는 부적절한 단어이지만, 감사하다는 의미는 더 확실하게 전달되는 것 같습니다. 인터넷을 검색해보니 만화책이나 식당 등의 광고 글에 '압도적 감사'라는 단어를 사용하고 있었습니다. 또한 오늘 모임에도 딱 맞는 단어입니다. 서왕연 형님의 환갑을 압도적으로 축하하고, 함께 해준 회원들에 대해 서왕연 형님을 대신해서 압도적으로 감사합니다. 부자유친 회원 가정에 하나님의 은혜가 압도적으로 충만하기를 기도합니다. 오늘밤에도 저의 선창으로 부자유친 모임의 공식적인 구호인 "우리 조국 대한민국을 위하여!"를 힘차게 외쳤습니다. 오늘밤 행복한 동행을 해서 압도적으로 행복한 밤입니다.

5-45
사랑은 또 다른 간(肝)이다

부자유친 모든 분께 걱정과 염려를 끼쳐드려 죄송합니다. 아울러 관심과 응원에 많은 힘이 납니다. 작년 9월경 갑작스런 복통에 제주 병원을 찾았고 초음파검사 후 빠른 시일 내 큰병원 검사를 소견받아 서울 성모 병원에서 검사 후 간암 판정을 받았습니다. 절제 수술도 이식 수술도 할 수 없는 상황에서 8,500대의 암수치와 11.5cm의 거대 암세포를 약 10개월 여러 번의 색전술과 포트시술로 항암치료를 했습니다. 이겨내야 한다는 생각만으로 힘든 치료를 잘 치료를 받아 암수치는 160대로 암세포는 6cm 이하로 되었고, 담당 의사도 정말 잘 되었다고 이제는 이식을 고려해볼 단계라 하셨습니다.

이식은 공여자가 있어야 하기에 우리 부부는 많은 고민에 놓이게 되었어요. 암 부분을 절제하고 나머지 부분으로 잘 관리하며 사용하는 것이 어떨까 했지만, 주치의는 암세포 부분도 컸고 나머지 부분도 치료과정에서 약간의 손상, 경경화도 살짝 있으니 이식이 최선의 방법이고, 절제는 재발과 전이의 염려가 있어 50년 이상을 희노애락을 함께 한 나의 간 전부를 제거 후 공여자의 간 70%를 이식하기로 결정했습니다.

아내가 가족회의에서 이식에 대해 설명 중에 아들 승헌이가 무슨 설명을 그렇게 어렵게 하냐고 내가 할테니 외래진료 신청하라고 … 그렇게 승헌의 쿨(?)한 결정에 고마워하며 공여 검사하고, 아주 좋아 합격이라는 담당의사의 말씀 그리고 지금 내일(2024년 8월 20일) 수술을 위해 10일 전부터 모든 검사를 마치고 수술대기 중입니다.

자식 몸에 흉터를 남긴다는 게 부모로서 얼마나 마음 아픈 일인지 힘든 결정이었습니다. 수술 잘 받고 건강한 모습으로 다시 뵙겠습니다. 힘든 나날을 보내고 있는 나의 아내 그리고 나와 진짜 한 몸이 되는 승헌, 열심히 응원하는 우리 큰아들 시헌 정말 미안하고 고맙습니다.

 부자유친 알리지 못한 점 미리 사과드립니다. 모르는게 더 좋지 않을까, 다시 건강해 말씀 드리는 게 좋겠다는 생각이었습니다. 힘든 항암치료 중에도 알게 된 몇 분이 열심히 응원해주어 큰 힘이 되었습니다. 다시 한 번 부자유친에 감사하며 건강한 모습으로 다시 만나겠습니다.

10년 전 결성된 '반포중 부자유친' 모임의 회원 이홍근 님이 어제 간이식 받기 하루 전날 부자유친 단톡방에 올린 글입니다. 이홍근 님은 저와 동갑이고, 승헌 군은 저의 아들과 동갑입니다. 다행히 어제 간이식 수술은 잘 되었다고 합니다. 승헌 군의 아버지에 대한 사랑에 감사와 격려의 박수를 보냅니다. 누군가를 사랑한다는 것은 자신을 그와 동일시하는 것입니다. 그래서 사랑하는 사람이 한 사람만 있어도, 사랑해주는 사람이 한 사람만 있어도 이 험한 세상 살아갈 수 있는 것입니다. 그렇게 보면 사랑은 또 다른 간(肝)입니다. 이홍근과 승헌 부자의 건강과 행복을 기도합니다.

새 계명을 너희에게 주노니 서로 사랑하라 내가 너희를 사랑한 것 같이 너희도 서로 사랑하라(요한복음 13장 34절)

5-46
용주골에서 우리 조국 대한민국을 위하여!!

　제가 사회 모임 중 유일하게 참여하고 있는 '반포중 부자유친 OB 1기 모임(이하 '부자유친'으로 약칭) 송년회를 '용주골'에서 갖고, "우리 조국 대한민국을 위하여!!"을 외치고 왔습니다. '용주골'은 파주시 파주읍 연풍리에 위치한 대한민국의 최대 집창촌(集娼村)인데, 오늘 부자유친 회원 13명이 모인 곳은 그 '용주골'이 아닌 지하철 7호선 남성역과 이수역 사이에 있는 '용주골' 생고기집 식당입니다. 식당 사장님의 이름이 '전용주'라서 식당 이름으로는 걸맞지 않은 '용주골'이라는 단어를 넣은 것이라고 합니다. '용주골' 식당은 고기가 참 맛있고, 사장님과 직원들이 참 친절해서 부자유친 모임을 자주 한 곳인데, 현재 장소로 옮긴 지 한 달 가량 되었다고 합니다.

저는 올해 부자유친 모임에 네 번밖에 참석하지 못했습니다. 올해 첫 번째 주일 제가 섬기고 있는 이수교회에서 7명이 함께 예배드렸고, 6월 5명이 백두산 여행을 다녀왔고, 9월 서왕연 형님의 환갑 때 14명이 모여 '압도적'으로 행복한 시간을 보냈는데, 오늘 송년회도 13명이 모여서 따스한 정(情)을 나눴습니다.

2025년에는 첫 번째 주일(5일)에 8명이 올해처럼 이수교회에서 예배드리기로 했고, 1월에 5~6명이 당일치기로 제주도 한라산 등반을 다녀올 계획이고, 5월에 자전거 동호회 회원들 중심으로 스페인 '산티아고 순례길'을 다녀올 계획을 세우는 등 시간 가는 줄 모르게 환담(歡談)을 했습니다. 식당 사장님과 함께 식당 앞에서 단체사진을 찍고, 주(酒)류와 비주(非酒)류로 나뉘어 헤어졌습니다.

전국 대학교수들이 올해를 대표하는 사자성어로 '제멋대로 권력을 부리며 함부로 날뛴다'는 뜻의 '도량발호(跳梁跋扈)'를 꼽았는데, 상상조차 할 수 없는 비상계엄이 선포되었음에도 불구하고 우리 조국 대한민국은 한 발 더 나아갈 것으로 믿습니다. 부자유친 아버지들과 아들들이 날마다 행복하고, 이 나라 이 민족을 위해 귀하게 쓰임받기를 기도합니다.

우리 조국 대한민국을 위하여!!

5-47
백두산 천지 여행기

1. 첫째 날 : 래일은 없다

    제69회 현충일 저의 아들이 졸업한 반포중 부자유친 모임(이하 '부자유친'이라고 합니다) 황선춘, 김규동, 안영준, 이종필 회원과 함께 중국 연길(延吉)을 통해 백두산 천지 등을 다녀왔습니다. 그동안 부자유친 회원들과 함께 라오스, 캄보디아, 중국 내몽고를 다녀왔고, 이번이 네 번째 해외여행입니다. 부자유친에서 간 국내여행은 울릉도와 독도, 제주도, 태백산 등 너무 많아서 생략하겠습니다. 특히 라오스와 캄보디아는 아들들과 아빠들이 함께 다녀왔습니다.

    기업인으로서 일정 규모의 무역을 하는 분들에게 발행되는 APEC(Business Travel Card) 소지인은 출국할 때 일반인들과는 다른 출국심사대를 통해 동반자를 1명 데리고 출국할 수 있는데, 황선춘 형님이 위 카드를 소지하고 계셔서 더 빨리 출국심사대를 통과할 수 있었습니다. 무역을 통

해 수익을 창출하고, 직원들을 고용하고, 나라에 세금을 내는 기업인들이 최고의 애국자임은 자명합니다. 그런 기업인들에게 작지만 혜택을 주는 것은 마땅합니다. 덕분에 저도 혜택을 봤습니다. 인천공항 제2터미널 탑승구 235 근처 Enjoy your trip(여행을 즐기세요) 조형물 앞에서 단체 사진을 찍었습니다. 여행이 즐거운 것은 좋은 동행자 덕분입니다. 그래서 행복은 동행이고, 동행이 행복입니다.

　인천공항에서 연길공항까지 비행시간은 약 2시간이지만, 군사시설이 있는 공항이라서 그런지 입항 허가를 받는데 약 20분 소요되었습니다. 연길공항에 도착하니 현지 백두산 전문 여행사인 '삼족오여행사' 조홍란 가이드 선생님(이하 '가이드'라고 합니다)이 저희 일행을 반갑게 맞아주었습니다. 간단히 점심식사를 하고 첫 번째 행선지인 중국과 북한 국경지대 도문시(图们市)를 방문했습니다. 두만강을 경계로 양국 철책선이 설치되어 있었는데, 두만강은 생각보다 매우 작았습니다. 중조 87호 경계비 앞과 중국인들만 승선할 수 있는 유람선 앞에서 기념사진을 찍었습니다. 제가 오래 전 북한 개성을 방문했을 때 개성의 모든 산이 민둥산이었는데, 두만강 건너편의 북한 혜령시의 모든 산도 민둥산이었습니다. 개성은 나무들을 땔감으로 사용하는 바람에 민둥산이 되었다고 했는데, 혜령시는 땔감 외 탈북을 방지할 목적도 추가된 것으로 보입니다.

저는 중조(中朝) 국경지대를 둘러보고 나오는 길에 광장에서 춤을 추고 있던 조선족 여인들과 어울려 춤을 췄습니다. 우리 민족은 정말 흥이 넘치는 민족입니다. 처음 뵌 분들임에도 가족처럼 스스럼없이 서로 손잡고, 어깨를 들썩이면서 함께 춤을 췄습니다.

두 번째 행선지인 명동촌(明東村)은 윤동주 시인이 태어난 곳으로, 윤동주 생가, 김약연 선생 등이 세운 근대적 교육기관인 명동학교가 있습니다. 윤동주 생가에는 서시(序詩) 등 윤동주 시인의 시들이 많이 전시되어 있었는데, 그 중에서 가장 기억에 남는 시는 시인이 18세 때 지었다는 '래일은 없다'라는 시입니다.

래일은 없다

래일래일 하기에
물었더니
밤을 자고 동틀 때
래일이라고

새날을 찾던 나는
잠을 자고 돌보니
그때는 래일이 아니라
오늘이더라

무리여
래일은 없나니

1934. 12. 24.

18세 어린 나이의 윤동수 시인은 어떤 생각으로 이 시를 썼을까요? 저는 '내일은 없다'는 글은 곧 '오늘을 충실히 살라'는 뜻으로 해석되었습니다. 우리에게 내일이란 보장되어 있지 않습니다. 그렇기 때문에 오늘을 잘 살아야 합니다. 오늘 행복하게 잘 살고, 내일은 내일 행복하게 잘 살면 됩니다. 마태복음 6장 34절 말씀대로, 내일 일은 내일이 염려하게 합시다. 내가 서 있는 자리에서 무슨 일이든 감사함으로 기쁨으로 하루하루를 잘 살아냅시다.

2. 둘째 날 : 천지 봤다

드디어 백두산 천지를 보는 날입니다. 사랑하는 사람을 만나러 가는 설레는 마음이 들었습니다. 가이드가 "손님들 중에는 아홉 번만에야 백두산 천지를 본 분이 계신다"고 했지만, 종교를 가질 수 없는 공산당원인 가이드가 "우리 팀이 천지에 갈 수 있도록 해달라고 기도했다"고 해서 그리 염려는 하지 않았습니다. 또한 부자유친에서 여행갈 때는 언제나 날씨가 좋았습니다.

백두산 천지(白頭山 天池)를 보려면 동서남북 4개 코스로 가면 되는데, 동파(여기서 '파'는 오른다는 의미의 중국어 '发'입니다)는 북한 지역입니다. 남파는 1년에 2~3개월만 개방하고, 그곳에서는 천지밖에 볼 수 없고, 가는 데도 시간이 많이 걸리기에 주로 북파와 서파 쪽으로 갑니다. 원래 저희 팀도 북파와 서파 쪽으로 가서 천지를 두 번 보려고 했는데, 서파 쪽에서 보수공사를 하고 있어 한 번밖에 천지를 보지 못한 것이 조금 아쉽습니다. 북

파는 A 코스와 B 코스로 나뉘어져 있는데, 같은 천지인데도 보는 방향에 따라 천지의 모습이 다릅니다. 저희는 '백두산 북파 VIP 코스' 여행상품으로 천지를 다녀왔는데, 그 상품은 일반 여행객처럼 백두산 입구에서 길게 기다렸다가 봉고차로 이동하는 것이 아니라 백두산관리국 차량이 호텔로 마중 와서 직접 백두산 천지 주변까지 데려다주기 때문에 참 편하게 천지를 볼 수 있었습니다. 또한 천지를 가면 천지뿐만 아니라 사람들도 원 없이 구경할 수 있습니다.

백두산 천지 주변에는 6월임에도 잔설(殘雪)이 남아 있었습니다. 가이드가 "천지"라고 하면, 우리는 "봤다"라고 대답하면서 기념사진을 찍었습니다. 손이 시려울 정도로 바람이 세차게 불었지만, 우리는 백두산 천지를 봤습니다. 사진과 영상으로만 보던 천지를 보니 마음이 울컥했습니다. 저는 천지 영상을 찍을 때마다 "우리 조국 백두산의 천지입니다"라는 말을 남겼습니다. 중국에서는 백두산을 장백산(长白山)이라고 부르지만, 저는 처음부터 끝까지 백두산(白頭山)이라고 불렀습니다. 천지를 바라보면서 요즘 아내와 공부하고 있는 딸, 엊그제 군 입대한 아들, 가족들, 이수교회와 법무법인 서호 식구들 그리고 함께 동행한 부자유친 회원들을 위해 잠깐 기도하는 시간을 가졌습니다. 더 천지에 머무르는 것이 미안할 정도로 사람들이 많아서 주마간산(走馬看山)격으로 천지를 본 것이 다소 아쉽습니다.

천지를 본 감동을 뒤로 하고, 백두산 자락에 있는 비룡폭포(장백폭포)로 갔습니다. 비룡폭포 입구 주차장 쪽에서 가이드가 백두산 노천온천에서 삶은 계란을 2개씩 사줬는데, 특이하게도 그 계란은 노란자가 먼저 익은 반숙란이었습니다. 옥수수도 맛있다고 해서 옥수수도 하나씩 사서 먹었습니다. 그렇게 반숙란과 옥수수를 맛있게 먹고 있는데, 사람들이 아래 글이 있는 팻말 앞에서 기념사진을 찍곤 했습니다. 그래서 우리도 그 밀크티를 사서 마셨더니 배가 불렀습니다.

　　我想在长白山请你喝奶茶
　　(나는 장백산에서 너에게 밀크티를 사주고 싶다)

비룡폭포(飛龍瀑布) 입구 주차장에서 비룡폭포까지는 약 2km 떨어져 있는데, 비룡폭포까지 가는 곳곳에 온천이 끊임없이 분출되는 노천온천이 있습니다. 의자에 앉아 비룡폭포를 바라보면서 멍때린 시간이 참 좋았습니다. 이어서 들린 곳은 천지물이 만들어낸 푸른 빛깔의 아름다운 연못인 녹연담(綠淵潭)에 들렸습니다. 세 줄기 물줄기가 쏟아지고 있어서 연못이라기보다는 폭포라고 표현해도 될 듯 싶습니다.

가이드가 이동중에 이야기해준 '중국인들의 4대 유감'은 다음과 같습니다.

첫째, 중국인은 중국 글자를 다 모른다. 중국 글자는 약 90,000자인데, 사용하는 글자는 약 5,000자에 불과하기 때문이다.
둘째, 중국인은 중국말을 다 알아듣지 못한다. 중국은 한족 포함해서 56개 민족으로 구성되어 있고, 각 민족마다 고유 언어가 있기 때문이다.
셋째, 중국인은 중국 음식을 다 못 먹어 본다. 광동성에서는 하늘에 떠다니는 비행기와 네 발 달린 책상의자를 빼놓고는 다 먹는다는 말이 있을 정도로 요리가 다양하다. 특히 광동성에는 모기눈깔요리, 살아있는 원숭이 뇌 요리, 삼짹 요리(갓 태어난 생쥐 새끼를 집을 때 짹, 입에 넣었을 때 짹, 씹을 때 짹 소리가 난다고 해서 삼짹 요리라고 합니다)가 있다.
넷째, 중국인은 중국 땅을 죽을 때까지 다 둘러보지 못한다. 중국관광국에서 AAAAA급 여행지로 지정한 곳이 3,800개나 된다.

중국이 얼마나 큰 나라인지를 잘 들어내는 이야기입니다. 저는 중국과 중국인을 사랑합니다. 대한민국과 중국은 이웃국가이고, 서로 도와가면서 살아가야 하기 때문입니다. 비록 정치적으로는 갈등할지라도 경제적으로는 협력하는 것이 바람직합니다. 그리고 중국에서 대학 입학시험의 정식 명칭은 '일반대학 입학 전국 통일시험(普通高等学校招生全国统一考试)'입니다. 중국은 한국과 달리 9월에 개학하기 때문에 이 시험은 매년 6월 7~8일 같은 날 실시되고, 연변과 같은 일부 지역에서는 3일 동안 보기도 합니다. 필수과목은 국어, 영어, 수학이고, 선택과목은 문과와 이과가 다릅니다. 저희가 여행할 때 대학 입학시험기간이라서 학교 앞에 경찰차가 서 있고, 학교 정문에는 찰떡이 붙어 있었습니다.

3. 셋째 날 : 선물처럼 찾아온 당신 땜에 행복합니다

전날 백두산 천지를 봤기 때문에 마음에 여유가 생겼습니다. 아침식사를 하고 미인송공원(美人松公园)에 들렸는데, 비 예보가 되어 있어서 그런지 전망대 가는 길을 봉쇄해서 입구 쪽에서 사진만 찍고 왔습니다. 미인송은 소나무의 일종으로 쭉쭉 빵빵 여인 같다고 해서 붙여진 이름입니다. 곳곳에 미인송이 널려 있어서 미인송이 보이는 곳에 잠시 정차해 사진을 찍었습니다. 미인송은 여인의 얼굴처럼 나뭇가지를 깨끗하게 다듬어 놓은 것처럼 반듯했습니다. 황선춘 형님이 큰 미인송 하나를 껴안으면서 "내 것!"이라고 했는데, 제가 바로 그 미인송을 껴안았습니다.

그 다음 들린 곳은 길림성마계풍경구(吉林省魔界风景区)입니다. 자작나무, 낙엽송 등의 삼림지역을 약 1시간 정도 여유롭게 걸으면서 사진도 찍고, 이바구('이야기'의 경상도 방언) 하는 즐거움이 있었습니다. 우리는 어린 시절로 돌아가 가이드 선창에 따라서 "참새 짹~짹, 오리 꽥~꽥, 병아리 삐약~삐약"을 외치면서 숲속을 신나게 거닐었습니다.

이어서 룡정일본총영사관 유적지에 들려 '연변침략 일본죄증관'을 보면서 일본인들의 잔혹상을 보면서 다시금 분노했습니다. 다시는 나라를 빼앗기는 일이 없어야 할 것입니다.

그 다음 들른 곳은 가곡 '선구자(先驅者)'에 등장하는 일송정(一松亭, 즉 소나무 한 그루와 정자를 뜻합니다)입니다. 일송정 입구까지 걸어갈 수도 있는데, 우리 팀은 셔틀버스를 타고 올라갔습니다. 일송정에 있는 소나무가 너무 작아서 놀랐는데, 일본인들이 그곳에 있는 소나무를 베어버린 후 심은 소나무들이 자주 죽는 바람에 현재 있는 소나무는 아홉 번째로 심은 소나무라고 합니다. 가곡 '선구자' 가사 그대로였습니다. 드넓은 만주벌판에 한줄기 해란강이 흐르고, 일송정 푸른 솔은 늙어 늙어 갔습니다.

> 일송정 푸른 솔은 늙어 늙어 갔어도
> 한줄기 해란강은 천년 두고 흐른다
> 지난날 강가에서 말 달리던 선구자
> 지금은 어느 곳에 거친 꿈이 깊었나

우리가 선구자 반주에 맞춰 선구자 1절을 합창하고 있을 때 한국에서 온 여행객 11명이 올라오셨고, 그 분들도 저희처럼 선구자를 합창하셨습니다. 그래서 저희도 함께 힘차게 선구자를 불렀고, 기념사진도 함께 찍었습니다. 가이드는 그 모습을 동영상으로 담아줬는데, "영화의 한 장면 같았다"고 했습니다.

일송정을 뒤로 하고, 가이드가 졸업한 연변대학(延边大学)을 갔습니다. 아쉽게도 연변대학 안으로는 들어갈 수 없다고 해서 연변대학 정문 길 건너

편에서 사진만 찍고, 중국에 진출한 한국 토종 브랜드 'caffe bene'에서 커피 한 잔 하면서 가이드가 작성해달라고 한 '손님감정표(평가표)'를 아래와 같이 작성해줬습니다.

> 중국 최고의 가이드 조홍란 가이드 선생님의 사랑과 섬김이 넘치는 알찬 여행 가이드로 인해 너무나도 행복한 여행을 할 수 있었습니다.

소학교(연변 조선족 자치주 학제는 소학교-중학교-고중-대학) 6학년인 가이드의 아들 이야기 좀 하겠습니다. 올해 13살 아들은 "엄마가 돈 벌러 나가면 그립고, 엄마가 집에 오면 언제 나가세요?"라고 묻는답니다. 또한 주중에는 가이드의 남편이 아들의 밥을 차려주지만, 주말에는 아들이 엄마를 위해 밀가루 반죽해서 빵과 물만두, 계란·토마토볶음, 스파게티 요리 등을 해준다고 합니다. 저의 아들도 지난주에 조리병으로 군 입대했기 때문에 가이드의 아들처럼 엄마아빠를 위해 맛있는 요리를 해줄 것으로 믿습니다.

저녁식사 할 식당 입구에 '선물처럼 찾아온 당신 땜에 행복합니다'라는 글귀가 있었습니다. 저에게 부자유친 회원들은 가족처럼 가까운 선물 중의 선물입니다. 나 때문에 행복한 것이 아니라 당신 때문에 행복합니다. 그렇기 때문에 내가 행복하려면 내 곁에 있는 사람을 행복하게 해줘야 합니다. 그렇게 우리 모두가 서로가 서로에게 선물 중의 선물이 되길 소망합니다.

4. 넷째 날 : 추억은 되돌릴 수 없으나 다시 만들 수 있다

마지막 날 묵은 숙소는 룡정해란강호텔(龙井海兰江酒店)인데, 도심에서 멀리 떨어진 사과배 농장 주변에 있습니다. 그곳은 새벽 3시 30분경이면 해가 뜨고, 근로자들도 새벽 6시 전에 출근해서 일하는 모습을 봤습니다. 저희 일행도 아침(새벽이 아닙니다) 5시 40분경 호텔 주변을 산책했습니다. 여행 상품 중에는 새벽 2시 30분경 백두산 일출(日出)을 보는 것이 있는데, 그 시간에 출발해야 일출을 볼 수 있기 때문에 그렇게 일찍 출발한 것이었습니다.

　공항 가는 길에 진달래광장에 잠시 들렀습니다. 광장 사거리 건너편에 '뚱비둘기'라는 간판이 보였는데, 실제로 살찐 비둘기 요리를 파는 곳이랍니다. 다음에는 뚱비둘기를 꼭 먹어보고 싶습니다. 또한 길가에 중국 변호사 사무실(雷硕法律咨询)이 보여 참 반가웠습니다. 이번 여행을 함께 해준 부자유친 회원들에게 이번 여행의 소감을 한 줄로 표현해달라고 했더니 아래와 같이 답변해주셨습니다.

황선춘 : 여름 천지를 보니, 겨울 천지도 보고 싶다
　　　　　(夏天看完天地, 就想来看冬天的天地)
김규동 : 천우신조 감개무량(天佑神助 感慨無量)
안영준 : 설레임과 여유가 있던 여행이라 만족한다
김양홍 : 다시 와야겠다
이종필 : 죽기 전에 꼭 한 번은 가고 싶었던 백두산 버킷리스트 완료

※ 안동 김씨 김규동 형님이 쓴 천지 소회(天池 所懷) : 아직 덜 녹은 춘설이 사방으로 여기저기에 수놓은 것처럼 남아있고, 그 가운데 천길 물속은 마치 파아란 청금석을 박아놓은 것 같네

　인생은 추억 쌓기입니다. 아름다운 추억을 많이 쌓은 사람이 인생부자입

니다. 제가 가족들과 백두산을 다시 찾을 때 함께 가십시다. "천지 봤다"를 함께 외칩시다. 부자유친의 공식 구호는 "우리 조국 대한민국을 위하여"인데, 백두산 천지에서 그 구호를 외치지 못한 것이 아쉽고 아쉽습니다. 그리고 하루빨리 남북한이 하나가 되어 문재인 대통령이 방문한 동파 코스로 세 번째 천지를 방문하여 "천지 세 번 봤다"를 힘차게 외치고 싶습니다. 그 자리에는 사랑하는 아내, 딸·아들뿐만 아니라 손주들과도 함께 가고 싶습니다. 연길공항에서 귀국하는 대한항공 비행기를 타려고 가는 통로에 시편 1편 3절 성경구절을 걸어놓은 것을 봤습니다. 얼마나 반갑던지 …

그는 시냇가에 심은 나무가 철을 따라 열매를 맺으며 그 잎사귀가 마르지 아니함 같으니 그가 하는 모든 일이 다 형통하리로다(시편 1편 3절)

추억은 되돌릴 수 없으나 다시 만들 수는 있습니다. 행복한 동행을 해준 부자유친 회원들과 조홍란 가이드 선생님이 하나님의 사랑 안에서 늘 강건하고, 평안하시길 기도합니다.

5-48
연극 '밑바닥에서'

　　오늘 반포중 부자유친 모임의 윤승현 아우와 함께 대학로 <열린극장>에서 감동으로 버무려져 있는 연극 '밑바닥에서(극단 '야간비행'의 작품)'을 보고 왔습니다. 출연 배우 중 '루까' 노인 역을 맡은 문영동 배우가 저의 광주일고 제62회 동창입니다. 평일이라서 객석에 빈자리가 많을 줄 알았는데, 200석이 넘는 객석이 가득 차서 놀랐습니다. '밑바닥에서'는 러시아의 셰익스피어라 불리는 막심 고리키(Maxim Gorky)가 1902년 발표한 사실주의 희곡으로, 어두운 여인숙을 배경으로 그곳에서 살아가는 여러 인간들의 삶을 그린 작품입니다. 막심 고리키는 저와 같은 68년생입니다. 그는 1868년생, 문영동 배우와 저는 1968년생입니다. 100년 전 작가의 작품을 100년 후 배우가 연기하고, 100년 후 관객이 관람한 것입니다. 아래 내용은 연극 팸플릿에 있는 시놉시스(synopsis)와 문경태 연출가의 글입니다.

<시놉시스>

　　허름하고 더러운 동굴 같은 지하 여인숙에는 도둑, 장사꾼, 창녀, 도박꾼, 알콜중독자 배우, 몰락한 남작 등 밑바닥 인생들이 살고 있다. 그들은 끊임없는 다툼 속에서 하루를 살아가며 삶의 굴레를 벗어나지 못한다. 어느 날 그들에게 루까라는 노인이 찾아와 환자에게는 인내와 위로를, 알콜중독자에게는 치료를, 도둑에게는 충고하며 밑바닥 인생들에게 거짓말 같은 희망을 심어주는데 …

<문경태 연출가의 글>

　　'밑바닥에서'는 막심 고리끼의 작품으로 1902년 초연을 시작으로 현재까

지도 많은 극단에서 작품을 올리고 있습니다. 지하 밑바닥 여인숙에서 살고 있는 수많은 사람들의 이야기이며, 그들을 통해 사회와 인간과의 구조 그리고 인간의 삶에 희망이란 무엇인가?라는 근원적 질문을 던지고 있습니다. 저는 이번 작품을 통해 인간은 어떤 사회 속에서 어떻게 살아가야 할 것인가?라는 물음으로 관객들을 만나려 합니다. 이야기를 보면서 우리의 삶은 1900년도에 쓰인 그 때의 시절과 지금은 얼마나 변해 있고, 우리 삶의 가치관은 무엇인지를 다시 한 번 생각해 보는 연극이 되길 바랍니다. 15명 출연진들의 수많은 말 그리고 끝나지 않는 이야기를 통해 나는 과연 어떤 유형의 인물과 맞닿아 있는지를 생각해 보면 즐거운 관극이 되지 않을까 싶습니다.

이 연극은 문경태 연출가가 언급한 바와 같이 우리는 어떤 사회 속에서 어떻게 살아가야 할 것인가를 생각하게 하는 연극입니다. 연극이 끝난 후 '열린극장' 앞에서 문영동 배우를 기다리는데, 제가 지난해 관람한 연극 '하이타이' 1인 배우 김필 선생님도 관객으로 오셔서 기념사진도 찍고, '하이타이' 연극 후기가 실린 저의 책《변호사 김양홍의 행복발전소》도 선물로 드렸습니다. 〈열린극장〉 들어가는 입구에는 아래와 같은 글귀가 쓰여 있습니다. 연극 '밑바닥에서'가 우리에게 들려주고 싶은 말일 것입니다.

꿈을 꾸세요! 악몽, 웃음이 나는 꿈, 그 어떤 꿈이든 다 좋아요. 꿈의 아름다움을 믿는 사람들은 꿈이 이루어지는 삶을 살게 되니까요!

외우고 싶은 배우들의 주옥같은 명대사들을 소개합니다. 그 대사 속의 삶의 지혜가 묻어있습니다. 빼뺄의 연극대사처럼, 저도 제가 저를 존경할 수 있는 그런 삶을 살고 싶습니다. 연극 '밑바닥에서'는 2024년 4월 16일부터 같은 달 21일까지 대학로 '열린극장'에서 공연됩니다. 꼭 관람하실 것을 강추합니다. 감동의 파도가 밀려올 것입니다.

싸찐(김진우) : 일 하는 게 재밌으면 나도 한다. 일이 재밌으면 인생은 즐겁지만 일이 의무가 되면 인생은 노예 신세야.

루까(문영동) : 희망을 놓지 말아요. 고요하고 평화롭게 눈 감을 수 있으니까 … 그냥 편하게 누워 있어요. 죽음이란 우리 불쌍한 사람들에게 친절한 거야. 왜 죽음은 영원한 휴식이라고들 하잖아? 그건 정말이야! 이 세상은 어딜 가 봐도 사람이 편하게 쉴 수 있는 곳이라곤 없으니까.

빼뺄 : 난 그동안 나보다 더 큰 도둑질을 하면서도 호의호식하는 놈이 얼마나 많은데 하면서 나 자신을 합리화했어. 한 가지 정말 절실한 건 더 나은 삶을 살지 않으면 안 된다는 거야. 내가 나를 존경할 수 있는 그런 삶을 …

싸찐 : 그러니까 우리들은 누구든 존경해야 돼. 그 사람이 어떤 사람인지 또 뭣 때문에 태어났는지 또 어떤 일을 할지 모르지만 우리들에게 어떤 복과 이익을 줄지 누가 알겠나! 특히 어린 아이들을 존경하지 않으면 안 돼. 어린 아이들에게는 자유로운 세상이 필요한 거야! 애들을 간섭치 말고 배려해야 돼!

싸찐 : 인간은 자유야. 인간은 진실이야! 대체 인간이란 뭐야! 그건 너, 나, 따로 따로가 아니야. 인간은 너, 나, 루까 영감, 나폴레옹, 모하메트를 다 합쳐 놓은거야. (공중에 사람 형상을 그린다) 인간이란 이렇게 큰 거야. 모든 것의 시작과 끝이 이 속에 포함돼 있어. 인간! 굉장하지? 인간! 인간을 동정해서 깍아 내리면 안 돼. 존경해야 돼!

싸찐 : 사람은 자기보다 나은 사람을 만들기 위해서 태어나는 거니까.

5-49
넷플릭스 드라마 '돌풍'

세상을 뒤엎기 위해 대통령 시해를 결심한 그를 막아 권력을 손에 쥐려는 경제부총리 사이의 대결을 그린 넷플릭스 시리즈

    동료 변호사님이 요즘 장안의 화제가 되고 있는 넷플릭스 드라마 '돌풍'이 너무 재미있다고 해서 그런가 했는데, 정말 재밌습니다. 총 12부작인데, 토요일 저녁에 제1화부터 제6화까지, 주일 저녁에 제7화부터 제12화까지 모두 봤습니다. 제1화를 시청하면 한꺼번에 몰아서 볼 수밖에 없습니다. 만약 주일 예배가 없었다면, 저는 토요일에 전부 시청했을 것입니다. 2024. 6. 28. 오픈했음에도 드라마 '돌풍'의 돌풍은 멈추지 않을 것이고, 또한 멈춰서도 안 된다고 생각합니다. '죄 지은 자가 부끄러운 세상'을 만들려고, 정치와 재벌 개혁의 도구로 살다가 떠난 드라마 '돌풍' 속 박동호 대통령(설경구 역)을 추모합니다. 제12화 그의 명대사로 감상평을 마무리 합니다.

    "어둠은 빛을 이길 수 없다는 말이 있습니다. 하지만 이 나라에 빛은 없습니다. 어둠이 더 짙은 어둠에 맞서며 스스로 빛을 참칭하고 있을 겁니다. 저는 왼쪽에 어둠을 걷어내고, 오른쪽의 어둠을 부수고, 새로운 빛을 만들겠습니다."

    "나는 단 한 번도 국민을 위해서 정치를 한 적이 없다. 나를 위해서 했지. 추악한 세상을 견딜 수 없는 나를 위해서, 불의한 자들의 지배를 받을 수 없는 나를 위해서."

    "저 박동호는 이 세상의 오물들과 함께 역사의 무대에서 살아지겠습니다."

    "나는 떠난다. 남겨질 것들을 위해서"

5-50
tvN 드라마 '군검사 도베르만' 다시 보기

저는 1995년 군법무관 제10기로 사법연수원을 수료한 이후 육군 대위로 수도방위사령부 검찰부장, 제3사단 법무참모, 육군 소령으로 제3군단 보통군사법원 군판사, 국방부 법무관리관실 군사법담당 법무관, 고등군사법원 보통부장으로 근무하다 전역했습니다. 코로나19가 창궐할 때인 2022년 2~4월 tvN에서 총 16부작으로 방송되어 장안의 화제가 된 '군검사 도베르만'을 넷플릭스를 통해 다시 보기를 하고 있습니다. 이 드라마를 보고 있으면 저절로 추억이 소환됩니다. 아래 내용은 홈페이지에 나와 있는 드라마 소개 글입니다.

> 돈을 위해 군검사가 된 도배만과 복수를 위해 군검사가 된 차우인이 만나 군대 내의 검고 썩은 악을 타파하며 진짜 군검사로 성장하는 이야기를 그린 드라마

군검사 도배만(안보현 역)과 군검사 차우인(조보아 역)이 군대 내 거악(巨惡)을 물리치고, 정의를 바로 세우는 한국 최초의 군법정 드라마입니다. 드라마 제작자는 '계급의 무게에 따라 진실의 저울도 달리 움직일 수 있는 군대를 무대로 기존 법정물이 한 번도 보여주지 않은 군법정을 처음으로 조명했다'고 하나, 제가 군검사와 군판사, 법무참모로 경험한 군법정은 결코 계급의 무게에 따라 진실의 저울이 달리 움직이지 않았습니다.

군검사 차우인은 첫 임지인 4사단(실제 4사단은 존재하지 않습니다) 법무참모실에서 법무참모가 "명령과 법이 충돌했을 때 무얼 우선시하겠냐?"는 질문에 "저는 군사법정에 서는 검사입니다."라고 대답하자, 법무참모는 "군법정에서 칼을 휘두를 수 있는 건 그 군복에서 힘이 나오기 때문"이라고 몰아붙였지만, 군검사 차우인은 "그래도 저는 검사입니다. 제가 상명하

복 하는 군인이라면 저보다 높은 계급의 범죄자들을 법으로 심판할 수 없습니다. 그래서 전 법정에서 군인일 수 없습니다."라고 흔들림 없이 대답합니다. 군검사다운 답변입니다.

 드라마에서는 노화영 사단장(오연수 역)이 군사법정에 입회하는데 군사법원 관할관인 사단장이 입회하는 경우는 없고, 전역한 군검사 도배만이 변호사로 근무하다가 얼마 후 곧바로 군검사로 복귀하는 것은 실제로 있을 수 없는 일입니다. 또한 2021년 8월 31일 군사법원법 개정안이 통과되어 2022년 7월 1일부터 국방부에 설치된 고등군사법원은 폐지되고, 육해공군 본부와 국방부 그리고 각군 군단장급 이상 부대에 설치된 30개 보통군사법원이 5개 지역 군사법원으로 통합되었습니다. 그리고 성범죄, 지난해 폭우 실종자 수색 도중 순직한 채상병 사건과 같은 사망사건, 군인이 입대하기 전에 저지른 범죄는 처음부터 민간에서 수사와 재판을 맡게 됩니다. 드라마에 심취(心趣)하면 세상이 더 즐거워지는 것 같습니다. 제1화부터 제16화까지 아껴서 조금씩 보십시오.

"누군가 말했다.
세상을 거꾸로 보면 새로운 눈을 뜨게 된다고 …
하늘은 호수가 되고, 산은 호수에 비친 그림자가 된다고 했다.
모든 것 뒤집어서 다시 봐야겠어.
그래야 진실이 무엇인지 보일테니까."
- 군검사 도배만 명대사 -

제6편
행복한 골프

6-01
김홍신 선생님과 행복한 골프
(골드CC와 골프존카운티 안성H)

1. 골드CC : 서울의 잠 못 이루는 밤

　　1993년에 개봉된 영화 '시애틀의 잠 못 이루는 밤'을 기억하시나요? "사랑은 언제나 찾아옵니다."라는 명대사가 떠오르는 참 멋진 영화입니다. 그런데, 저는 어느 때부터인가 해마다 '서울의 잠 못 이루는 밤' 영화를 찍고 있습니다. 그것은 작가 김홍신 선생님(이하 '선생님'으로 약칭)과의 골프하는 날 새벽에는 저절로 '서울의 잠 못 이루는 밤'이 되기 때문입니다. 오늘도 새벽 1시경부터 거의 1시간 단위로 잠에서 깼습니다. 저에게 수필집을 쓰도록 가르침을 주신 선생님께 감사의 인사도 드리고, 올해 2월에 출간된 저의 행복시리즈 여덟 번째 수필집《변호사 김양홍의 행복발전소》를 드리기 위해서 입니다.

저는 2022년과 2023년 모두 4월 4일 선생님과 함께 골프했었고, 올해도 4월 4일에 골프하기로 했으나, 갑자기 형사재판 변호 일정과 겹치는 바람에 오늘 하게 된 것입니다. 선생님과는 내년에도 4월 4일에 뵙기로 했습니다. 제가 굳이 4월 4일을 선생님과 함께 골프하는 날로 정한 이유는 우선 기억하기 쉬운 날이고, 두 번째는 4자를 생각 사(思)로 생각해서입니다. 선생님께서 2014년 어느 날 선거연수원에서 "죽기 전에 수필집, 전공서적, 자서전은 꼭 써라."는 울림이 있는 가르침을 주신 것을 늘 기억하고, 꼭 실천하고 싶기 때문입니다. 2025년 4월 4일에도 내년에 출간될《변호사 김양홍의 행복연구소》책을 선생님께 드리고, 함께 운동할 그날에도 '서울의 잠 못 이루는 밤'은 지속될 것입니다.

오늘은 저와 형님·동생 하는 사이인 김용직 대표님이 부킹해주신 골드CC에서 김대표님 부부와 함께 골프를 했는데, 골프장 가는 길목과 골프장 곳곳에 그저께부터 활짝 피기 시작했다는 벚꽃이 저희 일행을 반갑게 맞아주었습니다. 선생님은 김대표님 부부에게 지난해 출간된《죽어나간 시간을 위한 애도》책에 '날마다 웃으소서'라는 글과 함께 사인해서 드렸습니다. 선생님은 부부에게 책을 사인해드릴 때는 항상 아내의 이름을 먼저 써서 드립니다. 그래서 저도 선생님의 가르침대로, 부부 이름을 표기해야 할 때는 언제나 저보다 아내의 이름을 앞에 씁니다.

선생님과 클럽하우스에서 아침식사를 하면서 글 쓰는 즐거움에 대해 대화를 나눴는데, 선생님은 "작가는 책을 읽는 사람에게 작가의 영혼을 주는 것이다. 책을 한 권 읽으면 그 사람이 내 스승이 되는 것이다. 그리고 누구든지 자기 일에 최선을 다하는 것은 정말 예쁜 것이다."라는 점을 강조하셨습니다. 그리고 제가 60세 때(2028. 4. 15. 토요일 11:00 이수교회), 70세 때

(2038. 4. 24. 토요일 11:00 이수교회), 80세 때(2048. 5. 2. 토요일 11:00 이수교회) 북 콘서트 할 때 선생님이 꼭 오셔서 축사를 해주시라고 부탁드렸습니다.

　선생님은 거의 18홀 내내 티 박스 주변에 떨어져 있는 티 부러진 것, 담배꽁초 등 쓰레기를 주우셨습니다. 이 세상을 아름답게 만드는 것은 선생님처럼 작은 이웃 사랑이라도 실천하는 것을 통해 가능하다고 생각합니다.

　저는 오늘 110타로 뒤에서 1등을 했지만, 약 270m 짧은 Par 4 17번 홀에서 티 샷 한 것이 그린 근처까지 가서 Par도 1개 했습니다. 비록 멀리건(최초의 티 샷이 잘못되어 벌타 없이 다시 한 번 치게 하는 것)을 2개 받았으나, 18홀 내내 OK 받지 않고 끝까지 퍼팅을 했습니다. 다만, 저는 늘 그랬듯이 골프하면서 꽃구경도 하고, 사진과 영상도 찍고, 골프공 농사 짓느라 정신이 없이 18홀을 보냈습니다.

　특히 노련한 캐디가 저희 팀이 마음 편히 운동할 수 있게 해주셔서 저의 책《변호사 김양홍의 행복발전소》에 김홍신 선생님과 제가 사인해서 드렸습니다. 캐디는 "남편이 알아서 죽어 주고, 가장 화가 났을 때 양말을 던지는 정도밖에 화를 안 내기에 이뻐 죽겠어요."고 하는 등 자신의 남편을 극찬했습니다. 자신의 남편에 대해 그렇게 좋은 평가를 하는 사람은 처음 봤습니다. 저도 아내에게 그런 평가를 받을 수 있도록 마음을 다하고, 뜻을 다하겠습니다. 캐디는 자신의 하얀색 옷에 김홍신 선생님의 친필 사인을 받고 싶어 해서 선생님이 캐디 옷에 '늘 웃으소서'라는 글과 함께 사인해드렸습니다.

　운동을 마친 후 김용직 대표님이 근처 '화담'이라는 한정식 식당에서 맛있는 점심식사를 사주셨습니다. 자고로 맛있는 밥은 공짜 밥인데, 공짜 밥에 맛이 더해지니까 겁나게 맛있었습니다. 무엇보다도 김대표님은 저의 책을 인터넷으로 여러 권 구입하여 집에서 재밌게 보고 있는데, 책 어느 쪽을 펴서 봐도 재미있다고 칭찬을 해주셔서 참 행복했습니다. 작가들은 그렇게 독자의 칭찬을 듣고 힘이 나서 또 책을 쓰나 봅니다.

　김홍신 선생님의《하루 사용 설명서》에 '기쁘게 부르는 이름'이라는 글이 있습니다. 저도 선생님의 가르침대로 남들이 내 이름을 부르는 게 기쁨이 될 수 있는 삶을 살고 싶습니다. 오늘 모든 것이 좋았습니다. 오늘도 행복한 동행을 해주신 김홍신 선생님과 김용직 대표님 내외분의 건강과 평안을 기원합니다. 날마다 웃고, 늘 웃는 저와 여러분이 되길 소망합니다.

> 세상에서 가장 존귀하고 사랑스럽고 자랑스러워할 것은 자기 이름이다. 남들이 내 이름을 부르는 게 기쁨이 될 수 있는 삶을 살아야 한다. 그것은 어렵지 않다. 단지 시작하지 않았을 뿐이다. 먼저 내가 남의 이름을 기쁘게 부르는 것부터 시작하라. 내가 닮고 싶은 사람의 이름을 지금 불러보자.
> - 김홍신 선생님의 《하루 사용 설명서》 중에서 -

2. 골프존카운티 안성H : 민주시민정치아카데미의 부활을 학수고대한다

중앙선거관리위원회 선거연수원은 지난해 민주주의와 국가발전에 기여할 수 있는 정치·사회지도자를 양성하는 과정인 '민주시민정치아카데미(원장 김홍신, 약칭 '민정아') 16기 수강생 40명을 모집하여 대한민국 최고의 강사진으로 알찬 무료 교육을 실시했습니다. 민정아는 2013년 처음 개설된 이래 지난해까지 운영되었고, 그동안 530여명의 수강생을 배출하는 등 선거·정치 분야의 대표적인 교육과정으로 자리매김을 했습니다. 저도 2014년 하반기 민정아 4기 수료생입니다. 그런데 아쉽게도 선거연수원의 예산 삭감 때문에 올해는 민정아 제17기 수강생을 모집하지 못했습니다. 그래서 민정아의 부활을 학수고대하는 마음으로 민정아 4기 박민철 송담FS그룹 회장님의 초대로 김홍신 민정아 원장님을 모시고, 민정아 4기인 방호엽 교수님과 고연자 대표님 그리고 고대표님이 초대한 손님 세 분과 함께 골프존카운티 안성H에서 푸른 가을하늘을 벗 삼아 참 즐겁게 운동을 했습니다. 선생님은 올해 봄 골드CC에서 운동할 때보다 더 건강해지신 것 같았습니다.

선생님의 걸작 '인간시장'에서 등장하는 여주인공의 이름이 '다혜'인데, 오늘 저희 팀을 도와준 캐디의 이름도 '다혜'였습니다. 선생님은 인간시장의 '장종찬'이 되어 캐디로 변신한 '다혜'에게 작은 대나무처럼 생긴 신우대로 작은 배를 만들어 선물해주셨습니다. 또한 선생님은 대부분 카트를 타지 않으시고 매 홀 걸으시거나 뛰어다니셨고, 언제나 그랬듯이 보물찾기하시듯 티샷하는 곳에 티 부러진 것과 버려진 담배꽁초를 주우셨습니다. 심지어 클럽하우스 락커 사우나를 나오실 때는 슬리퍼까지 가지런히 정리하고 나오셨습니다. 선생님은 댁에서 재활용 분리수거를 철저하기 위해 가위로 종이와 비닐을 분리하시다가 손을 다치신 적도 있다고 합니다.

저는 선생님의 그런 모습을 볼 때마다 영화 '역린'의 명대사가 떠오릅니다. "작은 일에도 무시하지 않고 최선을 다해야 한다. 작은 일에도 최선을 다하면 정성스럽게 된다. 정성스럽게 되면 겉에 배어 나오고, 겉에 배어 나오면 겉으로 드러나고, 겉으로 들어나면 이내 밝아지고, 밝아지면 남을 감동시키고, 남을 감동시키면 이내 변화게 되고, 변화면 생육된다. 그러니 오직 세상에서 지극히 정성을 다하는 사람만이 나와 세상을 변하게 할 수 있는 것이다(중용 23장 내용)." 민정아의 구호가 "대한민국을 감동케 하라"입니다. 대한민국을 감동케 하는 것은 시작은 내 주변에 있는 휴지 줍는 것부터 시작되어야 합니다. 그렇게 이웃을 위해 정성을 다하는 사람이 대한민국을 감동케 하고, 이 세상을 변하게 할 수 있는 것입니다.

전반 9홀을 마치고 잠시 쉬면서 막걸리 한 잔 하고 있을 때 어느 내장객 한 분이 선생님께 사인을 요청하자 '늘 웃으소서'라는 사인을 해주셨습니다. 선생님 댁 화장실에는 선생님이 강연 때마다 강조하시는 '잘 놀다 가지 않으면 불법이다'라는 글이 붙어 있다고 합니다. 선생님이 2014년 특강에서 "죽기 전에 꼭 수필, 자서전, 전문서적을 쓰라"고 하신 말씀을 듣고 쓰기 시작한 수필집이 올해 여덟 번째 책 《변호사 김양홍의 행복발전소》를 출간했는데, 그 책을 오신 분들게 나눠드리면서 선생님을 흉내 내서 '날마다 행복하소서. 사랑하고 축복합니다.'라고 써서 드렸습니다.

지난 봄에는 파 1개, 110타를 쳤고(멀리건 2개), 어제는 파 4개, 105타(멀리건 3개)를 쳤으나, 지난번과 달리 OK 받은 홀이 많아서 지난번과 다를 바 없었습니다. 어느 홀에서인가 정신없는 영산홍이 겨울이 얼마 남지 않았는데, 꽃을 피운 것을 봤습니다. 꽃이든 사람이든 때에 맞게 사는 것이 지혜입니다.

선생님의 말씀에 의하면 민정아는 2025년부터 선거연수원이 아닌 사단법인 민주시민정치아카데미가 주축이 되어 바람직한 정치·사회지도자를 양성할 계획이라고 합니다. 어제 고대표님 초대로 오신 손님 세 분도 내년에 민정아 과정이 개설되면 지원하시기로 약속하셨습니다.

나 하나 꽃피어

나 하나 꽃피어
풀밭이 달라지겠느냐고
말하지 말아라
네가 꽃피고 나도 꽃피면
결국 풀밭이 온통
꽃밭이 되는 것 아니겠느냐

나 하나 물들어
산이 달라지겠느냐고도 말하지 말아라
내가 물들고 너도 물들면
결국 온 산이 활활타오르는 것 아니겠느냐

조동화 시인의 '나 하나 꽃피어'라는 시입니다. 나 하나 바꾼다고 뭐가 달라질까요? 나 하나 바꾼다고 세상이 달라지지 않는 경우가 대부분일 것입니다. 그렇지만 우리 각자가 그렇게 바뀌지 않으면 이 세상은 바뀌지 않습니다. 무단횡단하지 않기, 길가에 휴지 버리지 않기, 감사하는 마음 갖기, 사랑의 말하기 등 당장 우리가 할 수 있는 것부터 실천합시다. 우리 아이들에게도 서로를 배려하는 삶이 서로가 행복할 수 있는 첩경임을 가르칩시다. 이런 작은 행동들이 서로 실천할 때 이 세상은 더 따뜻한 세상이 될 것입니다. 그 현장 한가운데 민주시민정치아카데미가 자리 잡고 있을 것으로 믿습니다. 더불어 사는 세상이 더불어 행복한 세상입니다.

어제의 발걸음이 작은 밀알이 되길 소망합니다. 어제 모임의 모든 것을 준비해주시고, 찬조해주시고, 이것 저것 세심하게 배려해주신 박민철 회장님께 깊이 고개 숙여 감사인사를 드립니다. 김홍신 원장님과 어제 함께 한 분들 그리고 530여명의 민정아 가족들 모두의 건강과 평안을 기도합니다. 각자 서 있는 자리에서 우리 조국 대한민국을 감동케 합시다!!

6-02
김용훈 교수님과 행복한 골프 : 날씨가 예쁜 날 떼제베CC에서

어제(2024. 7. 26.) 오후 사랑하고 존경하는 순천향대학교 부속 천안병원 김용훈 교수님, 이동욱 대표님과 함께 청주시 근처에 있는 떼제베CC에서 행복한 동행을 했습니다. 김교수님은 22년 전 저의 아내를 교수로 채용되게 해주시고, 순천향대학교 의과대학에서 33년 동안 근무하시고 2021년 명예롭게 정년퇴직하셨습니다.

저희 가족은 김교수님 덕분에 2002년부터 11년 동안 천안에서 살 때 참 행복한 시간을 보냈었습니다. 그 행복한 시간의 절반은 김교수님과 함께 한 시간이었습니다. 저희 가족이 천안에 내려간 지 얼마 안돼서 김교수님과 함께 원산도로 1박 2일 바다낚시를 갔었고, 송악지 등 여러 저수지 좌대에서 수많은 날의 밤을 함께 지새웠습니다. 안면도 전어와 우럭 낚시, 오천항 주꾸미 낚시, 남해안 부시리와 볼락 낚시, 제주도 감성돔 낚시 등 원 없이 여러 종류의 낚시를 하면서 민물과 바다 물고기들의 저승사자 역할을 충실히 감당했었습니다. 김교수님은 정년퇴직하셨음에도 병원측에서 그동안의 공로에 감사해서 더 근무해달라고 붙잡아서 3년 째 더 근무하고 계십니다.

저는 떼제베CC(동서남북 코스 중 서와 남 코스를 돌았습니다)를 처음 방문했는데, 페어웨이가 넓고, 조선잔디이면서 잔디 관리도 잘 되어 있고, 도전하고 싶은 홀들이 많아서 참 좋았습니다. 더군다나 오늘은 대한민국 최고의 캐디라고 평가해도 될 만큼 좋은 캐디를 만나 더 즐겁게 라운딩을 마칠 수 있었고, "날씨가 안 좋아서 안 맞는다."는 핑계를 댈 수 없을 정도로 한여름 장마철 날씨치고는 최고의 날씨였습니다. 전반전을 마칠 때쯤 폭우가 내렸고, 그늘집에서 쉬고 있으니까 비가 그쳐서 후반전에는 전반전보다 더 시원한 날씨 속에서 시간 가는 줄 모르게 라운딩을 마칠 수 있었습니다.

캐디는 "오늘 같은 날을 날씨가 예쁜 날이라고 표현합니다."라고 했습니다. 저는 김교수님, 이대표님과는 두 번째 하는 골프인데, 두 분 모두 전보다 실력이 놀라울 정도로 일취월장(日就月將)되어 있었습니다. 특히 김교수님은 저와의 첫 라운딩 때도 "연습만이 살길이다!"를 외치셨는데, 그 동안 연습을 얼마나 많이 하셨는지 골프 입문하신 지 5년도 채 안 되었음에도 골프 입문 23년차인 저보다 더 잘 치셨습니다.

저는 골프장에 가면 늘 1/3은 골프, 1/3은 골프공 농사(OB나 해저드 지역에서 골프공 찾는 것), 1/3은 동반자들 사진과 동영상 찍어주기로 시간을 할애를 하는데, 오늘은 사진과 동영상을 평소보다 1/10 정도만 찍고 골프에 집중했으나, 그 결과는 평소와 별 차이가 없었습니다. 캐디가 비온 다음날은 뱀이 많이 나온다고 해서 골프공을 찾으러 다니지 않아서 2개밖에 찾지 못했고, 오히려 골프공을 4개나 잃어버려서 골프공 농사는 망쳤습니다. 골프 명언 중에 '60타는 나라를 먹여 살리고, 70타는 가정을 먹여 살리고, 80타는 골프장을 먹여 살리고, 90타는 동반자를 먹여 살리고, 100타는 골프공 회사를 먹여 살린다.'는 말이 있는데, 저에게는 전혀 맞지 않는 말입니다. 저는 '백돌이'지만 골프장 갈 때마다 골프공 10~20개 찾는 것은 기본입니다.

지난 6월 막을 내린 'KPGA 비즈플레이 원더클럽 오픈' 최종전 연장전 파5 18번 홀에서 허인회 선수가 드라이버로 세컨 샷을 하여 우승한 것을 보고, 저도 오늘 생애 처음으로 드라이버로 세컨 샷을 해서 약 200m를 보내봤습니다. 또한 후반 6번 내리막 홀 파4에서 티샷으로 약 250m를 보냈으나 세컨 샷을 약 25m밖에 보내지 못한 것이 몹시 아쉽습니다. 그리고 마지막 파5 홀에서는 페어웨이에 들어와 있는 남의 볼(저의 볼은 행방불명)로 세컨 샷을 해서 그린 근처까지 보냈으나, 이글은 못하고 23년 만에 31번째 버디를 했습니다. 물론 남의 볼로 버디를 한 것이므로 버디로 인정하지 않는 것이 원칙이지만(오히려 벌타를 받아야 마땅합니다), 과거에도 한 번 동반자 공을 제 공으로 알고 버디한 것을 동반자가 버디로 인정해 준 선례가 있어서 관습법에 따라 버디로 인정받았습니다. 무엇보다도 저는 버디를 1년에 1~2개 하기 때문에 어렵게 한 버디를 버디가 아니라고 하기에는 너무 아까워서 버디로 인정해주겠다는 것을 차마 거절하지 못했습니다. 저는 오늘 저의 골프채가 아닌 이대표님이 준비해주신 골프채로 쳤음에도 멀리건과 OK를 하나도 받지 않고 버디와 파 각 1개, 트리플과 양파 각 3개 등으로 총 110타를 쳐서 뒤에서 1등을 했으나, 전혀 억울하지 않습니다. 김교수님이 맛있는 소고기와 토종닭 백숙을 사주셔서 맛있게 저녁식사를 하고 아쉬움을 뒤로 하고 헤어졌습니다.

　인생은 꽃밭입니다. 내가 어떤 씨앗을 뿌리느냐에 따라 인생 꽃밭의 모습은 달라집니다. 저는 그 꽃밭에 사랑과 감사 그리고 웃음을 심고 싶습니다. 그래서 저의 꽃밭을 지나는 사람들에게 그것들을 나누어 주고 싶습니다. '행복은 노력의 대가로 얻는 것이 아니라 지금의 소중함을 놓치지 않는 것이다.'는 말이 있습니다. 스콜(squall)이 일상이 되어 버린 장마철에 저의 인생 꽃밭에 소중한 순간을 심어주신 김용훈 교수님과 이동욱 대표님께 깊이 고개 숙여 감사인사를 드립니다. 사랑하고 축복합니다. 늘 강건하시고, 날마다 행복하소서.

6-03

조근형 이사장님과 행복한 골프 :
더헤븐CC에서의 아름다운 하루

오늘은 2024년 근로자의 날입니다. 제가 AI인 Bing에게 '지난주 조근형 전 경기도화물협회 이사장님 내외분과 더헤븐CC에서 행복한 골프를 하고 온 것에 대한 후기를 작성해줘'라고 명령하자, Bing은 1초의 주저함도 없이 아래와 같은 그럴싸한 후기를 작성해줬습니다. 심지어 인용한 문장은 각주 1.(blog 역마살부부가 2023. 8. 25. 작성한 안산골프장 더헤븐CC 후기)로 표기해서 원문을 확인할 수 있도록 했습니다. Bing이 작성한 문장 중 사실과 다른 것만 일부 수정하고, 그 원문을 활용해서 후기를 작성해봤습니다. 참 신기하죠?

지난주 더헤븐CC에서의 골프 경험에 대한 후기를 작성해 드리겠습니다. 조근형 전 경기도화물협회 이사장님 내외분과 함께한 행복한 시간을 담아보겠습니다.

더헤븐CC에서의 아름다운 하루

서해의 싱그러운 바람과 함께, 더헤븐CC의 푸른 잔디 위를 걷는 것만으로도 마음이 설레었습니다. 조근형 이사장님 내외분과 함께한 라운드는, 골프 그 이상의 가치를 선사하는 시간이었습니다. 클럽하우스의 따뜻한 나무색과 흰색의 조화는 마치 천국의 포근함을 연상시켰고, 심플한 인테리어는 편안함을 더했습니다1. 남자 탈의실의 우드톤과 넓은 공간은 라운드 전 준비를 더욱 여유롭게 했습니다. 코스로 나서니, 서해 바다와 대부도의 아름다운 자연이 어우러진 풍경이 펼쳐졌습니다. 27홀 중 사우스, 웨스트 코스를 각각 경험하며, 바다가 인접한 사우스 코스의 경치에 특히 매료되었습니다(지난해까지만 해도 코스 잔디는 양잔디였는데, 조선잔디로 교체한 지가 얼마 되지 않아 잔디 양성을 위해 벙커에 들어갈 경우 무벌타 드롭을 하도록 했습니다. 그래서 벙커샷을 잘 못하는 저는 참 편했습니다. - 제가 추가한 글). 각 홀마다 다양하고 도전적인 레이아웃은 중상급자에게도 즐거움을 선사했습니다. 더헤븐CC에서의 하루는 골프를 넘어선 행복이었으며, 조근형 이사장님 내외분과 함께한 시간은 더욱 뜻 깊었습니다. 이렇게 특별한 날을 함께 해주신 이사장님 내외분께 감사의 마음을 전합니다. 더헤븐CC에서의 추억은 오래도록 기억에 남을 것입니다.

AI가 쓴 글이지만 저보다 글을 더 잘 쓰는 것 같습니다. 조근형 이사장님과 저는 음력 생일이 같은데, 저와 음력 생일이 같은 분을 생애 처음으로 만났습니다. 지난해도 이사장님의 초청으로 더헤븐CC에서 세 번 같이 운동을 했었고, 올해는 우연히 이사장님과 저의 생일 날 운동을 하게 되었습니다.

저는 골프 시작 전 "멀리건(mulligan - 최초의 티 샷이 잘못되어 벌타 없이 다시 한 번 치게 하는 것)과 OK(concede)는 안 받겠습니다"고 선언했지만, 생일이라는 이유로 멀리건을 3개나 받았습니다. 특히 웨스트 코스 여섯 번째 홀 Par 5에서 멀리건을 받아서 멀리 갔는지 생애 두 번째로 투온을 하여 이글을 노렸으나 아쉽게도 Par에 그쳤습니다. 암튼 저는 104타(Par 3개)로 뒤에서 1등을 했습니다.

조근형 이사장님은 '명언 제조기'라고 표현해도 될 만큼 운동할 때마다 재밌고 지혜로운 말씀을 많이 해주시는데, 그날 가장 기억나는 말씀은 "(골프에서) 상대방을 망하게 하려면 상대방에게 너무 좋은 제안을 해라"입니다. 이는 골프에서뿐만 아니라 세상살이에도 딱 맞는 말씀입니다. 세상에 공짜 없고, 세상에 쉬운 일은 없는데, 우리는 그것을 잊고 살 때가 많습니다. 그렇게 세상살이는 내 마음대로 안 되기에 골프에서만큼이라도 내 마음대로 하고 싶을 때 저는 그냥 제 마음가는대로 합니다. 골프는 그렇게 해서 고난에 처하게 되면, 그 고난을 극복하는 또 다른 재미가 있기 때문입니다. 또한 이사장님은 건강을 위해 요새 술을 안 드시는데, "술 안 먹으니까 사는 게 심심하고 배고프다"고 하셨습니다. 저도 2016년 여름부터 술을 안

마시고 있기 때문에 그 말씀에 매우 공감합니다. 그래서 저는 그 심심함을 글쓰기로 대체했습니다. 생각보다 글쓰기가 참 재밌습니다. 여러분도 한 번 해 보십시오.

운동을 마친 후 골프장에서 가까운 곳에 있는 대부도 맛집 중에 맛집인 '카페 스티그마617'이라는 곳에 갔습니다. 카페 앞에 걸려 있는 플래카드에는 'STIGMA(스티그마) = (흔적)의 의미 - 안산의 섬 대부도에서 아름답고 행복한 추억은 흔적을 담아 가시라는 의미입니다'라고 소개되어 있습니다. 그런데 '스티그마617'에서 '617'은 갈라디아서 6장 17절이라는 뜻으로 본 뜻에 바울이 갈라디아서 6장 17절을 통해 "내가 내 몸에 예수의 흔적을 지니고 있노라" 했던 말을 새겨 넣은 것입니다.

갈릴리교회를 시무하고 계시는 모연구 목사님이 운영하고 있는 '카페 스티그마617'은 카페 운영비(재료비)를 제외한 수익금 전액을 군부대에서 운영하는 푸드트럭의 재료비로 사용되고 있어 군선교로 이어지는 가교역할을 감당하고 있다고 합니다. 음료 외의 음식으로는 스테이크, 한우육회, 해물파스타 등의 메뉴를 판매하는데, 모든 음식이 일품요리입니다. 맛있는 음식도 드시고, 군선교에도 후원하시는 일석이조(一石二鳥)의 효과를 누릴 수 있는 '카페 스티그마617'를 꼭 방문해 보십시오. 일단 맛은 제가 보장합니다.

6-04
정영환 사장님과 행복한 골프
(청주그랜드CC) : 71타와 67.0%

　대한민국 제22대 국회의원 선거일에 정영환 사장님의 초대로 청주그랜드CC에서 행복한 골프를 하고 왔습니다. 저는 골프하는 날마다 잠을 설치는데, 오늘도 어김없이 새벽 2시경부터 잠에서 깨어 잠을 제대로 자지 못했습니다. 골프장에서는 투표한 사진을 보여주면 커피를 무료로 제공했고, 맛있는 떡도 줬습니다. 자고로 공짜는 뭐든 더 맛있습니다.
　골프장 곳곳에 있는 꽃들이 가는 봄이 아쉬워하듯 더 예쁘게 피어 있었습니다. 평소 70대를 치시는 정영환 사장님은 오늘 71타(birdie 4개)를 치셨고, 저는 104타(par 3개)를 쳤습니다. 저는 영광스럽게도 18홀 중에서 마지막 홀에서 오너(honor - 티샷을 첫 번째로 하는 사람)를 했는데, 그 티샷 한 것이 약 230m 갔으나 아쉽게도 보기(bogey)밖에 못했습니다.
　정사장님은 18홀 내내 홀 주변에 있는 쓰레기와 밝혀 있는 티를 뽑으셨습니다. 여러분도 언더 파(under par)를 치고 싶으면 정사장님처럼 홀 주변 청소부터 하십시오. 또한 정사장님은 저에게 "볼을 정성껏 쳐라, 볼을 봐라."는 조언을 해주셨는데, 그 조언이 저에게는 큰 도움이 되었습니다. 운동이든 삶이든 정석(定石)이 중요합니다. 정사장님이 저에게 해주신 골프 명언을 소개합니다. 오늘 좋은 동반자들 덕분에 더 행복했고, 꽃들 덕분에 눈이 호강했고, 날씨도 좋았고, 무엇보다도 par를 3개나 해서 기분이 좋습니다. 오늘 투표율이 67.0%로 32년 만에 최고치라는 점에 감사합니다. 오늘도 우리 조국 대한민국은 한 발 앞으로 나아갔습니다.

"고수는 본대로 가고, 하수는 걱정하는 대로 간다"

"다타호신 소타호심(多打好身 少打好心) 즉, 타수를 많이 치면 운동을 많이 하게 되니 몸이 좋아하고, 적은 타수를 치게 되면 기분이 좋아지니 마음이 편하게 된다."

"골프의 적은 바람이고, 바람보다 더 적은 동반자이고, 동반자보다 더 적은 전화기이고, 전화기보다 더 적은 사업이다."

6-05
류관석 변호사님과 행복한 골프
(BA Vistar CC) : 꿈꾸는 사람

하루 종일 봄비가 내린 2024년 4월 셋째 주말 사랑하는 저의 군법무관 동기 형인 류관석 변호사님과 함께 BA Vistar CC에 다녀왔습니다. 제가 형보다 8살 어린데(형은 글에다 '1살 차이'라고 적으라고 했습니다), 제가 운전하는 것을 싫어해서 형이 운전해 주는 차로 다녀왔습니다. 오늘 제가 언더 파(under par)를 칠 경우 형이 형의 전 재산을 주고, 언더 파를 못 칠 경우에는 제가 형에게 1만원(처음에는 10만원으로 정했다가 형이 1만원으로 할인)을 주기로 하되, 그 지급 시기는 언더 파를 치는 즉시 지급하는 것으로 구두 계약을 체결했습니다. '스마트스코어' 앱에 있는 저의 골프 기록을 보면, 121 라운드, 평균 스코어가 103타입니다. 형은 제가 언더 파 칠 가능성은 zero라고 했는데, 과연 저는 언더 파를 쳤을까요? 형은 제가 싱글을 하면 금 1냥짜리로 싱글 패까지 해주시기로 했습니다.

골프장 가는 길목에 있는 식당에서 형이 맛있는 '된장배추국'을 사주셨습니다. 동반자께서 형에게 운전도 시키고, 밥까지 얻어먹는다고 지적했으나, 저는 "그것 모두 형이 복 받는 길"이라고 응답했습니다. 복은 받는 것이 아니라 짓는 것입니다. 형은 오늘 동생을 위해 봉사함으로 인해 큰 복을 받을 것으로 믿습니다.

저는 BA Vista CC를 2021년에 이어 두 번째 방문입니다. 18홀 내내 비가 내려서 비옷을 입고 쳤고, 끝날 무렵에는 조금 추웠으나 웃음도 매 홀 따라 다녔습니다. 전반전에 동반자들 모두가 파(par)를 못하자 형이 "첫 번째로 파를 한 사람에게 상금 5만원을 주겠다"고 한 다음 홀인 7번 홀 파3에서 제가 파를 해서 상금을 받았습니다. 이후에도 형은 몇 개 홀에서 파나 버디를 하면 상금 1만원을 주겠다고 했고, 심지어 220~230m 지점에 있는 해저드나 벙커에 빠져도 상금을 주겠다고 했으나 번번이 실패했습니다. 결국 저는 오늘 105타(파 2개)로 뒤에서 1등을 했습니다. 오늘은 멀리건과 OK는 하나도 받지 않았고, 1번 홀부터 점수를 정확히 적었습니다.

상경하는 길에 형에게 오늘 골프에 대해 평가를 해달라고 했더니, "앞으로 언더 파를 지향할 것이 아니라 100타 이하를 지향하고, 다음부터는 꼴등하지 마라"고 하셨습니다. 형의 따뜻한 충언에는 감사하지만, 저는 생각을 조금 달리합니다. 지난 주말 골프에서 생애 처음으로 파5 홀에서 투 온을 했고, 그 홀에서 23년 만에 서른 번째 버디를 성공한 이후 저도 언젠가는 언더 파를 칠 수 있다는 자신감이 생겼습니다. 오늘처럼 비가 내려도 언더 파를 칠 수 있을 것 같았습니다. 비록 파4 1번 홀에서 양파를 했지만 ... 제가 언더 파를 칠 경우 형이 자신의 전 재산을 주겠다고 할 정도로 그 가능성이 zero라고 하더라도 저는 오늘처럼 언더 파를 지향할 것입니다. 도전해서 안 되면 어쩔 수 없지만, 1번 홀부터 도전을 포기하는 것은 올바른 태도가 아니라고 생각합니다. '포기'는 배추 썰 때나 쓰는 단어입니다.

또한 저는 조별 대항전을 할 때마다 꼴등을 지향합니다. 누군가는 꼴등을 해야 다른 사람이 1등을 하고, 2등을 할 수 있기 때문입니다. 그렇기 때문에 저는 언더 파를 지향하면서도 아이러니하게도 꼴등을 지향합니다. 물론 저는 그동안 단 한 번도 의도적으로 꼴등을 노린 적은 없습니다만, 꼴등을 하는 것이 결코 부끄럽지는 않습니다. 저로 인해 동반자 한 사람이라도 마음 편히 운동을 하면 대만족이기 때문입니다.

골프는 골프공이 해저드나 OB 지역으로 나가면 보물찾기 하듯이 공 찾는 즐거움이 있고, 매홀 어려움에 처했을 때 그 어려움을 이겨내는 즐거움이 있고, 동반자들 샷 하는 모습이나 주위 풍경을 사진이나 영상으로 담아서 행복한 순간을 공유하는 즐거움이 있습니다. 오늘 빗길인데 운전해주시고, 맛있는 점심식사와 저녁식사도 사 주시고, 상금 5만원까지 주신 류관석 변호사님께 깊이 고개 숙여 감사 인사드립니다. 행복한 동행이 행복의 시작이고, 행복의 끝입니다.

6-06
처제 내외와 행복한 골프(뉴서울CC) : 날마다 향기 그윽 하소서

처제 내외 초청으로 무엇을 해도 행복할 것 같은 주말에 뉴서울CC에서 행복한 동행을 하고 왔습니다. 지난 5월에도 같은 골프장에서 운동을 했었는데, 오늘은 해 뜨기 전인 06:42 첫 티업을 했습니다. 저는 골프 입문한 지 23년차인데, 첫 티업을 한 것은 이번이 처음입니다. 처제 내외랑 골프를 하면, 골프 보다는 아내와 동서 두 사람의 구찌 배틀이 참 재밌습니다. 아내와 처제 두 사람의 골프 실력이 비슷한데, 동서는 어떻게 하면 처제가 한 타라도 더 잘 치기를 바라는 마음으로 아내에게 열심히 구찌를 합니다. 구찌는 일본어로 입(口)을 뜻하는 꾸찌(くち)에서 온 말로, 동반자가 플레이를 할 때 옆에서 이런저런 말을 해서 멘탈을 흔드는 것입니다. 골프에서는 OK(컨시드) 외에는 모든 말이 구찌가 될 수 있습니다. 동서가 아내에게 열심히 구찌를 한 결과 18홀이 어떻게 지나갔는지 모르게 지나갔고, 아내와 처제는 같은 타수로 경기를 종료했습니다.

골프장 곳곳에는 단풍이 노란색으로 예쁘게 물들어 있었습니다. 지난 5월에는 조금 쉬운 '예술' 코스라서 파(Par)를 6개나 하고 97타를 쳤는데, 오늘은 조금 어려운 '문화' 코스라서 그런지 파를 하나도 못하고 112타를 쳤습니다. 요새 무릎이 아파서 카트를 많이 탔더니 평소보다 약 4,000보는 덜 걸은 것 같습니다.

경기를 마치고 '오죽헌'이라는 식당을 갔는데, 제가 존경하고 사랑하는 김홍신 선생님이 식당 여사장님과 찍은 사진이 있었고, 벽에 '날마다 향기 그윽 하소서'라는 김홍신 선생님의 자필 글이 붙어 있었습니다. 날마다 나만 잘 사는 것이 아니라 자신의 삶 속에서 그윽한 향기를 낼 수 있다면 식당을 하든, 변호사를 하든, 의사를 하든, 청소를 하든 이 세상은 좀 더 행복한 세상이 될 것으로 믿습니다. 저희 형제자매 모두의 가정이 그리고 여러분의 가정이 날마다 향기 그윽하기를 소망하고 기도합니다.

6-07
열두제자 행복한 골프 :
빅토리아GC에서 얼죽아(Eoljukah)

　구글 평점 국내 9홀 골프장 64개 중 TOP 10 중 2위를 한 빅토리아GC에서 오랜만에 서울강남지방장로회 열두제자 골프 모임(장로님 다섯 분, 권사님 세 분)을 했습니다. 저는 지난해 4월과 11월 두 번 빅토리아GC에서 운동을 했었는데, 겨울에 눈 내렸을 때 하는 골프는 더 환상적이라고 합니다. 클럽하우스 식당에서 맛있는 아침식사를 하고, 저의 아내만 제외하고 모두 얼죽아(Eoljukah)를 마셨습니다. 저는 처음에 '얼죽아'라는 말을 못 알아들었는데, 얼죽아는 '얼어 죽어도 아이스커피'라는 신조어라고 합니다.

　여러분은 10월 25일이 무슨 날인지 아시나요? '독도의 날'입니다. 독도의 날은 1900년 10월 25일 고종 황제가 대한제국칙령 제41호에서 독도를 울릉도의 부속 섬으로 명시한 것을 기념하기 위해 제정한 날입니다. 독도가 대한민국의 영토라는 사실과 우리의 강력한 독도 수호 의지를 대내외적으로 알리기 위함입니다. 빅토리아GC 회장이자 독도사랑운동본부 총재직을 오랫동안 수행한 원용석 장로님이 6번 홀에 아이스크림 1개 1,000원 '함께하는 독도 기부' 코너를 만들어 놨습니다. 2번 홀에서 천연기념물로 지정된 '장수하늘소'를 만났지만 기쁜 마음으로 살려줬고, 6번 홀에서도 등에 색동옷을 입은 것 같은 '큰광대노린재'라는 예쁜 곤충을 만났음에도 살려줬습니다. 다른 곳에서 저를 만났으면 두 곤충 모두 거주지가 이동(?)되었을 가능성이 매우 높습니다.

　그리고 빅토리아GC에는 캐디가 없기 때문에 동반자들이 카트를 운전해야 합니다. 전반전에는 5인용 카트를 탔으나, 후반전에는 2인용 카트를 탔습니다. 외국에서 2인용 카트를 타본 적이 있는데, 우리나라에서는 처음으로 타 봤습니다. 2인용 카트는 페어웨이까지 들어갈 수 있기 때문에 더운 여름에는 아주 유용합니다. 아쉽게도 골프에 집중(?)하느라 2인용 카트 앞에서 사진을 찍지 못했습니다.

　9홀을 마치고 쉬는 시간에 먹은 수박은 꿀맛이었고, 점식식사로 먹은 콩국수는 "면 사리를 더 달라."고 해서 먹을 정도로 맛이 일품이었습니다. 빅토리아GC 근처 가실 일 있으면 골프를 안 하시더라도 식당에 가셔서 드실 수 있습니다. 원장로님께서 감사하게도 두 팀이 먹은 모든 비용을 찬조해 주셨습니다.

　제가 운전하는 것을 싫어해서 제가 제일 좋아하는 골프는 누가 운전해 주는 차로 골프장 가서 골프를 하는 것입니다. 오늘은 곽기태 장로님이 운전해주시는 차로 골프를 다녀왔고, 오가는 길에 사업을 하시는 곽장로님의 입담 때문에 시간 가는 줄 모르고 상경했습니다. 저는 오늘 참 좋은 날 천사같이 좋은 분들과 제일 좋아하는 골프를 한 것입니다.

　오늘은 세 분 장로님 부부가 함께 운동을 했는데, 원용석 장로님은 부인 권사님에게 "우리 색시"라는 표현을 하셨습니다. 저의 남동생이 제수씨에게 늘 "내 사랑"이라고 하는데, 원장로님은 저의 남동생 보다 한 술 더 뜨는 사랑꾼인 것 같아 보기 좋았습니다.

빅토리아GC 클럽하우스 근처에 대대훈(大隊訓)이라는 비석이 있습니다. 그것은 원용석 장로님이 젊은 장교시절 제2사단 예하 대대에서 근무할 때의 대대훈인데, 원장로님이 운영하는 SB그룹의 사훈(社訓)이기도 합니다. 원장로님은 3년 전 그 대대가 없어진다는 소식을 듣고 부대에 협조를 거쳐 더 많은 이들의 꿈이 이루어지기를 바라는 마음으로 올해 봄 그 비석을 골프장으로 갖고 와 보전했다고 합니다.

할 수 있다는 信念과 하겠다는 執念으로
오늘을 뛰며
내일을 設計하자

위 대대훈은 언제 봐도 마음에 듭니다. 무슨 일을 하든지 오늘을 뛰어야 합니다. 빅토리아GC를 방문하는 모든 분들이 위 대대훈의 가르침대로 살아가기를 소망합니다. 저녁에 폭우가 예보되어 있었지만 비 한 방울 안 맞고, 한 여름에 시원한 그늘도 만나게 해주시고, 처음부터 끝까지 행복한 동행을 하게 해주신 하나님의 은혜에 감사합니다. 오늘 많은 웃음을 나눠주신 장로님들과 권사님들의 건강과 평안을 기원합니다. 지금 서울은 시원한 여름비가 내리고 있습니다. 웃었던 날들을 모으면 행복이 되고, 좋아했던 날들을 모으면 사랑이 되고, 노력했던 날들을 모으면 꿈이 된답니다. 행복한 주말 저녁 보내시고, 더 행복하고 사랑이 넘치는 주일 보내소서♥

6-08
태릉골프장 : 태릉 어게인!!

　가족들과 해외여행 한 번 간 적 없을 만큼 열심히 근무했던 A 공군중령님이 지난해 영내 간부식당에서 점심식사를 하던 중 의식을 잃고 쓰러져 병원으로 후송되어 치료를 받다가 발병 다음날 자발성 지주막하 뇌출혈로 사망한 일이 있었습니다. 국방부 군인재해보상심의회는 고인이 사망 당시 수행한 업무가 통상적인 업무에 비하여 육체적 과로 또는 정신적 스트레스를 유발하는 것으로 보기 어렵고, 고인은 고혈압 등 개인 질환으로 사망한 것으로 보아 고인의 사인과 공무 사이에 상당인과관계가 없어 공무상 사망이 인정되지 않는다고 판단하여 유족연금 부지급결정 처분을 통지하였습니다. 이에 대해 고인의 유족은 위 결정에 대해 국방부 군인재해보상연금재심의회에 위 결정의 취소를 구하는 심사를 청구했으나, 이 또한 기각되어 행정소송을 준비 중에 있습니다.
　고인의 공사 동기인 B 공군대령님은 소송을 맡은 저에게 소송을 잘 해달라는 취지로 서울 노원구에 있는 태릉골프장을 부킹을 해서 저희 부부를 초대해주셨습니다. B 공군대령님의 친구 한국공항공사 C 부장님과 간단히 인사를 나누고 티샷을 했습니다. 저는 오늘 처음 뵙는 분들과의 골프라서 더 긴장이 되고, 오른쪽 무릎이 아파서 어젯밤 정형외과에서 지은 약도 먹고 파스까지 붙이고 잤는데, 평소보다 카트를 많이 타긴 했으나 웃느라고 무릎이 아프다는 것을 인식하지 못했습니다. C 부장님은 "웃음에 취했다."라는 표현을 했고, 저희 팀을 도와준 20년 차 캐디도 "이렇게 즐겁게 치는 팀은 처음입니다."라고 할 정도로 처음부터 끝까지 즐겁게 골프를 마쳤습니다. 특히 저를 제외한 세 분이 모두 1971년생 동갑이라서 말이 잘 통했고, B 공군대령님은 저희 부부와 같은 동향(同鄕)이어서 졸지에 저는 '형님'이 되고, 아내는 '형수님'이 되었습니다.
　특히 2번 홀과 3번 홀이 연거푸 파 5 홀이었는데, 저 스스로가 놀랄 정도로 연거푸 쓰리온(three on)을 해서, 한 번은 파를 하고, 한 번은 보기를 했습니다. 제가 3번 홀에서 보기 할 때 C 부장님이 "마음이 들어가 있어서 볼이 들어갈 곳이 없습니다."라는 멋진 표현을 해주셨습니다. 세상만사(世上萬事) 모든 일이 욕심을 버려야 채울 수 있습니다. 또한 캐디가 아내의 티샷을 보고 "우리 에이스는 다르다."라고 할 정도로 티샷 실수가 없었습니다. 웃느라 정신줄을 놓고 골프를 했지만, B 공군대령님과 비길 수 있어서 더 좋았습니다. C 부장님이 운동을 마친 후 골프장에서 가까운 곳에 있는 맛집 '담터쭈꾸미'에서 쭈꾸미볶음과 피자를 사주셔서 입도 행복했습니다.

　B 공군대령님이 4인 단톡방을 만든 후 방 이름을 '태릉 어게인'으로 정해주셔서 더 기대가 됩니다. 아내가 오늘 1등을 하면 셋째를 갖기로 약속하고, 태명(胎名)을 '태릉'으로 짓기로 했는데, 아내가 1등을 하지 못해 다소 아쉽습니다. A 공군중령의 가족들과 동기를 위하는 B 공군대령님의 마음을 잘 대변해서 행정소송에 마음을 다하고, 뜻을 다할 생각입니다. 푸른 하늘이 아름다운 오늘 행복한 동행을 해주신 B 공군대령님과 C 부장님 그리고 A 공군중령님의 가정에 하나님의 축복이 가득하기를 기도합니다.

"태릉 어게인!!"

6-09
행복은 동행이고, 동행이 행복이다
(마론뉴데이CC)

신분 노출이 군사보안인 여성 3명과 함께 천안에 있는 마론뉴데이CC에서 골프하고 왔습니다. 골프장 입구부터 벚꽃들이 손님맞이를 하고 있었습니다. 버스커 버스커의 '벚꽃 엔딩' 노래를 들으면서 벚꽃들을 보니 더 예뻐 보였습니다. 올해는 더 이상 그 벚꽃들을 볼 수 없어서 그렇게 예쁘게 보였나 봅니다. 골프장이 산자락에 있어서 골프 보다는 꽃구경에 더 마음을 쏟았습니다. 저는 마론뉴데이CC를 2021년 봄에 와 보고 이번이 두 번째입니다. 골프장에 일찍 도착해서 생애 처음으로 골프 시작 전에도 사우나를 했습니다. 골프장이 좋긴 한데 곳곳에 지뢰(?)가 많아서 볼을 참 많이 잃어버렸고, 잃어버린 공 이상으로 볼을 많이 주웠습니다. 여성 세 분과 하는 골프이기에 저만 화이트티(white tee)에서 치는 것보다는 레이디티(lady tee)에서 함께 치고 싶다고 했는데, 동반자들로부터 거절당했습니다. 저는 괜찮은데 … 동반자가 원하셔서 시니어티(senior tee)에서 몇 번 친 적이 있는데, 참 편하게 쳤던 기억이 있습니다. 제가 언젠가 여성 세 분과 칠 때 레이디티에서 함께 티샷을 해서 1년에 한 번꼴로 하는 버디를 마구마구 해보고 싶습니다.

저는 오늘 무엇보다도 생애 처음으로 Par 5에서 투 온(two on)을 했고, 골프 입문 23년 만에 서른 번째 버디를 했습니다. 그렇게 버디를 1개 하고, Par도 3개 했지만 양(더블)파도 3개나 해서 101개를 쳤습니다.

여러분은 퍼터(putter)의 다른 이름을 아시나요? '이상하네'랍니다. 퍼팅이 이상하게 잘 안되기 때문에 그런 이름이 붙여진 것 같습니다만, 저는 오늘 퍼팅이 이상하게 잘 되는 날이었습니다. 이래저래 퍼터의 다른 이름이 '이상하네'가 맞습니다. 골프가 재밌는 이유는 마음에 맞는 동반자들과 함께 웃으면서 운동하고, 식사하고, 이야기할 수 있기 때문입니다.

행복은 동행이고, 동행이 행복입니다. 오늘 함께 한 여성 세 분의 건강과 평안과 행복을 기원합니다. 당신의 행복이 저의 행복입니다.

PROFILE

■ 변호사 김양홍 프로필

광주제일고등학교 졸업
전남대학교 법과대학 졸업
제10회 군법무관임용시험 합격
사법연수원 수료
수도방위사령부 검찰부장
제3사단 법무참모
제3군단 보통군사법원 군판사
국방부 법무관리관실 군사법담당
고등군사법원 보통부장
변호사·변리사·세무사 등록

현재

국방부 중앙군인(군무원) 인사소청심사위원회 외부위원
방위사업청 보통고충심사위원회 외부위원
기독교대한성결교회 총회본부 자문변호사
기독교대한성결교회 유지재단 자문변호사
기독교대한성결교회 교역자공제회 자문변호사
한국성결신문 / 코람데오닷컴 / 전우뉴스 칼럼니스트
이수교회 장로
공증인가 법무법인 서호 대표변호사

저서

민법판례(공저, 유스티니아누스)
사회복지법령집(퍼시픽북스)
법무법인 서호의 국가유공자 클리닉(공저, 법률정보센터)
주택임대차보호법 해설(공저, 법률정보센터)
변호사 김양홍의 행복한 동행 1~3(모리슨)
변호사 김양홍의 행복나누기(더푸른)
변호사 김양홍의 행복더하기(더푸른)
변호사 김양홍의 행복곱하기(더푸른)
변호사 김양홍의 행복충전소(모리슨)
변호사 김양홍의 행복발전소(모리슨)

읽으면 행복해지는 책

김홍신 작가_ "우리시대의 깃대종"
시대의 아픔을 걱정하고 스스로의 혼을 조신하게 닦으며 이웃을 눈여겨 지극히 살피는 지성인이 그리운 시절에 김양홍 변호사는 뚜벅뚜벅 바른 걸음으로 우리시대의 깃대종이 되었습니다. 김양홍 변호사는 천명을 곱게 받드는 넉넉한 품격이 있습니다. 대한민국을 감동케하려는 어짊이 있습니다. 그는 우리 시대를 조명하려는 참 선비입니다.

하창우_ 제48대 대한변호사협회 회장 "인생의 보물이야기"
김 변호사님의 '행복한 동행'에는 주옥같은 수많은 이야기들이 들어있습니다. 숨은 일화, 자신이 겪은 일, 시, 소설, 영화 등에 나오는 인생의 보약과 같은 말을 속삭이듯 들려줍니다. 100권의 책을 읽는 것도 중요하지만 이런 인생의 보물 이야기를 한 곳에서 만날 수 있다는 것은 큰 행운입니다. 책상에 두고 수시로 보거나 머리맡에 두고 자기 전 읽고 잔다면 인생의 기쁨이 될 것입니다.

지형은_ 성락성결교회 담임목사 "좋은 할아버지가 꿈인 사람"
기독교 신앙은 시간의 흐름에서 하나님의 섭리를 배운다. 시간의 흐름은 어쩔 수 없어서 받아들이는 숙명 같은 게 아니다. 시간이 흐르는 강에서 우리는 동행이라는 위대한 수업에 참여한다. 거기에 하늘 아버지가 함께 계시고 이웃이 더불어 산다. 김양홍 변호사님은 이 수업에서 거의 최고 점수를 받고 있는 듯하다. 이런 분과 알고 지내는 게 감사하다.

조국_ 제66대 법무부 장관 "글은 사람을 닮는다"
글은 사람을 닮는다 했다. 언제나 주변 사람들을 따뜻한 마음으로 대하고 배려와 공감으로 소통하는 김양홍 변호사의 뜻과 삶을 이 작은 책자를 통하여 엿볼 수 있다. 다들 경험해 보았을 일상의 소소한 사건, 사람과 사회에 대한 김 변호사의 성찰에 기초한 미셀러니를 읽으면서 내 자신을 돌아보게 된다.

| 책 구입처 : 교보문고, 영풍문고, 반디앤루니스, 알라딘, YES24, 생명의말씀사 직영서점 | 도서출판 모리슨 010-2354-4935

변호사 김양홍의 행복연구소

2025년 2월 10일 초판 인쇄

지은이 • 김양홍
만든이 • 최순환
만든곳 • 도서출판 모리슨
등   록 • 22-2116호(1998. 12. 17)
주   소 • 경기도 여주시 대신면 윤촌2길 29-2
전   화 • 010 2354 4935
E-mail morisoon@hanmail.net
ISBN 979-11-91498-30-1 03230

값 30,000 원

---

* 모리슨출판사는 1998년 문서선교사역을 위하여 설립되어 200여 종의 서적을 출간하였으며, 아래와 같이 성경을 출간하였다.

2003년 한중병음성경, 2004년 중문병음성경, 2006년 영중병음성경, 2010년 일중병음성경(신약), 2012년 중문병음찬송가, 2015년 일중한병음성경(신약), 2024년 중국어병음어린이성경(다윗성경), 2025년 일본어어린이성경 기획중